PRIMEIROS
PASSOS

PRIMEIROS
PASSOS

COMO O CAMINHAR ERETO NOS
TORNOU HUMANOS

JEREMY DeSILVA

ALTA/CULT
EDITORA

Rio de Janeiro, 2022

Primeiros Passos

Copyright © 2022 da Starlin Alta Editora e Consultoria Eireli.
ISBN: 978-65-5520-469-8

Translated from original First Steps. Copyright © 2021 by Jeremy DeSilva. ISBN 978-0-0629-3849-7. This translation is published and sold by permission of HarperCollins books, an imprint of HarperCollins Publishers the owner of all rights to publish and sell the same. PORTUGUESE language edition published by Starlin Alta Editora e Consultoria Eireli, Copyright © 2022 by Starlin Alta Editora e Consultoria Eireli.

Impresso no Brasil — 1ª Edição, 2022 — Edição revisada conforme o Acordo Ortográfico da Língua Portuguesa de 2009.

Dados Internacionais de Catalogação na Publicação (CIP) de acordo com ISBD

S586p Silva, Jeremy de
   Primeiros passos: como o caminhar ereto nos tornou humanos / Jeremy de Silva ; traduzido por Lívia Rodrigues. – Rio de Janeiro : Alta Books, 2022.
   352 p. ; 16cm x 23cm.

   Tradução de: first steps: how upright walking made us human
   Inclui índice.
   ISBN: 978-65-5520-469-8

   1. História. 2. Evolução humana. 3. Anatomia. I. Rodrigues, Lívia. II. Título.

   2022-714
   CDD 576.82
   CDU 575.8

Elaborado por Odilio Hilario Moreira Junior - CRB-8/9949

Índice para catálogo sistemático:
1. Teorias da evolução 576.82
2. Evolução 575.8

Todos os direitos estão reservados e protegidos por Lei. Nenhuma parte deste livro, sem autorização prévia por escrito da editora, poderá ser reproduzida ou transmitida. A violação dos Direitos Autorais é crime estabelecido na Lei nº 9.610/98 e com punição de acordo com o artigo 184 do Código Penal.

A editora não se responsabiliza pelo conteúdo da obra, formulada exclusivamente pelo(s) autor(es).

Marcas Registradas: Todos os termos mencionados e reconhecidos como Marca Registrada e/ou Comercial são de responsabilidade de seus proprietários. A editora informa não estar associada a nenhum produto e/ou fornecedor apresentado no livro.

Erratas e arquivos de apoio: No site da editora relatamos, com a devida correção, qualquer erro encontrado em nossos livros, bem como disponibilizamos arquivos de apoio se aplicáveis à obra em questão.

Acesse o site www.altabooks.com.br e procure pelo título do livro desejado para ter acesso às erratas, aos arquivos de apoio e/ou a outros conteúdos aplicáveis à obra.

Suporte Técnico: A obra é comercializada na forma em que está, sem direito a suporte técnico ou orientação pessoal/exclusiva ao leitor.

A editora não se responsabiliza pela manutenção, atualização e idioma dos sites referidos pelos autores nesta obra.

Produção Editorial
Editora Alta Books

Diretor Editorial
Anderson Vieira
anderson.vieira@altabooks.com.br

Editor
José Ruggeri
j.ruggeri@altabooks.com.br

Gerência Comercial
Claudio Lima
claudio@altabooks.com.br

Gerência Marketing
Andrea Guatiello
marketing@altabooks.com.br

Coordenação Comercial
Thiago Biaggi

Coordenação de Eventos
Viviane Paiva
comercial@altabooks.com.br

Coordenação ADM/Finc.
Solange Souza

Direitos Autorais
Raquel Porto
rights@altabooks.com.br

Assistente Editorial
Mariana Portugal

Produtores Editoriais
Illysabelle Trajano
Maria de Lourdes Borges
Paulo Gomes
Thales Silva
Thiê Alves

Equipe Comercial
Adriana Baricelli
Daiana Costa
Fillipe Amorim
Heber Garcia
Kaique Luiz
Maira Conceição

Equipe Editorial
Beatriz de Assis
Betânia Santos
Brenda Rodrigues
Caroline David
Gabriela Paiva
Henrique Waldez
Kelry Oliveira
Marcelli Ferreira
Matheus Mello

Marketing Editorial
Jessica Nogueira
Livia Carvalho
Marcelo Santos
Pedro Guimarães
Thiago Brito

Atuaram na edição desta obra:

Tradução
Lívia Rodrigues

Copidesque
Luciere Souza

Revisão Gramatical
Alessandro Thomé
Kamila Wozniak

Revisão Técnica
Leandro Ricardo Ferraz
(Mestre em Ciências Biomédicas)

Diagramação
Joyce Matos

Editora afiliada à:

ASSOCIADO

ALTA BOOKS EDITORA

Rua Viúva Cláudio, 291 – Bairro Industrial do Jacaré
CEP: 20.970-031 – Rio de Janeiro (RJ)
Tels.: (21) 3278-8069 / 3278-8419
www.altabooks.com.br — altabooks@altabooks.com.br
Ouvidoria: ouvidoria@altabooks.com.br

Para Erin e os passos que ainda virão.

UMA INTERPRETAÇÃO DA ÁRVORE GENEALÓGICA HUMANA

Os paleoantropólogos descobriram e identificaram mais de 25 tipos diferentes de fósseis de ancestrais humanos e seus parentes extintos (hominídeos). Neste livro, você encontrará muitos deles — apresentados aqui por nomes e fósseis representativos. Embora saibamos a época em que esses hominídeos viveram (mostrado como "Milhões de Anos Atrás" verticalmente), ainda não foi esclarecido como era exatamente a relação entre eles. Possíveis relações são propostas nesta árvore, apesar de fósseis recentes e provas genéticas revelarem que partes da árvore genealógica são ramificações entrelaçadas e interligadas. As descobertas futuras certamente tratarão de complicar esse cenário, ou quem sabe, de alguma forma, simplificá-lo.

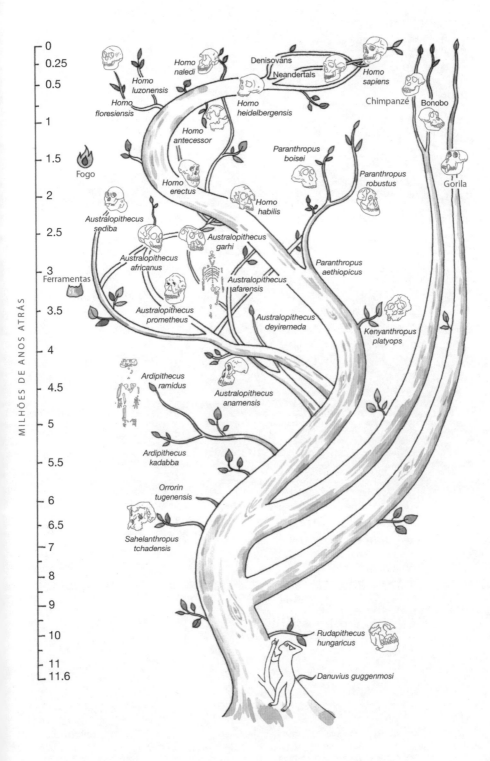

AGRADECIMENTOS

Este livro não teria sido escrito sem o apoio de meus bípedes favoritos no mundo. Ben e Josie, obrigado por sua paciência, seu humor, amor e seus aconselhamentos enquanto seu pai estava ocupado escrevendo este livro. Sigam seus próprios caminhos, mas sempre estejam presentes um para o outro. E que seus passos os levem em direção à felicidade e a um mundo mais justo. E para Erin — você sempre acreditou em mim e me incentivou. Eu não posso imaginar uma parceira melhor do que você para caminhar nesta vida.

Sou um afortunado por ter uma família amorosa que me encorajou em todo esse processo. Obrigado, Rich, Mel, Deana, Chris, Mãe, Tias Ginny e Mary, Kittie, Dadou, Patricia, Mikaila, Mike, Lorrie, Adam, Ashley, Alex, Lillian, Jake, Ella, Anthony, Ian, Jameson e Wyatt. Obrigado à minha quadrúpede favorita, Luna, por sair para caminhar comigo enquanto eu me esforçava para escrever.

Quando eu estava na sexta série, apronteí alguma à minha professora, e meu castigo foi transcrever o livro da escola palavra por palavra num papel cartão amarelo. Meu pai geralmente concordava que crianças que se comportavam mal deviam ser disciplinadas, mas ele ficou bravo quando falei para ele como havia sido punido. Ele entrou em contato com a escola e exigiu que eu recebesse outro castigo. Para meu pai, escrever não era um castigo, era uma dádiva. Ele está certo. Obrigada, pai, por ler cada linha deste livro — várias vezes — e por me ajudar a encontrar minha voz com suas várias edições úteis. Conversar sobre redação e ciência com você foi uma de minhas partes favoritas ao escrever este livro.

Meu agente, Esmond Harmsworth, da Aevitas, acreditou neste livro muito antes de mim. Obrigado por me encontrar no almoço na Universidade de Boston e por sua orientação e sabedoria. À equipe da Aevitas, Chelsey Heller,

Erin Files, Sarah Levitt, Shenel Ekici-Moling e Maggie Cooper, vocês são extraordinariamente boas no que fazem. Foi um prazer trabalhar com elas.

Obrigado a Gail Winston, meu habilidoso e brilhante editor da HarperCollins, Alicia Tan, Sarah Haugen, Becca Putman, Nicholas Davies e a toda equipe da HarperCollins, por tornar essa uma experiência gratificante em cada etapa do processo. Espero que isso seja só o começo. Minha gratidão a Fred Wiemer pela sua revisão habilidosa e cuidadosa.

Tudo o que sou e tudo o que faço como cientista e comunicador de ciências é por causa de Lucy Kirshner e Laura MacLatchy. Lucy, você é o ponto de encontro de um diagrama de Venn que inclui ciências, literatura científica, educação do museu, Laetoli, África, Ann Arbor, Acton e tantos outros lugares e ideias que me moldaram no que sou hoje. Laura, eu não poderia pedir por uma conselheira melhor sobre ciência e vida. Obrigado por se arriscar comigo em 2003 e por sua amizade e seus ensinamentos contínuos.

Sou muito grato pelos muito cientistas, escritores, professores e estudiosos que graciosamente me cederam seu tempo para conversar comigo sobre seus trabalhos: Karen Adolph, Zeray Alemseged, Hutan Ashrafian, Kay Behrensmeyer, Riley Black, Madelaine Böhme, Greg Bratman, Michel Brunet, Chris Campisano, Susana Carvalho, Rama Chellappa, Habiba Chirchir, Zach Cofran, Omar Costilla-Reyes, Elisa Demuru, Todd Disotell, Holly Dunsworth, Kirk Erickson, Dean Falk, Simone Gill, Yohannes Haile-Selassie, Carina Hahn, Shaun Halovic, Will Harcourt-Smith, Sonya Harmand, Katerina Harvati, Paul Hecht, Amanda Henry, Kim Hill, Ken Holt, Jonathan Hurst, Christine Janis, Stephen King, John Kingston, Bruce Latimer, I-Min Lee, Sally Le Page, Dan Lieberman, Paige Madison, Antonia Malchik, Ellie McNutt, Anne McTiernan, Fredrick Manthi, Stephanie Melillo, Joann Montepare, Steven Moore, W. Scott Pearson, Bente Klarlund Pedersen, Martin Pickford, Herman Pontzer, Stephany Potze, Lydia Pyne, Dave Raichlen, Phil Ridges, Tim Ryan, Brigitte Senut, Liza Shapiro, Sandra Shefelbine, Scott Simpson, Tanya Smith, Michael Stern, Ian Tattersall, Randall Thompson, Erik Trinkaus, Peg van Andel, Michelle Voss, Cara Wall-

Scheffler, Carol Ward, Anna Warrener, Jacqueline Wernimont, Jennifer Weuve, Katherine Whitcome, Bernard Wood, Lindsay Zanno, Bern Zipfel, e Ari Zivotofsky. Minhas desculpas se inadvertidamente esqueci de alguém.

Um agradecimento especial para meus colegas que abriram seus laboratórios, sítios de pesquisa, suas salas de cirurgia e seus zoológicos para mim: Karen Adolph, Madelaine Böhme, Omar Costilla-Reyes, Todd Disotell, Paul Hecht, Jonathan Hurst, Nathaniel Kitchel, Charles Musiba, Martin Pickford, Phil Ridges, Michael Stern, Cara Wall-Scheffler e Lindsay Zanno. Sou especialmente grato a meus colegas Bern Zipfel, Lee Berger, Charles Musiba e Yohannes Haile-Selassie: seu trabalho me inspira e sua amizade significa muito mais. Obrigado aos meus amigos, a minha família e aos meus colegas que leram grandes seções deste livro e me ajudaram a aperfeiçoar sua exatidão e inteligibilidade: Nathaniel Kitchel, Simone Gill, Karen Adolph, Dave Raichlen, Brian Hare, Scott Simpson, Blaine Maley, Shirley Rubin, Melanie DeSilva, Paul Hecht, Adam van Arsdale, Cara Wall-Scheffler e Lindsay Zanno.

Sou muito afortunado por ter colegas solidários, brilhantes e atenciosos no departamento de antropologia da Dartmouth College. Agradeço especialmente a Nate Dominy e Zane Thayer, por sempre fazerem as perguntas certas e por me inspirarem com sua curiosidade incessante sobre o mundo. Este livro teve seu formato inicial graças à ajuda da talentosa equipe de Learning Design da Dartmouth e do desenvolvimento do Bipedalismo MOOC: A Ciência da Caminhar Ereto. Agradecimentos especiais para Adam Nemeroff, Sawyer Broadley, Josh Kim e Mike Goudzwaard.

Sou particularmente grato aos meus alunos e pelas observações e perguntas que constantemente me faziam pôr o pé no chão. São muitos para listar, mas muitas ideias deste livro derivam de conversas que tive com meus alunos da Worcester State University, da Universidade de Boston e do Dartmouth College. E meus alunos antigos e atuais e pesquisadores da graduação, que estão continuamente desafiando minhas ideias com um novo olhar e com ideias brilhantes. Muito obrigado a Ellie McNutt, Kate Miller, Luke Fannin,

Anjali Prabhat, Sharon Kuo, Eve Boyle, Zane Swanson, Corey Gill, Jeanelle Uy e Amey Y. Zhang.

E finalmente, um agradecimento especial para Alex Claxton. Em um livro que inclui *archosaurs*, hominídeos, os primeiros mamíferos e *Andrewsarchus*, não há ninguém mais hábil ou informado para verificar os fatos destas páginas. Estou impressionado com a amplitude de seu conhecimento e sua curiosidade sem fim. Mal posso esperar para ler o *seu* primeiro livro.

Apesar dos muitos esforços feitos para apresentar uma imagem precisa de nossa compreensão atual da evolução bípede e os muitos efeitos negativos da locomoção dos humanos sobre duas pernas, sem dúvida, erros devem estar presentes nestas páginas. Todo e qualquer erro é de minha responsabilidade.

SUMÁRIO

Nota do Autor   xv

Introdução   xix

PARTE I: A ORIGEM DO CAMINHAR ERETO

Capítulo 1: Como Nós Caminhamos   3

Capítulo 2: *T. rex*, Carolina Butcher e os Primeiros Bípedes   17

Capítulo 3: "Como o Ser Humano Ficou Sobre Duas Pernas" e Outras Histórias Sobre o Bipedalismo   31

Capítulo 4: Os Ancestrais de Lucy   47

Capítulo 5: Ardi e os Deuses do Rio   69

PARTE II: TORNANDO-SE HUMANO

Capítulo 6: Pegadas Antigas   93

Capítulo 7: Há Muitas Formas de Caminhar Uma Légua   117

Capítulo 8: Hominídeos em Movimento   137

Capítulo 9: Migração para a Terra Média   151

PARTE III: ETAPAS DA VIDA

Capítulo 10: Passinhos de Bebê — 169

Capítulo 11: Nascimento e Bipedalismo — 187

Capítulo 12: Diferenças na Marcha e o que Elas Significam — 207

Capítulo 13: Miosinas e o Custo da Imobilidade — 215

Capítulo 14: Por que Caminhar nos Ajuda a Pensar — 227

Capítulo 15: De Pés de Avestruz a Próteses de Joelhos — 241

Conclusão: O Primata Empático — *259*

Notas — *275*

Índice — *325*

NOTA DO AUTOR

ENQUANTO ESCREVO EM minha casa em Norwich, Vermont, uma pesquisa está circulando nas mídias sociais. Nela, as pessoas relatam a carreira que têm atualmente em comparação com aquela com que sonharam quando tinham 6, 10, 14, 16 e 18 anos. A minha lista ficou assim:

6 anos	Cientista
10 anos	Defesa central do RedSox
14 anos	Armador do Celtics
16 anos	Veterinário
18 anos	Astrônomo
Atual	Paleoantropólogo

A paleoantropologia é o estudo do fóssil (paleo) humano (antropologia). É a ciência que tenta compreender algumas das maiores e mais audaciosas questões que os seres humanos já ousaram perguntar sobre si mesmos e sobre seu mundo: por que estamos aqui? Por que somos do jeito que somos? De onde viemos? Mas essa nem sempre foi minha área. Eu só conheci essa ciência no ano 2000.

Naquele ano, eu estava trabalhando como educador de ciências no Museu de Ciências de Boston. Eu ganhava US$11 por hora, George W. Bush foi eleito o próximo presidente dos Estados Unidos da América, e o Red Sox encerrava sua 82ª temporada desde sua última vitória no campeonato da World Series. Minha colega de trabalho no museu era uma professora de ciências brilhante com a melhor e mais contagiante risada que já ouvi. Quatro anos mais tarde, ela disse sim quando a pedi em casamento.

No final dos anos 2000, no entanto, não era o amor que estava na minha mente, mas uma gafe terrível em uma das salas do museu. Exibido na sala de exposição de dinossauros, *bem* pertinho de um *Tyrannosaurus rex*, havia uma réplica em fibra de vidro de pegadas feitas por seres humanos primitivos há 3,6 milhões de anos em Laetoli, na Tanzânia.

Assim como um kit de brinquedos de animais pré-históricos que traz dinossauros, mamutes lanosos e homens das cavernas, colocar pegadas muito próximo de fósseis de dinossauros, os quais eram vinte vezes mais antigos, poderia inadvertidamente suscitar uma concepção errada, na qual humanos e dinossauros coexistiram. Alguma coisa tinha que ser feita.

Falei com minha chefe — a grande educadora de ciências, Lucy Kirshner —, e ela concordou que as pegadas humanas deviam ser expostas na sala de exibição recém-reformada de biologia humana. Mas primeiro ela quis que eu fosse à biblioteca do museu e aprendesse tudo o que pudesse sobre as pegadas de Laetoli e sobre a evolução humana. Eu devorei os livros sobre o assunto e logo fui fisgado. Eu tinha, como diziam, sido picado pelo inseto hominídeo. "Hominídeos" é como chamamos os ancestrais e parentes, diretos e indiretos, extintos do ser humano. A hora não poderia ter sido melhor. Nos dois anos seguintes, os membros mais antigos da árvore genealógica do ser humano foram descobertos — ancestrais símios misteriosos com nomes como *Ardipithecus*, *Orrorin* e *Sahelanthropus*.

Em julho de 2002, participei de uma apresentação no museu com a Dra. Laura MacLatchy, na época paleoantropóloga da Universidade de Boston (BU), e discutimos com um público fascinado sobre as implicações da recente descoberta de um crânio de hominídeo de 7 milhões de anos em Chad, na África. Eu estava inebriado. Lá estava eu com uma paleoantropóloga de verdade falando sobre o fóssil humano mais antigo já encontrado.

Para mim, os fósseis de hominídeos não revelaram apenas as evidências físicas da história da evolução humana; eles também continham histórias pessoais extraordinárias de vidas passadas. As pegadas de Laetoli, por exemplo, eram um retrato da vida de seres que pensavam, respiravam, caminhavam eretos, que riam, choravam, viviam e morriam. Eu queria aprender como os cientistas retiravam informações desses ossos antigos. Eu queria contar histórias com base em evidências sobre nossos ancestrais. Eu queria ser um paleoantropólogo. Há pouco mais de um ano ao lado de Laura MacLatchy no palco do museu, comecei a fazer graduação em seu laboratório de paleoantropologia na Universidade de Boston, e um pouco depois, estudei também na Universidade de Michigan.

Atualmente, leciono no departamento de antropologia da Faculdade de Dartmouth, nos bosques de New Hampshire, e viajo sempre para a África para fazer minha pesquisa. Por quase duas décadas, procurei fósseis nas cavernas da África do Sul e nas terras áridas antigas de Uganda e do Quênia. Eu escavei cinzas vulcânicas em Laetoli, na Tanzânia, em busca de mais pegadas feitas milhares de anos atrás por nossos ancestrais que caminhavam eretos. Eu segui chimpanzés selvagens em seu habitat, a selva. Em museus africanos, analisei de perto fósseis do pé e de uma perna de parentes extintos diretos e indiretos dos seres humanos. Isso me fez pensar.

Fiquei pensando em nosso grande cérebro, na cultura sofisticada e no conhecimento tecnológico. Fiquei pensando sobre por que nós falamos, por que "é preciso uma aldeia para educar uma criança" e se sempre foi assim. Fiquei pensando sobre por que o nascimento de um bebê é tão difícil e, às vezes, até perigoso para as mulheres. Pensei sobre a natureza humana e como podemos ser virtuosos em um momento e violentos no outro. Mas, acima de tudo, fiquei pensando sobre por que os humanos caminham usando as pernas, em vez de andarem de quatro.

Desse modo, percebi que muitas coisas sobre as quais eu pensava estavam conectadas e que a origem de tudo isso é a forma diferente que caminhamos. Nossa locomoção bípede foi uma porta de entrada para muitas das características singulares que nos tornam humanos. É a nossa marca registrada. Para compreender essas ligações, é preciso uma abordagem orientada por questões com base em provas do mundo natural e que eu abracei desde a idade de 6 anos: a ciência.

Essa é a história de como caminhar ereto nos tornou humanos.

INTRODUÇÃO

> Há uma antiga história sobre uma centopeia[1] que foi questionada sobre qual conjunto de pernas ela usava para começar a caminhar. A pergunta a pegou de surpresa. O que parecia ser um meio normal e perfeito de caminhar se tornou um problema para lá de complexo. Ela mal conseguia se mover. Deparo-me com a mesma dificuldade quando tento entender, não como caminho, mas por quê.
>
> — *John Hillaby, explorador*

O ano de 2016 estabeleceu um recorde de mortes na caça anual para reduzir a população crescente de ursos negros que andavam livremente na zona rural e nos subúrbios de Nova Jersey. Dos 636 capturados[2], 635 foram mortos, e houve somente pequenos protestos por parte dos amantes de animais. Mas quando foi divulgado que um urso em particular tinha sido morto, houve enorme indignação[3].

A morte foi chamada de "assassinato". O caçador, que achavam ser o responsável pela morte do urso, recebeu ameaças de morte. Alguns queriam que ele também fosse caçado e morto. Outros falavam em castração. Mas por que tanto alvoroço por causa de um único urso morto?

Porque ele andava sobre duas patas.

Desde 2014, os residentes de Nova Jersey ocasionalmente viam o jovem urso andando pelas ruas do subúrbio e atravessando quintais sobre duas patas — uma forma de locomoção chamada de bipedalismo. Embora ele se alimentasse sobre as quatro patas, um ferimento o impedia de colocar peso nas patas dianteiras, então, para caminhar, ele se erguia e caminhava ereto.

Eles o chamavam de Pedals.

Eu nunca vi Pedals caminhar, mas como cientista fascinado pelo caminhar ereto de nossa própria espécie, eu queria ter visto. Felizmente, há vídeos dele no YouTube. Um deles tem mais de 1 milhão de visualizações[4]; outro tem mais de 4 milhões[5].

À primeira vista, ele parecia um homem usando um casaco de pele de urso, mas quando ele começava a se mover, as diferenças entre sua marcha e a dos humanos ficavam evidentes. As patas traseiras de Pedals eram muito menores do que as nossas. Ele dava passos arrastados, rápidos e com passada curta, permanecendo enrijecido do quadril aos ombros, e suas garras traseiras resvalavam no chão. Ele me lembrou uma pessoa desesperada procurando por um banheiro. Pedals não conseguia caminhar ereto por muito tempo e logo se apoiava nas quatro patas.

Somos atraídos por animais que têm comportamento parecido com o nosso. Postamos vídeos de cabras gritando como humanos e huskies siberianos uivando "eu te amo". Ficamos surpresos com corvos deslizando em telhados e chimpanzés dando abraços[6]. Eles nos lembram nosso vínculo com o restante do mundo natural. Talvez mais do que qualquer outro comportamento, no entanto, ficamos espantados com os episódios de bipedalismo. Muitos animais erguem-se em duas patas para verificar rapidamente o local ou para atacar em uma pose intimidatória, mas os humanos são os únicos mamíferos que caminham sobre duas pernas o tempo todo. Quando outro animal o faz, ficamos hipnotizados.

Em 2011, foi divulgado que um gorila-ocidental-das-terras-baixas[7], chamado Ambam, do Palácio dos Macacos da Reserva Port Lympne, às vezes caminhava sobre duas patas em seu recinto em Kent, na Inglaterra. Logo ele foi filmado pela CBS, NBC e a BBC. A obsessão pelo gorila que caminha ereto[8] surgiu novamente no início de 2018, quando Louis, um grande gorila, começou a caminhar sobre duas patas em seu recinto no zoológico da Filadélfia, porque, de acordo com a maioria, ele não gostava de sujar as mãos.

Faith, a cadela[9], nasceu sem uma das patas dianteiras e teve a outra amputada quando estava com 7 meses. Graças à dedicada família que cuidava dela, que usou petiscos para estimulá-la a saltar, Faith se tornou uma bípede competente. Ela visitou milhares de soldados feridos e apareceu no programa da *Oprah*.

Em 2018, um vídeo de um polvo bípede[10] circulou nas mídias sociais. Ele usava apenas dois tentáculos para se movimentar no solo arenoso.

Pelas nossas reações de surpresa diante de ursos, cães, gorilas e até polvos que caminham sobre duas patas, revelamos como é humano esse comportamento. Quando os seres humanos o fazem, é comum. Você pode dizer, ele é um pedestre. Somos os únicos mamíferos bípedes que caminham na Terra — e por um bom motivo.

Nas páginas a seguir, esses motivos ficarão evidentes. É uma jornada incrível que organizei ao longo destas páginas.

A Parte I investiga o que os registros fósseis nos dizem sobre a origem do caminhar ereto na linhagem humana. A Parte II explica como foi um pré-requisito para as mudanças que definem nossa espécie, desde nosso cérebro grande até a maneira que educamos nossos filhos — e como essas mudanças nos permitiram partir de nossa ancestral pátria africana para povoar a Terra. A Parte III explora como as mudanças anatômicas necessárias para um caminhar ereto e eficiente afetam a vida dos seres humanos atualmente, desde nossos primeiros passos como bebês até as dores que sentimos à medida que envelhecemos. A conclusão analisa como nossa espécie conseguiu sobreviver e prosperar, apesar dos muitos percalços do caminhar sobre duas pernas, em vez de quatro.

Vamos, venha caminhar comigo.

PARTE I

A Origem do Caminhar Ereto

POR QUE A IMAGEM CONHECIDA DA EVOLUÇÃO DO BIPEDALISMO DO CHIMPANZÉ AO SER HUMANO ESTÁ ERRADA?

Todos os outros animais olham para baixo[1]; o Homem, sozinho, ereto, pode olhar em direção ao Paraíso.

— OVÍDIO, *METAMORPHOSES,* 8 a.C.

CAPÍTULO 1

Como Nós Caminhamos

Caminhar é cair para a frente.[1] Cada passo que damos é uma queda interrompida, um colapso evitado, um desastre contido. Por isso o ato de caminhar é um ato de fé.

— *Paul Salopek, jornalista, no início da sua jornada de 32 mil quilômetros ao longo de 10 anos, seguindo os passos de nossos antepassados da pátria africana para o fim da Terra, dezembro de 2013.*

Vamos admitir: os humanos são esquisitos. Embora sejamos mamíferos, temos corpo, comparativamente, com poucos pelos. Enquanto outros animais se comunicam, nós falamos. Outros animais ofegam, nós suamos. Temos um cérebro grande em relação ao tamanho do corpo e desenvolvemos culturas complexas. Mas talvez o mais estranho de tudo seja que os humanos percorrem o mundo equilibrados nas "patas" traseiras completamente estendidas.

Registros fósseis indicam que nossos ancestrais começaram a caminhar sobre duas pernas muito antes de desenvolverem outras características exclusivamente humanas, como o tamanho do cérebro e a linguagem. O caminhar bípede teve início em nossa linhagem como algo exclusivo, ocorreu pouco depois que nossos ancestrais primatas se separaram da linhagem dos chimpanzés.

Até mesmo Platão reconheceu[2] a singularidade e a importância do caminhar ereto, ao definir o ser humano como um "animal bípede sem penas". De acordo com a lenda, Diógenes, o Cínico, não ficou feliz com a descrição de Platão e, com um frango depenado na mão, ele o declarou de forma depreciativa o "homem de Platão". Platão respondeu ajustando sua definição de humanos ao incluir "com unhas achatadas", mas manteve-se firme na parte bípede.

O bipedalismo, desde então, faz parte do nosso vocabulário[3], expressões e nosso entretenimento. Pense nas muitas formas de descrever o caminhar: nós caminhamos, andamos a passos largos, andamos nos arrastando, corremos, andamos lentamente, gingamos, arrastamos os pés, andamos nas pontas dos pés, andamos desajeitados, marchamos, trotamos, desfilamos, caminhamos com presunção. Depois de tripudiar alguém, somos convidados a nos colocar no lugar do outro. Heróis caminham sobre a água, enquanto os gênios são enciclopédias ambulantes. Para humanizar os personagens animados da televisão, os desenhistas os fazem de pé e caminhando sobre duas pernas. Mickey Mouse, Pernalonga, Pateta, Snoopy, Ursinho Pooh, Bob Esponja e Brian, o cachorro de *Uma Família da Pesada*, todos são bípedes.

Ao longo da vida[4], uma pessoa comum, sem qualquer deficiência, dará cerca de 150 milhões de passos — o suficiente para circular a Terra três vezes.

Mas o que é bipedalismo? E como o fazemos?

Pesquisadores com frequência descrevem o caminhar bípede como uma "queda controlada". Quando erguemos uma perna, a gravidade nos puxa para a frente e para baixo. Obviamente, não queremos dar com a cara no chão, então nós nos seguramos estendendo nossa perna para a frente e plantando o pé no solo. Nesse momento, nosso corpo está fisicamente mais baixo do que estava no início de nosso deslocamento, depois precisamos ficar eretos novamente. Os músculos da panturrilha em nossas pernas se contraem e erguem nosso centro de massa. Nós, então, erguemos a outra perna, passamos ela para a frente da outra e a baixamos de novo. Como o primatólogo John Napier escreveu[5] em 1967: "O caminhar humano é uma atividade única durante a qual o corpo, passo a passo, se balança no limiar da catástrofe."

Da próxima vez que vir uma pessoa de perfil, conforme ela caminhar, note como a cabeça dela abaixa e levanta a cada passo. Esse movimento ondulatório caracteriza nossa forma de caminhar como uma queda controlada.

Lógico que caminhar não é tão complicado assim, mas também não é tão simples. Para ser um pouco técnico, quando elevamos nosso centro de massa contraindo os músculos da perna, armazenamos energia potencial. Quando a gravidade assume o controle e nos puxa para a frente, ela converte a energia potencial armazenada em energia cinética, ou em movimento. Ao aproveitar a gravidade[6], nós poupamos 65% de energia, que podemos usar de outra maneira. Essa conversão de energia potencial em energia cinética é como os pêndulos funcionam. O caminhar humano pode ser entendido assim — como um pêndulo invertido, parecido com um metrônomo.

Há alguma diferença em como os outros animais caminham quando se erguem em duas patas? Descobrimos que a resposta é sim.

Como doutorando, passei um mês com chimpanzés selvagens no Parque Nacional Kibale Forest em Uganda ocidental. Lá, conheci Berg. Ele era um macho grande da comunidade Ngogo de chimpanzés que contava com 150 indivíduos — um grupo grande e incomum de primatas. Ele já era idoso, os pelos da cabeça tinham falhas, os pelos da região lombar e das panturrilhas eram grisalhos. Berg não era um macho do alto escalão, mas às vezes ele tinha uma descarga de testosterona, seu pelo eriçava e ele vocalizava tão alto, que ecoava pela floresta. Quando ele fazia isso, o melhor era que os humanos saíssem de seu caminho.

Berg pegava um galho caído no solo da floresta ou arrancava um de uma árvore próxima, ficava em pé e caminhava sobre duas patas pela mata. Mas ele não caminhava como nós. Em vez disso, seus joelhos e seu quadril se flexionavam — o tipo de andar de cócoras que, comicamente, Groucho Marx fazia no filme *Um Dia nas Corridas*, um dos filmes da Marx Brothers. Incapaz de se equilibrar em uma perna só, Berg balançava de um lado para o outro, enquanto caía sem elegância alguma na floresta. Era uma caminhada com um enorme gasto de energia, e ele se cansava rapidamente, caindo de volta nas quatro patas depois de uma dúzia de passos.

Nós humanos, ao contrário, não andamos com as pernas flexionadas. Ficamos eretos, com os joelhos e o quadril estendidos. Nossos quadríceps não precisam trabalhar tanto quanto os do chimpanzé quando eles caminham com as pernas flexionadas. Os músculos localizados nas laterais do quadril, nos permitem ter equilíbrio em uma perna só, sem cairmos. Caminhamos com graciosidade e com mais eficiência energética do que Berg.

Mas por que essas mudanças em nossa anatomia aconteceram? Por que essa forma incomum de locomoção se desenvolveu?

Vamos começar nossa jornada analisando o bipedalismo no homem mais rápido do planeta. Em 2009, o velocista jamaicano[7] Usain Bolt estabeleceu o recorde mundial masculino em 9,58 segundos na prova de 100 metros. Entre a marca de 60 a 80 metros, ele manteve um pico de velocidade próximo de 40km/h por cerca de 1,5 segundo. Mas pela média dos outros mamíferos do reino animal, esse demônio humano da velocidade é pateticamente lento.

Os guepardos, os mais velozes dos mamíferos terrestres, passam de 95km/h[8]. Eles não costumam caçar humanos, mas os leões e leopardos, que às vezes caçam, chegam a 88km/h. Mesmo suas presas, inclusive zebras e antílopes, podem fugir das poderosas mandíbulas com velocidade entre 80 e 88km/h. Em outras palavras, a corrida entre predadores e presas na África, atualmente, mantém-se em nada menos do que 80km/h. Isso é o quão rápido a maioria dos predadores corre e o quão rápido a maioria das presas tenta escapar. Exceto nós.

Usain Bolt não só não conseguiria escapar de um leopardo, como não conseguiria pegar nem um coelho. O mais rápido entre nós corre a *metade* da velocidade de um antílope. Movendo-se em duas pernas, em vez de quatro, perdemos a habilidade do galope, nos tornando excepcionalmente lentos e vulneráveis.

O bipedalismo também deixa nossa marcha meio instável. Algumas vezes, nossa graciosa "queda controlada" não é tão controlada assim. De acordo com os Centros[9] de Controle e Prevenção de Doenças dos Estados Unidos, mais de 35 mil norte-americanos morrem anualmente de queda — quase o mesmo número de mortes por acidentes de carro. Mas quando foi a última vez que você viu um animal de quatro patas — um esquilo, um cachorro ou um gato — tropeçar e cair?

Ser lento e instável parece uma receita para a extinção, principalmente sabendo que nossos ancestrais compartilhavam o cenário com os maiores, os mais rápidos e mais famintos ancestrais dos leões, leopardos e das hienas de hoje. Apesar disso, aqui estamos nós, então certamente deve haver vantagens no bipedalismo que superem os custos. O grande diretor de filmes Stanley Kubrick achava que sabia quais elas eram.

NO FILME DE KUBRICK DE 1968, *2001: Uma Odisseia no Espaço*, um grupo de primatas peludos se reúne em torno de uma fonte de água em uma seca savana africana. Um deles olha inquisitivamente para um grande osso caído no solo. Ele o pega, segura como um bastão e, gentilmente, bate nos ossos espalhados perto dele. Ao fundo, começa a tocar o poema sinfônico de Strauss de 1896, *Also sprach Zarathustra, Op. 30*. Metais: dah, dahhh, dahhhhh, DAH-DAH! Bumbo: dum-dum, dum-dum, dum-dum, dum. O primata pensa em usar o osso como ferramenta — uma ferramenta para matar. A besta peluda se ergue sobre duas patas e bate a arma no chão, estilhaçando os ossos e simbolicamente abatendo uma presa, ou um inimigo. É assim que Kubrick imaginou a Aurora do Homem. Ele e seu coescritor, Arthur C. Clarke, estavam dramatizando o modelo, que na época era amplamente aceito, da origem humana e o início do caminhar em posição ereta.

Nós ainda temos esse modelo, e ele está quase que completamente errado. O modelo pressupõe que o bipedalismo se desenvolveu na savana para deixar as mãos livres para carregar armas. Ele assegura que os seres humanos são e sempre foram violentos. Essas ideias todas remontam a Darwin.

A Origem das Espécies (1859), de Charles Darwin, é um dos livros mais influentes já escritos. Darwin não *inventou* a evolução; os naturalistas têm discutido a mutabilidade das espécies há décadas. Sua maior contribuição foi a apresentação de um mecanismo de verificação de *como* as populações mudaram e continuam a mudar ao longo do tempo. Ele chamou esse mecanismo de "seleção natural", embora a maioria de nós a conheça como a "sobrevivência do mais adaptado". Mais de 150 anos depois, há muitas evidências de que a seleção natural é um forte agente da mudança evolucionária.

Desde o início, os céticos reclamavam da implicação de que os seres humanos descendessem dos primatas[10], mas em *A Origem*, Darwin não escreveu quase nada sobre a evolução de sua própria espécie. Ele simplesmente escreveu, na penúltima página do livro, que "a luz será lançada na origem do homem[11] e na sua história".

Contudo, Darwin estava pensando nos humanos. Doze anos depois, em *A Descendência do Homem e Seleção em Relação ao Sexo* (1871), ele formulou a hipótese de que os humanos têm várias características inter-relacionadas. Ele assegurou que somos os únicos primatas que usam ferramentas. Sabemos agora que ele estava errado, mas a observação de Jane Goodall de que os chimpanzés do Parque Nacional de Gombe Stream, na Tanzânia, faziam e usavam ferramentas seria feita só noventa anos depois. No entanto, Darwin postulou corretamente que os humanos são os únicos primatas completamente bípedes e que temos dentes caninos, ou presas, excepcionalmente menores.

Para Darwin, esses três atributos humanos — uso de ferramentas, bipedalismo e caninos pequenos — estão ligados. Como ele observou, os indivíduos que caminhavam sobre duas pernas podiam ficar com as mãos livres para o uso de ferramentas. Graças às ferramentas, eles não precisavam mais de caninos grandes para competir com seus oponentes. Em última análise, ele pensou, esse conjunto de mudanças levou ao aumento do tamanho do cérebro.

Mas Darwin estava trabalhando com uma desvantagem. Ele não tinha acesso aos relatos originais acerca do comportamento do primata selvagem, dados que só começaram a surgir um século depois. Além disso, em 1871 não havia um único fóssil humano primitivo conhecido no continente africano — lugar de origem de nossa linhagem como a conhecemos hoje e tal como Darwin previu há um século e meio[12]. Os únicos fósseis humanos pré-modernos[13] conhecidos por Darwin eram uns poucos ossos de Neandertal da Alemanha identificados erroneamente por alguns estudiosos na época como sendo de um *Homo sapiens*.

Sem o benefício de um registro fóssil ou de observações comportamentais precisas de nossos parentes mais próximos, primatas vivos, Darwin fez o melhor que pôde ao propor uma hipótese científica verificável sobre o porquê de os humanos caminharem sobre duas pernas.

Os dados necessários para verificar sua ideia começaram a surgir em 1924, quando um jovem professor australiano chamado Raymond Dart[14], especialista em cérebros, da Universidade de Witwatersrand, na África do Sul, conseguiu uma caixa de rochas de uma exploração mineira perto da cidade de Taung, cerca de 480km a sudoeste de Joanesburgo. Ao abrir a caixa, ele percebeu que uma das rochas continha um crânio fossilizado de um primata jovem. Dart utilizou as agulhas de tricô de sua esposa para retirar o crânio do calcário ao seu redor. À medida que fazia isso, ele observou que o crânio pertencia a um primata desconhecido. Por um lado, a criança de Taung, como seria conhecida, tinha pequenos dentes caninos bem diferentes daqueles do babuíno e do macaco. Mas as pistas efetivas estavam escondidas no cérebro fossilizado da criança.

Os itens de maior interesse para minha pesquisa são os ossos do pé e das pernas de nossos ancestrais, mas estética e historicamente, nenhum outro fóssil se parece com o do crânio da criança de Taung. Em 2007, viajei para Joanesburgo, na África do Sul, para examiná-lo. O curador lá é o meu amigo Bernhard Zipfel, um antigo podólogo que se tornou paleoantropólogo depois que "se cansou de cuidar dos joanetes dos outros". Uma manhã, ele pegou uma pequena caixa de madeira[15] do cofre. Era a mesma caixa que Dart usou para guardar seu precioso Taung há cerca de um século. Zipfel cuidadosamente retirou o cérebro fossilizado e o colocou em minhas mãos.

Depois que esse pequeno hominídeo morreu, o cérebro se degradou e o crânio foi preenchido por lama. Com o passar dos milênios, o sedimento endureceu, formando um molde da cavidade craniana, uma réplica do cérebro. Ele duplicou fielmente o tamanho e o formato do cérebro original e ainda preservou detalhes das dobras, dos sulcos e das artérias cranianas externas. O detalhe anatômico é extraordinário. Cuidadosamente, virei o fóssil do cérebro, o que revelou uma camada grossa de calcita cristalina. A luz refletia dele como se fosse um geode, e não um fóssil de um humano primitivo. Eu não esperava que Taung fosse tão bonito.

A preservação dos sulcos e das fissuras do cérebro foi um incrível golpe de sorte, porque Dart conhecia a anatomia do cérebro tão bem quanto qualquer um no mundo. Afinal, ele era um especialista em neuroanatomia. Seus estudos revelaram que o cérebro da criança de Taung era quase do tamanho daquele de um primata adulto, mas tinha lobos organizados mais parecidos com os dos humanos.

O molde da cavidade craniana encaixava perfeitamente, como uma peça de quebra-cabeça, na parte posterior do crânio de Taung. Virei o crânio lentamente para observar as cavidades oculares da criança de 2,5 milhões de anos[16], o mais próximo que já cheguei para observar um hominídeo primitivo olho no olho. Quando girei o crânio para examinar a parte inferior, vi o que Dart tinha observado em 1924. O forame magno — a abertura através do qual a medula espinhal passa — localizava-se diretamente na parte inferior do crânio, como nos humanos. Quando estava viva, a pequena Taung tinha a cabeça sobre a espinha dorsal.

Em outras palavras, Taung era bípede. Em 1925, Dart anunciou que o crânio fossilizado era de uma nova espécie para a ciência. Ele a chamou *Australopithecus africanus*[17], que significa "primata do sul da África", seguindo a forma tradicional na qual os cientistas classificam e denominam os animais pelo gênero e espécie. Cachorros domésticos, por exemplo, são todos membros da mesma espécie, mas eles também fazem parte de um grupo maior, ou "gênero", de animais relacionados, como lobos, coiotes e chacais. Todos os membros desse gênero fazem parte de um grupo aparentado ainda maior e mais distante, ou "família", que inclui cães selvagens, raposas e muitas espécies extintas de carnívoros semelhantes aos lobos.

Nós e nossos ancestrais somos classificados da mesma forma. Humanos modernos são membros da mesma espécie, mas também somos os únicos sobreviventes de um gênero que anteriormente incluía outros grupos de membros semelhantes aos humanos, como os Neandertais. Nosso gênero, *Homo*, o qual surgiu pela primeira vez há cerca de 2,5 milhões de anos, evoluiu de uma espécie que fazia parte de outro gênero, chamado *Australopithecus*. Todos os membros do *Homo* e do *Australopithecus*, por sua vez, são hominídeos, o nome de uma família de animais com relação de parentesco que inclui muitos dos grandes primatas existentes e extintos, tais como chimpanzés, bonobos e gorilas.

Os animais são denominados pelo nome do seu gênero seguido do nome da espécie. Por exemplo, os humanos são os *Homo sapiens*, os cães, *Canis familiaris*, e a criança de Taung é um *Australopithecus africanus*.

No entanto, mais importante que o nome foi a interpretação do fóssil dada por Dart. Ele formulou a hipótese de que ele não era ancestral do chimpanzé ou do gorila, mas sim de um parente extinto dos humanos.

Enquanto a comunidade científica debatia a importância da descoberta de Taung, outro paleontólogo sul-africano, Robert Broom, procurava mais fósseis de *Australopithecus* em cavernas a noroeste de Joanesburgo, em uma área conhecida hoje como o Berço da Humanidade. Ao longo da década de 1930 e final dos anos de 1940, ele usava dinamite para derrubar as paredes rígidas da caverna, e em seguida examinava os escombros em busca de restos dos nossos antepassados. Até hoje ainda há pilhas de escombros da caverna — muitos pedaços contendo fósseis — na entrada da caverna. Elas são chamadas de pilhas de Broom.

Apesar de os paleoantropólogos atualmente se ressentirem diante da sua abordagem grosseira, Broom descobriu dezenas de fósseis de dois tipos diferentes de hominídeos. Uma forma, a qual ele chamou de *Paranthropus robustus*, tinha dentes grandes e ligamentos ósseos nos enormes músculos de mastigação. A outra, uma forma mais delgada, com dentes e músculos de mastigação menores, se assemelha ao *Australopithecus africanus* de Dart.

Em uma caverna chamada Sterkfontein, Broom recuperou uma coluna vertebral, uma pelve e dois ossos de joelho fossilizados, os quais demonstravam que o *Australopithecus africanus* caminhava sobre duas pernas. Agora sabemos, com as técnicas de datação radiométrica do urânio inserido no calcário da caverna, que esses fósseis têm entre 2 e 2,6 milhões de anos[18].

Enquanto isso, Dart escavava fósseis na caverna Makapansgat, a nordeste do Berço da Humanidade. Lá ele descobriu um pequeno número de fósseis humanos antigos, que considerou como diferente o bastante de sua preciosa criança de Taung para ser denominado como uma nova espécie. Ele chamou o hominídeo de Makapansgat de *Australopithecus prometheus*[19], em homenagem ao titã grego responsável por trazer o fogo à humanidade, porque muitos ossos de animais fossilizados descobertos próximos aos fósseis humanos estavam carbonizados e pareciam ter sido deliberadamente queimados.

Além disso, Dart descobriu um padrão de lesão peculiar nos fósseis dos animais. Eles tinham sido fragmentados. Ossos da perna de grandes antílopes foram quebrados de maneira que os deixou afiados, semelhantes a uma adaga. As mandíbulas estavam quebradas de um modo que poderia se imaginar que eram usadas como ferramentas de corte. Dart encontrou chifres de antílope que podiam ser usados como armas. Espalhados em toda caverna Makapansgat havia dezenas de crânios esmagados de antílopes e babuínos — aparentemente vítimas de um encontro violento com o *Australopithecus*.

Em 1949, Dart publicou suas descobertas[20], propondo que o *Australopithecus* havia desenvolvido uma cultura que ele acabou por denominar osteodontoquerática, a qual combina as palavras gregas para osso, dente e chifre.

Expandindo as ideias de Darwin, ele argumentou que os inventores dessa cultura utilizavam essas armas para atacar outros animais e uns aos outros.

Antes de se unir ao corpo docente da Universidade de Witwatersrand, Dart havia sido médico do exército australiano. Ele passou a maior parte do ano de 1918 na Inglaterra e na França[21], testemunhando o último ano da Primeira Guerra Mundial. É provável que ele tenha cuidado de soldados com ferimentos a bala e pulmões queimados pela exposição ao gás mostarda. Duas décadas mais tarde, Dart podia apenas observar como o mundo queimava de novo ao seu redor. Não é de se estranhar que depois de testemunhar duas guerras mundiais, Dart concluísse que os humanos tinham origens violentas e que acreditasse ter descoberto evidências disso em Makapansgat.

As ideias de Dart sobre a violência humana e a origem do caminhar em posição ereta se popularizou com o autor Robert Ardrey em seu best-seller internacional de 1961, *African Genesis*[22] [Gênese Africana, em tradução livre]. Apenas sete anos depois, os homens-macacos de Kubrick estavam massacrando ossos ao som do poema sinfônico *Also sprach Zarathustra, Op. 30*, de Strauss. Um ex-aluno de Raymond Dart, Phillip Tobias[23], estava no set de filmagem de *2001*, dirigindo humanos vestidos de macacos para agirem como o violento *Australopithecus*.

Mas, silenciosamente, em um laboratório do Museu Nacional de História Natural Ditsong[27], em Pretória, na África do Sul, as teorias de Dart eram destrinchadas.

Charles Kimberlin "Bob" Brain era um jovem cientista com um olho extraordinário para detalhes. Nos anos de 1960, ele reexaminou algumas das "ferramentas" de Dart e descobriu que combinavam com ossos que haviam sido naturalmente danificados ou partidos por mandíbulas poderosas de leopardos e hienas. Parecia que Dart interpretara mal os fósseis. Eles não haviam sido esmagados deliberadamente por humanos primitivos.

Além disso, descobriu-se que os ossos queimados dos animais foram carbonizados por um incêndio, antes de uma tempestade carregá-los para dentro da caverna Makapansgat e serem fossilizados. O *Australopithecus prometheus* de Dart não foi quem descobriu o fogo, afinal. Os cientistas também não conseguiram descobrir diferenças anatômicas suficientes entre o *Australopithecus prometheus* e o *africanus*[24] que justificassem denominá-los em duas espécies distintas, assim, *prometheus* foi incorporado ao *africanus*[25].

Entretanto, Brain retomou as escavações iniciadas anos antes por Broom em uma caverna chamada Swartkrans, no Berço da Humanidade. Ali ele descobriu um fragmento de crânio de um jovem *Australopithecus* e lhe deu o nome de catálogo, SK 54[26].

Alguns dias depois de ver a criança de Taung, viajei até o museu Ditsong, em Pretória, para estudar os fósseis da caverna Swartkrans. A gerente do acervo, Stephany Potze[28], me levou até a sala de Broom, um espaço pequeno com tapete vermelho, guarnecido de vitrines, que continha alguns dos mais importantes fósseis humanos já descobertos. A sala de Broom[29] parecia uma loja de antiguidades pitorescas.

Lá, Potze colocou o SK 54 em minhas mãos. Ele é um fóssil estreito e delicado, de cor castanho-claro e manchas negras aleatórias de manganês. Imediatamente me surpreendi com dois orifícios circulares com cerca de 3cm de distância da parte posterior do crânio. No interior, o osso estava deformado como se tivesse sido furado por um abridor de latas.

Potze então me entregou a mandíbula inferior de um antigo leopardo[30] também recuperado em Swartkrans.

— Vá em frente — disse ela.

Como muitos já tinham feito antes de mim, eu delicadamente coloquei as presas do leopardo encostadas nos orifícios na parte posterior do crânio SK 54. Eles combinavam perfeitamente.

Esses nossos ancestrais não eram caçadores. Eles eram caçados[31].

Nas últimas décadas, foi descoberta uma grande quantidade de fósseis humanos primitivos com marcas de mordidas deixadas por leopardos, tigres-dentes-de-sabre, hienas e crocodilos antigos. Uma reanálise da criança de Taung revelou que a famosa descoberta de Dart tinha marcas de garras nas cavidades dos olhos. Uma ave de rapina, talvez uma águia-coroada, deve ter arrancado a criança de Taung do solo e a carregado para ser comida.

Como tantas vezes acontece na ciência, até as ideias mais aceitas e refinadas esmorecem diante de novas evidências. Ainda que persista na cultura popular, o "Homem, o Caçador", que precisava das mãos livres para utilizar ferramentas e armas, isso já não explica mais nossa origem bípede.

Por que então essa forma estranha de locomoção se desenvolveu?

Alguns estudiosos duvidam[32] que um dia descobriremos. O fato de sermos o único mamífero que caminha ereto torna o mistério especialmente difícil de resolver, porém, o mais fascinante.

Eis o porquê.

Muitos animais, como os tubarões, as trutas, as lulas e os golfinhos, nadam. Até répteis extintos chamados ictiossauros nadavam. Ainda assim, esses animais não têm nenhuma relação próxima de parentesco. Um golfinho está mais estreitamente relacionado a você e a mim do que a esses outros animais, e um está mais estreitamente relacionado com um falcão do que com um peixe. Mesmo assim, o formato de seus corpos é impressionantemente similar.

Por quê? Porque descobriu-se que há uma "forma melhor" de nadar. Os ancestrais dos tubarões, dos ictiossauros e dos golfinhos com formas mais adequadas para se locomoverem na água nadavam mais rápido, comiam mais peixes e tinham mais filhotes. Como animais aquáticos sem relação de parentesco têm formas tão similares? Porque, por meio da seleção natural, um corpo aerodinâmico — a melhor solução para se locomover rapidamente na água — evoluiu muitas vezes.

Isso é algo que tem acontecido repetidamente na natureza. Por exemplo, morcegos, pássaros e borboletas "inventaram" as asas. Neurotoxinas para envenenar a presa se desenvolveram independentemente em cobras, escorpiões e anêmonas do mar. Os cientistas chamam isso de "evolução convergente".

A evolução convergente pode nos ajudar a explicar o bipedalismo? Se nos basearmos somente nos mamíferos vivos hoje, então a resposta é não, porque somos os únicos mamíferos bípedes. Se outros mamíferos caminhassem sobre duas pernas regularmente, poderíamos estudá-los para descobrir como o bipedalismo os ajuda a sobreviver. Ele facilita a obtenção de alimentos? Isso proporcionou alguma vantagem nos ambientes em que viveram há muito tempo? Poderia ter sido alguma estratégia de acasalamento? Responder a essas questões com mamíferos bípedes hipotéticos nos forneceria algumas pistas importantes sobre o porquê os seres humanos primitivos desenvolveram essa forma de locomoção. Mas como não há nenhum outro mamífero que caminhe ereto para estudar, separar as hipóteses razoáveis das absurdas é especialmente difícil.

Talvez, então, devêssemos procurar mais profundamente no passado — no tempo dos dinossauros. Quando o fazemos, percebemos que o bipedalismo não é tão raro, afinal.

CAPÍTULO 2

T. rex, Carolina Butcher e os Primeiros Bípedes

Quatro pernas bom[1], duas pernas melhor! Quatro pernas bom, duas pernas melhor! Quatro pernas bom, duas pernas melhor!
— A ovelha, A Revolução dos Bichos, *George Orwell, 1945*

Quando eu era criança, costumava assistir à reprise de *O Elo Perdido* com meu irmão e minha irmã. Eu sempre sentia medo dos Sleestaks — criaturas reptilianas que falavam sibilando e estavam sempre tentando sequestrar os membros da família Marshall. Eles eram muito altos, tinham olhos grandes e grotescos e caminhavam sobre duas pernas. Um jovem Bill Laimbeer era um dos Sleestaks, o que explica sua altura e, talvez, por que eu os odiava. Laimbeer tinha 1,86m e jogava basquete profissional para o Detroit Pistons. Eu era torcedor fanático do Boston Celtics.

O Elo Perdido era, obviamente, inventado. Mas os répteis bípedes eram reais.

Enquanto os Jogos de Inverno de Pyeongchang se encerravam em 2018, cientistas sul-coreanos anunciavam a descoberta de uma trilha de magníficas pegadas com 120 milhões de anos[2] feita por um lagarto correndo em posição ereta. Talvez na tentativa de escapar de um predador, o lagarto se ergueu sobre as duas patas traseiras e correu no lodaçal, deixando as impressões da locomoção bípede. A lama endureceu sob o calor intenso do sol e foi coberta por anos de sedimentos. A elevação e erosão geológicas acabaram por desenterrar esse momento da vida de um antigo lagarto, e, felizmente, havia cientistas lá para descobri-las antes que as impressões esfarelassem.

Embora pegadas antigas sejam um achado raro, a descoberta de um lagarto bípede não deveria ser surpreendente. Mesmo hoje, os lagartos-basiliscos sul-americanos conseguem se erguer nas patas traseiras e correr para salvar a vida. Esse pequeno lagarto é tão rápido, que até atravessa pequenas extensões de água correndo sem afundar. Isso explica o outro nome do lagarto-basilisco: lagarto-Jesus-Cristo.

Descobertas adicionais deixam claro que répteis velozes têm se locomovido sobre duas patas há um bom tempo. Há vinte anos, paleontólogos da Universidade de Toronto descobriram o esqueleto de um pequeno réptil bípede preservado nos pântanos antigos fossilizados da Alemanha central. Eles o chamaram *Eudibamus cursoris,* cuja tradução é "corredor original sobre duas pernas". Suas pernas longas e juntas articuladas são indícios de que esse animal extinto era bípede.

Surpreendentemente, o *Eudibamus* era antigo — muito antigo. Ele viveu há cerca de 290 milhões de anos, não muito depois da origem dos próprios répteis e dezenas de milhões de anos antes dos primeiros dinossauros surgirem. Com essa idade, o *Eudibamus* é um dos primeiros animais conhecidos[3] da história da Terra a se mover com duas pernas, em vez de quatro. Embora esse pequeno réptil veloz pudesse escapar de seus predadores correndo como louco com apenas as pernas traseiras, como o lagarto-Jesus-Cristo faz hoje, o *Eudibamus* foi um beco evolutivo sem saída.

Em outras palavras, a primeira linhagem bípede terrestre conhecida foi um fracasso. Ela foi extinta sem deixar um descendente moderno. Mas a era de ouro do bipedalismo já estava bem próxima.

DO LADO DE fora de minha janela, um pequeno animal bípede está saltando em um gramado verdinho procurando minhocas. É uma gracinha. Não, não estou falando da minha filha, mas do tordo-americano. Ele pula de um lado para outro na grama, e de vez em quando enfia o bico na terra para pegar uma minhoca. Mas por fim, algo o assusta, e ele usa os membros superiores emplumados para voar para uma árvore próxima.

Todos os pássaros, dos tordos às águias, de avestruzes a pinguins, são bípedes. Quando as aves desenvolveram o bipedalismo? E por quê? Talvez entender o bipedalismo das aves nos ajude a compreender o caminhar ereto dos humanos.

Uma abordagem que os cientistas utilizam para compreender as origens da evolução de uma característica em particular é examinar a anatomia dos parentes próximos, procurando semelhanças e diferenças. Fazemos isso o tempo todo, nos comparando com nossos parentes primatas. Quem, então, é o parente vivo mais próximo das aves? A resposta a essa pergunta é clara, mas chocante.

Ao estudar a anatomia e o DNA das aves, os cientistas confirmaram que nossos amigos emplumados têm relação de parentesco mais próxima com os crocodilianos[4] — crocodilos, jacarés e caimões. O DNA e os fósseis podem revelar não apenas quais animais têm relação de parentesco mais próximo, mas quando partilharam um ancestral em comum pela última vez. Por exemplo, o ancestral em comum dos humanos e dos chimpanzés viveu meros 6 milhões de anos atrás. Mas o último ancestral em comum de todas as aves e crocodilianos viveu em uma época muito mais distante — mais de 250 milhões de anos atrás.

Kirk Cameron, o ator adolescente da comédia *Tudo em Família*, da década de 1980, aparece em um vídeo online no qual ele apresenta a relação genética entre ave/crocodilo como prova de que a evolução é um conto de fadas: "É isso que os evolucionistas[5] têm procurado... o *crocopato*?"

Mas a evolução não funciona do jeito que Cameron imagina. O último ancestral comum de qualquer par de animais não é como os híbridos de *A Ilha do Dr. Moreau*, com duas formas existentes. Pelo contrário, geralmente é uma forma mais generalizada da qual os animais modernos especializados, independentemente, mudaram e evoluíram ao longo do tempo, à medida que se adaptavam aos seus ambientes específicos.

O último ancestral comum das aves e dos crocodilos não era um *crocopato*, mas um grupo de animais chamado arcossauros. Sabemos disso porque eles deixaram fósseis. Os fósseis de arcossauros primitivos podem ser encontrados nas rochas datadas de 245 a 270 milhões de anos, um período chamado de Triássico inferior. Alguns arcossauros comiam plantas; outros comiam pequenos répteis e protomamíferos, que parecem superficialmente com lagartos de pelagem felpuda. Alguns arcossauros eram bem pequenos; outros eram enormes. Um tipo, chamado *Postosuchus*, que pode ser facilmente confundido por frequentadores de museus com um *Tyrannosaurus rex* miniatura, por vezes era bípede.

Arcossauros não eram dinossauros — ainda não. Há cerca de 245 milhões de anos, por razões ainda desconhecidas, a linhagem dos arcossauros se dividiu, e duas formas dominantes se desenvolveram. Por fim, uma forma deu origem aos crocodilos e aos jacarés modernos; a outra se tornou os dinossauros e, por fim, as aves.

Na base das duas linhagens estavam os bípedes.

EM 2015, LINDSAY Zanno, do Museu de Ciências Naturais da Carolina do Norte, descreveu os vestígios de um crocodiliano triássico em sedimentos com 230 milhões de anos, a oeste de Raleigh. Ela o chamou de *Carnufex carolinensis*[6] — a "Carolina Butcher". Ele tinha 2,7m de altura, a boca cheia de dentes afiados e às vezes se locomovia sobre duas pernas. Sempre pensamos nos crocodilos como fósseis vivos, como se não tivessem mudado nada desde o tempo dos dinossauros. Mas, ao contrário dos crocodilos dorminhocos e meio lentos de hoje, seus primeiros ancestrais tinham constituição mais leve[7] e eram animais velozes, com postura ereta, e às vezes até ficavam na posição bípede.

O laboratório de paleontologia de Zanno localiza-se no segundo andar do Centro de Pesquisa Natural, no centro de Raleigh. Construído em 2012, ele é uma instalação moderna desenvolvida para envolver o público no processo da ciência. Em uma vitrine, completamente expostos aos visitantes, há não apenas fósseis, mas os paleontólogos que os descobrem e que os estudam. Um crânio de *Triceratops* repousa no centro do laboratório, à espera de que seu revestimento de gesso protetor seja cortado e limpo. O ambiente se enche com o zumbido dos aerógrafos que lentamente removem a terra antiga grudada nos ossos mineralizados de animais extintos há muito tempo.

"Eu sempre quis ser paleontóloga", contou-me Zanno. Na escola primária, ela tinha borrachas em forma de dinossauros que ela arrumava meticulosamente em cima de seu computador. Ela tinha paixão pela ciência, mas não achava que estudar dinossauros fosse uma opção realista de carreira, sendo assim, inicialmente ela se inscreveu na especialização em pré-medicina em uma faculdade comunitária.

Foi quando ela leu *From Lucy to Language* [De Lucy à Linguagem, em tradução livre], livro de Don Johanson, o cientista que descobriu o famoso fóssil humano antigo chamado Lucy. Zanno foi fisgada novamente pelos fósseis, mas se desanimou com a área de paleontologia humana.

"Ficou claro, na época, que havia mais pesquisadores do que fósseis", disse ela.

Zanno voltou-se então para a paleontologia de vertebrados — para o mundo dos dinossauros e seus parentes — e nunca se arrependeu.

Ela retirou os fósseis do *Carnufex* de um armário para mim e, cuidadosamente, os colocou em cima de um estofado de proteção. Os fósseis de 230 milhões de anos são laranja-claro. Os fragmentos de crânio são estreitos e delicados. Zanno juntou-os, revelando uma cabeça do tamanho de um jacaré adulto. Em seguida, ela pegou o osso do braço encontrado próximo ao crânio. Era pequeno. Um braço tão pequeno levava Zanno a crer que o *Carnufex* poderia ter se locomovido sobre duas pernas, talvez tendo a flexibilidade de transição entre o caminhar quadrúpede (quatro patas) e o bípede. Mas, como ela salientou, nenhum osso da perna foi recuperado ainda. Uma forma de lidar com a falta de informação é comparar o *Carnufex* com outros arcossauros semelhantes aos crocodilos que viveram aproximadamente na mesma época. Parentes antigos dos crocodilos, com nomes como *Poposaurus*, *Shuvosaurus* e *Effigia*, foram descobertos no Texas e no Novo México. Essas bestas antigas também tinham cabeça grande e braços pequenos. O fóssil mais completo revela que eles tinham pernas longas e poderosas. Pela forma preservada da articulação[8] dos tornozelos e dos grandes calcanhares, os pesquisadores podem afirmar que eles se moviam sobre duas pernas.

Carolina Butcher foi descoberta em uma pedreira ao sul da cidade de Moncure, no condado de Chatham, na Carolina do Norte. A exposição do argilito a altos níveis de oxigênio da atmosfera durante o Triássico oxidou as rochas, deixando-as avermelhadas e alaranjadas. Hoje eles são arrancados do solo e transformados em tijolos, destruindo qualquer fóssil preservado nos sedimentos do argilito. Os fósseis resistiram com o que a Terra os cobriu durante 230 milhões de anos, até hoje. Os funcionários da pedreira às vezes dão aos cientistas apenas alguns dias antes que os ossos sejam pulverizados por maquinaria pesada. Para os paleontólogos, portanto, é uma operação de resgate.

Eu atravessei de carro a ponte do rio Deep na velha Route 1 e entrei no condado de Chatham numa tarde ensolarada de março. Num trecho de 11km, há 6 igrejas, 4 delas batistas. Os narcisos floresciam, e as ruas tinham pequenas casas de família cobertas com *Cornus florida*, a flor do estado. Muitas casas são feitas de tijolos de argilito triássico. Alguns desses tijolos, sem dúvida, contêm fósseis.

Mas há 230 milhões de anos, quando um monstro andava por aqui, a paisagem parecia muito diferente. Não havia *Cornus florida*, plantas com flores ainda não haviam se desenvolvido. A grama à beira da estrada também não. A vida vegetal formada em sua grande maioria por samambaias e musgos. Os ancestrais antigos do pinheiro de folhas longas tinham troncos largos, primos de 15 metros dos minúsculos pinheiros atuais. Não havia lixo nas estradas. Nem carros. Nem pessoas. E nenhum lugar para orar se você se deparasse com a Carolina Butcher.

Um crocodilo bípede parece algo que poderia ter sido um sucesso evolucionário, mas o bipedalismo, em última análise, não foi o meio de locomoção preferido da linhagem dos crocodilos. Em vez disso, esses répteis gradualmente evoluíram para a locomoção quadrúpede. O bipedalismo esporádico pode ter ajudado a Carolina Butcher, mas seus parentes, os crocodilos, que dependiam mais da locomoção quadrúpede, foram os que sobreviveram ao desafio do tempo, talvez por ela ser mais adequada à caça por emboscada em massas de águas rasas.

Mais uma vez, o bipedalismo fracassou.

SE PERCORRERMOS O outro caminho no ponto de bifurcação do arcossauros, acabaremos chegando nas aves modernas atuais. Na base dessa linhagem estava o mais antigo dos arcossauros semelhantes aos dinossauros — e os primeiros dinossauros propriamente ditos. Os primeiros dinossauros não andavam sobre quatro patas como o estegossauro. Eles erguiam-se nas patas traseiras e corriam como outro antigo dinossauro, o velociraptor. Eles eram bípedes.

Tal como aconteceu com os crocodilos, o bipedalismo não foi um meio de locomoção bem-sucedido em muitas linhagens de dinossauros, e o quadrupedalismo evoluiu novamente. Pense no brontossauro de pescoço longo e no triceratops com chifres, por exemplo. Entretanto, uma linhagem de dinossauros manteve a postura e a locomoção bípede. O temível alossauro patrulhava no Jurássico sobre duas patas; o *Tyrannosaurus rex* era o rei do período Cretáceo. Eles eram máquinas de matar bípedes.

Zanno não encontra apenas fósseis de crocodilos antigos. Ela passa seus verões cavando sedimentos do Cretáceo em todo o oeste norte-americano, em busca dos ancestrais do *T. rex* e de seus primos bípedes chamados therizinossauros. Nos dinossauros, o bipedalismo deixou os braços livres da responsabilidade de caminhar, e quando isso aconteceu, uma variação extraordinária se desenvolveu.

Meu filho, que ama dinossauros, tem um adesivo na porta de seu quarto com uma figura do *T. rex*. E o texto diz: "Se você está contente, bata suas... ops." Os bracinhos do *T. rex* são alvo de muitas piadinhas de dinossauros, e pesquisadores têm debatido se eles tinham alguma função[9]. Mas os braços do *T. rex* pareciam com os de Arnold Schwarzenegger, se comparados com o pobre carnotauro, que faz parecer que alguém estava brincando com o Sr. Cabeça de Batata dinossauro, colocou uma cabeça de *Tyrannosaurus* em um corpo bípede, adicionou chifres e se esqueceu completamente dos braços. A atrofia, ao que parece, foi uma opção que a evolução arranjou para os braços dos dinossauros bípedes.

Abrindo a tela de seu computador, Zanno disse: "Olhe todas as coisas incríveis que podem acontecer com os braços dos dinossauros bípedes." Ela me mostrou uma reconstrução do alvarezssauro, especialista em se alimentar de insetos e cupins cujos ossos das mãos se fundiram para formar um par de grandes garras escavadoras. E o *Deinocheirus*, um dinossauro bípede que desenvolveu braços enormes com 2,5m de comprimento com 3 longas garras. Apesar dos membros dianteiros intimidadores, que deram o nome à espécie, que significa "mão horrível" em grego, essa besta provavelmente era herbívora. Supostamente, ele utilizava as garras para puxar galhos até o bico sem dentes. Ela também me mostrou o therizinossauro, que como o *Deinocheirus*, tinha braços enormes, só que, neste caso, ele tinha longas garras achatadas. Ele também tinha uma barriga enorme e possivelmente só se sentava enquanto se alimentava. "O pior bípede que eu já vi", disse ela.

É provável que o therizinossauro tivesse o que muitos outros theropodas, como o velociraptor e oviraptor, também tinham: penas. Após se livrarem do trabalho da locomoção, os braços podiam ser usados para uma variedade de coisas. Eles podiam ser usados para coletar alimento. Podiam ser usados como ornamentação para ajudá-los a atrair parceiras. É possível que o oviraptor usasse os braços emplumados para abrigar os ovos no ninho. As penas podem ter mantido outros dinossauros aquecidos. Ao longo do tempo, as penas foram designadas para planar e, depois, para voos impulsionados. Há 66 milhões de anos, a maioria dos dinossauros foi extinta, mas alguns bípedes com penas sobreviveram.

Os dinossauros nos dizem, pelo menos, uma coisa sobre nós — o bipedalismo deixa os braços livres do peso de apoio, e quando isso acontece, avanços podem surgir. Nas aves, obviamente, os braços ainda são usados principalmente para locomoção — para voar. Mas algumas aves, como os emus, avestruzes, as emas e os casuares, não usam os braços para se locomoverem. Essas aves, que não voam, usam as pernas. Como os humanos, elas se locomovem sobre duas pernas. Mas ao contrário dos humanos, elas são velozes.

Avestruzes podem correr a mais de 65km/h, enquanto os humanos mais velozes têm sorte se chegarem à metade dessa velocidade. Essas grandes aves não têm músculos nos pés e nos tornozelos, apenas longos tendões que se alongam, armazenam energia elástica e se flexionam para impulsionar a ave para a frente. Seus músculos ficam posicionados acima dos quadris, como um metrônomo com o peso posicionado longe da extremidade oscilante. Com essa anatomia, as aves podem deslocar as pernas rapidamente, estilo papa-léguas. Embora os humanos tenham tendões mais longos nos pés e nas pernas do que os primatas, nós temos pés e pernas com muito mais músculos do que os emus e os avestruzes, por isso não conseguimos deslocá-las tão rapidamente.

Os pés dos humanos e dos avestruzes diferem em um modo importante. Os calcanhares humanos tocam o solo; nós batemos os calcanhares. Mas as grandes aves que não voam caminham na ponta dos pés, com os calcanhares elevados. Isso transforma o pé da ave em uma mola. Algumas pessoas acham que o joelho das aves dobra para trás. Isso não é verdade. A articulação que vemos na mesma posição, geralmente, que o joelho humano, na verdade é o tornozelo elevado da ave, dobrando do mesmo jeito que o nosso.

Por que a anatomia das aves e dos humanos diferem tanto uma da outra, se os dois animais caminham sobre duas pernas? Porque a evolução só pode ocorrer com estruturas preexistentes. Não somos criados do zero. Somos primatas modificados e, em comparação com a linhagem das aves, somos bípedes há muito pouco tempo.

Há apenas poucos milhões de anos, nossos ancestrais ainda escalavam com pés flexíveis, musculosos e bem-adaptados para se agarrarem aos troncos e galhos das árvores. As aves são elos vivos de uma corrente ininterrupta de animais que caminham na posição ereta e remontam, pelo menos, há 245 milhões de anos. Elas, no aspecto da evolução, são mestres no bipedalismo. Nós somos principiantes desajeitados.

O caminhar ereto evoluiu em muitas linhagens diferentes de antigos lagartos e crocodilos, ao *T. rex* e às aves. Teriam eles algo em comum que poderia nos ajudar a resolver o mistério do porquê de andarmos sobre duas pernas?

Em cada caso, seja o do lagarto-Jesus-Cristo ou do velociraptor, o bipedalismo parece ter tudo a ver com velocidade. Até as baratas se erguem nas patas traseiras e correm quando estão assustadas. Os humanos primitivos desenvolveram o bipedalismo em razão da velocidade? Evidentemente, a resposta é não. Um chimpanzé correndo sobre as quatro patas facilmente alcança a mesma velocidade que os velocistas olímpicos, que passaram anos em treinamento. O macaco mais rápido, o macaco-pata, ganharia medalha olímpica de ouro na corrida de 100 metros com tempo de folga, mas ele não é bípede. Nós desenvolvemos o bipedalismo apesar da velocidade, não por causa dela.

Por que o bipedalismo torna os seres humanos lentos, enquanto torna o velociraptor veloz? A cauda é a resposta.

Pesquisadores da Universidade de Alberta[10] descobriram que as grandes caudas dos dinossauros contribuíram para sua velocidade. A poderosa musculatura da cauda dos dinossauros bípedes localizada próximo das patas traseiras lhes dá um impulso extra. Pense na postura[11] do inteligente velociraptor no filme *Jurassic Park — Parque dos Dinossauros* ou no esqueleto do *T. rex* correndo em *Uma Noite no Museu*. A cauda se flexionava, a cabeça ia para a frente, e lá iam eles.

A relação entre a cauda e o bipedalismo dos mamíferos é mais complicada. Os humanos, obviamente, não têm cauda, assim como qualquer outro primata também não tem. A ausência da cauda é uma das características que define a família dos primatas, um grupo com relação de parentesco, como gibões, orangotangos, gorilas, chimpanzés, bonobos e seres humanos. Na próxima vez que for ao zoológico, pare um minuto antes de se referir aos chimpanzés, gorilas ou orangotangos como "macacos". Macacos normalmente têm rabos, mas os primatas não.

Todos os primatas podem se mover com a postura ereta, algo chamado de ortógrada, e podem se pendurar pelos braços. Os macacos normalmente não conseguem fazer isso[12]. Um nome mais apropriado, então, para o brinquedo de parque infantil em que as crianças podem se pendurar seria "barra de primatas" em vez de "barra de macacos". Os gibões se penduram e se balançam nos galhos, orangotangos caminham eretos em meio às árvores, e os primatas africanos sobem e descem dos troncos das árvores como se elas fossem postes de bombeiros. Nos humanos, a postura ortógrada ou ereta se manifesta em como caminhamos — o bipedalismo ereto.

Claramente, ninguém precisa de uma cauda para ser bípede. A maioria dos mamíferos tem cauda, mas não é bípede. A explicação parece ser a de que os ancestrais dos mamíferos perderam a cauda poderosa e desenvolveram pequenas caudas como as do rato ou a dos mamíferos primitivos escondidos na sombra dos dinossauros, que não tinham cauda alguma.

Na verdade, uma cauda poderosa poderia impedir o caminhar bípede nos mamíferos. Para saber por que, precisamos ir para terras australianas.

EM ALGUM MOMENTO entre 50 e 70 mil anos atrás, bandos de *Homo sapiens* expandiram seus territórios para além do continente africano e para dentro da Eurásia. Eles seguiram a leste e, por fim, chegaram ao arquipélago Indonésio. Era a era do gelo, e embora o frio não fosse sentido na Indonésia equatorial, os seus efeitos eram. A água do oceano ficava represada nas calotas polares. Os níveis dos mares eram baixos, e as "ilhas" da Indonésia se conectavam por uma massa de terra que os cientistas hoje chamam de região da Sonda. Mas independentemente de quão baixo os níveis do mar estavam, ainda era preciso uma embarcação simples, um pouco de curiosidade e senso de aventura para que os humanos continuassem seguindo para sudeste, pulando de ilha em ilha, indo em direção à grande massa de terra mais próxima[13] — a Austrália.

Quando chegaram, eles se viram num mundo cheio de bípedes. Havia dezenas de milhões de grandes emus bípedes incapazes de voar, caminhando, e provavelmente ainda mais cangurus. Mas como bípedes, os cangurus não se locomovem da mesma forma que nós ou que os emus. Eles saltam. Para eles, essa é uma forma muito eficiente de locomoção[14], que se beneficia da energia elástica armazenada nos longos tendões de suas pernas. Eles podem alcançar velocidades de mais de 65km/h.

Mas quando as pessoas chegaram na Austrália pela primeira vez, elas não encontraram somente os cangurus saltadores. Elas encontraram os que caminhavam. Os ossos de alguns desses animais viajaram uma grande distância da Austrália até a cidade de Nova York.

O Museu Americano de História Natural, em Nova York, é como uma loja de doces para os cientistas entusiastas. O lobby apresenta uma cena emocionante, na qual a mãe barossauro ergue-se em duas pernas para defender seu bebê de um alossauro faminto. O Planetário Hayden, de alguma forma, faz com que o deslocamento vermelho da galáxia seja compreensível. Eu poderia ficar deitado o dia todo sob o modelo de tamanho natural da baleia-azul. Mas o que poucos visitantes percebem, ao explorar cada área de exposições em cada andar, é que o centro do museu tem espaços amplos, inacessíveis ao público em geral, onde as coleções de artefatos de pesquisa estão guardadas e a ciência é realizada.

Lá, em abril de 2018, estudei ossos fossilizados de cangurus gigantes do Pleistoceno. As coleções de pesquisa ficam tão próximas das áreas de exibição, que eu conseguia ouvir os gritos excitados dos estudantes nos corredores. Armários lotados que vão do piso ao teto contêm vestígios de animais extintos há muito tempo. As centenas de caixas fechadas contendo fósseis sem o devido preparo de expedições de paleontologia do século XIX e início do século XX me lembraram a cena de encerramento de *Os Caçadores da Arca Perdida*.

Os fósseis grandes demais para caber nos armários são guardados em paletes de madeira. As carapaças rígidas, gigantes dos gliptodontes, primos extintos dos tatus, ficam enfileirados junto à parede. Próximo deles está um esqueleto articulado de um glossotério, um bicho-preguiça terrestre gigante extinto que pesava mais de uma tonelada. Diante de outra parede está o crânio do *Andrewsarchus mongoliensis*, um mamífero carnívoro enorme que viveu durante o Eoceno, há 40 milhões de anos. É o que eu imagino como seria o crânio do Dragão da Sorte[15] de *A História Sem Fim*. Poucos visitantes sabem que esses tesouros estão atrás das paredes muito finas das áreas de exibição.

Num canto distante dessa sala, gavetas estão cheias de fósseis de mamíferos do Pleistoceno da Austrália do Sul. Há dois armários cheios de ossos de duas expedições ao lago Callabonna, onde os fósseis de um canguru gigante extinto foram recuperados por cientistas do museu; uma realizada em 1893, e outra em 1970.

Os ossos são densos e estranhamente coloridos. Os padrões de marrom e cinza de um fóssil se unem a tons de laranja, branco e até rosa. Alguns dos ossos estão bem quebrados, outros estão lindamente preservados, ainda articulados, como eram em vida.

Removi cuidadosamente das gavetas os pés, as pernas e a pelve fossilizados de um canguru-gigante-de-cabeça-pequena (*Sthenurus stirlingi*), que pesava mais de 135kg e tinha mais de 3m do rabo até o focinho. Só o fêmur era do tamanho de uma chave inglesa. Se um animal desse tamanho tentasse pular, ele arrebentaria os tendões — receita para uma rápida extinção. Como esse canguru caminhava? Christine Janis, paleontóloga[16] da Universidade Brown, resolveu esse enigma. Esse canguru não saltava; ele caminhava.

Janis observou que os ossos da cauda do *Sthenurus* eram relativamente pequenos, indicando que ele não tinha capacidade de contrabalançar o corpo com a cauda enquanto saltava como os cangurus modernos saltam. Além disso, o quadril e os joelhos do *Sthenurus* eram desproporcionalmente grandes, como nos humanos atuais, tornando-os bem adaptados para suportar o peso do corpo do canguru-gigante em uma perna de cada vez. Pegadas com 4 milhões de anos[17] descobertas recentemente na Austrália Central confirmam a interpretação de Janis sobre esses ossos antigos — o *Sthenurus* caminhava.

À medida que eu estudava os fósseis, tentava imaginar um enorme canguru caminhando. Gostaria que ele ainda estivesse vivo, perambulando no interior australiano. Infelizmente, no Pleistoceno, o *Sthenurus* desapareceu — talvez caçado até sua extinção por um bípede novo no pedaço.

O CANGURU-GIGANTE-DE-CABEÇA-PEQUENA NÃO conseguiria saltar como os cangurus de hoje porque ele era muito grande. Outros mamíferos grandes extintos também são descritos com postura ereta, se não também como sendo bípedes. O museu exibe o extinto urso-gigante-das-cavernas do Pleistoceno, normalmente posicionando-o em postura ereta e ameaçadora. Esqueletos do megatério, um bicho-preguiça terrestre gigante, são com frequência reconstruídos em posição ereta e se alimentando de galhos de árvores baixas. Embora a maioria seja quadrúpede, há evidências[18], por meio de pegadas, de que o megatério às vezes caminhava sobre duas pernas também. E mesmo sem nenhum fóssil recuperado do pescoço para baixo do enorme primata do Pleistoceno asiático, o *Gigantopithecus*, há quem formule hipóteses de que alguns eram bípedes, lembrando os vídeos mal feitos e fantasiosos de avistamentos do pé-grande, do yeti e do sasquatch.

O tamanho tão grande parece explicar por que alguns mamíferos se tornaram bípedes, mas isso ajuda a resolver a origem misteriosa do caminhar humano? Novamente, parece que a resposta é não. Fósseis revelam que nossos ancestrais primitivos bípedes não eram maiores do que os chimpanzés[19].

O tamanho não é o que nos compeliu a ficar eretos. Nem a velocidade. Deve haver outra razão pela qual nossos ancestrais começaram a andar sobre duas pernas, em vez de quatro, mas deve ser diferente dos fatores que levaram outros animais a caminharem eretos. Deve ter sido um impulso único dos humanos.

Então, o que é?

CAPÍTULO 3

"Como o Ser Humano Ficou Sobre Duas Pernas" e Outras Histórias Sobre o Bipedalismo

As especulações sobre a origem[1] do bipedalismo são quase sempre fascinantes exibições de ingenuidade — expressando, acima de tudo, uma encenação da ousadia intelectual.

— *Jonathan Kingdon, naturalista,* Lowly Origin, *2003*

De acordo com o antigo político grego Alcibíades, antigamente os humanos tinham quatro pernas, quatro braços e duas cabeças. Eles eram arrogantes e perigosos — uma clara ameaça aos Deuses. Isso preocupava Zeus[2], que considerava destruir os humanos com um raio, da mesma forma que ele e os Olimpianos fizeram com os Titãs. Em vez disso, ele apareceu com um plano engenhoso. Ele os dividiu em dois. Com apenas duas pernas, dois braços e uma face, os humanos não seriam nem um pouco ameaçadores. Apolo costurou os seres separados e deu um nó em seus umbigos. Desde então, eles têm vagado pela Terra em busca de suas outras metades — suas almas gêmeas.

SOMOS UMA ESPÉCIE curiosa. Buscamos respostas para as grandes questões. De onde viemos? Por que somos do jeito que somos? Para termos respostas com base em evidências, nos voltamos para a ciência. Mas nós, cientistas, temos que ter cuidado, porque, por falta de evidência, as histórias da origem do caminhar ereto podem ser tão fantasiosas quanto a de Zeus dividindo os humanos de quatro pernas ao meio. Muitas explicações sobre o bipedalismo humano podem ser escritas na linguagem da ciência, mas partilham o mesmo arco narrativo de *Como Surgiram as Pintas do Leopardo, Como Surgiu a Corcova do Camelo* e *Simples Assim,* de Rudyard Kipling.

O antropólogo Russell Tuttle, da Universidade de Chicago[3], chamou as hipóteses da origem bípede de "narrativas cientificamente fundamentadas". Nos últimos 75 anos, nós, os antropólogos, temos oferecido cada vez mais razões possíveis sobre o porquê de o ser humano caminhar sobre duas pernas, publicando bem mais de uma centena de artigos científicos propondo explicar a razão pela qual a seleção natural favoreceu nossos antepassados.

Poucos foram levados a sério.

EM VEZ DE mergulharmos direto no porquê de os *humanos* serem bípedes, ajudaria antes considerar a questão de uma perspectiva mais ampla. A locomoção bípede é rara em outros mamíferos, mas aqueles que se movem mais sobre duas pernas, ainda que ocasionalmente, são os primatas: lêmures, macacos e símios. Os lêmures-sifaka de Madagascar pulam sobre as duas pernas quando descem das árvores e caem no solo. Os macacos-capuchinhos juntam nozes e pedras nos braços e se deslocam, por curtas distâncias, sobre duas pernas. Os babuínos ficam sobre duas pernas enquanto atravessam riachos com água na altura da cintura. Todas as espécies de primatas, inclusive chimpanzés e bonobos, caminham como bípedes uma vez ou outra.

A questão, então[4], não é como o caminhar bípede surgiu do nada, mas quais eram as condições nas quais o caminhar bípede aumentou sua *frequência* de ocasionalmente em outros primatas para o tempo todo nos humanos.

Embora a locomoção bípede seja rara nos mamíferos, a *postura* bípede não é. Certamente, antes de nossos ancestrais começarem a caminhar sobre duas pernas, eles tiveram que ficar eretos. Investigar o porquê de alguns mamíferos vivos ficarem eretos pode nos dar uma visão de por que os ancestrais humanos primitivos evoluíram para a postura ereta, um pré-requisito para a locomoção bípede.

Muitos mamíferos ficam sobre duas pernas para observar o cenário. Esse comportamento é comum, por exemplo, com o suricato africano e o cão-da-pradaria norte-americano. Ambam, o gorila macho grande do Palácio dos Macacos em Kent, Inglaterra, sempre fica ereto para observar seu cuidador, Phil Ridges, preparar sua comida. E quando Ambam ouve um barulho à distância, ele fica ereto, com os olhos fixos na direção do som. Esses exemplos apoiam a hipótese do "cadê-achou"[5], que afirma que a postura ereta se desenvolveu em nossos ancestrais como uma forma de vigiar a savana em busca de predadores.

No ano em que Charles Darwin nasceu (1809), Jean-Baptiste Lamarck, um naturalista francês mais conhecido por levantar a hipótese do mecanismo em grande parte errado da evolução, propôs essa ideia no livro *Zoological Philosophy* [Filosofia do Mundo Animal, em tradução livre]. Ele escreveu que o bipedalismo satisfez[6] o "desejo de controlar uma visão mais ampla".

Se isso estiver correto, nossos antigos ancestrais hominídeos ficavam eretos para vigiar uma paisagem coberta de relva em busca de perigos, para se agacharem antes, evitando serem descobertos. Talvez isso esteja certo, eu acho, mas por que, então, nossos ancestrais começaram a se *locomover* sobre duas pernas? Se você vê um leão e ele também o vir, o bipedalismo seria uma forma muito mais lenta de escapar do que o galope sobre quatro pernas.

Outros têm observado que chimpanzés e ursos ficam eretos para avisar aos outros que ali é o seu território ou simplesmente para farejar o ar e detectar o que está a sua volta. Talvez nossos antigos ancestrais hominídeos[7] ficassem eretos para parecerem maiores e ameaçadores. Talvez isso os ajudasse a sobreviver e, assim, ter mais descendentes. Um estudioso foi um pouco mais além[8] e argumentou que os primeiros hominídeos ficavam eretos para empunhar arbustos com espinhos para se defender dos leões.

Ou talvez, em vez de vigilância, ficar eretos nos ajudasse a comer.

A GAZELA-GIRAFA É um adorável antílope do leste africano que se ergue nas patas traseiras para alcançar as folhas de acácia verdes e nutritivas. Cabras, ocasionalmente, fazem isso também. Na natureza, alguns chimpanzés[9] ficam em duas patas para alcançar frutas nos galhos. Às vezes eles fazem isso no solo, e outras vezes, nas árvores. Alguns cientistas formularam hipóteses de que nossos ancestrais hominídeos também ficavam eretos para alcançar alimentos que, de outra forma, ficariam fora de alcance. Os mais altos conseguiam encher a barriga e ficavam mais saudáveis para gerar mais descendentes.

Há outros, ainda, que colocam nossos ancestrais[10] não em uma savana e nem na base de árvores frutíferas, mas em um habitat aquático rico em juncos similar ao delta do Okavango atual, em Botsuana. Se isso estiver correto, nós éramos primatas do pântano. Babuínos que hoje vivem perto de Okavango, ocasionalmente, ficam sobre duas pernas para evitar que a água cubra sua cara.

Essa hipótese é a reformulação mais razoável[11] da ideia de "primata aquático", originalmente desenvolvida nos anos de 1960 por Sir Alister Hardy e em seguida por Elaine Morgan. Ela tornou-se popular recentemente por meio de David Attenborough em um programa de rádio da BBC. A ideia pressupõe que o bipedalismo do hominídeo se desenvolveu na água. Essa ideia explicaria a nossa falta de pelos, flutuabilidade relativa e um reflexo de mergulho presente nos bebês humanos, entre outros aspectos exclusivos da nossa anatomia e fisiologia.

Essa ideia foi divulgada de forma absurda no não científico *Sereias: O Corpo Achado*, que foi ao ar nos canais Animal Planet e Discovery em 2012 e assistido por 1,9 milhão de norte-americanos. O programa estava repleto de evidências fabricadas e entrevistas com os "cientistas" Rodey Webster e Rebecca Davis, interpretados pelos atores Jason Cope e Helen Johns.

A hipótese do primata aquático[12] faz algum sentido até você perceber que o habitat aquático juntaria crocodilos e hipopótamos perigosos e que não somos muito bons nadadores. Nos Jogos Olímpicos de Beijing, em 2008, Michael Phelps, indiscutivelmente o mais rápido nadador do mundo, cobriu 200 metros em menos de 1 minuto e 43 segundos. Nesses mesmos jogos olímpicos, Usain Bolt correu a mesma distância em terra em 19 segundos. Se você acha que somos lentos em terra, e você está certo, pense na água. Melhor ainda, se tiver crocodilos e hipopótamos por perto, nem pense.

Então, por que nossos ancestrais ficaram eretos e caminharam sobre duas pernas? Honestamente, não sabemos, mas me incomoda ver o quanto algumas pessoas se sentem confiantes com suas hipóteses favoritas.

Em março de 2019, o biólogo evolucionista Richard Dawkins tuitou:

Por que desenvolvemos o bipedalismo? Eis aqui minha teoria memética. O bipedalismo temporário é esporádico nos primatas: um truque eminentemente imitável, uma demonstração evidente de invejável habilidade. Acho que a moda meme* bípede se expandiu culturalmente, provocando a coevolução meme/gene (inclusive na seleção sexual).

Em outras palavras, tudo começou porque um macaco viu e imitou. Eu queria que Dawkins tivesse usado a palavra "hipótese", em vez de "teoria", já que na ciência a palavra "teoria" refere-se a ideias grandes e abrangentes com poder preditivo e explicativo. Os cientistas usam essa palavra de forma diferente daquela usada cotidianamente, em que teoria é, às vezes, um palpite sem noção. Entretanto, Dawkins acha que o bipedalismo começou como uma tendência da moda, tornou-se culturalmente legal e depois viralizou, e finalmente isso levou a mudanças graduais anatômicas.

Dawkins apresentou sua ideia meme pela primeira vez no *The Ancestor's Tale* [O Conto do Ancestral, em tradução livre], um livro escrito em coautoria com Yan Wong em 2004. Mas 15 anos depois, Dawkins pôde ver o que seus seguidores pensavam quando 433 pessoas responderam no Twitter. Uma porção de respostas insistia que Deus tinha feito os humanos bípedes. Outros apenas escreveram "Oi?". Mas a maioria das respostas foi de leitores que sem sombras de dúvida, com 100% de certeza, *sabiam* por que os humanos

---

* Richard Dawkins cunhou esse conceito em seu livro *O Gene Egoísta*. O meme é o equivalente cultural do gene, a unidade básica de transmissão cultural.

se tornaram bípedes. Quatro ideias surgiram repetidamente. Os humanos tornaram-se bípedes para ter as mãos livres para carregar ferramentas ou armas, para ver sobre a grama alta e evitar os predadores, para ficar sobre duas pernas na água ou para obter energia para correr atrás de presas em distâncias maiores. Mas os defensores do primata aquático foram especialmente inflexíveis com o que conheciam melhor. A ciência não trabalha de acordo com voto popular. Só porque essas ideias surgem de tempos em tempos, isso não as torna verdadeiras.

Mas todo o mundo gosta de um bom mistério[13], então vamos dar uma volta rápida nas hipóteses não mencionadas por Dawkins em seu Twitter:

- PERSEGUIÇÃO FURTIVA: O bipedalismo permitiu que os hominídeos se esgueirassem até a presa e batessem nelas com pedras.

- ARRASTÃO: Primatas que se alimentavam no solo desenvolveram uma postura mais ereta conforme arrastavam o traseiro no chão de um local de alimentação para outro.

- HOMINÍDEO NU: As fêmeas sentiam-se atraídas pelos machos que ficavam de pé para exibir sua genitália. Sim, essa é uma hipótese real.

- ROCKY BALBOA: Nossos ancestrais precisavam das mãos livres para bater um no outro.

- TROPEÇO: O quadrupedalismo desapareceu porque os membros traseiros e dianteiros se atrapalhavam e levavam a quedas. Claro que isso não parece ser um problema para outros animais quadrúpedes.

- BEBÊ NOS BRAÇOS: Os primeiros hominídeos migraram com grandes rebanhos de animais africanos para se alimentar das carniças que estes deixavam para trás e precisavam de seus braços para carregar os filhos.

- DRIBLANDO OS PREDADORES: Hominídeos bípedes são melhores para se esquivar de leopardos e leões. Só que não, é claro.

- ESCALADOR: Os hominídeos desenvolveram o bipedalismo subindo e descendo colinas e vales.

- MIOCENO NANICO: Os primeiros hominídeos tinham o corpo pequeno e ficavam sobre duas pernas para correr e caminhar nos galhos das árvores.

- DISTRITO DA LUZ VERMELHA: Os machos precisavam das mãos livres para carregar carne para as fêmeas e trocá-la por sexo.

- FOGO! FOGO! Uma supernova próxima aumentou a frequência de incêndios florestais, que queimaram o habitat dos primatas, estimulando, com isso, a locomoção bípede.

- SIMULACRO DE AVESTRUZ[14]: Os hominídeos imitavam os avestruzes bípedes para se esgueirar até seus ninhos e roubar seus ovos. Essa eu que inventei, mas você acha essa mais maluca do que as outras?

E tem muitas outras mais[15]. O número impressionante de hipóteses para a origem bípede por si só não é um problema. O problema é que muitas não são cientificamente verificáveis com as informações que temos atualmente.

Para uma ideia ser científica, ela precisa gerar previsões que possam ser comparadas com dados atuais. Por exemplo, um cientista verificando a hipótese do Mioceno Nanico pode prever que os hominídeos bípedes primitivos tinham corpos pequenos, viviam em florestas, em vez de na savana, e que tinham se adaptado para se mover e comer nas árvores. Se os fósseis atuais indicassem que os primeiros caminhantes bípedes tinham corpos enormes, que viviam na savana e comiam alimentos do solo, então a ideia do Mioceno Nanico seria refutada. Se os dados não batem com as previsões e a hipótese está errada, podemos seguir em frente com outra ideia, e a ciência pode progredir. Se não formulamos hipóteses como previsões verificáveis, elas são apenas histórias, tão cientificamente válidas quanto Zeus dividindo os humanos em dois. Uma boa hipótese é vulnerável, e um bom cientista é flexível para abandonar uma ideia contra a qual os dados se mostrem.

Então que tipo de dados estamos procurando?

Para começar, seria útil saber *onde* o bipedalismo terrestre começou, e certamente também ajudaria muito saber *quando*.

Charles Darwin, no *A Descendência do Homem e Seleção em Relação ao Sexo*, elaborou a hipótese de que os humanos compartilham parentesco com os primatas africanos. Os bonobos só foram conhecidos pela ciência em 1933, então Darwin apenas escreveu sobre chimpanzés e gorilas, mas e quanto aos primatas asiáticos, orangotangos e gibões? Somos muito parecidos com eles também. Como determinamos qual desses primatas é o mais aparentado com os humanos?

Depois de quase um século de debates sobre esses relacionamentos, os cientistas no final da década de 1960 começaram a comparar proteínas e depois o DNA dessas espécies. Os resultados levaram a uma reestruturação da nossa árvore genealógica. Como Darwin tinha previsto, os parentes vivos mais próximos dos humanos eram, de fato, os primatas africanos. Os mais próximos de nós são os chimpanzés e os bonobos, os gorilas são nossos primos de segundo grau, e os orangotangos são nossos primos de terceiro grau.

Essa relação próxima com os chimpanzés e bonobos não significa que os humanos evoluíram a partir deles. Eles são nossos parentes, não nossos ancestrais. Não viemos deles tanto quanto eles não vieram de nós. O que a teoria evolutiva prediz é que compartilhamos um ancestral comum com eles. Não cometam o erro do *crocopato*, que Kirk Cameron cometeu. Esse ancestral em comum não é um *humanzé* ou um *bonosapien*, uma mistura de nós com eles, mas sim um primata mais generalizado a partir do qual os dois evoluíram.

Como seria esse primata antigo? Quando ele viveu? Essas são questões difíceis, mas os cientistas começaram a descobrir as respostas.

O ANTROPÓLOGO MOLECULAR Todd Disotell[16] me cumprimentou assim que entrei no elevador lotado do quarto andar da Waverly Place, nº 25 do *campus* em Greenwich Village da Universidade de Nova York. Ele é baixo e de boa condição física, parece muito mais novo do que seus 55 anos. Era um dia de abril muito frio, mas Disotell vestia shorts coloridos bem chamativos, um mocassim e uma camiseta do King Kong. As mangas curtas da camiseta deixavam à mostra tatuagens do famoso desenho *"I think"*, de Darwin, de uma árvore genealógica no antebraço direito e o Pé-grande no bíceps esquerdo. Ele tinha eliminado seu moicano e, ao contrário, estava com o cabelo bem raspado, cavanhaque e óculos com aro laranja. Disotell é um dos maiores especialistas do mundo em antropologia genética.

Seis alunos da pós-graduação e do pós-doutorado tiraram os olhos de suas pipetas quando entramos no laboratório, uma grande instalação, considerando a escassez de salas do departamento de antropologia da NYU. Disotell orgulhosamente declarou que Giorgio Tsoukalos, o cara do *Alienígenas do Passado*, esteve lá para testemunhar a extração do DNA dos crânios que ele pensava serem alienígenas. Não eram. Com a dificuldade em se obter subsídios federais atualmente, Disotell foi esperto, mas controverso, e com muita tática fez os estúdios de TV comprarem um equipamento caro em troca de sua opinião como especialista no programa da History Channel que popularizou os contos fantásticos de alienígenas do passado e do Pé-grande.

Depois do *tour*, descemos a rua até a White Oak Tavern para almoçar. Disotell pediu uma salada de maçã sem maçã, e fiz a pergunta que havia me levado até Manhattan:

"Quando os humanos e os chimpanzés compartilharam seu último ancestral em comum?"

Eu estava esperando um grande suspiro, um gole pensativo de sua bebida e uma série de declarações ambíguas, uma enrolação.

"Há seis milhões de anos", disse ele sem qualquer hesitação. "Com uma variação de mais ou menos meio milhão de anos."

"Verdade?", disse eu. "Eu tinha estimado no máximo 12 milhões e no mínimo 5 milhões."

"Não", respondeu Disotell. "Essas datas estão baseadas em pressupostos errados."

Ele explicou que, uma vez, estudos contaram as diferenças moleculares em sequências pequenas de genes-alvo para estimar quando as linhagens divergiram. Agora, no entanto, a tecnologia mais avançada permite aos pesquisadores comparar rapidamente dezenas de milhares de genes entre as espécies, inclusive humanos e primatas africanos. Sem dúvida, nem todos concordarão com essa interpretação de dados, mas para Disotell, os resultados são claros.

Muito da evidência fóssil sustenta a conclusão dele de que nossa linhagem se separou completamente[17] da linhagem dos chimpanzés e dos bonobos há cerca de 6 milhões de anos. Pressupondo que uma nova geração surge a cada 25 anos mais ou menos, o último ancestral em comum que eu compartilhei com um chimpanzé foi meu tatara tataravô, com cerca de 240 mil "tatara" na frente do tataravô. Se eu dissesse um "tatara" por segundo, eu levaria 3 dias inteiros sem parar para alcançar o ponto em que minha linhagem divergiu daquela do chimpanzé.

A África é, e sempre foi, enorme e cheia de habitats variados. Seria útil saber *onde* os primeiros hominídeos viveram. Eles viviam nas copas das florestas primitivas ou se arriscavam na savana? Mudanças ambientais sempre ocasionam mudanças evolutivas no comportamento e na anatomia.

Pistas de uma mudança dramática no ambiente africano estão escondidas em solos antigos e dentes fossilizados que preservam isótopos de carbono e oxigênio estáveis. Para entender isso, faremos uma pausa para uma pequena aula de química.

Carbono e oxigênio existem em diferentes formas, chamadas isótopos. Alguns isótopos são instáveis e radioativos. Estes são úteis para determinar a idade completa dos fósseis, um assunto ao qual retornaremos no capítulo seguinte. Os isótopos em que estamos interessados na reconstrução de ambientes antigos são os estáveis.

O carbono, designado C^{12} porque normalmente tem seis prótons e seis nêutrons, tem um isótopo C^{13}, que tem um nêutron a mais. Descobriu-se que quando algumas plantas respiram, elas rejeitam o dióxido de carbono com isótopos mais pesados, C^{13}, e preferencialmente incorporam o C^{12} em seus tecidos. Essas plantas tendem a ser árvores florestais de ambientes úmidos e verdejantes. Gramíneas e outras plantas que crescem em savanas mais abertas e áridas não se importam com o C^{13} e o absorvem mais.

Quando os animais comem plantas, eles integram carbono aos seus ossos e dentes. A beleza desse isótopo de carbono é que ele é estável e não desaparece nem muda mesmo depois de milhões de anos de fossilização. Os cientistas podem triturar um dente de antílope antigo até virar pó, medir a proporção de C^{12} a C^{13}, com um instrumento chamado espectrômetro de massa, e determinar se o animal se alimentou em uma floresta, em uma savana ou em uma mistura dos dois.

O oxigênio, ou O^{16}, também tem um isótopo estável, O^{18}, com dois nêutrons a mais. Qualquer uma das duas formas pode assumir o papel do "O" na H_2O. Como o O^{16} é o mais leve dos dois, a água com esse isótopo evapora mais rápido, flutua e forma nuvens de chuva. Quando o planeta está frio, o oxigênio mais leve cai como neve e fica preso no gelo polar, que, por sua vez, concentra o O^{18} nos oceanos, formando o mais importante registro global de temperaturas passadas que temos atualmente. Além disso, à medida que o clima fica mais seco e a evaporação aumenta, os lagos e rios africanos também concentram O^{18}. A proporção do oxigênio leve com o pesado também é detectável em fósseis e nos fornece um registro permanente da temperatura e da umidade do local.

Visto que todos os animais obtêm água ao bebê-la ou das plantas que eles comem, os pesquisadores têm usado a química de fósseis antigos para reconstruir a África como ela era há milhões de anos, quando nossos ancestrais começaram a evoluir. Os resultados são intrigantes.

Começando no Mioceno, entre 10 ou 15 milhões de anos, o continente africano tornou-se mais seco e mais sazonal. As flutuações do clima tornaram-se mais evidentes, as florestas a leste da África gradualmente se fragmentaram, e a savana se expandiu para preencher as lacunas entre elas. Os cientistas hoje acreditam que o bipedalismo terrestre se desenvolveu em um ambiente que estava mudando de florestas vastas para savanas abertas com porções irregulares de floresta. No entanto, não temos certeza sobre *por que* o caminhar ereto[18] tenha sido útil nesse mundo novo.

Uma explicação é que a postura ereta[19] teria ajudado nossos ancestrais a baixar a temperatura corporal na savana. A África Equatorial é quente. A maioria dos animais é ativa à noite ou ao alvorecer e ao pôr do sol. Eles competem entre si para encontrar sombra e para evitar o superaquecimento durante o dia, e nossos ancestrais podem não ter se saído bem competindo com carnívoros e outros mamíferos africanos grandes por esses espaços pequenos. Aqueles indivíduos que se locomoviam de maneira mais ereta tinham menos de seus corpos expostos ao sol e, ao mesmo tempo, tinham mais de seus corpos expostos ao vento, o que tornaria o suor mais eficiente.

O biólogo Peter Wheeler, que desenvolveu essa hipótese genial, embora não necessariamente correta, no final dos anos de 1980 e 1990 também calculou que a locomoção bípede reduziria nossa necessidade de água em 40%. Eu acho que Wheeler está certo, mas não sobre a *origem* do bipedalismo. É provável que o bipedalismo tenha se desenvolvido *antes* que os hominídeos fossem para esse ambiente aberto e ensolarado, a savana, e tivessem que se preocupar com superaquecimento.

Uma segunda hipótese tem a ver com energia. Quando os humanos caminham 2km, queimam 50 calorias. Podemos recuperar a energia perdida na caminhada comendo uma porção de uvas-passas. Andar sobre duas pernas, como fazemos, é uma forma de se locomover de um lugar para outro de modo diferente consumindo pouca energia.

Pesquisadores da Universidade de Harvard[20] resolveram testar a eficiência da caminhada sobre duas pernas ao comparar nosso caminhar com o dos chimpanzés. Eles colocaram chimpanzés de Hollywood — uns que aparecem de vez em quando em comerciais — em uma esteira e mediram a energia que utilizavam prendendo um detector de CO_2 semelhante a um snorkel no rosto de cada chimpanzé. Não se preocupe, se um primata não estivesse feliz com a situação, ele arrancaria o aparelho experimental do rosto e talvez até arrancasse os braços dos pesquisadores. Chimpanzés são muito fortes e temperamentais.

Os pesquisadores descobriram que os chimpanzés usam o dobro da energia[21] usada pelos humanos quando andam, independentemente de a locomoção ser sobre duas ou quatro pernas. Pode ter havido dias em nossa história evolutiva em que os recursos estavam escassos e um grupo de hominídeos teve que atravessar de um campo gramado para outro em busca de comida. Talvez aqueles indivíduos que caminhavam sobre duas pernas, em vez de quatro, usassem menos energia e estivessem em melhores condições de sobreviver em tempos difíceis. Parece convincente. O problema, no entanto, é que os chimpanzés usam mais energia do que os humanos não porque eles são quadrúpedes, mas porque caminham com as pernas curvadas. Animais que caminham com os joelhos e o quadril mais estendidos — seja sobre duas ou quatro pernas — economizam energia. Assim que nossos ancestrais aperfeiçoaram o caminhar bípede com pernas estendidas, houve um ganho de energia. Mas, no início, não tinha nada de energeticamente especial[22] em caminhar sobre duas e não em quatro pernas.

Voltemos para *2001: Uma Odisseia no Espaço*, de Stanley Kubrick, e para os atores fantasiados de primatas eretos para deixar as mãos livres do trabalho da locomoção. Em vez de deixar as mãos livres para lutar, talvez estas livres ajudassem nossos ancestrais a carregar algo muito mais importante e fundamental para a sobrevivência: alimento.

Louis ama tomates, então os tratadores do Zoológico da Filadélfia, o mais antigo dos Estados Unidos, escondem tomates por todo recinto do gorila-ocidental-das-terras-baixas. Quando o deixam entrar no recinto, ele caminha com os nódulos dos dedos das mãos apoiados no chão para os lugares onde os tomates costumam estar escondidos e pega sua fruta favorita. Mas Louis aprendeu da forma mais difícil o que acontece quando um gorila de 200 quilos caminha com as mãos no chão e com um punhado de tomates: eles são espremidos.

Por alguma razão, Louis não gosta de sujar suas mãos. Se chove durante a noite, ele caminha sobre duas pernas na terra molhada para não sujar as mãos de lama. Um punhado de tomates espremidos é uma tragédia para um gorila com mania de limpeza.

A solução que ele encontrou? Bipedalismo.

Louis junta os tomates nas mãos e os carrega enquanto caminha sobre duas pernas de um lugar para o outro em seu recinto. Michael Stern, seu cuidador, me falou que isso acontece algumas vezes por mês.

Igualmente, no Palácio dos Macacos na Reserva Port Lympne, em Kent, a irmã de Ambam, Tamba, ocasionalmente anda sobre as duas pernas quando junta comida nos braços. Ela faz isso com mais frequência também quando carrega seu filhote.

Caminhar sobre duas pernas no zoológico é uma coisa, mas e na natureza?

Primatólogos que trabalham na República da Guiné, na África Ocidental, têm estudado um grupo de chimpanzés por décadas. Esses chimpanzés são famosos por usar pedras para abrir a casca dura das nutritivas nozes-africanas. Mas a floresta tropical na qual eles vivem encontra-se em terras desmatadas onde os moradores do local cultivam arroz, milho e uma variedade de frutas, inclusive mamão, o favorito dos chimpanzés. Para a frustração das pessoas, os chimpanzés invadem as fazendas para roubar as frutas.

Susana Carvalho, uma antropóloga[23] da Universidade de Oxford, descobriu que chimpanzés são mais propensos a caminhar como bípedes quando coletam e transportam os alimentos que mais apreciam, como o mamão e a noz-africana. Eles enchem tanto as mãos, que não têm outra opção além de caminhar sobre duas pernas. Talvez esses chimpanzés estejam nos dando uma dica sobre o porquê de o bipedalismo ter começado nos hominídeos antigos.

Essa ideia remete a Gordon Hewes[24], um antropólogo da Universidade de Colorado, em Denver, que propôs, em 1961, que os primeiros hominídeos não desenvolveram o caminhar bípede para transportar ferramentas ou armas, mas para carregar alimentos. Ele se baseou em parte em sua observação dos macacos do Velho Mundo, que com frequência caminham sobre duas pernas quando carregam alimentos. Em 1964, ele nos lembrou do comentário informal de Jane Goodall de que o chimpanzé, em seu aprovisionamento, às vezes transporta grande quantidade de bananas nos braços, de tal forma que precisa caminhar sobre duas pernas.

Owen Lovejoy, da Kent State University, levou essa ideia mais longe propondo que a evolução bípede coincidiu com a formação de vínculo entre machos e fêmeas em nossa linhagem. Em seu modelo, os hominídeos machos que caminhavam sobre duas pernas podiam transportar alimento para as fêmeas. As fêmeas, em troca, podem ter se afeiçoado por esses machos generosos e ter formado vínculos com eles. Os machos não precisariam mais de caninos grandes para ameaçar uns aos outros para procriar. Essa "hipótese do aprovisionamento"[25] desse modo associa a redução dos caninos e o bipedalismo não à violência, como Darwin e Dart achavam, mas ao sexo.

Sem um exemplo vivo de outro mamífero que tenha adotado essa estratégia baseada no sexo, é difícil comprovar essa hipótese. Para muitos críticos dessa ideia[26], ela diminui o papel que a fêmea pode ter tido na evolução do bipedalismo e as colocam como indefesas, sempre no alto das árvores, esperando os machos, provedores, trazerem o "mamão" para casa.

Embora faça sentido que o alimento seja uma força motora por trás da evolução do bipedalismo, faria sentido também que as fêmeas desempenhassem um papel maior. Como a antropóloga Cara Wall-Scheffler me falou, "o alvo da seleção natural é a fêmea e o seu filhote". A menos que essa característica beneficie as fêmeas e seus filhotes, as probabilidades de isso gerar um impulso evolutivo são pequenas.

Nos anos de 1970 e 1980, as antropólogas Nancy Tanner e Adrienne Zihlman[27], da Universidade da Califórnia, em Santa Cruz, apresentaram um caso assim. De acordo com suas hipóteses, os primeiros hominídeos fêmeas eram coletoras diurnas de plantas e pequenos animais, que, a propósito, são responsáveis por mais calorias do que a caça dos machos na maioria das sociedades modernas de caçadores-coletores. As fêmeas de hominídeo poderiam coletar mais do que necessitavam e compartilhar com outros membros do grupo. Aqueles indivíduos que caminhavam ereto podiam coletar mais alimentos como lagartos, lesmas, tubérculos, ovos, frutas, cupins e raízes.

O prêmio por compartilhar e cooperar levaria as fêmeas a se reproduzirem com os machos que eram mais sociáveis e menos agressivos. Esses machos menos agressivos podiam também ter tido caninos menores. Na hipótese de Tanner e Zihlman, as hominídeos fêmeas usavam gravetos para arrancar raízes e tubérculos e usavam *slings* para carregar seus bebês. Em outras palavras, a tecnologia foi inventada no passado e pelas fêmeas. Foi demonstrado que, no caso dos bonobos[28] e chimpanzés, as fêmeas são mais inteligentes tecnologicamente, por isso faria sentido que no caso dos hominídeos primitivos fosse assim também.

É importante salientar que Tanner e Zihlman reconheceram que, embora o transporte — quer seja de alimento, ferramentas ou bebês — possa ter sido o principal fator da evolução do bipedalismo, ele não foi o único benefício obtido. Uma vez bípedes, os hominídeos podiam vigiar o ambiente contra inimigos, intimidar e jogar objetos em seus possíveis predadores e, de forma eficiente, mudar-se de um local para outro para se alimentar. Em outras palavras, elas argumentam que não há uma razão única pela qual o bipedalismo tenha beneficiado especificamente nossos ancestrais. Foi um conjunto de benefícios que levaram os hominídeos a caminharem eretos.

Assim, buscar uma razão para o caminhar ereto talvez seja inútil. E mesmo que nunca descubramos por que o bipedalismo se desenvolveu, ainda podemos refletir sobre como o caminhar ereto ocasionou tantas mudanças em nossa anatomia e em nosso comportamento até nos tornar os humanos de hoje. Mas para compreender o início do caminhar ereto em nossos ancestrais primitivos, é preciso apresentar ideias passíveis de verificação, ideias com previsões claras. Temos que nos opor a narrativas não verificáveis e fazer ciência de verdade. É preciso ter mais integração entre o que *poderia* ter acontecido com o que aconteceu de fato.

Para chegar mais próximo a isso, precisamos de mais fósseis.

CAPÍTULO 4

Os Ancestrais de Lucy

Mas não podemos incorrer[1] no erro de supor que o progenitor primitivo de toda a descendência símia, incluindo o homem, seja idêntico, ou mesmo demasiado parecido com um primata ou macaco.

— *Charles Darwin,* A Descendência do Homem e Seleção em Relação ao Sexo, *1871*

Às vezes, as pessoas me perguntam quando os cientistas encontrarão o elo perdido entre os primatas e os humanos. Eu digo a elas que nós já encontramos.

O conceito de um elo perdido supõe que deve haver evidências no registro fóssil de um animal que não era nem humano e nem primata, mas tinha características dos dois ao mesmo tempo. Em 1891, o anatomista holandês, Eugène Dubois procurava fósseis ao longo do rio Solo, na ilha de Java, Indonésia; ele e sua equipe recuperaram um molar de hominídeo, o topo de um crânio e um osso da perna. A perna indicava[2] que o hominídeo era bípede, e o crânio tinha um cérebro com capacidade de 915cm^3. Nenhum humano adulto atualmente tem um cérebro assim pequeno e nenhum primata tem um tão grande. Na verdade, o crânio tem um tamanho de cérebro quase exatamente a metade entre a média do tamanho do cérebro do chimpanzé e o do humano. *Voilà!* Um elo perdido!

Dubois chamou sua descoberta de *Pithecanthropus erectus*, que em tradução literal significa "homem primata ereto". Atualmente, o hominídeo no qual esses fósseis se originaram é chamado de *Homo erectus*, e os paleoantropólogos recuperaram dezenas deles na África, Ásia e Europa. A dimensão da descoberta de Dubois não pode ser superestimada. Ele demonstrou que houve uma criatura neste planeta que preencheu — pelo menos em termos de tamanho de cérebro — a lacuna entre os primatas modernos e os humanos modernos. O elo não estava mais perdido.

No entanto, o termo "elo perdido" transmite algo mais — algo radicalmente equivocado sobre a evolução humana. Esse elo supõe que *todas* as diferenças entre humanos e primatas se desenvolveram gradualmente e em sintonia. Em outras palavras, isso implica que um hominídeo como o *Pithecanthropus erectus*, com cérebro entre o de um primata e o de um humano, deveria também *se locomover* como se fosse meio primata e meio humano — ineficientemente curvado e se arrastando sobre duas pernas. Até Dubois pensava assim.

Em 1900, Dubois e seu filho[3] fizeram uma escultura de gesso detalhada de um *Pithecanthropus erectus* nu para a Feira Mundial de Paris. A estátua do hominídeo de cérebro pequeno observa, sem expressão, a ferramenta que está segurando em sua mão direita. Ele está ereto, mas os pés são semelhantes aos de um primata com dedos longos tenazes, o maior projetando-se para o lado como se fosse um polegar.

Uma década depois, o paleontólogo francês Marcellin Boule publicou a análise de um esqueleto de Neandertal quase completo descoberto em uma caverna em La Chapelle-aux-Saints, na França. O crânio é grande, com um cérebro maior do que a média daquele dos humanos, mas ele não era um *Homo sapiens*, Boule concluiu. O crânio do Neandertal de La Chapelle tem a face grande e projetada e a arcada supraorbitária proeminente. Ele não apresenta a testa alta, como a maioria dos humanos. Mas a forma como Boule representou o corpo[4] foi reveladora. Ele reconstruiu o esqueleto arqueado e equipado com pé simiesco e com dedão com a função de agarrar.

A mensagem era clara: se não eram nós, não andavam como nós. Mas nenhuma dessas interpretações resistiu ao teste do tempo.

Fósseis adicionais e até mesmo pegadas fossilizadas revelaram que tanto o *Homo erectus* quanto os Neandertais ficaram eretos com pés como o dos seres humanos. O caminhar bípede e ereto remonta há muito mais tempo do que Dubois ou Boule imaginaram. Para constatar, voltamos nossa atenção para o ponto inicial de tudo que sabemos sobre a evolução humana — o esqueleto fossilizado que é o ícone da nossa ciência.

ELE FOI DESCOBERTO próximo à vila de Hadar, Estado Regional de Afar, região norte da Etiópia, em 24 de novembro de 1974, pelo paleoantropólogo Don Johanson, da Universidade Estadual do Arizona[5]. Nunca antes alguém havia encontrado um esqueleto de um *Australopithecus* tão completo, e constatou-se que ele era de uma nova espécie de *Australopithecus*, que Johanson e seus colegas[6] chamaram de *afarensis*.

Naquela noite, a equipe que o descobriu comemorou e ouviu várias e várias vezes as músicas do álbum *Sgt. Pepper's Lonely Hearts Club Band*, dos Beatles, gravado em fita cassete. Na enésima vez que ouviam[7] "Lucy in the Sky with Diamonds", um membro da equipe sugeriu que chamassem o esqueleto de Lucy. E ficou assim.

Às vezes os cientistas a chamam de "A.L. 288-1", um número de catálogo que indica que ela foi o primeiro fóssil encontrado no sítio 288º em Afar. Muitos etíopes a chamam de *Dinkinesh*, uma palavra em amárico (uma língua etíope) que significa "você é maravilhosa".

Em março de 2017, viajei para a Etiópia para estudar os ossos da Lucy no Museu Nacional em Addis Ababa, uma cidade africana agitada abrigada em meio a colinas mais de 2 mil metros acima do nível do mar. A população crescente está próxima à de Los Angeles. Na Rua King George VI, um edifício de três andares abriga uma réplica da Lucy, que o público pode visitar. Atrás do museu público há um edifício grande, onde os fósseis autênticos são mantidos. Essa fortaleza de concreto parece ter sido construída por um arquiteto adepto da arquitetura brutalista.* As escadas circulares do átrio lembram os desenhos de Escher.**

Em uma ala, um porão do tamanho de um campo de futebol abriga dezenas de milhares de fósseis de elefantes, girafas, zebras, gnus, javalis e antílopes extintos. Os zumbidos dos marteletes pneumáticos podem ser ouvidos atrás das portas fechadas, ocultando a remoção lenta, de fragmento em fragmento, do solo endurecido dos ossos fossilizados por pacientes preparadores de fósseis.

No terceiro andar, uma série de salas conectadas abriga os fósseis mais preciosos, os restos mortais de humanos primitivos conservados em cofres à prova de bombas. No dia em que cheguei, as janelas estavam abertas. Vozes orando em amárico nas igrejas cristãs próximas flutuavam para dentro de uma sala sem iluminação com uma brisa morna que rescendia café torrado, feijão e diesel. Interrupções na energia fazem parte da rotina da vida em Addis.

Lucy estava em três bandejas de madeira. Uma continha peças dos ossos do crânio, da mandíbula, dos braços e das mãos, a segunda comportava as costelas e vértebras, e a terceira tinha os ossos da pelve, das pernas e dos pés. Os fósseis estão acomodados em tabuleiros macios, em um acolchoado cinza, criados precisamente para fixar cada um deles individualmente. Etiquetas de papel branco classificam cada osso de A.L. 288-1a, um fragmento do crânio, a A.L. 288-1bz, a clavícula. Os ossos de Lucy são de cor castanha com manchas cinzas e um toque de verde-oliva, cores que se originaram da absorção mineral durante a fossilização de seus ossos.

Os ossos contam histórias, e os da Lucy revelam muito sobre sua vida. As extremidades dos ossos do braço e da perna têm placas de crescimento fundidas,

---

* Estilo arquitetônico que surgiu na Europa da década de 1950. Após a Segunda Guerra, era preciso reerguer as cidades após a devastação resultante do conflito, e para isso foi usado material mais barato e priorizando sua funcionalidade, em vez da estética. (N. da T.)
** Maurits Cornelis Escher, artista gráfico holandês conhecido por suas xilogravuras e litografias representando construções impossíveis e utilizando a ilusão de ótica. (N. da T.)

indicando que ela era adulta, com crescimento pleno quando morreu. Os dentes do siso haviam irrompido, mas não estão muito gastos, indicando que ela ainda era jovem. Se ela fosse uma humana atual, o desgaste seria consistente como o de uma mulher de vinte e poucos anos, mas os dentes guardam pistas de que o *Australopithecus* amadurecia mais rapidamente do que os humanos de hoje, aproximando Lucy do fim de sua adolescência quando morreu. Não está claro *como* ela morreu[8], embora alguns tenham sugerido que as fraturas em seus ossos sejam consistentes com uma queda de uma árvore. Duas marcas de mordida na pelve nos dizem que um necrófago chegou a ela antes que fosse engolida pela lama ao longo da costa de um lago antigo.

Lucy era pequena, tinha entre 1m e 1,20m de altura, e suas juntas têm tamanho de alguém que pesa cerca de 30kg. Em outras palavras, ela tinha a altura de uma criança humana atual de 6 anos de idade. Ela era até mesmo menor, se comparada com outros fósseis de sua espécie encontrados em Hadar, fazendo com que, provavelmente, ela fosse uma mulher. O volume do cérebro era ligeiramente maior que a média do cérebro de um chimpanzé — aproximadamente o tamanho de uma laranja grande. Mas, ao contrário do chimpanzé, ela caminhava, em sua época, sobre duas pernas. Lucy era bípede.

Meus alunos às vezes me perguntam qual período eu visitaria se meus colegas do departamento de física inventassem uma máquina do tempo. Sem hesitar, eu iria para a Etiópia de 3,18 milhões de anos e passaria o dia com Lucy. Eu a seguiria por toda a parte para ver como ela se locomovia, como vivia, como teria cuidado de um bebê, o que comia e como interagia com os outros membros de seu grupo. Eu levaria equipamento científico para mensurar cada detalhe que pudesse sobre seu andar, para calcular as forças que ela aplicava em suas articulações.

Logicamente, essa não é uma opção. Em vez disso, ficamos apenas com ossos fragmentados e raros para reconstruir a vida de nossos ancestrais. Como saber apenas por alguns ossos antigos que Lucy e os de sua espécie caminhavam sobre duas pernas? Pistas no esqueleto podem ser encontradas, literalmente, da cabeça aos dedos dos pés.

Não andamos com nossa cabeça, mas ela revela, sem dúvida, *como* caminhamos. Em todos os animais, há um orifício no crânio — o forame magno — que permite a passagem da medula espinhal. Nos animais que caminham sobre quatro pernas, como os guepardos e chimpanzés, o forame magno está localizado na parte de trás do crânio, alinhando a cabeça com a espinha dorsal horizontal. Mas nos humanos, o orifício está na base do crânio, ajudando a equilibrar nossa cabeça no alto da espinha dorsal vertical. Essa é a pista anatômica que levou Raymond Dart a concluir que a jovem *Australopithecus* de Taung, na África do Sul, era bípede.

Infelizmente, a cabeça de Lucy foi encontrada em pedaços, por isso não é possível reconstruir onde ficava seu forame magno. No entanto, ela não foi a única descoberta que Johanson fez na Etiópia. Ele encontrou vestígios fossilizados de um grupo inteiro de indivíduos *Australopithecus afarensis*, que ele chamou de a "Primeira Família".

Uma descoberta no sítio da Primeira Família foi a parte de trás e a base de um crânio que preserva o forame magno. Sua posição é a mesma que a dos humanos de hoje — precisamente na base do crânio. Descobertas recentes de crânios mais completos de *Australopithecus* confirmaram essas observações. A espécie de Lucy tinha a cabeça ereta, apoiada no topo da espinha dorsal.

Embora Lucy não tenha o crânio completo, ela tem a coluna vertebral lindamente preservada. Na maioria dos mamíferos, a coluna é horizontal ou dobra-se em um arco em forma de lua crescente. Antes de aprenderem como andar, os bebês humanos também têm a coluna vertebral nesse formato[9]. Mas, assim que damos nossos primeiros passos, a espinha começa a se alterar, desenvolvendo uma curva em formato de S. Essa curva reorienta nosso torso e nossa cabeça em uma posição equilibrada em cima do quadril. O mais importante é a curva na base da nossa coluna vertebral — algo chamado lordose lombar. Ela forma a pequena região lombar e é exclusiva para o andar ereto dos humanos. As vértebras fossilizadas de Lucy têm essa curva em formato de S, assim como as pessoas atualmente.

Do pescoço para baixo, a diferença mais óbvia entre o esqueleto humano e o do chimpanzé é a pelve. Um chimpanzé tem pelve alta e chata, que fixa os músculos, chamados glúteos mínimos[10], no dorso do animal. Isso permite que eles joguem suas pernas para trás, um movimento útil para empurrar o corpo para cima quando escalam uma árvore. Quando um chimpanzé caminha sobre duas pernas, ele fica em constante perigo de cair, já que essa postura o força a se balançar de um lado para outro — uma forma muito exaustiva de andar.

A pelve humana é menor, mais forte e tem formato de bacia, e ela fixa os mesmos músculos nas laterais do nosso corpo. Quando damos um passo, esses músculos se contraem para manter o corpo ereto e equilibrado. Experimente com você mesmo. Quando andar, sinta os músculos do seu quadril tensionarem para evitar que você caia. Eles podem fazer isso por causa do formato de nossa pelve.

E a Lucy? Sua pelve é pequena e forte, como uma pequena versão da nossa. Os ossos de seu quadril estão posicionados do lado do corpo, o que significa que os músculos do quadril a mantinham ereta e equilibrada quando ela caminhava, em sua época, sobre duas pernas[11].

Movendo-se na direção abaixo da pelve, deparamo-nos com um dos melhores lugares para encontrar evidências do caminhar bípede, os joelhos. Nos recém-nascidos humanos, o fêmur, o osso mais longo do corpo, é reto. Mas quando os bebês começam a andar, a pressão para baixo faz com que a extremidade do fêmur em crescimento se incline. Essa inclinação, chamada de ângulo bicondilar, se desenvolve apenas em indivíduos que caminham sobre duas pernas. Os chimpanzés nunca o desenvolveram[12] dessa forma, nem os humanos que nascem tetraplégicos e nunca deram um passo. Se o joelho de Lucy tivesse esse ângulo, ela *teria* que ter caminhado sobre duas pernas, pois não há nenhuma outra forma de desenvolvê-lo.

Johanson encontrou o joelho esquerdo de Lucy, mas estava esmagado e não podia ser facilmente reconstruído. No entanto, no ano seguinte ao que Lucy foi descoberta, Johanson visitou Hadar pela primeira vez, e o primeiro fóssil de hominídeo que encontrou foi um joelho. Ele tinha um ângulo bicondilar. Deveria pertencer a alguma coisa que caminhava sobre duas pernas.

Como bípedes, a única parte de nosso corpo que toca diretamente o solo é o nosso pé. Faz sentido, então, que algumas das adaptações anatômicas importantes para o caminhar ereto sejam encontradas ali. Temos calcanhares grandes, tornozelos rígidos e tendões de Aquiles longos. Diferente de qualquer outro primata no planeta, os humanos têm o dedão do pé sem a função de agarrar, quer dizer, está alinhado com os outros dedos. Desse modo, junto com a planta do pé arqueada, rígida e longa, ajuda a nos impulsionar para o passo seguinte. Temos também dedos dos pés pequenos que se elevam quando o pé sai do solo. Isso é o oposto do que acontece com os dedos dos pés dos primatas, que são longos, curvados e dobram para baixo para agarrar.

Os ossos do pé de Lucy e os da Primeira Família são surpreendentemente parecidos com os dos humanos. Os calcanhares são grandes, e o tornozelo de Lucy tem formato muito parecido com uma versão menor do meu. Apesar de os dedos dos pés de Lucy serem longos e ligeiramente curvados, eles se inclinavam para o alto, indicando que ela empurrava o solo com os dedos, como um humano faz quando está caminhando.

Os ossos de Lucy confirmaram o que as descobertas prévias na África do Sul haviam apenas sugerido: o bipedalismo surgiu antes em nossa história evolucionária.

Os fósseis do *Australopithecus* descobertos por Raymond Dart e Robert Broom nas cavernas da África do Sul nos anos de 1930 e 1940 estavam incompletos — um joelho aqui, uma mandíbula inferior ali. Os paleontólogos haviam descoberto apenas um esqueleto parcial de uma determinada fêmea jovem com nome de catálogo Sts 14. Sua pelve e coluna vertebral eram também semelhantes às dos humanos, indicando que ela ficava ereta e caminhava sobre duas pernas. Mas sua cabeça nunca foi encontrada[14].

Os fósseis de crânios descobertos nessas cavernas da África do Sul eram de hominídeos com cérebro de tamanho semelhante ao de um gorila. Sem dúvida, parecia então ser possível que o caminhar ereto houvesse surgido antes de os cérebros começarem a ficar maiores, porém, antes de Lucy[13], nenhum outro esqueleto de hominídeo antigo com cabeça e corpo foi encontrado.

Lucy era só isso — uma *Australopithecus* com um cérebro pequeno como o de um primata e um corpo como o dos humanos. Dubois e Boule estavam errados. Um ancestral curvado caminhando de maneira meio humana e meio primata, com cérebro metade primata e metade humano, nunca existiu. Em vez disso, nosso cérebro grande desenvolveu-se consideravelmente tarde, enquanto o bipedalismo surgiu primeiro.

Mas primeiro quando?

O TEÓLOGO JAMES USSHER, do século XVII, afirmou que a Terra surgiu às 6h tarde de um sábado, dia 22 de outubro de 4004 a.C., uma data abençoada com notável precisão. Porém, com base em tudo o que a ciência moderna tem descoberto sobre nosso mundo, essa informação é radicalmente equivocada. Muitas vezes, existe um dilema[15] entre precisão e exatidão. Os geólogos optaram pela segunda.

Estima-se que Lucy tenha vivido e morrido há aproximadamente 3,18 milhões de anos. Se comparada com os cálculos de Ussher, essa data é exata, mas falta precisão. Por mais que eu quisesse escrever que Lucy morreu às 8h10 da manhã no dia 11 de julho, há 3.181.824 anos, não posso. Nossas técnicas de datação de fósseis nos dão estimativas de números arredondados para os 10 mil anos mais próximos, se tivermos sorte. Para entender por que, temos que falar um pouco mais sobre química.

Quando um vulcão entra em erupção, ele lança rochas derretidas e cinzas. Presente nessa mistura tóxica que se revolve do manto viscoso da Terra está um isótopo do elemento potássio (K). A maior parte do potássio da Terra é K^{39}, mas o tipo que nos interessa para datar fósseis tem um nêutron extra, tornando-o K^{40}. Ele é radioativo, o que significa que é instável e não quer realmente ser K^{40}. À medida que se decompõe, transforma-se em um elemento diferente, o argônio (Ar^{40}), um gás inerte que é expelido inofensivamente da rocha para a atmosfera. Felizmente, para nós, nem todo o argônio se perde.

Rochas e cinzas criadas no inferno das erupções vulcânicas frequentemente contêm cristais chamados de feldspato, que também incluem o potássio radioativo. Mas conforme *esse* potássio se decompõe, o argônio resultante fica preso dentro dos cristais. Conforme o tempo passa, cada vez mais argônio se acumula dentro deles, e ele faz isso com uma taxa constante, conhecida como meia-vida. À medida que o isótopo de potássio em decomposição se desgasta, ele nos fornece a técnica de datação conhecida por um apelido útil, o "relógio de rocha". A datação com carbono funciona quase da mesma forma, mas é útil somente para datar objetos com mais de 50 mil anos de idade. Para coisas mais antigas, como Lucy, precisamos de um isótopo como o K^{40}.

Para compreender como isso funciona, considere um copo de cerveja. Quando a cerveja é despejada no copo, ela tem bastante espuma. Lentamente, a espuma "se decompõe" e se transforma em cerveja. Isso acontece a uma taxa constante. Uma parte da espuma se torna cerveja em um minuto ou mais. Outra parte leva mais um minuto. Outra, mais um minuto, e assim por diante, até sobrar apenas uma fina camada de espuma. Uma caneca com muita espuma acabou de ser servida. Outra com nada de espuma foi servida há mais tempo. A mesma coisa acontece com o K^{40} e o Ar^{40}.[16] Uma rocha com muito potássio radioativo é relativamente jovem. Uma rocha com muito argônio é mais antiga. Medindo quanto sobrou de cada um, podemos determinar há *quanto* tempo ela está lá.

Obviamente, os ossos de Lucy não são feitos de cinza vulcânica, por isso não são datáveis. Mas eles foram encontrados em sedimentos acima de uma camada de cinzas vulcânicas endurecida chamada de tufo. Geólogos retiraram amostras do tufo, isolaram os cristais de feldspato e utilizaram um espectrômetro de massa para medir as quantidades de K^{40} e Ar^{40} dentro deles, e a taxa resultou em uma data aproximada de 3,22 milhões de anos.

Visto que os ossos de Lucy foram encontrados acima dessa camada, sabemos que ela morreu no máximo há 3,22 milhões de anos, mas não nos diz quando. Pode ter sido há 3 milhões de anos, há 1 milhão de anos, há 50 mil anos ou em 1965. Isso não ajuda muito.

Felizmente, a África oriental é tectonicamente ativa, e os vulcões entraram em erupção de novo, formando outra camada de tufo em cima dos ossos dela. Então ela deve ter morrido mais ou menos entre essas duas erupções. A data da camada de cinzas no topo é de 3,18 milhões de anos.

Isso coloca a morte de Lucy em uma janela de 40 mil anos entre 3,22 e 3,18 milhões de anos atrás. Como seus ossos[17] foram descobertos muito mais perto do tufo de 3,18 milhões de anos, estimamos que ela morreu muito mais próximo dessa época. Nossos métodos de datação de fósseis carecem de precisão, mas eles são exatos.

Quando Lucy foi encontrada, em 1974, ela era o esqueleto parcial mais antigo de um ser humano extinto já descoberto. O relato, em primeira mão, da descoberta de Johanson, *Lucy: O Começo da Humanidade*, foi um best-seller do *New York Times* e uma inspiração para muitos paleoantropólogos. Réplicas do esqueleto de Lucy são um marco nos museus de ciências em todo o mundo. Restaurantes etíopes comumente têm o nome de "Lucy". Ela até foi retratada na história em quadrinhos *Far Side*. Durante sua viagem em 2015 para a Etiópia, o presidente Barack Obama fez uma parada para visitá-la. Em um jantar oficial[18] naquela noite, ele disse:

Somos lembrados de que os etíopes, os norte-americanos, todos os povos do mundo são parte da mesma família humana, da mesma cadeia. E como um dos professores que descreveu os artefatos corretamente salientou, muito dos sofrimentos, conflitos, das tristezas e da violência que acontecem pelo mundo ocorrem porque nos esquecemos desse fato. Olhamos para as diferenças superficiais, em vez de vermos a ligação fundamental que todos nós partilhamos.

Lucy é o marco inicial de tudo que achamos que sabemos sobre a evolução humana.

Peguei seu talus, o osso do pé que se conecta com a tíbia. Ele é pequeno, mas sólido. Afinal, eles são rochas. A maior parte do material orgânico se decompôs há muito tempo, mas essas rochas preservam de forma requintada detalhes da anatomia. A articulação do tornozelo é lisa e quadrada — uma versão menor do meu próprio tornozelo. Olhei atentamente e percebi uma pequena protuberância onde o ligamento do pé se fixava e ajudava a estabilizar seu pé conforme ela andava por terrenos acidentados há mais de 3 milhões de anos. No fêmur, as marcas onde a musculatura do quadril se inseria estão bem definidas. Esses músculos teriam se contraído e a mantido ereta a cada passo bípede que ela deu.

Quando a energia elétrica do museu voltou, o esmalte liso de seus dentes brilhou, e me concentrei no que restava do seu crânio. *Dinkinesh* de fato.

CONSIDEREMOS NOVAMENTE O lugar de Lucy na história da humanidade. Sabemos, pela comparação de Todd Disotell entre o DNA humano e o do primata africano, que há aproximadamente 6 milhões de anos viveu o último ancestral comum que compartilhamos com os chimpanzés e os bonobos. Lucy viveu há 3,18 milhões de anos, isso significa que, voltando para trás no tempo, ela viveu na metade do caminho entre os humanos de hoje e nosso último ancestral em comum com os chimpanzés.

A descoberta de Lucy foi muito importante para nossa ciência, mas abriu uma lacuna enorme de quase 3 milhões de anos entre o *Australopithecus* e nossos primeiros ancestrais. É assim que a ciência frequentemente funciona. Uma descoberta responde algumas questões, mas levanta muitas outras novas. O que havia antes de Lucy e os de sua espécie? De quem o *Australopithecus* evoluiu? Ele também andava sobre duas pernas? O quão antigo é o bipedalismo?

Durante anos, não tivemos nada para continuar.

Em meados dos anos de 1990[19], no entanto, Meave Leakey, dos Museus Nacionais do Quênia, descobriu a tíbia de um *Australopithecus* em sedimentos com 4,2 milhões de anos em um sítio chamado Kanapoi, do lado oeste do Lago Turkana. O fóssil tinha um joelho chato e grande, e a articulação do tornozelo era semelhante à de um humano, indicando que ele veio de um hominídeo bípede. Essa descoberta compeliu o bipedalismo para mais longe no passado, mas a lacuna entre ele e nosso ancestral em comum com os chimpanzés era ainda enorme, 2 milhões de anos.

Isso se transformou em um frenesi paleoantropológico de 18 meses, de janeiro de 2001 até julho de 2002, quando uma luz tênue finalmente foi lançada em nossos ancestrais primitivos. Descobertas extraordinárias feitas por três equipes diferentes de pesquisa trabalhando em três partes diferentes da África compeliram as origens da linhagem humana e a origem do caminhar ereto para fora do Plioceno, de 2,6 para 5,3 milhões de anos atrás, para os últimos anos do Mioceno, de 5,3 a 11,6 milhões de anos atrás. Esses fósseis revelaram que o caminhar ereto remonta ao início da linhagem do hominídeo.

No entanto, eles são controversos e expõem um lado negro da paleoantropologia.

O QUÊNIA É literalmente cortado na metade. A porção oriental faz parte da placa tectônica Somali e está se alargando para leste em um ritmo de cerca de 0,5cm por ano. Isso é 25 vezes mais lento que o crescimento do cabelo, mas vários milhões de anos resultaram em uma fenda profunda, chamada de Grande Vale do Rifte Africano.

À medida que a terra se separa, piscinas de água em locais baixos formam lagos. O passeio de carro do norte de Nairóbi até a Bacia do Baringo, que eu fiz no verão de 2005, é o maior passeio turístico nos lagos do Vale do Rifte do Quênia, passando por cinco dos oito maiores do país: Naivasha, Elementaita, Nakuru, Bogoria e Baringo. Os mais rasos, incluindo o Nakuru e o Naivasha, abrigam dezenas de milhares de flamingos, fazendo com que as margens do lago pareçam um rosa penugento, visto de longe. A estrada é cheia de buracos, fazendo com o que seria uma viagem de três ou quatro horas se arrastar por seis ou sete. Mas vale a pena.

A noroeste do lago Baringo, a fenda na terra expôs uma camada inclinada e fragmentada de sedimentos espalhados por uma área do tamanho de cinco bairros da cidade de Nova York. As camadas mais antigas remontam a 14 milhões de anos e preservam fósseis de antigos primatas. Algumas das camadas mais novas têm apenas meio milhão de anos e contêm vestígios do nosso hominídeo predecessor imediato, o *Homo erectus*.

Em algum momento entre aquelas duas eras, começamos a caminhar.

No final de 1999, os paleontólogos franceses Brigitte Senut e Martin Pickford estavam fazendo prospecção na área de Tugen Hills, na Bacia do Baringo. Lá, eles extraíram fragmentos de ossos de maxilar, alguns dentes, um antebraço, um osso de um dedo da mão e vários fêmures incompletos de sedimentos com aproximadamente 6 milhões de anos. A anatomia desses hominídeos fossilizados[20] não se parecia com nada do que conhecíamos na época, e esses paleontólogos rapidamente anunciaram, em janeiro de 2000, que haviam descoberto uma nova espécie, que chamaram de *Orrorin tugenensis*.

Os ligamentos musculares do braço e os dedos longos e curvos indicavam que o *Orrorin* se sentia confortável nas árvores, mas o fêmur mais completo nos revelou algo mais interessante.

A cabeça do fêmur de todos os mamíferos se encaixa na cavidade pélvica. Abaixo da cabeça do fêmur há um "colo" que separa a cabeça da parte do osso onde todos os músculos importantes do glúteo mínimo estão fixados. Na maioria dos mamíferos, o colo é pequeno, mas nos humanos é longo, dando aos nossos glúteos mínimos a estabilidade necessária para nos manter equilibrados quando andamos sobre duas pernas. Com um colo femoral longo, os músculos do nosso quadril não precisam usar muita energia quando nos locomovemos de um ponto a outro.

O colo do fêmur do *Orrorin* era longo como o nosso. O *Orrorin* tinha a habilidade de caminhar sobre duas pernas. Mas será que *caminhava*? Se Senut e Pickford[21] tivessem encontrado a *outra* extremidade do fêmur — a parte do joelho —, poderíamos ter mais certeza, mas a parte que encontraram com certeza é convincente. Ela indica que o *Orrorin* tinha um corpo, ou pelo menos uma articulação do quadril adaptada para caminhada bípede no solo.

Por mais convincentes que sejam, os fósseis do *Orrorin* são um lembrete de que a ciência da paleoantropologia está sendo feita por um primata imperfeito. Por nós. Além de duas décadas de desentendimentos científicos justificáveis sobre esses fósseis, eles têm criado um drama digno de telenovela mais do que *A Origem da Espécie*.

Os detalhes, que incluem declarações de licenças falsas[22], coleção de fósseis ilegais e prisões quenianas, podem ser encontrados em qualquer lugar, porém o mais trágico para a nossa ciência é que o paradeiro exato dos fósseis do *Orrorin* é desconhecido. Há rumores[23] de que estejam em um cofre de segurança dentro de uma caixa-forte de um banco em Nairóbi, inacessíveis para os 7 bilhões de parentes vivos dos *Orrorin*. Os fósseis — a única prova de que esses indivíduos antigos existiram — merecem um tratamento melhor. Eles merecem que suas histórias sejam contadas.

Apenas seis meses após o *Orrorin*[24] ser apresentado ao mundo, o paleoantropólogo etíope Yohannes Haile-Selassie, na época um aluno de pós-graduação no laboratório de Tim White, da Universidade da Califórnia, em Berkeley, e, no momento, curador do departamento de antropologia física do Museu de História Natural de Cleveland, anunciou a descoberta do *Ardipithecus kadabba*, uma segunda espécie de hominídeos do Mioceno. Os fósseis — uma mandíbula, alguns dentes e alguns ossos da parte de baixo do pescoço — foram descobertos em sedimentos etíopes datados entre 5 e 6 milhões de anos.

O dente canino era do lado menor, sugerindo que o *Ardipithecus kadabba* fazia parte da nossa linhagem, e não daquela do chimpanzé ou do gorila antigo. Mas será que ele caminhava sobre duas pernas como o *Orrorin*? Talvez.

A única parte encontrada do *Ardipithecus kadabba* da cintura para baixo, foi um único osso de um dedo do pé. Era longo e curvo, indicando que ele se originou de um animal que podia usar os pés para se agarrar como os primatas de hoje. Mas esse osso do dedo do pé tinha uma inclinação para cima, para a base onde ele teria se conectado com a bola do pé. Isso nos diz que os dedos do pé do *Ardipithecus kadabba* poderiam se elevar, como acontece quando levantamos o pé do solo na caminhada bípede.

Pouco tempo depois, em 2002, a comunidade paleoantropológica se surpreendeu de novo com o anúncio de outro fóssil extraordinariamente antigo e misterioso. Ele foi encontrado em 19 de julho de 2001, quando Djimdoumalbaye Ahouta, um aluno de pós-graduação de Chade, escavava no deserto Djurab, na África Central. Ele fazia parte da equipe liderada por Michel Brunet, um paleontólogo francês que trabalhou naquelas regiões da África por anos.

Conversei com Brunet na Collège de France no Dia de Ação de Graças de 2019. Convenientemente, seu escritório em Paris fica à sombra do Panteão. Ele é um dos expoentes da paleontologia.

"Eu descobri os sítios", disse ele em inglês com sotaque francês. "Eu sabia que encontraríamos alguma coisa lá. Eu disse para Ahouta, 'Você é o melhor caçador de fósseis. Você vai encontrá-lo'."

A prospecção de fóssil é um trabalho difícil. Frequentemente está quente, cheio de poeira e é desconfortável. É fácil ficar desidratado à medida que o suor evapora rapidamente no ar seco. Sobram escorpiões. O sol da África Equatorial é intenso e ofuscante. É melhor procurar por fósseis de manhã e no final da tarde, quando o sol está baixo e há sombras na paisagem, facilitando o vislumbrar de uma forma conhecida — um fêmur, uma mandíbula ou um crânio — e corroída de sedimentos antigos.

A procura por fósseis em Chade acrescenta outro elemento de perigo e desconforto: minas terrestres. Décadas de combates entre a população muçulmana do norte e a população cristã do sul deixaram minas não deflagradas nas areias do deserto Djurab.

Em uma manhã, Ahouta se deparou com uma coleção de ossos espalhados no solo. As dunas móveis do deserto haviam exposto os ossos recentemente, e a equipe teve sorte de estar lá no momento. Uma tempestade de areia poderia ter acontecido em qualquer momento e os enterrado novamente. Eles encontraram ossos da perna e mandíbulas de antílopes, ossos de elefantes e de macacos antigos. Encontraram até fósseis de crocodilos e peixes.

Entre eles estava uma mandíbula de primata, alguns dentes e um crânio de primata completo, mas destroçado e fragmentado.

Os fósseis não vêm com rótulos. A equipe de pesquisa teve de levar o crânio para um museu para compará-lo com os de chimpanzés, gorilas e com o do *Australopithecus*. Quando fizeram isso, sua conclusão foi chocante.

Baseado na química dos arredores da rocha e na composição dos ossos dos animais encontrados próximos, o crânio era de um animal que viveu entre 6 e 7 milhões de anos, próximo da época em que a linhagem humana e a do chimpanzé se separaram uma da outra. Ele tinha uma combinação de anatomias[25] que ninguém havia visto antes em um fóssil de primata. Os pesquisadores justificadamente o declararam como uma nova espécie: *Sahelanthropus tchadensis*. Também o apelidaram de Toumaï, que quer dizer "esperança de vida" em goran. As pessoas daquela região, que falam essa língua, às vezes dão o nome Toumaï para crianças que nascem no início da estação seca, instável e perigosa.

Então o que é o *Sahelanthropus*?

Seu cérebro era do tamanho daquele de um chimpanzé. A face e a parte de trás da cabeça eram parecidas com as do gorila. Mas, ao contrário de qualquer primata africano, o *Sahelanthropus* tinha dentes caninos desgastados, uma característica dos ancestrais humanos. E o forame magno — o orifício pelo qual a medula espinhal passa — foi dito estar posicionado na base do crânio, como nos humanos. Sendo assim, o *Sahelanthropus* se mantinha, regularmente, na postura ereta.

Isso significa que Toumaï *caminhava* sobre duas pernas? Não necessariamente. Eu gostaria de ver mais evidências — descobertas de fósseis do pé, da perna e da pelve — antes de me convencer. Mas o crânio é intrigante.

O *Sahelanthropus*, encontrado a milhares de quilômetros do Grande Vale do Rifte, na África Oriental, e das cavernas da África do Sul, abriu uma nova janela para nosso passado. Talvez tivéssemos descoberto fósseis dos primeiros hominídeos somente nas Áfricas Oriental e Austral porque esses eram os lugares que estivemos procurando por eles.

Mas é aqui que o lado obscuro da paleoantropologia e todo o drama surgem novamente.

Os paleoantropólogos da Universidade de Michigan, onde cursei pós-graduação, eram céticos em relação às interpretações de Brunet. Assim como Pickford e Senut, os pesquisadores que descobriram o *Orrorin*. Juntos, eles publicaram um pequeno artigo questionando se o *Sahelanthropus* era um membro de linhagem humana. Eles também se perguntavam se o forame magno do Toumaï ficava na mesma posição que o do humano, como Brunet afirmava. Afinal, o crânio estava muito danificado[26] e fragmentado. Pickford e Senut propuseram que Toumaï podia ter sido um gorila primitivo.

A equipe de Brunet respondeu publicando uma reconstrução do crânio gerada por tomografia computadorizada fixando digitalmente as partes fragmentadas no processo. O resultado pareceu mostrar um orifício similar com o do humano[27] na base do crânio, confirmando sua avaliação de que o *Sahelanthropus* ficava ereto e poderia ter sido bípede.

É assim que a ciência deve trabalhar: um desafio legítimo resultou em pesquisa continuada e compreensão mais profunda de um fóssil antigo. Mas então as engrenagens começaram a girar.

Um elemento fundamental da ciência é a repetibilidade. Nesse caso, seria necessário que grupos de pesquisa independentes repetissem a reconstrução do crânio do grupo de Brunet para observar se chegariam ao mesmo resultado. Para isso, eles precisariam de acesso ao fóssil original ou a uma réplica de alta qualidade e/ou às imagens da tomografia computadorizada. Mas não obtiveram permissão para tal.

Duas décadas inteiras após sua descoberta, poucos de fora da equipe próxima de Brunet tiveram permissão para ver Toumaï ou mesmo para observar as réplicas de qualidade de pesquisa. Até mesmo as imagens da tomografia estavam fora de questão.

Nesse ínterim, soube-se que, no dia da descoberta, Ahouta encontrou mais do que um crânio, uma mandíbula e alguns dentes do *Sahelanthropus*. Ele encontrou um fêmur[28].

A extremidade do osso está partida, mas o corpo do fêmur poderia aparentemente conter pistas a respeito de se o *Sahelanthropus* andava sobre duas pernas. Pouco de sua anatomia foi compartilhado, exceto pelo pouco que pode ser observado de algumas fotografias que vazaram, embora um manuscrito descrevendo o osso deva ser publicado logo.

Os paleoantropólogos, como eu, estão empolgados para ouvir mais detalhes sobre esse fóssil, mas quando perguntei a Brunet, de 79 anos de idade, sobre o fêmur, ele assentiu com a cabeça e se inclinou em sua mesa na minha direção.

"Eu sou um paleontólogo, não um paleoantropólogo", disse ele. "Encontramos milhares de fósseis e mais de uma centena de espécies em Chade, mas todos querem saber sobre esse maldito fêmur. O Toumaï era bípede. Certo? Se o fêmur é de um bípede, então ele é do Toumaï. Certo? Se não for bípede, então não é do Toumaï."

Enquanto conversávamos, dois moldes de qualidade de pesquisa do crânio do Toumaï estavam na mesa entre nós. Posso tirar fotos ou medi-los?

"Não."

De acordo com Brunet, o *Sahelanthropus* era bípede, e caso encerrado, e mais estudos ou fósseis adicionais — não importa qual sua aparência — não mudarão a opinião dele.

Certamente, recuperar e estudar fósseis requer tempo e dinheiro. Para Brunet, essa empreitada também significou a perda de um amigo próximo que morreu de malária enquanto faziam prospecção juntos em Camarões em 1989. Quando perguntei a ele por que ele não deixava o *Sahelanthropus* disponível para estudos ou por que não permitia cópias para serem usadas na educação científica, ele assentiu de novo.

"Paguei muito caro para encontrá-lo. Caro demais. Ninguém me diz o que fazer. Eles que esperem."

OS FÓSSEIS DOS supostos hominídeos primitivos não são fáceis de interpretar. Eles estão fragmentados e deformados. Posicionados perto da base da nossa árvore genealógica, próximo ao ancestral comum com chimpanzés e gorilas, eles naturalmente têm uma combinação fascinante e confusa das anatomias do ser humano e do primata. Precisamos do conhecimento coletivo de toda a comunidade científica para revelar seus segredos. Quanto mais olhos especializados nesses fósseis, melhor.

Com a ciência sob ataque e conceitos errôneos sobre a evolução humana sendo disseminados, precisamos apresentar ao mundo evidências físicas sobre nossas humildes origens, e sem delongas. Em 1938, Robert Broom iniciou um artigo descrevendo, entre outras coisas, um fêmur de *Australopithecus* desta forma:

Não é necessário pedir desculpas[29] *por publicar para o mundo, o mais rápido possível, todas as novas evidências que são descobertas e que podem lançar uma luz adicional sobre a estrutura dos primatas que aparentemente estão relacionados com os ancestrais do homem.*

Mal posso esperar pelo dia[30] em que fósseis dos primeiros hominídeos — evidências dos primeiros passos de nossa linhagem — sejam replicados e disponibilizados como recursos para o ensino em toda universidade, grandes museus e escolas do ensino básico do mundo todo.

Podemos traçar as origens de nossa linhagem até a África entre 5 e 7 milhões de anos. Naquele momento, por razões que hoje ainda não compreendemos completamente, nossos ancestrais semelhantes aos primatas deram seus primeiros passos. Mas no começo deste século, as evidências físicas publicadas, nas quais os primatas antigos eram bípedes, consistem em um crânio fraturado de Chade, um fêmur quebrado do Quênia e um pequeno osso de um dedo do pé da Etiópia. Como um pesquisador afirmou[31], daria para colocar todas as evidências da origem do caminhar ereto dentro de uma sacola de compras, e ainda teria bastante espaço para as compras.

Precisávamos de mais fósseis ainda. Felizmente, eles estavam a caminho.

CAPÍTULO 5

Ardi e os Deuses do Rio

Vamos apenas dizer que o *ramidus*[1] tinha o tipo de locomoção diferente de qualquer coisa viva atualmente... Se você quer encontrar algo que caminhava como ele, é melhor buscar no bar de *Star Wars*.

— Tim White, paleoantropólogo, 1997

Em setembro de 1994[2], na Universidade da Califórnia, Berkeley, o cientista Tim White e seus antigos alunos Gen Suwa e Berhane Asfaw anunciaram a descoberta de ossos de 4,4 milhões de anos de uma nova espécie de *Australopithecus*, chamado de *ramidus*, na região de Aramis do Estado Regional de Afar, na Etiópia. *Ramid* significa "raiz" na língua afar, e White afirmou que essa espécie era a raiz da árvore genealógica humana, que tinha a anatomia mais primitiva, semelhante à do primata, do que qualquer *Australopithecus* conhecido.

Mas seis meses depois[3], White, Suwa e Asfaw publicaram meia página de correção. Os fósseis que haviam encontrado nas terras áridas das planícies etíopes não eram de *Australopithecus*, mas de um gênero inteiramente novo, que White chamou de *Ardipithecus*. Essa correção não foi feita porque White havia esbarrado com uma certidão de nascimento pré-histórica. Mais fósseis, inclusive um esqueleto parcial, haviam sido descobertos e mostravam que esse hominídeo primitivo era mais parecido com um primata do que Lucy, e então merecia seu próprio gênero e nome de espécie, o *Ardipithecus ramidus*.

Mas White ainda não havia apresentado nenhum detalhe.

No ano em que foi dado o nome ao *Ardipithecus*, eu era um calouro com a cara cheia de espinhas da Universidade de Cornell. Eu ouvia bastante Dave Matthews Band e comia pratos e mais pratos de lámen tarde da noite. Minha paixão era a astronomia e tudo sobre Carl Sagan. Eu só tive conhecimento sobre o *Ardipithecus* e sobre Tim White alguns anos depois. Quando descobri a paleoantropologia, fiquei fascinado pelo *Ardipithecus ramidus*. Era uma janela em potencial para os ancestrais de Lucy e para as origens do caminhar ereto, e White tinha muito mais de seus ossos do que havia sido encontrado do *Sahelanthropus*, *Orrorin* ou do *Ardipithecus kadabba*.

Mas a equipe internacional completa que White havia montado para estudar os fósseis ficou em silêncio. Enquanto eles meticulosamente escavavam, limpavam, colavam, reconstruíam, moldavam, faziam réplicas e estudavam os fósseis frágeis que haviam encontrado, o restante da comunidade da paleoantropologia esperava. Alguns se referiam a eles como Projeto Manhattan[4*] da nossa ciência. Todos sabiam que algo grande havia sido descoberto, mas pouca informação era divulgada.

Comecei a pós-graduação em 2003, e eu tinha ouvido apenas rumores sobre esse esqueleto. Terminei a pós-graduação em 2008 e só tinha ouvido rumores sobre ele. Depois que redescobri o comentário de White sobre a cena do bar de *Star Wars*, que abriu este capítulo, tolamente, mas muito feliz, assisti de novo ao clássico de 1977, esperando encontrar alguma informação sobre o *Ardipithecus*. Naquela cena, apenas Luke, C-3PO, alguns poucos membros das tropas de assalto e Greedo aparecem caminhando, e todos andam como humanos modernos, o que faz sentido, já que nenhum deles era interpretado por um *Ardipithecus ramidus*.

Finalmente, em 2009, depois de mais de 15 anos de restauração e análise, a equipe de White detalhou o *Ardipithecus* para o mundo em uma série de artigos na *Science*, a principal revista da Associação Americana para o Progresso

---

* Programa de pesquisa e desenvolvimento da bomba atômica nos Estados Unidos. (N. da T.)

da Ciência. O que eles propuseram foi um reequacionamento completo da origem bípede.

Centenas de fósseis de *Ardipithecus ramidus* haviam sido descobertos, mas a pérola na coleção era um esqueleto parcial apelidado de "Ardi". Com base em seus dentes caninos pequenos, Ardi era provavelmente uma fêmea adulta. Ela viveu e morreu em uma janela de tempo de aproximadamente 100 mil anos entre 4,385 milhões e 4,487 milhões de anos atrás, idade determinada pelo geólogo etíope Giday WoldeGabriel usando as camadas de cinza vulcânica que comprimiam seus ossos.

Isso significava que Ardi viveu mais de um milhão de anos antes de Lucy.

Naquela época, na África, as savanas estavam se expandindo, e as florestas, se retraindo. Mas, surpreendentemente, de qualquer forma, os ossos de Ardi foram encontrados próximos aos de animais que habitavam a floresta e de sementes de plantas e de árvores da floresta. Evidências de isótopos de carbono e oxigênio indicaram que Ardi viveu e morreu em um ambiente arborizado[5].

White e seus colegas concluíram, a partir do estudo de seus ossos, que de vez em quando ela era bípede. De acordo com eles, isso significava que todas as hipóteses de que as origens bípedes haviam surgido em uma savana — desde o ficar de pé para ver por cima da grama alta até o caminhar ereto para manter a temperatura do corpo baixa — tinham de estar erradas. Ardi, eles concluíram, nos diz que o caminhar ereto surgiu nas florestas.

Mas como poderíamos ter certeza de que Ardi se locomovia sobre duas pernas — ou até mesmo onde é seu lugar na árvore genealógica humana?

Com 4,4 milhões de anos, Ardi teria vivido muito antes para representar a origem de nossa linhagem, que estava mais próxima de 6 milhões de anos. Além disso, como Jonathan Kingdon escreveu em seu livro *Lowly Origin* [Primeiras Origens, em tradução livre], "nós ainda nem sabemos se é mais útil ou mais verdadeiro considerar o *Ardipithecus* como o último de uma espécie mais antiga ou o primeiro de uma espécie mais recente".

Os ossos de Ardi mostram que ela se sentia confortável nas árvores. Ela tinha braços longos e dedos longos e curvos, o dedão do pé, como o dos primatas, ficava afastado como um polegar com a função de agarrar. Mas quando ela descia para o solo, não caminhava com as articulações dos dedos das mãos apoiadas no chão, como um chimpanzé ou um gorila.

Os ossos das mãos e dos punhos de Ardi não têm nenhuma das características encontradas em um primata que caminha com as articulações dos dedos das mãos apoiadas no chão. Além disso, assim como os humanos e Lucy, o formato da pelve de Ardi teria permitido a ela se equilibrar à medida que se movia sobre duas pernas.

Viajei para a Etiópia em 2017 para ver o pé da Ardi. Os ossos da Ardi são da cor de pêssego. Eles são delicados e não tão compactos[6] quanto os vestígios fossilizados de Lucy. No sítio, a equipe de White botou cola nos ossos quebradiços, impedindo-os de se desfazerem como calcário à medida que eram removidos da antiga encosta etíope.

Estudei cada osso do pé de Ardi sob o olhar atento do paleoantropólogo etíope Berhane Asfaw, codiretor de White[7] no projeto Middle Awash. A equipe deles tem feito descobertas arqueológicas e paleontológicas importantes na Etiópia desde 1981. Ellie McNutt, aluna da pós-graduação da Dartmouth College, estava lá comigo, assim como meu amigo da África do Sul especialista em pé, Bernhard Zipfel. Juntos, nós examinamos cuidadosamente cada osso do pé de Ardi para avaliar a alegação de White de que ela era bípede.

Fotografias e digitalizações de superfície em 3D estavam fora de cogitação, em parte porque a equipe de White não havia concluído seu próprio estudo dos fósseis. Mas naqueles ossos, eu vi o que White e seus colegas haviam visto. Ardi tinha algumas das anatomias fundamentais que os humanos têm para andar como bípedes. No entanto, definitivamente, ela não andava como nós andamos.

O tornozelo da Ardi se parecia muito com o dos primatas. Seu pé não ficava naturalmente plano no solo, como o de um humano, mas, em vez disso, teria sido mais flexível, permitindo que ela se agarrasse ao tronco de uma árvore quando erguesse a perna. A planta de seu pé é semelhante à de um chimpanzé, completo, com um dedão poderoso com função de agarrar, mas a parte de cima de seu pé se parece mais com a do nosso. Seus ossos teriam se fundido, formando uma plataforma dura e rígida, útil para empurrar o solo à medida que se locomovia de um lugar para outro sobre duas pernas.

Os ossos do *Ardipithecus ramidus* conta uma história incrível sobre nossos próprios pés. Eles evoluíram de fora para dentro. O pé humano é um mosaico fascinante de anatomias que foram interligadas em milhões de anos. A parte externa é antiga, alcançando a forma mais semelhante à humana no início da nossa história evolutiva, certamente na época do *Ardipithecus* e provavelmente antes ainda. Mas o interior mudou mais recentemente — na época de Lucy. Nossos dedos dos pés mostram talvez a mais recente mudança evolucionária, ficando menores e mais retos apenas nos últimos 2 milhões de anos.

Os ossos do pé de Ardi indicam que os primeiros hominídeos bípedes colocavam o peso no lado externo dos pés quando andavam sobre duas pernas. Eles não transferiam o peso para o hálux, como muitos de nós fazemos hoje, porque eles ficavam mais para o lado, como os polegares, prontos para se agarrarem aos ramos das árvores. Andar como bípede com um pé assim provavelmente não era muito prático, mas para o *Ardipithecus* estava bom demais[8]. Era um bom ajuste para um animal que passava muito tempo escalando as árvores, mas descia para o solo para ir de um lugar para outro buscando alimento sobre duas pernas.

Encontrar um bípede primitivo que combinava o caminhar ereto e o escalar em árvores não deveria ser surpreendente. Nós já tínhamos evidências de um animal semelhante em fósseis de 6 milhões de anos do *Orrorin* e em outra forma de *Ardipithecus*, chamado de *kadabba*. O que é surpreendente é a maneira como White e seu colega de longa data, Owen Lovejoy, usaram o *Ardipithecus* para criar uma forma de pensar sobre as origens do bipedalismo. Não foi nada menos do que revolucionário.

UM DE MEUS livros favoritos quando eu era criança era o *Giant Golden Book of Dinosaurs and Other Prehistoric Reptiles* [O Grande Livro de Ouro Sobre Dinossauros e Outros Répteis Pré-históricos, em tradução livre]. Várias décadas se passaram desde a última vez que folheei aquelas páginas, mas ainda me lembro das cenas vívidas. Consigo ver a imagem de um brontossauro gigantesco em um pântano com a boca cheia de folhas. Lembro-me de ficar simultaneamente assustado e fascinado pela imagem de um dinossauro com um pescoço longo sendo atacado por um alossauro.

Essas imagens apaixonantes foram desenhadas por Rudolph Zallinger, um pintor russo mais conhecido por seu mural de 34 metros, o *Age of Reptiles*, do Museu Peabody de História Natural de Yale. O mural formou a base para as ilustrações do Golden Book. Em 1965, a Time Life publicou um conjunto de 25 volumes de livros de ciência. Havia livros sobre os planetas, oceanos, insetos, o universo e os diferentes continentes. Eles eram lindamente ilustrados, e Zallinger foi contratado para fazer o trabalho de arte para um livro em particular: o *Homem Primitivo*.

Ele habilmente organizou as representações artísticas do primata e dos ancestrais dos primeiros humanos conhecidos em um encarte dobrável de quatro folhas. Nossos predecessores curvados lenta e indubitavelmente se erguiam da esquerda para a direita ao longo das páginas. No início, essa transição foi relutante, à medida que nossos ancestrais mantinham a postura curvada. Mas, no final, próximo da era do Cro-Magnon, eles assumiram a postura humana totalmente ereta. Essa imagem, chamada de a Marcha do Progresso[9], acabou por ser admitida como a imagem conhecida equivocada que aparece em canecas de café, camisetas e adesivos de para-choques.

Coloque no Google "evolução humana" e você certamente verá imagens e mais imagens de um chimpanzé transformando-se lentamente em um ser humano. Às vezes, as imagens são apenas silhuetas. Às vezes, elas ilustram um chimpanzé negro que lentamente vai se tornando um homem de pele branca que se parece, de maneira estranha, com Chuck Norris — imagens que cheiram a racismo e sexismo. Às vezes há uma linha vermelha riscando a sequência — um protesto criacionista.

Essa imagem icônica é o que muitas pessoas pensam quando ouvem falar sobre a "evolução humana". Ela demonstra simples e claramente que nós, humanos, evoluímos de forma linear do chimpanzé, que usava as articulações dos dedos das mãos como apoio. Só há um problema: está errada. Como vimos, os chimpanzés são nossos primos, não nossos ancestrais. É improvável que eles tenham ficado inalterados por 6 milhões de anos. Além disso, essa imagem sugere que, conforme os humanos evoluíam, nossa postura ereta, o aumento do cérebro e a falta de pelos apareceram concomitantemente. Mas não foi isso o que aconteceu. As mudanças que ocorreram conforme os humanos evoluíam se desdobraram em ritmos diferentes, e algumas mudanças aconteceram primeiro que outras.

Em defesa de Zallinger, ele nunca sugeriu que os humanos evoluíram diretamente dos chimpanzés, que não estão em lugar algum da Marcha do Progresso. Contudo, fica implícito em sua obra a hipótese de que os ancestrais humanos passaram pela fase de caminhar com o apoio das articulações dos dedos das mãos e que os primeiros bípedes andavam com os joelhos flexionados, como chimpanzés eretos. Essa é uma ideia razoável e cientificamente verificável. Visto que somos parentes próximos dos chimpanzés, bonobos e gorilas — todos com caminhar com o apoio das articulações dos dedos das mãos —, faz sentido que o ancestral em comum também tivesse o caminhar semelhante.

Se o último ancestral comum *não* for um com caminhar com apoio das articulações dos dedos das mãos, chimpanzés e gorilas devem ter desenvolvido essa forma de locomoção de modo independente. Muitos especialistas consideraram isso improvável, mas não Owen Lovejoy e Tim White. De acordo com eles, o esqueleto do *Ardipithecus* é uma prova definitiva de que nossos ancestrais nunca caminharam com o apoio das mãos. De fato, na visão deles, o esqueleto humano pode ser mais primitivo — e os grandes primatas mais evoluídos — do que qualquer um de nós já imaginou.

A ideia de Lovejoy e White virou a narrativa da evolução humana de cabeça para baixo. Eles argumentavam que os corpos dos primatas existentes eram muitos especializados para fornecer o necessário para o caminhar bípede. Como se vai de um primata para um humano? Como diriam no norte da Nova Inglaterra, "desse jeito não vamos chegar a lugar algum".

Mas se os hominídeos com caminhar bípede não se originaram de um chimpanzé com caminhar com apoio das articulações dos dedos das mãos, nós nos originamos de quem? Lovejoy e White propuseram que os primatas africanos e os hominídeos se ramificaram de algo semelhante a um macaco grande e sem rabo. Na visão deles, o fundamental era que os macacos e muitos dos primatas primitivos, como os humanos, têm a região lombar alongada e conseguem apoiar o tronco em cima do quadril e ficar ereto como uma pessoa fantasiada de macaco. Os grandes primatas atuais, ao contrário, têm lombares pequenas e rígidas, tornando-os mais eficazes para subir em árvores altas, mas impedindo-os de ficar em pé sem dobrar os joelhos e os quadris. Lovejoy e White afirmaram que, quando o *Ardipithecus* ficava sobre duas pernas para se locomover como bípede, ele não teria flexionado os joelhos. Teria ficado ereto, como você e eu, embora o dedão do pé com função de agarrar não teria deixado que ele andasse como andamos hoje.

Se eles estão certos, em momento algum nossos ancestrais caminharam apoiando as articulações dos dedos das mãos[10] no chão ou andaram com as pernas flexionadas.

Mas o *Ardipithecus* viveu há cerca de 4,5 milhões de anos, ainda assim, quase 2 milhões de anos *depois* do ancestral comum que compartilhamos com os chimpanzés. Podemos dizer que Ardi é algo mais antigo? Algo que tenha vivido entre 7 e 12 milhões de anos atrás? Para isso, temos que voltar ao Mioceno. E, surpreendentemente, temos que sair da África.

OS PRIMATAS SE desenvolveram na África há cerca de 20 milhões de anos. Sabemos disso porque evidências genéticas apontam para o último ancestral comum dos primatas atuais daquela época e porque os fósseis mais antigos de primatas dos sítios no Quênia e em Uganda têm por volta dessa idade. Atualmente, os primatas são poucos, mas no passado havia muitos na paisagem. Eles se diversificaram em muitas espécies diferentes, para as quais os paleontólogos deram nomes como *Kamoyapithecus*, *Morotopithecus*[11], *Afropithecus*, *Proconsul*, *Ekembo*, *Nacholapithecus*, *Equatorius*, *Kenyapithecus* e muitos mais. Eles eram semelhantes aos primatas modernos, de certa forma. Por exemplo, eles não tinham cauda, e há evidências em seus dentes de que comiam frutas e tinham uma infância longa. Mas a maioria deles não conseguia ficar pendurada pelos braços em galhos, como os primatas modernos fazem. Em vez disso, se locomoviam sobre quatro pernas, como os grandes macacos sem cauda.

Há 15 milhões de anos, no entanto, os primatas tornaram-se cada vez mais raros na África. Ao contrário, fósseis de primatas daquele período surgiram na Arábia Saudita, Turquia, Hungria, Alemanha, Grécia, Itália, França e também na Espanha. As grandes florestas equatoriais da África se deslocaram para o norte, abraçando o Mediterrâneo. Lá, elas forneceram um ambiente rico aos ancestrais dos grandes primatas modernos que se alimentavam de frutas, inclusive nós. Os primatas antigos da Europa se diversificaram, e, novamente, há uma longa lista de nomes: *Dryopithecus*, *Pierolapithecus*, *Anoiapithecus*, *Rudapithecus*, *Hispanopithecus*, *Ouranopithecus* e o favorito de todos — *Oreopithecus*, o primata "cookie".

É estranho pensar em primatas na Europa. Embora fosse mais quente e mais úmido naquela época da história na Terra, a inclinação do planeta tornou as florestas do norte sazonais. Durante os meses de escuridão do inverno, as frutas eram limitadas — uma situação difícil para os primatas que dependiam dessa alimentação. Como eles sobreviviam? A genética, assim como uma simples lição sobre química corporal, pode conter a resposta.

O ácido úrico é um subproduto metabólico normal, formado quando nossas células decompõem certos compostos químicos. Ele é excretado de nosso organismo quando urinamos. A maioria dos animais, inclusive a maioria dos primatas, também se desfaz dele sintetizando uma enzima chamada uricase que ajuda a decompor o ácido úrico quando ele se acumula no sangue. Mas nós não. Os humanos têm um gene para sintetizar uricase, mas não funciona — uma mutação nos impede de sintetizá-la. Isso também acontece com os chimpanzés, bonobos, gorilas e orangotangos, um fato que permite aos geneticistas moleculares calcular a mutação desse gene até a época em que compartilhamos, pela última vez, um ancestral com esses grandes primatas, há cerca de 15 milhões de anos.

É possível que essa mutação não tenha proporcionado nenhum benefício aos nossos predecessores. O problema com essa explicação é que não sintetizar uricase predispõe para a gota, o que provoca uma artrite dolorosa na base do dedão do pé. É, então, improvável que essa mutação tenha se mantido, a menos que tenha sido benéfica de alguma forma.

Qual era o benefício? O ácido úrico ajuda a converter a frutose[12], o açúcar encontrado na fruta, em gordura. Armazenar gordura teria sido útil para os primatas que viviam nas florestas sazonais, quando os níveis baixos de luz nos meses de inverno poderiam levar a períodos de inanição. Esse problema não existe nas florestas temperadas da África, assim, uma mudança evolutiva para resolver o problema teria surgido somente nas florestas temperadas do sul da Europa.

Mesmo com reservas de gordura, os primatas famintos ficariam desesperados para comer tudo o que pudessem no inverno. Hoje, durante os tempos de dificuldade nas florestas do Sudeste Asiático, os orangotangos devoram cascas de árvores e frutas ainda verdes. Contrastando com isso, evidências genéticas indicam que nossos ancestrais desenvolveram o gosto por frutas fermentadas e maduras demais.

As três bebidas mais consumidas no mundo são água, chá e cerveja. Mas ao contrário das duas primeiras, a cerveja é rica em calorias. Uma caneca da minha cerveja favorita tem a mesma quantidade de calorias que um hambúrguer do McDonald's. Frutas fermentadas são ricas em calorias, mas somente se seu corpo consegue metabolizar etanol. Caso contrário, são tóxicas.

A maioria dos humanos tem um gene que produz uma enzima fundamental para quebrar o álcool etílico. Chimpanzés, bonobos e gorilas têm esse gene também, mas os orangotangos não. Nem qualquer outro primata, exceto o raro aye-aye de Madagascar. A presença desse gene nos primatas africanos[13] e nos humanos sugere que nosso último ancestral comum contava com frutas velhas fermentadas e coletadas no solo da floresta para fornecimento de calorias nos tempos difíceis.

À medida que o mundo resfriou e secou no Mioceno inferior, as florestas temperadas próximas do Mediterrâneo não podiam mais sustentar primatas, que por fim foram extintos, mas não antes de surgir o último ancestral comum dos humanos e dos primatas africanos. Os limites das florestas recuaram para o sul, em direção à África, e com eles chegaram os ancestrais dos chimpanzés, dos gorilas e dos humanos.

Qual era a aparência dos primatas antigos e como se locomoviam? Para compreender essa questão, viajei para a Alemanha para me encontrar com Madeleine Böhme, uma paleontóloga da Universidade de Tübingen.

Quando era jovem, crescendo em Plovdiv, na Bulgária, Böhme costumava entrar furtivamente em sítios arqueológicos e encontrar artefatos da Idade do Bronze nas pilhas de sucatas. Ela era fascinada pelo passado e, onde quer que fosse, ela cavava. No final da adolescência, ela descobriu um fóssil raro de mandíbula de elefante em uma colina búlgara. Seu pai tinha um jardim grande e implorou que ela usasse suas habilidades em escavação no terreno da família, mas ela estava constantemente mais interessada em ossos e artefatos do que em vegetais.

Böhme se formou em geologia e paleontologia e se especializou no Mioceno da Europa Central. Entre 10 e 15 milhões de anos atrás, os pântanos, as florestas e os canais de rios juntaram lá tartarugas, lagartos, lontras, castores, elefantes e rinocerontes. Felinos e hienas assustadores também vagavam por essas terras. Sabemos disso, em parte, porque Böhme descobriu fósseis com 11,62 milhões de anos em uma pedreira de argila chamada de

Hammerschmiede, nos arredores de Pforzen, uma pequena cidade à sombra dos Alpes na região da Baváría, no sudeste da Alemanha.

"Oitenta por cento dos fósseis em Hammerschmiede são de tartarugas, mas cada fóssil tem sua importância" — disse ela com um entusiasmo contagiante quando a visitei em seu laboratório. "Eu coleto cada pedacinho."

A abordagem de Böhme para coletar fósseis contrasta com a prática padrão de paleontologia de abandonar no solo ou em pilhas de descarte fragmentos supostamente sem importância e pedaços não identificáveis. Ela é um aspirador paleontológico; ela precisa ser. Hammerschmiede é uma pedreira ativa de argila. Os proprietários permitem que Böhme faça coletas ali, mas eles também têm um acordo com um conglomerado de mineração que extrai depósitos de argila densa comprimindo o arenito onde os fósseis estão incrustados. A escavadeira não faz distinção entre fragmentos de ossos enegrecidos do Mioceno, com certeza, estão entranhados nos tijolos de argila retangulares produzidos pela Hammerschmiede, nada diferente da situação que encontrei com a Carolina Butcher, no Condado de Chatham, na Carolina do Norte.

Tudo mudou para Böhme em 17 de maio de 2016, quando sua aluna Jochen Fuss desenterrou a mandíbula superior e parte da face de um primata. Sabendo que a companhia mineradora planejava extrair a argila daquela área em breve, Böhme trabalhou rapidamente, retirando o sedimento vertical com seu martelo de quebrar pedras. Uma mandíbula inferior apareceu — uma combinação perfeita com a superior.

Pouco tempo depois, Böhme observou um pequeno fragmento redondo de osso enegrecido e imaginou que fosse um pedaço de mais uma tartaruga. Mas já que todo fóssil tem importância, ela o coletou. Ela o encheu de cola e começou a escavar o restante.

Retirando a argila e a areia, ela descobriu que o osso, ainda parcialmente enterrado na colina, não poderia ser de tartaruga. Ela achou então que seria um fragmento de chifre preso em um pedaço de crânio de um mamífero que tem cascos chamado *Miotragocerus*, um animal comum do Mioceno da Europa cujos parentes atuais são os antílopes-azuis, nativos da Índia. Böhme entregou suas ferramentas para Fuss terminar a escavação, mas ao chegar ao final do osso, ele não se afunilou como era esperado. Em vez disso, ele se alargou.

"Isso é impossível", disse Böhme.

Impossível para um chifre de antílope, mas não era um chifre. Eles desenterraram a ulna, ou osso do antebraço, de um primata. Era extremamente longo, em comparação à extensão dos braços de primatas capazes de se pendurar em galhos de árvores atualmente. Fragmentos adicionais de ossos enegrecidos foram colados e embalados em argamassa para preparação e estudo no laboratório.

"Foi aqui que o encontramos", Böhme me contou em um dia chuvoso em novembro de 2019.

Hammerschmiede parecia mais uma pedreira do que um sítio de fósseis. Ela tinha o formato parecido com o de um anfiteatro, o centro baixo e completamente vazio. Depósitos compactos de argila cinza erguiam-se ao nosso redor, e a borda da pedreira era cercada de vegetação. Böhme destacou as lentes de areia onde os fósseis estão preservados, mas eu estava distraído com as escavadeiras e tratores que pareciam prontos para começar o trabalho a qualquer momento.

Duas semanas antes, a equipe de Böhme publicou suas análises do fóssil dos ossos do primata encontrados nessa pedreira, apresentando uma nova espécie de primata do Mioceno, chamado *Danuvius guggenmosi*, que viveu ali há mais de 11 milhões de anos. Danuvius era um deus celta-romano do rio de quem o Danúbio, próximo dali, recebeu o nome.

Mas eu não estava ali porque um novo fóssil de primata havia sido descoberto na Alemanha. Eu estava ali porque Böhme afirmou que *Danuvius* se locomovia sobre duas pernas.

Em 2017, depois que ficou claro que sua face e seus dentes se distinguiam daqueles e qualquer outro primata conhecido do Mioceno da Europa, Böhme já estava em seu escritório escrevendo seu manuscrito, descrevendo o

Danuvius guggenmosi. No laboratório ao lado, Thomas Lechner, um aluno de mestrado em geologia e paleoecologia da Universidade de Tübingen, estava removendo cuidadosamente argila e areia dos fósseis que haviam sido rapidamente coletados da pedreira um ano antes. Um deles, identificado genericamente no sítio como um "osso longo de mamífero", descobriu-se ser uma canela ou tíbia de um primata.

Eu viajei quase 7 mil quilômetros para vê-lo.

O escritório de Böhme é no segundo andar do museu de paleontologia da Universidade de Tübingen. No final do corredor, de um lado, há fósseis espetacularmente preservados de ictiossauros, amonites e lírios-do-mar recuperados em pedreiras de xistos do Jurássico próximos à cidade de Holzmaden. Do outro lado há fósseis de dinossauros e therapsidas, ancestrais reptilianos com pelos como os dos mamíferos.

Sentei-me a uma mesa redonda perto de armários repletos de fósseis, sem saber se eu poderia ver e medir qualquer um deles. Eu não conhecia Böhme, e ela não me conhecia. Aprendi, por vezes da forma mais difícil, que alguns pesquisadores de fósseis de humanos primitivos e de primatas restringem o acesso a um número limitado, em uma forma de compensação antiética e estranha, em oposição à maneira como a ciência deveria trabalhar. Eu não tinha nada para oferecer a Böhme, exceto meu conhecimento sobre a tíbia, o tema de minha tese de doutorado.

Em poucos minutos, eu estava cercado de fósseis de Hammerschmiede. Böhme colocou, de maneira apaixonada, a ulna do *Danuvius* à minha frente, seguida de um osso do dedo do pé, dos dedos das mãos, fêmures e, finalmente, a tíbia. Em pequena quantidade, havia a pelve de um bebê elefante, fósseis de macacos de um sítio mais recente na Bulgária e réplicas de fósseis de primatas do Paquistão, da Espanha e do Quênia. Böhme ama os fósseis tanto quanto eu, e ela concorda com minha visão da ciência — esses ossos devem ser compartilhados e estudados, não escondidos.

Peguei meu micrômetro e minha câmera e comecei a trabalhar.

A tíbia do *Danuvius* está completa, dando uma visão da funcionalidade das articulações do joelho e dos tornozelos do primata primitivo. A maneira como as articulações do joelho de todos os animais se flexiona e se estende depende de como a extremidade final do osso do fêmur gira sobre a cabeça da tíbia. Nos primatas, a cabeça da tíbia é redonda, proporcionando aos chimpanzés, gorilas e orangotangos muito mais mobilidade no joelho do que nós temos. Surpreendentemente, o joelho do *Danuvius* é plano como o nosso, e isso deve ter permitido a ele estender as pernas e ficar mais ereto.

O que mais me chocou, no entanto, foi a articulação do tornozelo.

Em todos os primatas atuais, com exceção dos humanos, a base da tíbia, onde a perna se encontra com o pé, é inclinada. Essa orientação gira os pés para dentro, preparando-os para se fixarem. Isso também angula a tíbia para que os joelhos sejam posicionados longe um do outro, deixando os primatas com as pernas arqueadas. Mas nos humanos, a articulação do tornozelo é plana, posicionando os joelhos próximos um do outro e diretamente acima dos pés.

O tornozelo do *Danuvius* era similar ao nosso, ou, melhor ainda, ao de Lucy. Além disso, o formato das duas espinhas dorsais, também encontradas em Hammerschmiede, convenceram Böhme de que o *Danuvius* tinha a coluna vertebral curvada em S, uma anatomia crucial para a postura ereta nos humanos e em nossos ancestrais bípedes. Böhme e sua equipe concluíram[14] que há mais de 11 milhões de anos, o *Danuvius* caminhava ereto, não no solo, mas nas árvores. Se Böhme estiver certa, o bipedalismo não surgiu do solo para cima, mas das árvores para baixo. Pelas minhas observações dos fósseis, não vi razão alguma para contradizer essas descobertas, mas elas permanecem controversas e contestadas[15].

A hipótese de Böhme, ao que parece, foi prenunciada há cerca de cem anos.

EM 1924, MUITO antes de evidências genéticas terem posicionado os humanos na árvore genealógica dos primatas próximos aos chimpanzés e bonobos que caminham com o apoio das articulações dos dedos das mãos, um cirurgião e especialista em pés da Universidade Columbia, Dudley J. Morton, previu um primata como o *Danuvius*. A especialidade de Morton era podiatria, mas ele era interessado também em evolução. Ele propôs que o melhor modelo[16] para compreender a evolução do bipedalismo nos humanos era o mais bípede dos primatas: o gibão.

Os gibões atuais são especialistas em braquiação, usam de forma cômica seus braços longos e suas mãos para rapidamente saltar de um galho a outro nas florestas tropicais do Sudeste Asiático. Seus braços são tão longos, que um gibão de pé pode colocar as mãos espalmadas no chão sem se curvar. O problema, no entanto, é que seus braços são tão longos e finos, que não conseguem suportar muito de seu peso corporal neles sem correr o risco de uma fratura. Então, o que os gibões fazem no solo? Eles erguem os braços para o alto[17] e correm sobre duas pernas. Mesmo nas árvores, um gibão às vezes caminha em cima dos galhos e usa os braços para se equilibrar, como um equilibrista numa corda bamba.

Sem fósseis e sem conhecimento de genética molecular, Morton trabalhou com o que tinha para comparar os ossos e o comportamento de diferentes espécies de primatas. Ele concluiu que o ancestral dos humanos tinha que ser semelhante a um gibão grande, mas com braços mais curtos. Ele o imaginou com mãos e pés preênseis e se locomovendo como bípede nas árvores.

Suas ideias se mantiveram influentes até meados do século XX, mas depois caíram em desuso no final dos anos de 1960. A primeira comparação de proteínas e depois os estudos do DNA demonstraram que, de todos os primatas, os gibões eram os que tinham *menos* relação de parentesco conosco. Porque temos parentesco próximo com chimpanzés e gorilas, foi mais fácil imaginar nossos ancestrais como caminhantes grandes e terrestres que se apoiavam nas articulações dos dedos das mãos.

O problema são aqueles fósseis inoportunos.

Nem um único fóssil de primata grande que caminhava com o apoio das mãos que viveu quando humanos, chimpanzés e gorilas se separaram de seu ancestral em comum foi encontrado. Em vez disso, alguns fósseis que temos desse período são de primatas menores que conseguem se pendurar pelos braços nos galhos das árvores e têm as costas flexíveis capazes de ficar na postura ereta.

Apenas algumas semanas antes de Böhme apresentar o *Danuvius* ao mundo, Carol Ward, paleoantropóloga da Universidade de Missouri, publicou um estudo sobre uma pelve do *Rudapithecus hungaricus*, um fóssil de primata com 10 milhões de anos encontrado nos depósitos pantanosos em Rudabánya, na Hungria. Seu crânio e seus dentes situam esse animal na base da linhagem dos grandes primatas, mas a pelve não parece nem um pouco com a dos grandes primatas. Em vez disso, é similar, de muitas formas, a um siamang, o maior da espécie do gibão. A pelve indicou à Ward e aos seus colegas que o *Rudapithecus* podia se locomover ereto mais eficientemente do que qualquer outro primata grande e moderno. Acaba que[18] o *Danuvius* pode não ter sido o único primata a caminhar nas árvores.

"Perguntar por que os humanos passaram de quadrúpedes para bípedes é uma pergunta errada", Ward falou para meus alunos da aula de evolução humana quando visitou a Dartmouth College em 2018. "Talvez devêssemos perguntar, primeiramente, por que nossos ancestrais nunca deixaram a postura quadrúpede."

DE VOLTA À HAMMERSCHMIEDE, na mesma viagem, eu girei lentamente para capturar todo o panorama da pedreira. O lugar onde o esqueleto grande do *Danuvius* macho foi encontrado três anos antes já não existia mais — havia sido varrido pelas escavadeiras. Tanta terra tinha sido removida — tanto do *Danuvius* pode ter sido transformado em tijolos!

"Encontramos a fêmea do *Danuvius* bem ali", disse Böhme, apontando para uma parede de argila comprimindo uma lente de areia, onde sua equipe havia recuperado alguns dentes e um fêmur pequeno. Sempre otimista, ela sorriu e disse: "Tenho certeza de que há mais dela ali. Vamos encontrá-la no ano que vem."

O *DANUVIUS* É MARAVILHOSAMENTE perturbador para a nossa ciência. Além disso, ele pode nos ajudar a resolver o mistério de outro fóssil controverso.

Lembre-se de que Toumaï, o *Sahelanthropus*, viveu e morreu há 7 milhões de anos. Alguns geneticistas moleculares[19] argumentaram que a divisão entre as linhagens do humano e do chimpanzé ocorreu há mais de 7 milhões de anos, o que permitiria que um *Sahelanthropus* bípede sobrevivesse como um hominídeo. Outros insistem que o último ancestral comum viveu mais recentemente e que o *Sahelanthropus* tem sido mal interpretado como um hominídeo bípede.

O *Danuvius* poderia fornecer uma solução para esse dilema.

Todd Disotell, nosso amigo antropólogo molecular tatuado do Capítulo 3, seguramente coloca o último ancestral em comum em 6 milhões de anos atrás, com variação de mais ou menos 500 mil anos. Se ele estiver certo, Toumaï, um primata ereto potencialmente bípede, antecedeu ao último ancestral comum. Ele deve ter existido *antes* de os hominídeos evoluírem — antes que houvesse uma linhagem humana de fato. Isso não pode ser verdade se o caminhar ereto for exclusivo dos hominídeos, mas faz sentido se o último ancestral comum dos humanos e dos grandes primatas africanos for mais bípede do que os chimpanzés[20] e os gorilas são hoje.

É aí que entra o *Danuvius*.

O *Danuvius* pode estar nos dizendo que nosso ancestral primata antigo caminhava ereto nas árvores, erguendo as mãos acima da cabeça para se agarrar aos galhos à medida que se locomovia ao longo de pequenos troncos de árvores para alcançar frutos maduros. Os orangotangos às vezes fazem isso hoje[21], assim como os gibões e macacos-aranha.

De um ancestral como esses, os predecessores dos gorilas e, logo depois, dos chimpanzés podem ter se separado, desenvolvendo corpos maiores que tornaram as quedas das árvores mais mortais. Eles desenvolveram braços mais longos, palmas das mãos maiores e uma região lombar mais rígida para impedir que sofressem quedas fatais na floresta.

Mas nas florestas africanas, as árvores frutíferas são irregulares, e as copas das árvores não são facilmente transpostas, assim, primatas com braços mais longos e corpos maiores teriam que caminhar no solo para chegar à próxima área de alimentação. Eles teriam caminhado sobre duas pernas? Não. A região lombar menor e mais rígida os teria forçado a se curvar, tornando a caminhada sobre duas pernas exaustiva. Eles teriam de caminhar sobre quatro pernas, mas seus dedos eram muito compridos e curvados para se apoiarem de forma plana no solo. Eles os teriam dobrado nas articulações. Se esse cenário estiver correto, chimpanzés e gorilas desenvolveram a locomoção com apoio das articulações dos dedos das mãos separadamente, mas pelas mesmas razões.

E nossos ancestrais? Eles já estavam adaptados para a postura ereta, e com alguns ajustes anatômicos, o caminhar bípede no solo poderia ser tão simples quanto o caminhar bípede nas árvores.

Se essa interpretação do *Danuvius* for aceita, não precisamos mais apresentar uma explicação sobre porquê de o bipedalismo ter se desenvolvido do caminhar com apoio das articulações dos dedos das mãos, porque ele não se desenvolveu. Não foi uma nova locomoção, apenas uma antiga locomoção em um novo cenário. Em outras palavras, a Marcha do Progresso pode estar em ordem inversa. Nós não evoluímos para o bipedalismo de um ancestral de locomoção com apoio das articulações dos dedos das mãos. Em vez disso, estes últimos evoluíram de primatas que eram, pelo menos ocasionalmente, bípedes.

Outra peça intrigante desse quebra-cabeça surge não dos pés e das pernas de nossos ancestrais, mas de suas mãos.

Os chimpanzés têm polegares relativamente pequenos e dedos longos curvados. Os humanos, por outro lado, têm dedos pequenos e polegar longo e forte. A ponta do nosso polegar toca a ponta de cada dedo, nos proporcionando o sempre celebrado polegar opositor. Por um século, os cientistas tentaram descobrir como isso evoluiu a partir de uma mão semelhante à de um chimpanzé. Sergio Almécija, um paleoantropólogo do Museu Americano de História Natural de Nova York, acha que isso também está em ordem inversa.

Sua análise de 2010 do polegar de 6 milhões de anos do *Orrorin tugenensis* revelou que ele era espantosamente semelhante ao do ser humano. Cinco anos depois, ele analisou as proporções do osso da mão de fósseis de primatas e de humanos e concluiu que a mão humana mudou surpreendentemente pouco nos últimos 6 milhões de anos. Ao contrário, Almécija propôs que chimpanzés e os outros primatas desenvolveram dedos das mãos mais longos para evitar que sofressem quedas das árvores.

O que isso tem a ver com o bipedalismo?

Caminhar sobre duas pernas nos galhos oferece um problema de equilíbrio. Claramente, o dedão do pé com função preênsil os ajuda a se agarrar nos galhos das árvores, mas esses primatas bípedes primitivos não precisariam também de mãos poderosas para se agarrarem? Talvez não, diz Susannah Thorpe e seus colegas da Universidade de Birmingham, no Reino Unido. Eles descobriram que apenas um toque leve com a ponta dos dedos[22] ajuda no equilíbrio das pessoas e reduz a atividade muscular em 30%.

Embora a inovação de inverter a Marcha do Progresso seja atrativa, é possível que estejamos pensando demais nisso. Será que a hipótese[23] de que nós evoluímos dos caminhantes que se apoiam nas articulações dos dedos das mãos é confiável? Claro. Se paleoantropólogos da África Oriental descobrem um esqueleto de um primata que caminha apoiado nas articulações dos dedos das mãos em sedimentos de 10 a 14 milhões de anos, a hipótese de que a linhagem humana evoluiu de um ancestral que caminha dessa forma seria engavetada. Aqueles primatas europeus, inclusive o *Danuvius* e o *Rudapithecus*, acabariam sendo nossos primos extintos que estão nos desviando do caminho.

Mas a ciência ainda não encontrou evidências de um animal semelhante. Ainda assim, seria insensato pensar que já o encontramos. Há mais fósseis ainda para serem encontrados e muito da história humana para ser escrita.

Por enquanto, contudo, os fósseis que temos nos contam uma história fascinante. De aproximadamente 4 a 7 milhões de anos atrás — mais que o primeiro terço da nossa história evolutiva como hominídeos —, um primata bem equipado para a vida nas árvores havia seguido o declínio das florestas[24] da Europa e se espalhado nas florestas irregulares da África Central e África Oriental. Tal como os predecessores do *Danuvius*, ele era bípede nas árvores e podia, às vezes, se locomover sobre duas pernas no solo. Ele tinha pernas estendidas e quadril como o nosso, e conseguia empurrar o solo com a planta dos pés, ainda conservando o dedão do pé preênsil do lado de dentro. Diferentes espécies evoluíram — *Sahelanthropus*, *Orrorin*, A*rdipithecus* e certamente muitos outros que ainda não descobrimos.

Por milhões de anos, elas preencheram o nicho ambiental no perímetro das florestas africanas recuadas, comendo frutas e dormindo em árvores. As árvores eram a vida delas, mas para irem de uma área arborizada para outra, elas se locomoviam cuidadosa e cautelosamente pela paisagem perigosa sobre duas pernas.

Mas a evolução não para. A era do *Australopithecus* estava para iniciar.

PARTE II

Tornando-se Humano

COMO O CAMINHAR ERETO INFLUENCIOU A TECNOLOGIA, A LINGUAGEM, O ALIMENTO QUE COMEMOS E A FORMA COMO CRIAMOS NOSSOS FILHOS.

O Homo sapiens não inventou[1] o bipedalismo.
Foi justamente o contrário.

— ERLING KAGGE, EXPLORADOR, *CAMINHAR: UM PASSO DE CADA VEZ*, 2019

CAPÍTULO 6

Pegadas Antigas

Há certo encantamento em caminhar lentamente[1] por uma planície silenciosa.

— John Keats, "Lines Written in the Highlands after a Visit to Burns's Country", 1818

A noroeste da cratera de Ngorongoro, no norte da Tanzânia, encontra-se uma paisagem bela, porém erma, chamada Laetoli[2]. O nome origina-se de uma delicada planta que produz uma flor com pétalas vermelhas encontrada somente nessa área da Tanzânia. A flor Laetolil é cercada de plantas que não são nada convidativas.

Entre as cinco espécies de acácia conhecidas nessa área, duas dominam a paisagem. Uma é a clássica acácia *Vachellia tortilis*, cuja silhueta é vista ao entardecer em todos os documentários sobre a natureza africana. Espinhos rígidos protegem suas folhas dos lábios sondadores das girafas. A outra acácia é um arbusto pequeno com espinhos de 5cm que crescem dos bulbos negros e redondos em formato semelhante às bombas dos desenhos do Pernalonga. Esses bulbos ocos fazem um som agudo quando o vento sopra através deles, dando a essa acácia o apelido de "espinho assobiador". Os bulbos também produzem um néctar doce que dá o sustento às colônias de formigas. Encoste neles, e as formigas, energizadas de néctar, aglomeram-se com as mandíbulas abertas.

Era um espinho da acácia assobiadora que estava cravado no pé da menina Maasai.

A VIAGEM MATINAL a Laetoli de nosso acampamento perto da Vila Endulen nos conduziu por um rebanho de mais de mil zebras. Os potros mamando tinham listras marrons e brancas. Os adultos tinham as conhecidas listras pretas e brancas, supostamente para confundir os olhos compostos das moscas picadoras. A paisagem combinava com o padrão das zebras. A estrada empoeirada — formada de sedimentos desgastados de erupções vulcânicas que ocorreram esporadicamente por milhões de anos ao longo da extremidade leste do Grande Vale do Rifte Africano — era da cor de carvão. Nos dois lados da estrada, grama da cor de trigo se estende por quilômetros e alimenta zebras, gnus, gazelas e o gado pertencente ao povo pastoril Maasai.

Chuvas sazonais erodiram a paisagem, escavando canais e vales profundos e expondo rochas antigas. Charles Musiba, paleoantropólogo de voz grave e imponente, da Universidade de Colorado, em Denver, tem encontrado fósseis por aqui há décadas.

Durante o ensino médio, vivendo na região do lago Vitória da Tanzânia, Musiba descobriu seu amor pela paleoantropologia ao assistir a uma palestra de Mary Leakey. Depois de ouvir a história da sua descoberta na Garganta de Olduvai, ele a abordou para saber como poderia fazer parte da equipe. Ela perguntou se ele tinha alguma habilidade. Bem, ele respondeu, sei desenhar. Leakey, que começou como ilustradora científica, deu ao garoto uma oportunidade. Alguns esboços de ferramentas de pedra depois, Musiba se tornou membro da equipe de Leakey.

Em junho de 2019, Musiba e eu trouxemos nossos alunos da Universidade de Colorado e da Dartmouth College para Laetoli. A equipe de Musiba tinha encontrado um maxilar de um hominídeo primitivo alguns anos antes, e voltamos ao local para ver se poderíamos encontrar mais. Nós vasculhávamos lentamente o solo há uma hora ou mais, quando seis crianças Maasai apareceram com uma garotinha com não mais de cinco anos de idade. Ela estava mancando terrivelmente e chorando. Seu tornozelo estava inchado, e uma crosta preta havia se formado sobre o delicado arco de seu pequeno pé descalço. Grato por minha filha ter montado um kit de primeiros socorros para mim antes de eu viajar para a Tanzânia, entreguei pinças e lenços antissépticos para o assistente de campo Maasai, Josephat Gurtu.

A criança soluçava e colocava a cabeça no ombro da irmã à medida que Gurtu cutucava com a pinça a fonte de sua dor. Logo, ele extraiu um espinho de acácia do tamanho de um prego. Uma quantidade de pus pavorosa saiu do local. O espinho ficou ali por algum tempo, e o pé dela estava terrivelmente infeccionado. Gurtu lavou o ferimento e aplicou uma pomada antibiótica do kit de primeiros socorros, antes de cobri-lo com gaze estéril e esparadrapo. Sua irmã nos agradeceu em Maa, a língua Maasai, e a jovem saiu mancando com as outras crianças.

Passei o resto da manhã procurando fósseis, mas fiquei pensando naquela garotinha. As zebras e as girafas andam sobre cascos queratinizados. Elefantes têm pés grandes almofadados. Uma criança bípede com pés macios e descalços[3] fica vulnerável nesse ambiente implacável.

Contudo, os pés descalços de nossos ancestrais andaram em Laetoli por mais de 3,5 milhões de anos. A evidência desse fato, no fim das contas, estava à nossa volta.

EM 1976, MARY Leakey reuniu uma equipe para procurar fósseis em Laetoli. Ela e o marido, Louis, já haviam visitado o lugar quarenta anos antes e encontrado alguns fósseis, mas seu trabalho os levou para outro sítio na Tanzânia, a Garganta de Olduvai, que prendeu a atenção deles desde então. Depois que Louis faleceu, Mary voltou sua atenção de novo para Laetoli. Um estudo geológico revelou que ele era um pouco mais antigo que Olduvai, e sua equipe teve algum sucesso em encontrar fósseis de hominídeos erodidos em sedimentos vulcânicos com aproximadamente 3,5 milhões de anos. Mas até mesmo Mary não poderia prever as maravilhas que Laetoli escondia em suas camadas antigas de rocha.

Só o que foi preciso para descobri-las foi uma guerra de estrume de elefante.

Em 24 de julho de 1976, Mary Leakey recebeu alguns estudiosos — Kay Behrensmeyer, Dorothy (Doty) Dechant, Andrew Hill e David (Jonah) Western. Philip, filho de Leakey, mostrava a eles o sítio, mas, por fim, Western, um ecologista e biólogo conservacionista, que depois se tornaria o diretor do Kenyan Wildlife Service, ficou entediado. Ele pegou um pedaço grande de estrume seco de elefante e jogou, como um frisbee, nos outros. Hill, um paleontólogo dos Museus Nacionais do Quênia, que se tornaria um estimado professor da Universidade de Yale, revidou o ataque. A batalha continuou até Hill e Behrensmeyer, hoje curador de paleontologia da Instituição Smithsonian, se abrigarem em um canal. Procurando por mais munição, eles identificaram impressões com formatos estranhos em uma camada de cinza vulcânica endurecida minando da encosta.

"Fósseis de pegadas de elefante?", Hill se perguntou em voz alta. Uma trégua da guerra de estrume foi pedida, e os outros vieram ver o que ele havia encontrado.

Ao longo desse canal e se estendendo além, havia pegadas de antílopes, zebras, girafas e até de aves. Havia também ondulações pequenas e estranhas[4] na crosta de cinza vulcânica. Hill havia visto recortes como esses antes no livro de Charles Lyell de três volumes, *Princípios de Geologia*, publicado entre 1830 e 1833. Um volume continha ilustrações de Lyell de marcas de gotas de chuva fresca feitas na lama na Baía de Fundy, na Nova Escócia, assim como sua tese de que impressões endurecidas semelhantes encontradas em pedras haviam sido feitas por gotas de chuva eras atrás. Lyell acreditava que os processos que afetam a superfície da Terra hoje são os mesmos que esculpiram a paisagem no passado. Essa ideia, chamada de uniformitarismo, é hoje a base da ciência moderna. E aqui, na cinza vulcânica em Laetoli, Hill encontrou um exemplo dos livros.

Nas semanas seguintes, a equipe escavou no que ficou conhecido como o sítio-A, removendo o sedimento sobrejacente para revelar milhares de pegadas na cinza endurecida. Os fósseis falam amplamente sobre a vida de um organismo: pegadas fósseis são imagens da vida de um indivíduo.

O geólogo Dick Hay começou a trabalhar para descobrir como isso tudo aconteceu. Ele determinou, por fim, que uma erupção vulcânica havia coberto a região com uma camada grossa de cinza. A chuva transformou a cinza em lama. Os animais caminharam nela por alguns dias[5], e quando o sol saiu, ele a secou e a endureceu como cimento, preservando esse momento no tempo, 3,66 milhões de anos atrás. Mais cinza de erupções vulcânicas subsequentes cobriu a camada de pegadas como um cobertor.

Simon Matalo, um Massai local, pode identificar as pegadas melhor que qualquer um. Ele mostrou as deixadas por elefantes antigos, rinocerontes, zebras, antílopes, felinos grandes, babuínos, aves e até diplópodes. A maioria pertencia a pequenos antílopes e coelhos.

Mary Leakey falou para a equipe ficar de olho nas pegadas bípedes. Talvez eles tivessem sorte. Em setembro, eles tiveram[6]. O biólogo conservacionista Peter Jones estava com Philip Leakey quando descobriram cinco pegadas consecutivas feitas por algo que se locomovia sobre duas pernas, em vez de quatro. Mas essas pegadas bípedes eram estranhas. Elas eram pequenas e pareciam ser de algo com passo cruzado, o que significa que o pé esquerdo passa a frente do pé direito, como uma modelo na passarela.

Fizeram moldes em gesso das impressões, e Mary Leakey as levou para especialistas em pegadas em Londres e Washington, D.C. Alguns deles duvidaram de que as marcas fossem feitas por um ancestral humano. Talvez tenham sido feitas por um urso bípede, por fim sugeriu um.

Mary ficou desapontada, mas não por muito tempo.

Dois anos depois que as pegadas foram descobertas, Paul Abell, um estudioso da Universidade de Rhode Island com especialização em geoquímica, estava caminhando perto da área hoje conhecida como sítio-G, quando notou o que parecia ser uma impressão de um calcanhar humano. Retornando ao acampamento, ele informou Mary Leakey, mas ela estava se recuperando de uma fratura no tornozelo e não quis ir até lá apenas para ficar desapontada de novo. Ela enviou Ndibo Mbuika[7], que trabalhou com os Leakeys em Olduvai, para inspecionar e trazer informações.

Mbuika, que descobriu o primeiro dente de *Homo habilis* em 1962, não precisou cavar por muito tempo antes de reconhecer que a pegada era de um hominídeo. Melhor ainda, uma impressão levou a outras mais. Por fim, 54 impressões de hominídeo primitivo, avançando ao longo de duas trilhas paralelas, foram descobertas.

Essas pegadas estão entre as descobertas mais notáveis da história da nossa ciência. Parece que três, ou talvez até quatro[8], indivíduos caminhavam juntos, todos indo para o norte. Um estava à esquerda, um maior, à direita. Um terceiro (e talvez um quarto) caminhava diretamente em cima das impressões maiores.

Por décadas, cientistas têm analisado essas pegadas. A maioria acha que elas são consistentes com o que sabemos dos ossos do *Australopithecus afarensis* (a espécie de Lucy). Eles caminhavam batendo o calcanhar saliente no chão e com o dedão do pé alinhado com os demais dedos. Também parecia haver um arco incipiente no pé. Em outras palavras, o *Australopithecus* tinha um pé muito parecido com o nosso e caminhava como nós, com algumas diferenças sutis.

Humanos, ao caminharem hoje, transferem o peso para o osso do dedão do pé e empurram o solo principalmente a partir dele. As impressões em Laetoli foram feitas por indivíduos que também empurravam o solo a partir do dedão do pé, mas mantinham um pouco de peso na lateral do pé ao caminhar. As pegadas mostram que os hominídeos de Laetoli teriam pé plano como os padrões humanos modernos, algo também deduzido a partir dos ossos que essa espécie nos deixou. Da mesma forma, tem-se a impressão de que as pegadas de Laetoli[9] foram feitas por indivíduos que não empurravam o solo com tanta força quanto os humanos atualmente, embora isso pudesse acontecer também, porque eles caminhavam em cima de cinzas úmidas e espessas.

Ao contrário das expectativas que se possa ter da imagem da Marcha do Progresso, *Australopithecus* não caminhavam com os joelhos flexionados como um chimpanzé. Eles não se balançavam de um lado para outro como Louis, o gorila, quando carrega seus tomates de um lugar para outro no seu recinto. Em vez disso, eles caminhavam eretos, com a perna e os quadris estendidos. Como nós.

As pegadas de Laetoli capturam um momento na vida de nossos parentes extintos. As pegadas estão perto umas das outras e em sincronia, revelando que os indivíduos estavam andando lentamente e em grupo. Eles estavam indo para o norte, em direção à bacia Olduvai, onde teria água e abrigo nas árvores. Porque o tamanho do pé e a altura estão aproximadamente correlacionados, podemos estimar que o indivíduo menor à esquerda tinha pouco mais de 1,20m de altura, mais ou menos o tamanho de Lucy. O maior à direita tinha menos de 1,50m. O pé direito do indivíduo menor deixou impressões em um ângulo estranho, sugerindo que esse hominídeo pudesse estar ferido. No final da trilha, as pegadas se misturaram e ficaram um pouco mais profundas conforme o grupo girava e voltava. Depois de uma pausa, eles continuaram em direção ao norte.

As pegadas de Laetoli são um exemplo elegante da intersecção entre a ciência e a imaginação. Algumas coisas sabemos com certeza — que elas pertencem a bípedes, por exemplo. Mas eles estavam de mãos dadas? Eles estavam andando abraçados, como foi representado no diorama de Laetoli em exposição no Museu Americano de História Natural em Nova York? As questões são impressionantes e fascinantes. Imagine:

Temos que ir para o norte. É lá que está a água e onde devem estar os outros. Ontem foi um inferno. O ar estava pesado. O céu ficou negro e choveu cinzas. O chão tremeu. A terra rugiu como um predador. Hoje está melhor, mas estou com medo e faminto. As nuvens ainda estão espessas e ainda relampejam e ribombam, mas pelo menos é água, em vez de cinzas, que está caindo. Não há nada para comer. A grama acabou, foi coberta por cinzas. Temos que ir para o norte. Em direção à água. Lá terá alimento e encontraremos os outros, a menos que eles também estejam cobertos de cinza. Elas grudam nos galhos das nossas árvores. Nós verificamos cuidadosamente a região e descemos das árvores, pisando na superfície lamacenta. Andamos em fila, um pisando nas pegadas do outro, mascarando quantos somos. O solo está escorregadio, e temos que andar lentamente. Além disso, a mamãe está ferida. Ela caminha do nosso lado esquerdo com cautela. Um espinho está encravado profundamente em seu pé. Não conseguimos retirá-lo. Pegadas de zebras cruzam a nossa trilha. Vemos um grupo de galinhas d'angola e alguns caxines procurando alimento. Um elefante nos observou bem de perto. À medida que o solo ruge novamente, mamãe para e vira para oeste. Nada. Continuamos para o norte, lentamente atravessando a cinza espessa. Norte, água.

AS PEGADAS EM Laetoli podem ser um pouco confusas, então deixem-me explicar. A famosa trilha paralela com 54 pegadas que descrevi foi encontrada no sítio-G. Mas lembre-se de que as primeiras pegadas bípedes descobertas em Laetoli eram estranhas. Elas foram encontradas no sítio-A e pareciam ter sido feitas[10] por uma modelo na passarela. Alguns pesquisadores acharam que elas podem ter sido feitas por uma espécie extinta de urso. Eu estava ansioso para resolver o mistério dessas pegadas bípedes estranhas. Mas primeiro eu tinha que encontrá-las.

SENTI-ME FRACO. NÓS ficamos escavando a manhã toda no sítio-A. O sol estava forte e bem em cima da minha cabeça. Eu não havia levado água suficiente para beber. Minha garrafinha estava pela metade, com água morna. Bem debaixo de minha aliança de casamento, formou-se uma bolha, que cresceu e estourou depois de horas raspando a camada superficial endurecida da camada de pegadas. Usando os mapas antigos de Mary Leakey, calculei o local exato onde deveriam estar as pegadas bípedes misteriosas. Blaine Maley, um professor de anatomia da Faculdade de Medicina Osteopática de Idaho, e Luke Fannin, um aluno de pós-graduação da Dartmouth, haviam encontrado e cuidadosamente desencavado de novo o conjunto de pegadas do filhote de elefante do mapa da Mary. As pegadas A deviam estar a apenas quatro metros a oeste, mas não havia nada lá, exceto pegadas de caxine e de galinhas-d'angola erodidas. Foi a erosão, que inicialmente descobriu as pegadas bípedes, que as apagou em algum momento nesses últimos quarenta anos?

Eu reuni alguns de meus alunos e Shirley Rubin, uma professora da Napa Valley College, sob uma acácia tortilis, nossa única fonte de sombra. Uma colmeia de abelhas zangadas pendurada em uma árvore próxima enchia o ambiente com um zumbido inquietante. Deveríamos desistir das impressões A? Será que elas teriam sobrevivido a quarenta anos de chuvas sazonais?

Uma aluna de pós-graduação do laboratório de paleoantropologia da Dartmouth College, Ellie McNutt, que eu já havia conhecido anteriormente, recentemente tinha defendido sua tese de doutorado e começado a lecionar anatomia na Escola de Medicina da Universidade do Sul da Califórnia, em Los Angeles. Natural de Iowa, ela se aproximou da ciência com a sensibilidade do meio oeste e estava cética com a ideia admitida de que um urso antigo havia feito as pegadas A de Laetoli. Nenhum fóssil de urso jamais foi encontrado em Laetoli, e as impressões A eram tão pequenas, que teriam que ter sido feitas por um filhote de urso caminhando como se ele estivesse no circo. Estudando décadas de filmes produzidos pelo especialista em ursos-negros americanos Ben Kilham em seu sítio de estudo em Lyme, em New Hampshire, ela aprendeu que, quando há pessoas por perto, os ursos não usam a locomoção bípede com muita frequência. Apenas uma vez em cinquenta horas de filmagens um único urso deu cinco passos eretos consecutivos — o que seria necessário para replicar as impressões A.

Para investigar mais além, McNutt pendurou seringas com xarope de bordo acima da cabeça de ursos-negros jovens que estavam sendo reabilitados por Kilham para serem soltos em seu habitat, persuadindo-os a se levantar e andar sobre duas patas na lama. Ela mediu suas pegadas e as comparou com fotografias e medições publicadas da trilha A. Elas não combinaram. Ursos não conseguem se equilibrar no quadril como nós. Eles balançam de um lado para o outro, deixando pegadas bem espaçadas. Mas as impressões A são estreitas, mesmo as passadas cruzadas. Como Mary Leakey teve de admitir, as impressões A nunca foram totalmente escavadas. A menos que pudéssemos encontrá-las de novo, alegando que elas foram feitas por hominídeos, seria difícil de convencer.

Bebi o resto da minha água, enfiei meu chapéu de abas largas e voltei para a escavação, onde nosso assistente de campo Kallisti Fabian ainda estava raspando o solo endurecido com sua espátula.

"Mtu," disse ele.

"O quê?"

"Mtu!"

Fabian havia finalmente encontrado a camada de cinzas. Ali, ele havia descoberto uma pequena depressão. Era uma pegada.

"Mtu?", perguntei, repetindo a palavra em swahili para "humano".

"Ndiyo!", Fabian respondeu de forma afirmativa.

Caí de bruços, peguei meus instrumentos odontológicos e comecei a gentilmente retirar a matriz sobreposta da impressão. Como uma crosta de biscoito, a camada foi descolando da antiga cinza vulcânica, revelando uma pequena pegada de hominídeo lindamente preservada. Toquei a impressão deixada pelo calcanhar e gentilmente passei o polegar ao longo da borda do dedão do pé.

Não era de urso.

Devotei muito da minha carreira estudando a evolução do caminhar ereto, mas nunca havia colocado as mãos ou meus olhos em uma verdadeira pegada de *Australopithecus*.

Mesmo assim, um frio correu por minha espinha.

"É essa! É a trilha A!"

Fiquei entusiasmado. Kate Miller, aluna de pós-graduação da Dartmouth College, e o aluno da graduação Anjali Prabhat se aproximaram e ajudaram a continuar a escavação, procurando impressões adicionais. Eu quase desisti, temendo que as impressões A tivessem sido destruídas, mas aqui estão elas. Mais de quarenta anos de erosão não haviam destruído as pegadas; elas estavam cobertas e preservadas.

Josephat Gurtu se aproximou e sorriu.

"Mtu?", perguntei.

Ele assentiu. "Mtoto", disse ele, que significa "criança". Esse pode ser o motivo pelo qual as impressões A pareçam incomuns, porque são pequenas e porque eram cruzadas. Elas devem ter sido deixadas por uma criança *Australopithecus*.

O pé que deixou as impressões A tem um pouco mais de 15cm de comprimento, aproximadamente o tamanho do pé de uma criança humana moderna de 4 anos. O dedão do pé deixou uma impressão nítida na cinza vulcânica endurecida, e havia uma marca protuberante do calcanhar.

Naquela tarde, retornamos ao sítio e escavamos o resto da trilha, redescobrindo cinco pegadas consecutivas. Usamos um escâner a laser 3D para fazer uma varredura das impressões, assim haveria uma cópia digital para estudo e para a posteridade. Ampliamos a escavação para trás e para o lado, mas não encontramos mais nada. A camada úmida de cinza vulcânica deve ter endurecido quando esse hominídeo caminhava pela região como um fantasma, sem deixar nenhum outro vestígio. Mas aqui, neste local, a cinza deve ter ficado úmida (talvez estivesse embaixo da sombra de uma árvore), e cinco impressões ficaram gravadas.

Enquanto os alunos limpavam as impressões[11], eles ouviam músicas da década de 1980 no celular — Bruce Springsteen, Yes, Don Henley, Hall & Oates. No final da tarde, as crianças Maasai voltaram. A garotinha com o pé infeccionado parecia muito mais saudável e feliz, embora ainda não confiasse em nós e se escondesse atrás de suas irmãs. Ela tinha ido ao hospital em Endulen para fazer um tratamento adequado, seu pé agora estava coberto por bandagens, e ela calçava uma sandália de pneu Maasai. Seu pé era quase do tamanho do que deixou as impressões A. Um pequeno *Australopithecus* havia caminhado neste mesmo lugar há 3,66 milhões de anos.

Abri o aplicativo de bússola no meu celular e o angulei na direção da trilha. Depois que as cinzas caíram do céu, o jovem hominídeo havia caminhado para o norte, tal como os outros.

O caminhar bípede nos primeiros hominídeos — *Sahelanthropus*, *Orrorin* e *Ardipithecus* — é controverso. Esses primeiros membros da nossa linhagem viveram entre 4 e 7 milhões de anos atrás e ainda eram adaptados para a vida nas árvores. Embora a evidência fóssil contenha indícios tentadores de bipedalismo, a posição em que eles caminharam no solo é discutível até descobrirmos mais fósseis e novos métodos para estudar esses ossos antigos.

Lucy estabeleceu a longa existência do caminhar ereto em 3,18 milhões de anos, mas interpretar seus ossos antigos também não tem sido fácil. As pegadas de Laetoli, no entanto, não deixam dúvidas. Os primeiros membros do gênero *Australopithecus* viveram há mais de 3,6 milhões de anos e caminhavam sobre duas pernas, como fazemos hoje. Evidências fósseis também indicam que o *Australopithecus* era capaz de escalar árvores, o que faz sentido. Sem uma fogueira para se reunir ao redor ou estruturas para dormir, só havia um lugar para ficar seguro durante a noite: as árvores. Durante o dia, no entanto, o *Australopithecus* ficava no solo, caminhando sobre duas pernas, à procura de alimento, apenas tentando sobreviver.

Mas o bipedalismo significa mais do que ir de um lugar para o outro. Ele serviu como porta para outras mudanças — fundamentais e que nos ajudam a ser quem somos hoje.

ANTES DE DESCOBRIR as pegadas em Laetoli, Mary e Louis Leakey passaram décadas na Garganta de Olduvai coletando centenas de ferramentas de pedra, que eles agruparam em uma cultura chamada de "Olduvaiense". A datação radiométrica de Olduvai revelou que as ferramentas ali tinham cerca de 1,8 milhão de anos. Em 1964, os Leakeys encontraram as espécies elusivas das ferramentas. Foi um hominídeo com mãos semelhantes às dos homens atuais, cérebro um pouco maior e dentes molares menores do que os de um

Australopithecus. Eles designaram os fósseis que encontraram como uma nova espécie, *Homo habilis*[12], que pode ser traduzido, grosso modo, como "faz-tudo".

Apenas uma década mais tarde, Don Johanson descobriu Lucy, e alguns anos depois, a equipe de Mary Leakey encontrou as pegadas de Laetoli, levando o bipedalismo de volta para, pelo menos, 3,6 milhões de anos atrás. O caminhar bípede parecia ter o dobro da idade das ferramentas de pedra mais antigas.

Argumentou-se então que Darwin estava errado. Em *A Descendência do Homem e Seleção em Relação ao Sexo*, ele havia formulado a hipótese de que o bipedalismo e a confecção de ferramentas de pedra tinham se desenvolvido em conjunto, libertando as mãos para criar as ferramentas. Isso tornou os dentes caninos grandes desnecessários, o que estimulou o crescimento do cérebro. Mas com base nas pegadas de Laetoli e nas de Lucy, o caminhar ereto precedeu o desenvolvimento das ferramentas de pedra.

No entanto, descobertas recentes nos convidam a retirar as ideias de Darwin da lixeira de pó da ciência.

Em 2011, Sonia Harmand, uma professora associada da área de antropologia da Universidade Stony Brook, em Nova York, estava conduzindo uma pesquisa arqueológica ao longo da margem oeste do lago Turkana, no Quênia, seguindo em direção a uma área chamada Lomekwi, perto dos depósitos onde, em 1999, a equipe liderada por Meave Leakey, outro membro da primeira família de paleontologia, descobriu um crânio de hominídeo de 3,5 milhões de anos que ela designou como uma espécie nova, *Kenyanthropus platyops*. Harmand e sua equipe pegaram o caminho errado, o que os levou a um afloramento rochoso. Harmand saiu de seu veículo e chamou a equipe para pesquisar essa área nova. Depois de uma hora de prospecção, a equipe localizou algumas ferramentas de pedra irrompendo dos sedimentos.

Eles mapearam as ferramentas encontradas na superfície, e no ano seguinte a equipe de Harmand descobriu 150 ferramentas de pedra que haviam sido criadas por mãos hominídeas. As rochas usadas para confeccionar as ferramentas eram maiores e muito mais simples do que as encontradas na

Garganta de Olduvai. Parecia que os hominídeos que confeccionavam essas ferramentas em Lomekwi apenas pegavam rochas grandes, batiam umas nas outras usando técnicas primitivas de choque e aproveitavam os pedaços pontiagudos que se soltavam das rochas. Mais simples às vezes, significa mais antigo. Certamente, essas ferramentas estavam entre as camadas de tufa vulcânica depositada há 3,3 milhões de anos[13].

Depois do trabalho de Leakey em Olduvai, antigas ferramentas Olduvaienses que datavam de 2,6 milhões de anos foram descobertas na Etiópia. A descoberta de Harmand colocou a tecnologia das ferramentas de pedra em um adicional de três quartos de milhão de anos mais para trás, fora das mãos do *Homo habilis* e seguramente nas mãos do *Australopithecus*.

Enquanto isso, do outro lado do rio Awash, onde Lucy foi descoberta, Zeray Alemseged, da Universidade de Chicago, estava trabalhando em uma área chamada Dikika. Lá ele descobriu um esqueleto parcial extraordinário de uma criança *Australopithecus*[14] — que a mídia chamou de "bebê de Lucy". Em 2009, Alemseged me convidou para estudar o pé desse achado raro, e publicamos nossos resultados em 2018. O pé era muito parecido com o de um humano, indicando que a criança Dikika já andava sobre duas pernas. Mas o achado também preservou evidências do dedão do pé mais flexível, o que teria lhe permitido subir nas árvores e se agarrar em sua mãe com mais eficiência do que uma criança humana pode fazer hoje. Faz sentido. Vá até um parquinho e, provavelmente, verá crianças escalando, da mesma forma que fizeram milhões de anos atrás.

Nesses sedimentos de 3,4 milhões de anos, Alemseged também desencavou alguns fósseis de ossos de antílope que haviam sido deliberadamente cortados por pedras afiadas[15]. Nossos pequenos ancestrais *Australopithecus* não eram capazes de caçar nada tão grande, mas essas marcas de corte indicam que eles eram capazes de usar rochas afiadas como as que Sonia Harmand encontrou em Lomekwi, para retirar um pouco da carne de uma carcaça.

As ferramentas são um agente de mudança do jogo. O que começou como uma forma de o *Australopithecus* cavar em busca de raízes e tubérculos e retirar carne dos restos deixados por um leão há mais de 3 milhões de anos culminou em iPhones, antibióticos, mísseis balísticos e na sonda espacial New Horizons. Em um dos maiores avanços tecnológicos na história de nossa espécie, celebramos o caminhar ereto em outro mundo como "um pequeno passo para o homem, mas um grande salto para a humanidade".

Toda cultura humana utiliza ferramentas. Nosso corpo se tornou biologicamente adaptado a uma dieta e a uma forma de vida possível apenas com a tecnologia. Essa mudança começou com o *Australopithecus*, o primeiro bípede habitual e o primeiro usuário da tecnologia das ferramentas de pedra. O bipedalismo libertou as mãos das exigências da locomoção. As mãos livres poderiam bater rochas umas nas outras para criar uma extremidade afiada. Essa extremidade afiada possibilitava ao hominídeo a obtenção de alimentos anteriormente inacessíveis. O aumento de energia e uma dieta mais bem provida, por fim, lançaram nossa linhagem aos confins do sistema solar.

Sem dúvida, chimpanzés também confeccionam ferramentas. O famoso relato de Jane Goodall sobre chimpanzés limpando talos de grama alta para criar ferramentas para retirar cupins de cupinzeiros forçou os cientistas a reconsiderar a crença, há muito defendida, de que a fabricação de ferramentas era exclusividade do ser humano. Como Louis Leakey notoriamente escreveu: "Sinto que os cientistas que creem nessa definição[16] são confrontados por três escolhas: eles têm que aceitar que os chimpanzés são homens, por definição; eles devem redefinir o homem; ou devem redefinir as ferramentas."

Desde aquele tempo, macacos, corvos, lontras, papagaios-do-mar, algumas espécies de peixe e até os polvos já foram vistos usando ferramentas. Mas nenhuma outra espécie depende delas como nós, e essa dependência começou logo depois de libertar nossas mãos até caminhar sobre duas pernas.

O quão próximo o bipedalismo terrestre e a invenção das ferramentas de pedra estão conectados no tempo permanece incerto. As pegadas de Laetoli são cerca de um quarto de milhão de anos mais antigas do que a evidência mais antiga relatada sobre uso de ferramentas de pedra pelo *Australopithecus*. O osso da tíbia com 4,2 milhões de anos de Kanapoi, no Quênia, atribuído ao primeiro *Australopithecus*, chamado *anamensis*, é muito parecido com o do ser humano, estendendo a lacuna entre o caminhar e as ferramentas de pedra em, pelo menos, 800 mil anos. Mas é possível que o *Australopithecus*, naquela época, estivesse usando as mãos livres para fazer hastes de madeira para escavar ou fazer *slings* para bebês com folhas de videira ou palmeira. Esse material vegetal não teria sobrevivido nos registros arqueológicos.

Darwin pode não estar inteiramente certo com relação à ideia de o caminhar e o uso de ferramentas de pedra terem se desenvolvido em conjunto, mas provavelmente ele estava mais perto do que imaginávamos.

NO ENTANTO, COM nossas mãos livres, havia mais para carregar do que apenas ferramentas. Concluiu-se que a evolução do caminhar ereto alterou fundamentalmente o modo como criamos nossos filhos.

Em 2010, minha esposa deu à luz gêmeos. Durante aquelas primeiras semanas de euforia e exaustão, eu me surpreendi com duas coisas (além de descobrir que eu havia me casado com uma supermulher): o quão desesperados estávamos por ajuda e o quão dispostas as pessoas estavam em nos ajudar. Fiquei imaginando o que Lucy teria feito com um bebê recém-nascido em um ambiente muito mais hostil.

Enquanto eu carregava meus recém-nascidos indefesos, às vezes eu imaginava que eu era a Lucy. Eu me imaginava como uma *Australopithecus* fêmea vivendo há mais de 3 milhões de anos. Meu ambiente não consistia de casas, cafeterias, estradas e esquilos. Em vez disso, havia espaços enormes de savana, rios e predadores — grandes como o *Homotherium*, um felino dentes-de-sabre maior que o leão moderno. Como Lucy, eu caminhava sobre duas pernas, me tornando um dos mais lentos animais da natureza. Eu passava a maior parte do meu dia procurando cupins, frutas, raízes e tubérculos no solo. Eu ficava quase todo o tempo faminto. Eu podia escalar as árvores razoavelmente bem, mas não tão bem quanto um chimpanzé. Meus braços eram longos o bastante para alcançar meus joelhos, mas não tão longos nem poderosos quanto os de um primata. A vida como Lucy era difícil. Sempre foi. Mas agora era muito mais difícil com um bebê em meus braços.

Um bebê de chimpanzé fica nas costas de sua mãe enquanto ela caminha apoiada nas articulações dos dedos das mãos pela floresta. Ele se prende ao pelo com as mãos fortes e com o dedão do pé fixado nela quando ela escala as árvores. O bebê de Lucy não teria conseguido fazer isso. Como um *Australopithecus*, Lucy caminhava ereta. Se ela colocasse seu bebe nas costas, ele escorregaria para o chão. E os dedos dos pés de uma criança *Australopithecus* não eram fortes o suficiente para se agarrarem em sua mãe quando ela escalava.

Evidências da genética[17] de três espécies diferentes de piolhos que se instalam em humanos (piolhos da cabeça, piolhos púbicos e piolhos de corpo) sugerem que nosso ancestral hominídeo pode ter começado a perder seus pelos corporais por volta da época de Lucy, assim, pode não ter havido muito em que uma criança se agarrar de qualquer forma. Lucy teria que carregar seu filho indefeso em seus braços.

Toda manhã, ela desceria da árvore para procurar alimento suficiente na savana para manter a si e ao filho vivos. Quando o bebê estivesse inquieto, ela teria que amamentá-lo para mantê-lo quieto. O menor som de choro poderia chegar aos ouvidos de um *Homotherium*. Todos os membros do grupo de Lucy ficariam vulneráveis, observando constantemente o horizonte em busca de predadores. À noite, quando os predadores noturnos saíam da letargia, ela teria que escalar uma árvore. Mas teria sido difícil, talvez até impossível, escalar com um braço, enquanto carregava o bebê no outro. O que ela poderia fazer? Ao desenvolver o bipedalismo, nossos ancestrais enfrentaram novos desafios — desafios que exigiam novas soluções.

Voltaremos a Lucy daqui a pouco. Por enquanto, considere os primeiros meses da vida de um chimpanzé. Um chimpanzé fêmea normalmente dá à luz à noite e sozinha. O filhote consegue se agarrar aos pelos da mãe logo depois do nascimento, e a mãe o carrega para todo lugar nos seis meses seguintes, ou mais, e raramente deixa que outros membros do grupo o toquem.

Os primeiros seis meses da vida de um humano são bem diferentes. O nascimento normalmente é um evento social que conta com a ajuda de mulheres, ou de parteiras. O recém-nascido é indefeso, e a mãe se beneficia de outros, que a ajudam a alimentar, afagar e sorrir para o bebê, falar com ele e mantê-lo a salvo. Como diz o ditado, é preciso uma aldeia inteira para criar uma criança.

Como isso aconteceu? Como nós humanos nos tornamos uma espécie que recruta ajudantes para auxiliar na criação de nossos filhos?

Deixamos Lucy ao pé de uma árvore, imaginando como ela poderia subir nessa árvore com um braço enquanto segura seu filho indefeso com outro. A solução mais óbvia é que ela o entregava para outro membro do grupo. Talvez ela também tenha feito isso enquanto buscava alimento. Talvez uma criança mais velha segurasse o bebê[18]. Talvez fosse uma irmã — a tia do bebê. Poderia ter sido até mesmo alguém sem qualquer relação de parentesco — uma amiga. Talvez o pai segurasse a criança enquanto a mãe procurava alimento e dormia. Essas pequenas ações de parentalidade realizadas por outros[19] requerem confiança, cooperação e reciprocidade.

Essas qualidades são fundamentais para a sociedade atual, mas elas têm suas raízes nas soluções dos problemas enfrentados pelos *Australopithecus*, porque eles se locomoviam sobre duas pernas, em vez de quatro. Podemos traçar o modo como nós, coletivamente, criamos nossos filhos[20] hoje nos apoiando em Lucy e sua espécie.

AS EMPRESAS DE safári acordam seus clientes antes do sol nascer para levá-los a safáris fotográficos. Eles voltam para os parques dos safáris de novo no final da tarde e até oferecem viagens noturnas, usando refletores para capturar o brilho dos olhos da vida selvagem diversa na África. Um safári fotográfico ao meio-dia fracassaria em revelar qualquer vida selvagem. Os únicos animais desentocados nesse horário são as pessoas. Isso, ao que parece, é revelador.

A mudança para o bipedalismo nos deixou lentos e vulneráveis aos predadores. O registro fóssil da África nessa época está repleto de coisas enormes que queriam nos comer. Fósseis de dois enormes felinos dentes-de-sabre diferentes (*Homotherium* e *Megantereon*) e mais um tão grande quanto um leopardo (*Dinofelis*) foram encontrados em lugares onde o *Australopithecus* foi descoberto. Os paleontólogos também coletaram fósseis de uma hiena do tamanho aproximado de um leão moderno (*Pachycrocuta*), com mandíbulas e dentes poderosos esmagadores de ossos. Fósseis de crocodilos enormes também são comuns. Pelas impressões dentárias encontradas vez ou outra em fósseis de hominídeo, sabemos que esses predadores grandes representavam uma ameaça constante para nossos ancestrais, mas apenas ocasionalmente eles conseguiam capturar um.

Confrontado por ameaças similares atualmente, os primatas se reúnem em grandes grupos. Quando um leopardo ronda um grupo de babuínos, a chance é a de que um dos babuínos perceba o predador e avise o bando. Isso só funciona se houver babuínos vigilantes o suficiente. Dois ou três babuínos concentrados em encontrar o café da manhã podem não perceber o felino enorme que, como um fantasma, se esgueira em sua direção, e eles acabam se tornando o café da manhã. Viver em um grupo grande também minimiza as chances de qualquer babuíno se tornar presa de um predador bem-sucedido. As chances são de 50% em um grupo com 2, mas de apenas 2% em um grupo de 50. Mas os babuínos conseguem correr e escalar rapidamente. O *Australopithecus* não conseguia. Como era possível evitar se tornar uma refeição regular dos felinos enormes e das hienas?

Quando o sol está a pino e a temperatura se eleva, leões, leopardos, guepardos e hienas modernos buscam por uma sombra e vão dormir. Mesmo as presas — antílopes e zebras — deitam-se na grama alta para se refrescar. A opção de nossos ancestrais para sobreviver era evitar o solo quando os predadores estavam ativos — ao entardecer, à noite e de madrugada.

Os *Australopithecus* deviam ser ativos durante o dia, assim como eu. Depois que os felinos e as hienas já tinham enchido a *barriga* e encontrado lugar na sombra para descansar e fazer a digestão, os *Australopithecus* desciam das árvores para procurar alimento. Eles comeriam qualquer coisa que encontrassem[21] — frutos fermentados, nozes, sementes, tubérculos e raízes, insetos, folhas verdes e, ocasionalmente, restos de carniças deixadas pelo *Dinofelis* durante a noite.

Hoje, os humanos em todo o mundo comem de tudo coletivamente. Se tem DNA, nós experimentamos. Essa mudança para uma dieta generalizada[22] parece ter ocorrido no princípio de nossa história evolutiva. Caminhar no solo nos tornou vulneráveis. Não podíamos nos dar ao luxo de ficar escolhendo alimento.

O *Australopithecus* se locomovia em grandes grupos, com os olhos constantemente observando qualquer movimento sutil na grama alta. Se encontrassem um predador, fugir a 30km/h seria fatal. O *Homotherium* teria bastante tempo para rir baixinho e lamber os bigodes antes de sair correndo e comer um deles. Hoje, os babuínos e chimpanzés[23], quando não têm outra opção, fingem ser predadores ficando de pé, gritando e, às vezes, jogando pedras ou galhos para afastar a ameaça. Parece quase certo que o *Australopithecus* fazia a mesma coisa, cooperando uns com os outros contra um inimigo em comum.

Deslocar-se na África Equatorial ao meio-dia apresenta outros desafios. Primeiro, é o calor. Se nossos ancestrais ficassem nos bosques, isso não seria um grande problema. Mas há evidências de isótopos de carbono nos dentes dos *Australopithecus* de que uma grande porcentagem de refeições era proveniente da savana. Como eles mantinham a temperatura do corpo baixa?

Lembre-se, nosso pelo corporal tornou-se irregular e mais fino na época do *Australopithecus*. Talvez a concentração de glândulas sudoríparas também tenha aumentado conforme a pele do *Australopithecus* ficasse exposta e eles conseguissem resfriar o corpo, mas a evolução das glândulas sudoríparas permanece pouco conhecida. Após um dia procurando alimento juntos, nossos ancestrais *Australopithecus* voltariam para as árvores para se limpar, se aconchegar e dormir.

Em 1871, Darwin propôs que o aumento do tamanho do cérebro de nossos ancestrais foi a consequência de um conjunto de mudanças nos primeiros membros da nossa linhagem — o bipedalismo, o uso de ferramentas e a redução dos caninos. Mas o tempo não parece estar certo. Os primeiros bípedes tinham cérebros que não eram maiores do que o de um chimpanzé moderno. Outros pesquisadores propuseram que o caminhar sobre duas pernas exigia um cérebro grande para equilibrar e coordenar uma máquina musculoesquelética tão sofisticada. Fale isso para uma galinha, cujo cérebro é do tamanho de uma amêndoa.

Claramente, o bipedalismo e o tamanho do cérebro não foram desenvolvidos em conjunto; embora em nós, de certo modo, eles tenham sido. Como isso aconteceu?

O cérebro dos primeiros hominídeos, o *Sahelanthropus* e o *Ardipithecus*, era aproximadamente a média do tamanho de um cérebro de chimpanzé — 375cm³, ou sutilmente maior do que o volume de uma lata de refrigerante. Recentemente, o paleoantropólogo Yohannes Haile-Selassie[24] descobriu um crânio magnífico de um *Australopithecus anamensis* de 3,8 milhões de anos. Ele também tinha o cérebro de tamanho similar. Mas na época da Lucy, meio milhão de anos depois, o cérebro havia aumentado para cerca de 450cm³. Isso ainda é apenas um terço do tamanho do cérebro[25] de um humano moderno em média, mas o salto de 375cm³ para 450cm³ foi um aumento de 20% em volume, e cérebros não saem baratos.

Seu cérebro tem apenas 2%[26] do seu peso corporal, mas ele usa 20% da energia que você absorve. Isso significa que cada cinco respirações e cada cinco mordidas em alimentos que você consome são destinadas às células famintas do cérebro. Como, então, o *Australopithecus* poderia ter recursos para aumentar o tamanho do cérebro?

Estudos utilizando esteiras demonstram que os chimpanzés gastam o dobro da energia que os humanos gastam ao se locomover. Primatas também utilizam muita energia ao escalar, o que fazem com frequência. Porque precisam de muita energia só para se locomover, eles não têm energia excedente para destinar a um cérebro maior.

Talvez isso tenha mudado com o *Australopithecus*.

Talvez, como nossos ancestrais se locomoviam sobre duas pernas e escalavam árvores com menos frequência, eles tivessem energia excedente. Talvez os que tivessem cérebro um pouco maior entre eles usassem o excedente de energia para uma coisa boa, conduzindo situações sociais complexas em seu grupo com mais eficiência. Talvez resolvessem os problemas de alimentação com a recente invenção da tecnologia de ferramentas de pedras. Isso, por sua vez, pode ter aumentado suas habilidades para encontrar alimento, deixando mais energia disponível para o crescimento do cérebro.

Uma variante dessa ideia é a de que não há energia excedente, mas que a eficiência do caminhar bípede permitiu que nossos ancestrais tivessem um raio mais amplo de busca por alimentos. Na savana[27], o alimento pode ter ficado mais disperso e só poderia ser conseguido por um hominídeo que se locomovesse com mais eficiência do que um primata ordinário.

Essas são todas as explicações evolucionárias do *porquê* de os cérebros ficaram maiores. Mas podemos também fazer uma pergunta mais básica. *Como* os *Australopithecus* desenvolveram cérebros maiores do que seus predecessores?

Os humanos têm cérebros maiores que os chimpanzés por duas razões. Primeiro, temos uma taxa de crescimento cerebral mais rápida; nós simplesmente adicionamos mais tecido cerebral à medida que envelhecemos. Segundo, nosso cérebro é desenvolvido em mais tempo, chegando ao volume total com sete ou oito anos, em comparação aos três ou quatro anos dos chimpanzés.

O que aconteceu com o *Australopithecus*? O crânio de uma criança nos fornece a resposta.

Descoberta em 2000 por Zeray Alemseged, a criança Dikika tem um crânio bem preservado e uma impressão de arenito do cérebro. Uma varredura de alta resolução do crânio foi feita em um enorme acelerador de partícula em Grenoble, na França, que produz raios X com poder o suficiente para penetrar o crânio fossilizado e observar detalhes extraordinários do cérebro e dos dentes não irrompidos dessa criança.

Tanya Smith, bióloga evolucionária humana da Griffith University, na Austrália, utilizou essas varreduras de alta resolução para medir o crescimento gradual dos dentes da criança Dikika como se eles fossem anéis das árvores. A sua análise inteligente revelou que a criança morreu quando tinha 2 anos e 5 meses de idade. Nessa idade, a criança tinha desenvolvido[28] um cérebro de 275cm³, que é cerca de 70% do tamanho do cérebro do *Australopithecus afarensis* adulto. Ao contrário, os chimpanzés de mesma idade têm cerca de 90% do crescimento do cérebro completo. Os humanos desenvolvem o cérebro lentamente, e o fóssil da criança Dikika indica que também era assim com a espécie de Lucy. Assim como acontece com os humanos, o cérebro dos *Australopithecus* mais jovens em desenvolvimento formava conexões conforme aprendia o que comer, quais ameaças evitar, as relações entre os membros do grupo e outras habilidades cruciais para sua sobrevivência.

Em animais sob intensa pressão predatória, a seleção natural favorece o desenvolvimento *rápido*. A ideia é se desenvolver e se reproduzir rapidamente enquanto você ainda está vivo. Somente os animais que raramente sofrem ação de predadores — elefantes, baleias e os seres humanos modernos — podem dispor de um crescimento mais lento e de infância mais longa. O crescimento cerebral lento dos *Australopithecus* indica que nossos ancestrais hominídeos desenvolveram uma proteção — possivelmente social — contra a predação. Nós cuidávamos uns dos outros.

Sem dúvida, de vez em quando perdíamos um dos nossos para um *Pachycrocuta,* mas, em geral, nossos ancestrais devem ter se protegido tanto, que isso retardou o crescimento do cérebro; e a ênfase resultante do aprendizado em *Australopithecus* jovens, distintos, foi favorecida pela seleção natural.

No entanto, isso não se transformou em um círculo vicioso — ainda não. O cérebro do *Australopithecus* se estabilizou em 450cm³ e não se alterou por mais de um milhão de anos. O bipedalismo não se desenvolveu em sincronia com a tecnologia de ferramentas de pedra ou com o aumento do tamanho do cérebro, como Darwin previu. Mas abriu as portas para essas novas possibilidades.

No entanto, novas descobertas complicaram essa história. Agora, quando alguém me pergunta sobre o bipedalismo nos *Australopithecus*, eu pergunto, "qual *Australopithecus*?"

CAPÍTULO 7

Há Muitas Formas de Caminhar Uma Légua

Toda jornada começa[1] com o primeiro passo.
— *Bruce Latimer, paleoantropólogo da Case Western Reserve University, 2011*

No verão de 2009, eu estava trabalhando em um depósito de fósseis no departamento de anatomia da Universidade de Witwatersrand, em Joanesburgo, na África do Sul. Meu voo de volta para os Estados Unidos partiria em poucas horas, e eu ainda tinha que fazer a varredura com laser 3D de vários ossos do pé do *Australopithecus*.

De repente, um paleoantropólogo sul-africano, Lee Berger, invadiu a sala com um olhar insano.

Eu nunca o havia encontrado, mas o conhecia e ao seu trabalho também. Afinal das contas, ele era uma figura proeminente da minha área. Claramente, ele não tinha vindo a minha procura, nem do outro jovem pesquisador na sala, Zach Cofran, atualmente professor da Vassar College em Nova York. Berger perscrutou a sala, passando por Cofran, por mim e por dezenas de fósseis de hominídeos em cima da mesa. Depois nos olhamos.

"Gostaria de ver uma coisa legal?", perguntou ele.

Os olhos de Cofran brilharam com o convite, mas eu gelei. Entrei em pânico porque eu não tinha terminado meu trabalho e certamente não teria tempo a perder com "algo legal". Mais uma vez, eu havia acabado de iniciar uma nova varredura, posicionando um fóssil em uma mesa giratória, enquanto meu escâner do tamanho de uma caixa de cereal convertia lentamente um osso do pé de 2 milhões de anos em uma réplica digital na tela do meu computador. Uma vez que a varredura tivesse começado, eu *poderia* me afastar dali por alguns minutos.

"Quer?", disse Berger, dessa vez com um sorriso malicioso. Ele estava tão empolgado para compartilhar algo, que até mesmo dois jovens pesquisadores que ele não conhecia serviam.

"Claro", dissemos juntos, Cofran e eu.

Berger, que cresceu na Georgia, mas havia morado na África do Sul nos últimos trinta anos, nos conduziu por um corredor que levava a um laboratório onde havia uma mesa grande coberta com um pano preto. E o que havia embaixo daquele tecido preto de veludo mudaria tudo que eu pensava e sabia sobre a evolução do caminhar ereto.

EM NOSSA CIÊNCIA, há trabalhadores de campo que encontram fósseis e os cientistas de laboratório que os analisam. A maioria de nós acaba fazendo as duas coisas, mas raramente há um equilíbrio, por isso desenvolvemos a reputação de alguém que trabalha com uma espátula ou com um computador. Berger é trabalhador de campo, um explorador — o mais próximo que temos do Indiana Jones[2] na paleoantropologia. Mas no início dos anos 2000, com o financiamento mudando do trabalho de campo para os novos métodos digitais de análise de fósseis antigos, a modalidade estava em transição.

Alguns até imaginavam se todos os fósseis importantes dos seres humanos já haviam sido encontrados. Berger achava que não. Por quase duas décadas, ele escavou uma caverna chamada Gladysvale — um dos lugares mais ricos em fósseis no Berço da Humanidade, na África do Sul. Ossos de zebras, antílopes, javalis, elefantes, gazelas, girafas e babuínos antigos infestavam as paredes da caverna. Berger e sua equipe reduzida coletaram milhares deles ali, mas o único indício de hominídeos foram dois dentes de *Australopithecus*.

Há Muitas Formas de Caminhar Uma Légua 119

A concentração rica de fósseis em Gladysvale era tão sedutora quanto uma sereia, mas para um paleoantropólogo como Berger, esse local poderia acabar com sua carreira se nada mais aparecesse além de ossos de antílopes e zebras. Por fim, Berger pensou que encontraria a sua Lucy. Embora isso fosse verdade, e muito mais, não aconteceria em Gladysvale.

Eternamente explorador, Berger passou os primeiros anos do século XXI expandindo sua busca além de Gladysvale, pesquisando a área em torno de Joanesburgo em busca de cavernas usando imagens de alta resolução feitas pelo exército dos Estados Unidos. Mas em 2008, isso ficou muito mais fácil. Lee Berger baixou[3] o Google Earth.

Ele ficou semanas na frente da tela de seu computador estudando imagens de satélite da mesma paisagem seca que ele explorou por vinte anos, identificando padrões que ele não conseguia ver do solo. Ele viu oliveiras e *Celtis africana* crescendo juntas, em grupos. Onde, pensou ele, essas espécies que dependiam de água a encontravam? Ele e o geólogo Paul Dirks resolveram o mistério.

Acúmulo de água da chuva no fundo de poços verticais, onde sementes de oliveira e de *Celtis africana* nasceram, germinaram e criaram raízes. Buscando sol, elas chegam à superfície, revelando onde as cavernas estão. Berger gravou as coordenadas de GPS dos grupos de árvores e passou meses dirigindo ao redor do Berço, confirmando suas suspeitas. As cavernas estavam por toda parte, mais de seiscentas nunca documentadas antes. Mas será que continham fósseis?

Em agosto de 2008, Berger explorou uma delas com seu filho, Matthew, de 9 anos, seu cão de caça chamado Tau e o pesquisador de pós-doutorado, Job Kibii, atualmente curador do departamento de paleontologia dos Museus Nacionais do Quênia. A caverna hoje em dia é chamada de Malapa, que significa "lar" na língua Soto.

"Vai procurar fósseis, Matthew", disse Berger encorajando o filho. Alguns minutos mais tarde, Matthew estava seguindo seu cachorro quando tropeçou em uma lasca grande de pedra, que ele pegou e anunciou: "Pai, encontrei um fóssil!"

Fósseis não eram incomuns nessa região, mas exatamente como os milhares que Berger havia coletado em Gladysvale, eles eram quase sempre de antílopes, zebras ou javalis. Porém, conforme Berger se aproximou, o que ele viu saindo da rocha não tinha nada de antílopes ou de zebras. Era a clavícula de um hominídeo primitivo. Ele virou a rocha e viu parte da mandíbula inferior com um dente canino pequeno e sem corte, que era claramente de hominídeo. Em menos de dez minutos em Malapa, o filho de 9 anos de Berger descobriu tantos fósseis de hominídeo quantos Lee encontrou em duas décadas em Gladysvale.

Somente esses ossos já seriam uma contribuição significativa para nossa ciência, mas Malapa tinha muito mais a oferecer. Ao longo de vários meses, a equipe de Berger continuou a encontrar fósseis de hominídeos. Os ossos, presos em blocos de cascalho avermelhado fossilizado, duros como concreto, chamado brecha, eram transportados para o laboratório da Universidade de Witwatersrand. Lá, técnicos especializados passaram meses com ferramentas semelhantes a marteletes pneumáticos, soltando lentamente os fósseis da pedra ao seu redor, fragmento por fragmento. Quando terminaram, eles tinham dois esqueletos parciais.

Dois hominídeos antigos! Foi isso que Lee Berger revelou, como um mágico, debaixo da capa de veludo preta.

Um esqueleto pertencia a um macho jovem. Seus ossos tinham placas de crescimento abertas, indicando que ele tinha cerca de 8 anos de idade e ainda estava crescendo na época de sua morte. O crânio estava imaculadamente preservado. Os dentes do siso ainda estavam ocultos, não irrompidos de suas cavidades. Chamado de Hominídeo Malapa 1 (MH1), ele foi apelidado pelas crianças de uma escola local de Karabo, que significa "a resposta".

O outro esqueleto, o Hominídeo Malapa 2 (MH2), pela sua ossatura, pertencia a uma fêmea, e os desgastes dos dentes do siso indicavam que ela era adulta. Os esqueletos tinham várias fraturas irregulares nos braços, ombros, na mandíbula e no crânio, que ocorreram quando os ossos ainda estavam vivos. Essas pistas nos permitem determinar a provável causa da morte[4]: eles caíram de mais de 15 metros no poço da caverna, morreram pelo impacto e se decompuseram longe das mandíbulas moedoras de ossos dos necrófagos.

Os esqueletos estavam entre as camadas de calcário rico em urânio, que pode ser datado porque o urânio é radioativo e decai para chumbo e tório a uma velocidade característica. A geóloga Robyn Pickering, da Universidade de Cape Town, determinou a idade do MH1 e do MH2 com uma precisão notavelmente incomum. Ela descobriu que esses hominídeos morreram em uma janela de 3 mil anos, 1,977 milhão de anos atrás[5].

Seis meses depois que dei uma olhada nesses fósseis, Berger e uma meia dúzia de coautores anunciaram ao mundo que eles eram de uma nova espécie de *Australopithecus*. Eles os nomearam *sediba*[6] e propuseram que ele poderia ser o ancestral direto do *Australopithecus* de nosso próprio gênero, *Homo*, há muito procurado.

Dias depois, Berger e o especialista em pés Bernhard Zipfel me convidaram para trabalhar com eles com o intuito de estudar os ossos do pé e da perna desse novo hominídeo. Se eu tivesse recusado o convite de Berger para "ver uma coisa legal", a oferta provavelmente teria ido para outra pessoa.

Dois anos antes, eu concluí minha tese de doutorado sobre o pé e o tornozelo de fósseis de primatas e hominídeos. Eu conhecia bem o pé e a perna do *Australopithecus* e fiquei empolgado por ser convidado para estudar essa nova espécie. Todo recém-doutor em paleoantropologia sonha com uma oferta dessas, e o que eu havia visto debaixo daquele veludo preto me deixou intrigado.

O PACOTE DA África do Sul chegou em meu escritório na Universidade de Boston quando eu corria porta afora para tentar evitar a hora do rush. Eu o coloquei debaixo do braço, pulei para dentro do meu Toyota Matrix vermelho, acelerei Avenida Commonwealth abaixo e me deparei com um engarrafamento gigantesco quando virei na Mass Pike. Com milhares de carros avançando lentamente para oeste a 8km/h, eu podia tirar as mãos do volante com segurança e abrir a caixa da Universidade de Witwatersrand.

Berger e Zipfel me enviaram moldes de plástico[7] — cópias exatas — dos ossos do pé do *Australopithecus sediba*. Com minha esposa grávida de seis meses, eu só poderia ir para Joanesburgo de novo para estudar os fósseis originais no ano seguinte, mas esses moldes me dariam uma boa ideia do que eu poderia dizer sobre o pé desse hominídeo de 2 milhões de anos.

Eu remexi a caixa, retirei pedaços pequenos de plástico bolha e a abri. Dentro havia um talus pequeno, o osso acima do pé que forma a articulação do tornozelo com a tíbia. Eu o examinei com um olho, enquanto o outro ficava atento às luzes de freio do carro à minha frente. À primeira vista, era semelhante ao humano, similar ao talus de Lucy em alguns aspectos e diferente em outros, mas não concluí mais nada a partir disso. O talus é um osso notoriamente variável. Os ossos do talus de todos os cidadãos de Boston parados na Mass Pike comigo eram tão diferentes uns dos outros quanto os de Lucy eram daquele de *sediba*.

No cruzamento da Weston, apenas duas cabines de pedágio estavam abertas onde a Mass Pike se une com a I-95, uma das rodovias mais congestionadas da Costa Leste. Eu sabia que ficaria preso ali por um bom tempo, então rasguei outro plástico, peguei uma pequena extremidade da tíbia e a virei de um lado para outro. Parecia com o osso de um humano e com o de Lucy, exceto por um pedaço do osso chamado maléolo medial — uma proeminência arredondada do lado interno do tornozelo. A proeminência era enorme, muito maior do que a dos humanos e a de Lucy. Somente primatas têm maléolo medial tão grande.

Alguma coisa não estava certa. Talvez fosse um erro do molde ou mesmo uma patologia, resultado de uma doença ou um ferimento. O motorista do carro atrás de mim buzinou, e me movi lentamente para mais perto das cabines de pedágio.

Abri outro plástico-bolha e olhei estarrecido para um calcâneo completo, o osso do calcanhar que primeiro bate no chão quando caminhamos. Nos humanos, é o maior osso do pé — aproximadamente do tamanho de uma batata pequena. Na espécie da Lucy, *Australopithecus afarensis*, os calcanhares também eram grandes e corpulentos, bem-adaptados para absorver as forças quando andamos sobre duas pernas. Mesmo as pegadas de Laetoli mostram que quem as deixou tinha um calcanhar grande. Mas o calcanhar pequeno e engraçado que eu tinha nas mãos lembrava o de um chimpanzé. Ele não parecia ter vindo de algo que andava sobre duas pernas.

Será que Berger e Zipfel me enviaram um calcâneo de chimpanzé? Era uma pegadinha? Algum tipo de teste para ver se eu estava apto para o trabalho? Olhei fixamente para o osso do calcanhar de novo, o virei em minhas mãos e percebi que o calcanhar semelhante ao do chimpanzé se combinou com o de características humanas mais abaixo no osso.

Eu nunca havia visto um calcanhar como aquele. Fiquei perplexo e fascinado. O cara atrás de mim enfiou a mão na buzina. O trânsito acelerou do outro lado do pedágio, e então só pude olhar os ossos novamente quando cheguei em casa. Levei o resto do dia e depois mais três anos, inclusive com várias viagens para a África do Sul, para descobrir o que estava acontecendo.

OS FÓSSEIS MAIS antigos do *Australopithecus*, dos sedimentos à margem do lago no Quênia e dos solos das florestas da Etiópia, têm 4,2 milhões de anos. O mais novo, encontrado nas cavernas da África do Sul, tem cerca de 1 milhão de anos. Nesses 3 milhões de anos, o *Australopithecus* se diversificou em muitas espécies diferentes. Na verdade, os cientistas nomearam mais de uma dúzia.

O *Australopithecus* original, denominado por Raymond Dart por causa de sua criança de Taung, é o *africanus*. A espécie da Lucy é a *afarensis*. O mais antigo conhecido *Australopithecus* é o *anamensis*. Há espécies controversas conhecidas apenas por alguns fósseis, tais como *platyops*, *garhi* e *bahrelghazali*.

Há os *Australopithecus* com dentes maiores, que são denominados como os "robustos". Às vezes eles recebem o nome do próprio gênero — *Paranthropus* —, que tem três espécies diferentes: *aethiopicus, robustus* e *boisei*.

Berger havia acabado de anunciar a descoberta de um novo *Australopithecus*: *sediba*.

Mesmo que houvesse diferenças entre as muitas espécies do *Australopithecus*, uma característica os unia: todos caminhavam sobre duas pernas. No entanto, isso acabou se revelando muito mais complicado.

No início dos anos de 1970, J. T. Robinson, que havia se especializado sob orientação de Robert Broom (o cara que usou dinamite para procurar fósseis), propôs que as duas diferentes espécies de *Australopithecus* encontradas nas cavernas sul-africanas — o de dentes enormes, chamado *robustus,* e o de dente menor, chamado *africanus* — andavam de forma diferente. Registrando diferenças em suas pelves[8] e nas articulações do quadril, ele propôs uma marcha arrastada para o *robustus*, e para o *africanus*, uma marcha mais parecida com a dos humanos. Contudo, a pelve é um osso tão fino, que é facilmente danificado ou deformado durante o processo de fossilização. Era difícil dizer se as diferenças dos esqueletos que Robinson havia detectado existiam quando esses hominídeos estavam vivos.

Trinta anos mais tarde[9], o paleoantropólogo Will Harcourt-Smith do Museu Americano de História Natural, estudou os ossos do pé do *africanus* e da espécie de Lucy (*Australopithecus afarensis*) e propôs algo similar. Ele usou um método chamado morfometria geométrica, com a qual era possível capturar e quantificar o complexo formato 3D dos ossos do pé, e argumentou que Lucy e sua espécie tinham articulações do tornozelo semelhantes às dos humanos, mas que outras partes dos pés eram mais similares às dos primatas. E que o *Australopithecus africanus* sul-africano tinha o contrário — tornozelos como o dos primatas e pés como os dos humanos.

Eu estava cético. Afinal, tínhamos apenas uma pequena quantidade de ossos de cada espécie. As diferenças que Harcourt-Smith havia detectado eram mais significativas do que as variações normais dos ossos do pé dos humanos modernos? Ao meu ver, o *Australopithecus* havia desenvolvido habilidades para caminhar semelhantes às dos humanos, e quaisquer variações entre as espécies ou entre os sítios de fósseis na África eram rumores biologicamente insignificantes.

Eu estava errado, mas foi preciso *sediba* mudar minha opinião.

Apesar de ser um milhão de anos mais jovem que Lucy e sua espécie, os ossos do pé do *Australopithecus sediba* eram, em sua maior parte, *menos* semelhantes aos dos humanos. O joelho, a pelve e a região lombar deixaram claro que o *Australopithecus sediba* se locomovia como bípede, mas não como nós, e certamente não como as outras espécies de *Australopithecus*.

Em 2011, após um estudo exaustivo dos ossos, eu e Zipfel publicamos nossas descobertas[10] sobre esses fósseis. Detalhamos as anatomias incomuns do calcanhar, do tornozelo e da sola do pé do primata, mas o que não conseguimos descobrir foi o que isso realmente representou na forma como *sediba* caminhava. Osso por osso, o *sediba* era diferente das outras espécies de *Australopithecus* e dos humanos modernos. Ele deve ter caminhado de forma diferente; só não sabíamos como.

Muitos paleoantropólogos especializam-se em uma parte em particular do esqueleto. Entre nós estão especialistas na anatomia de crânios, dentes, cotovelos, ombros, joelhos e quadris. A minha especialização é o pé, em particular, o tornozelo. Nós nos especializamos assim, em partes, porque a paleoantropologia é uma ciência de fragmentos. Em seis semanas em um sítio de fósseis, podemos encontrar dentes de hominídeo e, se tivermos sorte, um cotovelo de hominídeo aqui e um osso de pé acolá. Para dar sentido a esses pedaços de ossos antigos, aprendemos tudo o que podemos sobre como um osso varia entre diferentes tipos de animais, como essas diferenças afetam a maneira que o animal vive e como esse osso se desenvolveu ao longo da evolução de primata para humano. Isso é o que é preciso para retirar toda informação que pudermos dos preciosos fragmentos de hominídeos que encontrarmos.

Ou seja, até encontrarmos um esqueleto quase completo. E no caso do *sediba*, nós tínhamos dois.

Estamos tão acostumados a interpretar fragmentos de fósseis isolados, que, quando nos deparamos com um esqueleto, é fácil tratá-lo como um monte de pedaços. Mas os esqueletos não são coleções de anatomias desconectadas. São restos ósseos do que foi, de forma coesa, um sistema de operação quando o indivíduo estava vivo. Para interpretar os esqueletos estranhos de Malapa, precisávamos da ajuda de alguém que pensava todos os dias em como o corpo funciona como uma unidade e em como uma alteração em uma articulação impacta nas outras.

Precisávamos de um fisioterapeuta.

"Como é o joelho?", perguntou-me Ken Holt, fisioterapeuta e biomecânico da Universidade de Boston, depois que fiz uma apresentação sobre os fósseis de Malapa ao seu grupo. Holt, que desde sua aposentadoria como professor tem uma clínica de fisioterapia, dedica a maior parte de seus recursos no desenvolvimento de um traje tipo a armadura do homem de ferro do Tony Stark, com o intuito de ajudar vítimas de AVC a andar normalmente outra vez.

"O joelho? É estranho", falei para ele. "É semelhante ao do humano em muitos aspectos, mas nunca vi um com estrutura lateral tão alta." A estrutura lateral é uma parede óssea de retenção no joelho que segura a patela no lugar. Os primatas não têm essa morfologia no joelho. É algo encontrado apenas nos hominídeos bípedes. Mas a estrutura lateral do *sediba* era tão grande, que parecia a de um super-homem, o que é intrigante, considerando a anatomia do pé dos primatas.

"Isso faz sentido", respondeu Holt.

"Faz?", perguntei. Não fazia para mim.

Nós nos encontramos de novo depois de eu responder às perguntas do público, e ele me explicou o que um fisioterapeuta via nesses ossos. O *Australopithecus sediba*, disse ele, lhe parecia um hiperpronador.

Com um calcanhar tão pequeno como o do chimpanzé, *sediba* não conseguiria caminhar com um calcanhar proeminente tocando o solo como os humanos fazem hoje, ou mesmo como a espécie de Lucy fazia. Em vez disso, *sediba* caminhava mais como um primata — dando passos pequenos com o pé plano, tocando sua extremidade lateral no chão. Para cada ação, há uma reação oposta de igual intensidade, assim, quando *sediba* tocava no chão com sua extremidade lateral externa do pé, o solo rapidamente reagia de volta girando o pé em direção ao dedão. Ao fazer isso, ocasionaria uma torção na tíbia para dentro, virando o joelho.

Atualmente, algumas pessoas caminham assim, e isso é chamado de hiperpronação. Se você for uma delas, a lateral externa da sola do seu sapato, principalmente perto do calcanhar, se desgasta mais rapidamente. Porque os joelhos viram para dentro, os hiperpronadores correm o risco de deslocar a patela, uma lesão que acomete cerca de 20 mil norte-americanos por ano. É possível, ainda, caminhar com a patela deslocada e esta voltar para o lugar, ainda que seja um processo doloroso e a recuperação completa possa levar seis semanas.

Sem dúvida, é uma péssima ideia para o *Australopithecus* caminhar de uma forma que o predisporia a um deslocamento na patela. De fato, parece o início de uma receita de um livro de culinária de um tigre-dentes-de-sabre. Mas o *sediba* desenvolveu uma parede de retenção excepcionalmente grande para evitar que sua patela se deslocasse. Em outras palavras, essa espécie tinha soluções anatômicas para os mesmos problemas que humanos hiperpronadores têm hoje. Ela foi adaptada para caminhar dessa forma.

Por vários meses, eu e Holt trabalhamos com a mecânica de como um *sediba* caminhava pelo mundo. Nós nos correspondíamos regularmente com Zipfel na África do Sul, que sabe melhor que qualquer um que já conheci como o pé humano funciona. Durante aqueles meses, caminhei como um hiperpronado no *campus* da Universidade de Boston, como um *sediba*, usando o meu próprio corpo como um modo de compreender meu parente de 2 milhões de anos. Esse experimento às vezes doía, e provavelmente me tornei "aquele cara" para os alunos da universidade. Ficou claro para mim, ao caminhar desse jeito, que, embora eu seja um bípede, não sou *sediba*.

Holt, Zipfel e eu testamos nossa hipótese[11] e encontramos evidências consistentes com ela em todo o esqueleto do *sediba*. Por exemplo, identificamos uma curva intricada semelhante à dos primatas na base de um osso chamado quarto metatarso no meio do pé do sediba, o qual tornou o pé mais flexível. Fizemos ressonância magnética em quarenta humanos[12] e encontramos o mesmo formato ósseo em uma porção deles — os que, por acaso, eram hiperpronados.

Amey Y. Zhang, uma estudante da Dartmouth interessada na união da arte e da ciência, fez um escaneamento em 3D do esqueleto do *Australopithecus sediba* e usou um software de animação para improvisar as articulações e fazê-lo caminhar[13]. A animação foi tuitada e retuitada, e, por fim, a bióloga evolucionária Sally Le Page adicionou uma trilha sonora de forma irônica sincronizando o caminhar do hominídeo extinto com a música *Stayin' Alive*, do Bee Gees.

Nossos colegas, em geral, concordam que o *sediba* tem anatomia peculiar e, portanto, caminhava diferentemente de outras espécies de *Australopithecus*. Mas eles não precisam acreditar em mim; ciência não se ocupa com crenças. O escaneamento em 3D da imagem do *sediba* foi postada em um site gratuito em língua inglesa (www.morphosource.org), e meus colegas em qualquer lugar do mundo podem acessá-lo e testar nossas hipóteses por si sós.

Desde o primeiro dia, essa foi a abordagem de Berger com a descoberta extraordinária do *Australopithecus sediba*. A ciência só pode prosseguir se as hipóteses puderem ser testadas, e isso só pode acontecer se os fósseis estiverem acessíveis para toda a comunidade científica.

Enquanto alguns aceitaram nossa ideia da hipótese da hiperpronação, outros não. Bill Kimbel, um paleoantropólogo da Universidade Estadual do Arizona que tem a permissão para escavar em Hadar, na Etiópia, escreveu: "A proposta de hiperpronação do pé e rotação interna extrema da perna e da coxa sugere uma marcha bípede desajeitada, que poderia ter feito parte do esquete 'Ministério do Andar Tolo' do grupo Monty Python[14]." Depois ele sugeriu que a caminhada era "patologicamente deficiente", já que não há vantagens seletivas claras para caminhar dessa maneira.

Por isso foi importante descobrir mais do que um *sediba*. Um esqueleto pode sempre ser descartado como patológico. Mas nós tínhamos dois, e também alguns ossos de um terceiro indivíduo. Embora tenhamos nos baseado em grande parte de nossa hipótese do caminhar no adulto fêmea (MH2), as pistas também vieram de outros indivíduos encontrados em Malapa. Poderia ser patológico o calcanhar pequeno do esqueleto da fêmea? Provavelmente não, porque também encontramos o calcanhar no esqueleto de um macho jovem (MH1), e ele é quase idêntico. Poderia ser patológica a articulação do tornozelo do esqueleto da fêmea? Provavelmente não, visto que encontramos o tornozelo de um terceiro indivíduo, e ele tem o mesmo formato peculiar que o da fêmea. A anatomia incomum do quarto metatarso de um garoto é consistente com outros ossos que encontramos de uma fêmea adulta.

Em outras palavras, acho que todos caminhavam desse jeito.

Kimbel está certo ao dizer que o caminhar de *sediba* é um pouco desajeitado. Por que ele seria hiperpronado? Eu acho que tem tudo a ver com a dependência das árvores.

Sediba não foi a única coisa encontrada nas profundezas da caverna Malapa. Berger e sua equipe de paleontólogos recuperaram vestígios fossilizados de outros animais e até encontraram um coprólito — excremento fóssil. Ele era esbranquiçado e continha alguns fragmentos de ossos. Marion Bamford, diretora do[15] Instituto de Estudos Evolucionários da Universidade de Witwatersrand e especialista em madeira fossilizada e ecossistemas antigos, dissolveu o coprólito em ácido hidroclorídrico e recuperou pedaços pequenos de plantas antigas e até mesmo pólen microscópico que combinava com árvores encontradas hoje em florestas frias, úmidas e de grandes altitudes. Há 2 milhões de anos, o *sediba* caminhava nas florestas.

Com seus braços longos e ombros encolhidos[16], *sediba* era um escalador habilidoso, mas não apenas por segurança. O crânio de Karabo (MH1) está tão bem preservado, que ele ainda tem alimento preso nos dentes. Amanda Henry, hoje na Universidade de Leiden, na Holanda, raspou a placa dos dentes do MH1 e descobriu fitólitos, restos diminutos de silicato de células de plantas que ainda estavam preservados de suas últimas refeições de frutas, folhas e casca de árvore. Karabo se alimentava nas árvores. Além disso, uma análise isotópica de pequenos fragmentos do dente revelou que, diferente de outras espécies de *Australopithecus*, *sediba* não se alimentava na savana. Em vez disso, ele era extremamente dependente dos alimentos das florestas[17], assim como o *Ardipithecus*, milhões de anos antes.

Fazia sentido para mim que, embora *sediba* fosse mais bem-adaptado para a vida nas árvores do que Lucy, isso comprometeria, ou pelo menos modificaria, a maneira que ele andava ao se mover no solo de um lado para outro na floresta em busca de comida.

Enquanto isso, fósseis com 2 milhões de anos continuam a ser descobertos em Malapa, e eles têm muito mais para nos contar.

Na Universidade de Witwatersrand, fragmentos do tamanho de pedras de brechas estão alinhados em prateleiras de metal esperando sua vez para ser preparados. Rochas com fósseis de hominídeos projetando-se delas passam a frente, mandando zebras e antílopes para o final da fila. Assim, um bloco grande com uma perna de antílope lindamente preservada esperava sua vez, até que o cientista Justin Mukanku a virou e identificou o vislumbre de um dente de hominídeo. Uma tomografia computadorizada do bloco revelou que ele continha partes perdidas do Karabo, o macho jovem, incluindo sua mandíbula inferior, espinha dorsal, partes da sua pelve, costelas, pernas e pés. Quando esses fósseis forem retirados da matriz, eles nos ajudarão a aprimorar nosso conhecimento sobre como esse *Australopithecus* caminhava.

ALGUNS MESES DEPOIS de Matthew Berger, de 9 anos de idade, tropeçar em um pedaço de rocha em Malapa e descobrir *sediba*, Stephanie Melillo, uma paleoantropóloga do Instituto Max Planck de Antropologia Evolucionária em Leipzig, na Alemanha, fazia prospecção em um novo sítio de fósseis com idade entre 3,2 a 3,8 milhões de anos chamado Woranso-Mille. O sítio localizava-se na Etiópia, a noroeste de Hadar, onde Lucy foi encontrada. Melillo fazia parte da equipe liderada por Yohannes Haile-Selassie, curador do departamento de paleoantropologia do Museu de História Natural de Cleveland, que descobriu o sítio e já havia encontrado fósseis ali que ele atribuiu à espécie de Lucy.

Haile-Selassie, como o seu orientador Tim White fez antes dele, pensou, naquela época, que o único hominídeo naquele cenário entre 3,2 a 3,8 milhões era o *Australopithecus afarensis*. Isso era conveniente e significava que qualquer fragmento de úmero, de osso do pé ou de crânio de hominídeo que eles encontrassem tinha que ser do *afarensis*.

Mas o que Melillo descobriu em 15 de fevereiro de 2009 foi a constatação chocante de que Lucy não estava sozinha.

Muitos fósseis são encontrados no início da manhã, quando o sol baixo projeta sombras na paisagem, a cafeína circula na corrente sanguínea e os olhos estão descansados. No final da manhã, há quase sempre uma calmaria enquanto o brilho do sol reflete na superfície antiga e estômagos ficam roncando pedindo o almoço. Esse dia não foi diferente para Melillo e seus doze colegas espalhados nas terras áridas de Woranso-Mille, em uma área chamada Burtele.

Uma das melhores ferramentas de escavação do paleoantropólogo é a última chuva da estação, que varre o sedimento e moderadamente expõe ossos enterrados. Melillo caminhava lentamente em uma vala formada pela água onde sedimentos argilosos se transformavam gradativamente em arenito avermelhado e localizou um pequeno fragmento de osso com o tamanho aproximado de um clipe de papel.

"É excitante andar e andar e não encontrar nada além de terra, mas aí, de repente, encontrar um fóssil", Melillo me falou durante nossa conversa por Skype. "É incrível, nesse segundo de reconhecimento, como ele simplesmente aparece."

Ela colocou uma bandeira laranja no solo para marcar a posição do fóssil e cuidadosamente retirá-lo. Ela poderia dizer que era a base de um quarto metatarso — um dos ossos do meio do pé —, mas estava muito incompleto para saber se era de um primata como nós ou de um carnívoro. Ela caminhou lentamente em direção a Haile-Selassie, examinando o osso de todos os ângulos enquanto caminhava. Ele conhecia esse caminhar. Isso significava que ela estava levando um possível hominídeo para ele avaliar.

Haile-Selassie é um ímã de fóssil. Como aluno de pós-graduação em 1994, ele descobriu os primeiros fósseis do esqueleto de um *Ardipithecus ramidus* de 4,4 milhões de anos — dois ossos da palma da mão eclodindo da encosta antiga, como se Ardi estivesse erguendo a mão para o paleoantropólogo pegá-la. Alguns anos depois, ele encontrou um crânio de 2,5 milhões de anos de uma nova espécie de *Australopithecus*, chamado *garhi*, e algumas semanas depois disso, descobriu fósseis que usaria para denominar uma nova espécie: o *Ardipithecus kadabba*, de 5,5 milhões de anos.

No sítio de Woranso-Mille, Haile-Selassie e sua equipe encontraram um esqueleto parcial de 3,6 milhões de anos da espécie de Lucy, que eles apelidaram de Kadanuumuu, uma palavra Afar que significa "homem grande". Desde então, ele descobriu[18] uma nova espécie de *Australopithecus*, chamada *deyiremeda*, e em 2019, encontrou o crânio mais antigo do *Australopithecus* — um crânio maravilhoso de 3,8 milhões de anos da espécie *anamensis*.

"Ele tem um sexto sentido de onde procurar fósseis e de quando deve continuar cavando", disse Melillo.

Depois que ele encontrou metade da mandíbula do *Australopithecus* na superfície do solo, ela se lembrou de que sua equipe havia raspado e peneirado a área durante uma semana. Raspar e peneirar é laborioso, entediante e extremamente lento. Cada pedra e fragmento de terra tem que ser cuidadosamente examinado.

"Eu apostei com Yohannes que nós não encontraríamos a outra metade da mandíbula", recordou-se Melillo. "Eu perdi."

Com um dia no campo, Haile-Selassie recolheu uma haste longa de osso fossilizado. Hastes longas ósseas são comuns, mas com frequência são muito difíceis de identificar. Elas podem ser fragmentos de ossos de braço ou de perna de dezenas de animais diferentes, desde hominídeos até antílopes.

"Olha isso!", ele disse empolgado, mas Melillo não se impressionou. Semanas antes, no depósito de hominídeos do Museu Nacional em Addis Abeba, ele deslizou o fragmento sobre a superfície quebrada de um úmero de hominídeo que foi descoberto dez anos antes. De alguma forma, quando Haile-Selassie removeu esse fóssil do solo, ele soube que sua superfície quebrada se encaixaria perfeitamente em cima de um osso de braço fragmentado que ele não via há uma década.

No sítio de Burtele, a primeira coisa que Haile-Selassie observou no osso que Melillo trouxe para ele foi que a fratura no osso estava limpa, o que significa que o fóssil havia se quebrado recentemente e que a outra metade deveria estar por perto.

"Onde está a outra metade?", perguntou a ela.

Não demorou para que um membro da equipe Kampiro Kayranto a encontrasse. O novo pedaço não tinha o encaixe distintivo encontrado nos ossos do pé de um carnívoro. Era um fóssil de hominídeo — apenas o terceiro quarto metatarso intacto já encontrado dessa época.

Isso significa que o rastreamento estava prestes a começar.

A equipe, com cerca de quinze membros, se reuniu na base da vala. Formavam uma linha de ação em esforço comum, e com as mãos e os pés no chão, engatinharam por toda a extensão do chão duro, recolhendo cada pedacinho de osso que encontravam. Primeiro, encontraram alguns ossos de dedos do pé de hominídeo. Quando chegaram à camada de arenito avermelhado, encontraram o dedão e o segundo dedo do pé despontando do solo antigo.

Não eram apenas ossos específicos, eram peças que, em conjunto, formavam o esqueleto parcial de um pé. Ao fazer a datação da cinza vulcânica intercalada com o granito avermelhado, eles determinaram que os fósseis tinham cerca de 3,4 milhões de anos.

Há décadas já se sabia que a espécie de Lucy, *Australopithecus afarensis*, viveu nessa região naquela época. Mas aquele não era o pé de um *afarensis*.

Ele se assemelhava mais ao de um *Ardipithecus*, o dedão e o segundo dedo do pé estavam de frente um para o outro como um polegar humano e do indicador. O dedo do pé de Burtele pertencia mais a um hominídeo semelhante a um primata — algo que escalava com mais frequência as árvores do que caminhava sobre duas pernas, diferentemente de Lucy.

De volta ao laboratório no Museu de História Natural de Cleveland, Haile-Selassie mostrou os ossos para o especialista em pés Bruce Latimer, que fazia parte da equipe que descreveu Lucy no início dos anos de 1980 e Ardi nos anos 2000.

"Você encontrou outro Ardi!"[19], Latimer se lembrou de ter dito quando viu os fósseis pela primeira vez, certo de que o pé era de um hominídeo com 4,4 milhões de anos. "Que ótimo!"

"Não", Haile-Selassie disse. "Os ossos foram encontrados em sedimentos *um milhão* de anos mais recentes."

"Não pode ser", Latimer replicou perplexo.

O pé de Burtele tinha algumas das anatomias fundamentais para o caminhar bípede, inclusive dedos que se elevam e lateral rígida do pé, mas era claramente diferente do pé que deixou as pegadas-G de Laetoli. Estas tinham um dedo curto, com função de agarrar, que angulava para o lado, como o dos primatas que sobem em árvores; ou como o do *Ardipithecus*. Nessa versão pré-histórica da Cinderela, o pé de Burtele não servia no chinelo de Laetoli.

Descobertas subsequentes da mandíbula e dos dentes confirmaram a presença de uma nova espécie, a qual a equipe denominou *Australopithecus deyiremeda*. Outro hominídeo, caminhando de forma diferente[20] da espécie da Lucy, coexistiu com ela e os de sua espécie.

Costumávamos pensar que, ao longo da evolução humana, só havia uma maneira de caminhar, mas agora sabemos que não é o caso. Milhões de anos atrás, espécies diferentes, mas relacionadas, de *Australopithecus* com o caminhar ereto viviam em ambientes diferentes e caminhavam de formas sutilmente diferentes. Eles percorreram grande parte da África, estabelecendo um grande alcance das savanas do centro-norte ao Vale do Rifte do Leste e da Etiópia à África do Sul — uma distância aproximada de 6,5km.

Cerca de 2 milhões de anos atrás, os membros do nosso próprio gênero, *Homo*, começaram a evoluir. Comparada com nossos ancestrais *Australopithecus*, essa nova espécie de hominídeo tinha dentes levemente menores, cérebro um pouco maior e uma inclinação maior para usar ferramentas de pedra. O que permanece um mistério é qual das várias espécies de *Australopithecus* evoluiu para *Homo*. Pode até ser um que ainda não encontramos.

Há 2 milhões de anos, o bipedalismo se tornou um grande experimento evolucionário — um que avançará o processo.

CAPÍTULO 8

Hominídeos em Movimento

Não há nenhum lugar para ir[1], a não ser para todos os lugares, então continue caminhando sob as estrelas.

— *Jack Kerouac,* On the Road, *1957*

Em 1983, arqueólogos estavam escavando no sítio medieval de Dmanisi, na Geórgia, que, na época, era uma das repúblicas da União Soviética. A equipe arqueológica estava encontrando moedas e outros artefatos medievais, quando se deparou com um dente. Achando que provavelmente fosse de um animal que havia sido comido por comerciantes que pararam em Dmanisi enquanto viajavam pela Rota da Seda, eles levaram o dente para Abesalom Vekua, um especialista em paleontologia. Ele determinou que não era nem de vaca e nem de porco. O dente pertencia a um rinoceronte.

O que um rinoceronte estava fazendo[2] em um silo de cereais medieval nessa seção montanhosa do sudoeste da Ásia? Vekua e seu colega, Leo Gabunia, decidiram investigar a origem do rinoceronte nesse local indevido.

Uma pista era a de que o dente não era recente. Era de um *Dicerorhinus etruscus*, uma espécie que foi extinta no Pleistoceno. No ano seguinte, eles fizeram escavações em Dmanisi e descobriram ferramentas de pedra similares às simples Olduvaiense encontradas por Mary e Louis Leakey na Garganta Olduvai na Tanzânia. O mistério do dente do rinoceronte começou a fazer sentido. Descobriu-se que a cidadela de Dmanisi fora construída sobre sedimentos do Pleistoceno. Os arqueólogos escavaram a terra, porque as relíquias medievais estavam embrenhadas em uma camada muito mais antiga, da época em que o *Dicerorhinus* perambulava na região.

Essa também foi uma época em que os hominídeos, supostamente, não teriam ampliado seu alcance além das fronteiras da África. Mas as ferramentas de pedra indicavam o contrário.

Vekua e Gabunia continuaram escavando e, em 1991, encontraram uma mandíbula de hominídeo[3]. Uma década mais tarde, eles descobriram dois crânios em sedimentos que estavam sobre um leito de lava de 1,8 milhão de anos. Os crânios tinham face grande, mas o cérebro tinha cerca da metade do tamanho do cérebro dos humanos modernos. Os pesquisadores identificaram que eles eram provenientes de uma versão primitiva do *Homo erectus*, uma espécie conhecida pela ciência desde as descobertas de Eugène Dubois no final do século XIX. Nas duas décadas desde então, mais três crânios e dois esqueletos parciais foram descobertos nesse sítio incrível. Os hominídeos Dmanisi são os mais antigos já descobertos fora do continente africano.

No entanto, evidência da outra ponta da Rota da Seda, em Shangchen, na China Central, indica que os hominídeos estavam em movimento até antes.

Em 2018, Zhaoyu Zhu[4], do Instituto de Geoquímica de Guangzhou da Academia Chinesa de Ciências, anunciou a descoberta de ferramentas simples de pedras feitas por mãos humanas antigas há 2,1 milhões de anos. Na época em que o *Australopithecus sediba* caminhava com pés hiperpronados na África do Sul, outro ramo da árvore genealógica humana havia seguido quase 15 mil quilômetros a leste. Nenhum osso havia sido encontrado ainda, por isso não sabemos quem fez essas ferramentas de pedra, mas muitos paleoantropólogos presumem que tenham sido os primeiros *Homo erectus* — ou talvez até um representante mais primitivo de nosso gênero.

À primeira vista, a expansão dos humanos antigos ao redor do mundo parece repentina. Os hominídeos estiveram na África Oriental e Austral por milhões de anos, mas nessas circunstâncias, aparentemente num piscar de olhos, estavam na China. No entanto, isso não ocorreu tão rápido quanto parece. Se os primeiros integrantes do gênero *Homo* migrassem para o leste a apenas 2km por década, começando por volta de 2,2 milhões de anos atrás, eles poderiam ter alcançado a China há 2,1 milhões de anos, com tempo de sobra para deixar as ferramentas de pedra em Shangchen.

As descobertas em Dmanisi e Shangchen revelam que, pouco tempo depois que o *Homo* evoluiu na África, cerca de 2,5 milhões de anos atrás, seus territórios se expandiram, alcançando o norte e o leste da Eurásia. Não havia nenhuma placa de BEM-VINDO À ÁSIA cumprimentando-os. Eles não *sabiam* que estavam se mudando para regiões que impressionariam e surpreenderiam seus descendentes 2 milhões de anos depois. Mas isso levanta algumas questões.

Por que os hominídeos se tornaram exploradores naquela época? E como conseguiram se locomover em territórios que não foram habitados por seus ancestrais *Australopithecus*?

As pistas podem ser encontradas no esqueleto de um garoto.

EM 2007, VIAJEI para Nairóbi, no Quênia, uma cidade densamente povoada a 2 mil metros acima do nível do mar. Por duas semanas em agosto, o clima é surpreendentemente frio e nublado. Não choveu, mas o ar estava parado e pesado. As ruas tinham filas de comerciantes vendendo frutas frescas e nozes. Cabras perambulavam pelo lugar comendo lixo na beira da estrada. Uma grande quantidade de lixo queimando se unia ao cheiro desagradável do diesel. No dia em que cheguei em Nairóbi, peguei um resfriado de repente e pressionou meu seio nasal por uma semana.

Nairóbi é uma cidade com mais de 3 milhões de pessoas, embora esse número aumente para mais de 6 milhões se a população adjacente for contada. Isso inclui a maior favela da África — Quibera, onde quase um milhão de pessoas vivem com uma renda média de menos de US$1 por dia. Alguns quilômetros ao norte de Quibera, no alto do Museum Hill, no bairro de Westland, situa-se o Museu Nacional de Nairóbi, onde alguns dos fósseis mais preciosos já descobertos estão guardados em um cofre do tamanho de uma pequena cafeteria.

Do lado de fora do museu estão as estátuas de Louis Leakey e a de um grande dinossauro laranja. Contornei exibições famosas antigas e atravessei um pátio até as coleções de pesquisa onde encontrei Fredrick Manthi, um paleontólogo queniano que geralmente é conhecido pelo seu nome do meio, Kyalo.

O pai de Manthi trabalhou nas expedições de Mary Leakey nos anos de 1970, e o pequeno Kyalo se interessou por hominídeos ainda bem jovem. Após concluir o doutorado na Universidade da Cidade do Cabo, ele retornou ao Quênia para liderar a divisão de paleontologia e paleoantropologia do museu e, assim, supervisionar toda a pesquisa pré-histórica no Quênia. Três anos depois que o conheci[5], ele descobriu um lindo crânio de 1,5 milhão de anos de um *Homo erectus* próximo à Vila de Ileret, na região leste do Lago Turkana.

Dei a Manthi a lista de fósseis que eu queria estudar, abrangendo de ossos do pé de 20 milhões de anos do primata antigo *Proconsul* a um fêmur fossilizado de um *Homo sapiens* arcaico. Imaginei que no meu primeiro dia ele me traria uma bandeja de fósseis de pés fragmentados, o tipo de osso ao qual apenas umas poucas pessoas no mundo dão valor. Afinal eu ainda era um estudante e estava meio atordoado por causa do remédio para resfriado que havia tomado.

Em vez disso, Manthi passou pela porta de ferro do cofre com uma bandeja de madeira nas mãos contendo o esqueleto do *Homo erectus* Nariokotome. Foi como entregar ao curador do Louvre a lista das pinturas da Renascença para estudar e receber a *Mona Lisa*. Meus braços ficaram moles e minhas mãos tremiam. Manthi deve ter percebido minha boca aberta quando olhei extasiado para o esqueleto. Em vez de me entregar a bandeja, ele a levou para o local onde eu trabalharia e cuidadosamente colocou os preciosos fósseis na bancada.

Eu amo fósseis. Eu viajo para lugares distantes para vê-los, fico ansioso para tirar suas medidas, fotografar e fazer escaneamento 3D desses fragmentos delicados do nosso passado. Mas nos primeiros minutos de cada visita a um novo fóssil, meu paquímetro, minha câmera e meu escâner permanecem ociosos. Eu apenas fico sentado, sozinho, com os vestígios fósseis do meu ancestral. Aprecio a cor, a textura e o contorno de cada peça. Fico me perguntando não apenas sobre as espécies, mas também sobre o *indivíduo*, cuja morte e preservação nos permitem compreender nosso próprio lugar na história da vida. Eu me deixo comover. Eu me deixo emocionar. Esse ritual começou em agosto de 2007, quando me sentei, sozinho, no Museu Nacional de Nairóbi com o esqueleto do Nariokotome.

Depois comecei a trabalhar.

O fóssil de Nariokotome foi descoberto em 1984 por Kamoya Kimeu, indiscutivelmente o pesquisador de hominídeos mais prolífico da história. Ele fazia parte da famosa "gangue do hominídeo" da família Leakey, cujas descobertas na África Oriental nas décadas de 1960 e 1970 abriram as comportas da pesquisa paleoantropológica na Tanzânia, no Quênia e, posteriormente, na Etiópia. As descobertas de Kimeu são tão importantes, que duas espécies de fósseis — um primata do Mioceno, *Kamoyapithecus*, e o macaco do Pleistoceno superior, o *Cercopithecoides kimeui* — receberam seu nome.

Em seu livro *The Wisdom of the Bones*[6] [A Sabedoria dos Ossos, em tradução livre], os paleoantropólogos Alan Walker e Pat Shipman descrevem a abordagem de Kimeu à caçada de fóssil como "andar, e andar, e andar, e *olhar* enquanto está fazendo isso".

Em 22 de agosto de 1984, ele estava fazendo exatamente isso do lado oeste do Lago Turkana. Ao longo da margem seca do rio Nariokotome, ele identificou um fragmento pequeno de osso de um crânio, camuflado da mesma cor escura dos sedimentos ao redor.

"Só Deus sabe como ele o viu"[7], escreveram Walker e Shipman.

Kimeu chamou Richard Leakey e Alan Walker em Nairóbi, e os líderes do projeto chegaram no dia seguinte. Nos cinco dias seguintes, a equipe moveu 1,5 mil metros cúbicos de terra. Escondido no meio dela estava a maior parte do esqueleto de um *Homo erectus* jovem que morreu 1,49 milhão de anos atrás.

O menino Nariokotome (também chamado menino de Turkana), como passou a ser conhecido, é um dos mais completos e importantes esqueletos já descobertos. Ele revela o tipo de corpo necessário para que os primeiros *Homo* se espalhassem para além das fronteiras da África.

Seu cérebro, que havia alcançado o tamanho máximo, tinha apenas dois terços do volume daquele de um do ser humano moderno. Os dentes do siso não irrompidos e as placas de crescimento não fundidas nos braços e nas pernas nos dizem que ele era jovem quando morreu — apenas 9 anos de idade, de acordo com um estudo detalhado de seus dentes. Mas os ossos da perna também indicam que ele já tinha mais de 1,5m de altura e pesava mais de 45kg. Era um garoto grande. Meu filho era quase 30cm mais baixo e tinha 18kg a menos nessa idade.

Os cientistas calculam que o menino Nariokotome[8] provavelmente chegaria perto de 1,80m de altura se chegasse à vida adulta. O grande tamanho do garoto, sendo tão jovem, também indica que sua espécie não havia passado pelo surto de crescimento adolescente que temos hoje. Por que não? O antropólogo Chris Kuzawa, da Universidade Northwestern[9], descobriu um acordo de distribuição de energia entre o cérebro e o corpo das crianças. O cérebro das crianças usa tanta energia durante os anos da pré-adolescência, que o crescimento do corpo desacelera. Nos anos da adolescência, o corpo se recupera e rapidamente cresce em altura — o surto de crescimento. Como o cérebro do *Homo erectus* tinha apenas dois terços do tamanho do nosso, provavelmente poderia ainda dividir a energia entre o cérebro e um corpo em crescimento.

Mais sobre essa espécie pode ser obtido em um esqueleto incompleto de um *Homo erectus* adulto com 1,6 milhão de anos, um espécime chamado KNM-ER 1808. Ele foi descoberto em 1973 por, é claro, Kamoya Kimeu. Seu fêmur direito, grande, é do tamanho[10] de um osso da coxa de um humano moderno com menos de 1,80m de altura. Até recentemente, achava-se que a altura do *Homo* não chegava à dos humanos modernos, mas isso está errado. O *Homo erectus* estava bem dentro da faixa de altura das pessoas de hoje.

Voltei para a bandeja contendo o esqueleto do Nariokotome e retirei o fêmur esquerdo de seu encaixe de espuma verde-água. O fêmur é cinza-escuro, com manchas pretas e marrons. Fiquei chocado com o comprimento. Ele também tinha um osso do antebraço (úmero) grande, 34% mais longo que o de Lucy. Isso faz sentido, porque ele era um indivíduo maior que Lucy, mas você pode esperar então que seu fêmur também seria 34% mais longo que o dela. Não era. Era *54%* mais longo.

O *Homo erectus* não era um *Australopithecus* grande. As pernas ficaram mais longas.

"Desde as formigas até os elefantes, a variável que explica o quanto de energia um animal utiliza para ir de um lugar para outro é o tamanho da perna", me disse Herman Pontzer, professor de antropologia da Duke University. Sua extensa pesquisa mostra que, geralmente, conforme as pernas ficam mais longas, a jornada se torna mais fácil.

Equipado com pernas mais longas, nosso ancestral, o *Homo erectus*, podia ir mais longe do que a espécie de Lucy. Mas isso não é tudo. Descobriu-se que o *Homo erectus* havia também desenvolvido o pé com um arco completo, como o dos humanos modernos.

Em 2009, uma equipe de pesquisadores[11] do Museu Nacional de Nairóbi e da Universidade George Washington descobriu quase uma centena de pegadas fósseis próximo de Ileret. Elas foram deixadas ao longo das margens lamacentas de um lago por 20 indivíduos *Homo erectus* há 1,5 milhão de anos. Elas são do tamanho de pegadas de humanos modernos e apresentam um arco proeminente que funciona como uma mola em sua pisada — especialmente quando eles correm[12].

A espécie *Australopithecus* tinha um arco também, mas era raso, pelos padrões dos humanos modernos. No *Homo erectus*, o arco era completamente moderno, as pernas eram longas, e nossos ancestrais finalmente tinham o equipamento anatômico para se deslocar para mais longe e coletar mais alimento.

Nos ecossistemas pelo mundo[13], os carnívoros têm, em média, áreas maiores de habitat do que os herbívoros. As plantas quase sempre crescem em moitas, assim os herbívoros não precisam se afastar muito todos os dias para encontrar alimento. Os carnívoros, no entanto, têm que procurar um território mais distante e maior para caçar sua comida. Não é coincidência, então, que sítios de fósseis de *Homo erectus* contenham mais ossos de animais abatidos conseguidos tanto pela caça quanto pela necrofagia.

As ferramentas de pedra remontam a 3,3 milhões de anos atrás, e marcas de cortes foram encontradas em ossos de antílope com 3,4 milhões de anos que antecedem o *Homo erectus*. Parece, então, que o *Australopithecus* e até os primeiros *Homo* exploravam os carnívoros pela necrofagia oportunista. Mas eles não eram caçadores. Com o *Homo erectus*, a necrofagia se tornou mais prevalente, e ainda há evidências de caçadas coordenadas e deliberadas. As plantas permaneceram como parte da dieta deles também, tornando-os onívoros, como nós. Sem dúvida, algumas pessoas atualmente optam por não comer carne, mas há amplas evidências de que a carne e o tutano foram recursos importantes que ajudaram nossa linhagem a sobreviver no Pleistoceno.

Com pernas longas, pés arqueados e territórios maiores, o *Homo erectus* avançou para além das fronteiras da África e da Eurásia.

OS ESQUELETOS DO *Homo erectus* de Dmanisi, na Geórgia, não são tão altos quanto o menino Nariokotome. Eles têm pouco mais de 1,50m, mas têm pernas longas e proporções corporais dos humanos modernos. Os hominídeos de Dmanisi podiam caminhar com grande eficiência e seguir a caça pelo Oriente Médio e na Turquia moderna pelo Cáucaso. Até as migrações anteriores, haviam chegado à China. Ainda não está claro se os hominídeos seguiram o continente pelos planaltos da Ásia ou se seguiram a costa pela Índia e pelo Sudeste Asiático. Seja como for, há 2,1 milhões de anos[14], eles deixaram evidente que cruzaram o maior continente da Terra.

As narrativas de migração humana são quase sempre apresentadas de forma muito simples e unidirecional, mas as probabilidades de que essas expansões territoriais acontecerem só uma vez e em uma única direção são infinitamente pequenas. O *Homo erectus* quase com certeza se locomoveu para dentro e para fora da África com regularidade, gradualmente explorando os limites de seu território estendido, assim como se aventurava em regiões nunca habitadas por um hominídeo com caminhar ereto. Há pelo menos 1,5 milhão de anos, o *Homo erectus* abriu caminho até certo ponto para sudeste enquanto podia caminhar sem molhar seus pés.

Durante as eras do gelo[15], das quais pelo menos oito aconteceram ciclicamente durante o último milhão de anos, muita água ficou represada nos polos e nos glaciares de montanhas, ocasionando a diminuição dos níveis do mar, assim teria sido possível caminhar do Sudeste Asiático para Java no Arquipélago da Indonésia. Porém, não mais longe. Lá, o *Homo erectus* teria encontrado uma fossa oceânica com 32km de largura e 8km de profundidade que delineia a Linha de Wallace, denominada com o nome de Alfred Russel Wallace, naturalista do século XIX codescobridor da seleção natural com Charles Darwin. À oeste da Linha de Wallace há plantas e animais encontrados na Ásia; à leste, plantas e animais surpreendentemente diferentes na Austrália. Essa fronteira ecológica é quase impossível de ser cruzada sem um barco.

Por volta da época em que o *Homo erectus* chegou à Java, os hominídeos também se espalhavam pelo oeste da Eurásia. Em 2013, um paleoantropólogo espanhol anunciou a descoberta de um único dente de hominídeo e ferramentas de pedra em uma caverna na cidade de Orce, no sudeste da Espanha. Eles estavam enfiados em sedimentos de 1,4 milhão de anos. Alguns anos antes, uma mandíbula inferior mais completa de 1,2 milhão de anos foi encontrada por Eudald Carbonell em uma caverna chamada Sima del Elefante, cujo significado é poço do elefante, na região de Atapuerca, ao norte da Espanha. Os pesquisadores chamaram o fóssil[16] de *Homo antecessor*, cujo significado é "pioneiro".

O *Homo erectus* e seus primos haviam se tornado primatas cosmopolitas, alcançando desde a parte mais alta da África do Sul até o oeste da Espanha e o leste da Indonésia. Não havia carroças, aviões, locomotivas ou automóveis. Não havia cavalos domesticados para montar. Eles caminhavam.

Durante esse período, aconteceu uma coisa estranha e maravilhosa. O cérebro estava ficando maior. Muito maior. Duas hipóteses não mutuamente exclusivas explicam por que isso pode ter acontecido, e ambas têm a ver com comida.

A primeira, formulada pelos antropólogos[17] Leslie Aiello e Peter Wheeler em 1995, é chamada de Hipótese do Tecido Caro. Aiello e Wheeler coletaram dados sobre o peso dos órgãos dos primatas e relataram que não era comum os humanos terem cérebro muito grande (o que todos já sabiam), mas, sim, ter intestino extremamente pequeno (o que ninguém sabia). O intestino requer muita energia, constantemente removendo tecidos antigos e regenerando novos. Ao desenvolverem intestinos menores, os hominídeos liberavam energia ostensivamente, que poderia ser realocada para o crescimento do cérebro. Isso não funcionaria em animais estritamente herbívoros. Os animais que se alimentam de plantas precisam de intestino grosso para digerir as fibras de celulose mais resistentes das plantas. Carnívoros, ao contrário, têm intestinos grossos curtos, que absorvem os nutrientes da carne e o tutano. Aiello e Wheeler propuseram que, conforme nossos ancestrais consumiam mais animais, aqueles que tinham intestinos menores e cérebro maior prosperaram e se multiplicaram. Entre 2 milhões e 1 milhão de anos atrás, a média do cérebro do hominídeo em termos gerais dobrou em volume.

Mais recentemente, Richard Wrangham[18], um biólogo evolucionista especialista em ser humano, da Universidade de Harvard, introduziu outra variável na equação: o fogo.

Evidência tentadora do lado leste do lago Turkana, no Quênia, e da caverna de Swartkrans, na África do Sul, indica que há cerca de 1,5 milhão de anos, o *Homo erectus* aprendeu a controlar o fogo. A caverna de Wonderwerk, de 1 milhão de anos, na África do Sul, tem evidências incontestáveis do uso do fogo. Com isso, nossos ancestrais podiam cozinhar seus alimentos, tornando a digestão mais fácil. Isso, sugere Wrangham, forneceu a energia de que eles precisavam para desenvolver um cérebro maior. O fogo também teria possibilitado que nossos predecessores se espalhassem para territórios que, anteriormente, eram demasiado frios para habitar. Ele também os livraria de ter que fugir para o alto das árvores por segurança à noite, visto que o fogo é um meio de afastar os predadores[19]. À medida que o *Homo erectus* desenvolvia pernas mais longas, ele se tornava um andarilho melhor, mas escalar ficava difícil. Com o fogo, esses escaladores desprotegidos poderiam sobreviver e se multiplicar.

E conforme nossos ancestrais caminhavam, eles começaram a conversar. Como se diz: "falar somente não basta, é preciso percorrer o caminho." Descobriu-se, afinal, que andar e falar estão realmente unidos.

Em quadrúpedes, os músculos dos ombros, do peito e até do abdômen absorvem o impacto quando seus membros dianteiros atingem o chão. Isso significa que os animais que se locomovem com as quatro patas precisam coordenar a respiração e o caminhar, uma respiração para cada passo. É por isso que os animais não conseguem galopar e ofegar ao mesmo tempo. Essas respirações curtas e rápidas não são possíveis quando os órgãos digestivos se chocam contra o diafragma a cada cavalgada. Por não conseguir ofegar, a maioria dos animais que corre não consegue se resfriar, por isso precisam parar e descansar debaixo de uma sombra depois de pequenas corridas. Os humanos, no entanto, conseguem respirar rapidamente enquanto caminham. Ao contrário de muitos quadrúpedes, também suamos. Isso nos possibilita baixar nossa temperatura enquanto corremos. Somos lentos, mas podemos correr por quilômetros.

Mas o que isso tem a ver com a linguagem?

Você pode simular o papel dos músculos do peito e dos braços de um quadrúpede carregando algo pesado enquanto caminha. Os músculos do peito ficam tensos, e você respira a cada passo. Fora os grunhidos ocasionais, fica difícil para você fazer algum som. É assim que se sente um animal quadrúpede. Mas os animais que se locomovem sobre duas patas[20] têm um controle melhor da respiração, e isso lhes dá flexibilidade para emitir uma grande variedade de sons.

Os macacos gelada terrestres que vivem nas montanhas etíopes sentam-se eretos enquanto comem sementes. Na posição sentada[21], eles se comunicam por meio de uma série de vocalizações complexas. Como bípedes, os humanos desenvolveram a linguagem combinando sons produzidos por um controle muscular refinado da nossa respiração em um número aparentemente infinito de combinações e significados. Mesmo em nossas crianças[22], o início do caminhar e do falar estão estritamente ligados.

A origem da linguagem humana continua desconhecida e controversa. Muitos fatores, além da flexibilidade de respiração, nos ajudam a produzir sons. A base de nosso crânio e do aparelho fonador na parte de trás de nossa garganta formam uma câmara de ressonância ausente nos primatas. O nosso hioide, um osso raramente encontrado nos registros fósseis humanos, é espesso para ancorar músculos e ligamentos usados quando falamos. Regiões do cérebro tais como áreas de Broca e de Wernicke são fundamentais para a produção e compreensão da linguagem. Os ossos de nosso ouvido interno são bem ajustados com as frequências das vozes humanas.

Desde cedo, os sinais manuais podem ter sido tão importantes quanto as palavras faladas no desenvolvimento da linguagem. A relação entre sons e significados pode ter começado com onomatopeias — palavras que imitam sons do que elas significam. O gato faz miau. A jarra faz ploft no chão. O relógio faz tique-taque. Mas a onomatopeia não funciona para tudo. Qual o som de uma caçada ou do alvorecer? Portanto, alguns sons eram necessários para representar simbolicamente os significados. Tivemos que nos tornar primatas simbólicos. Por fim, sons e música também desempenharam um papel na disseminação das ideias e na preservação das memórias. Essas peças não surgem todas de uma vez, mas podemos tentar reconstruir quando as primeiras linguagens foram se desenvolvendo em nossos ancestrais coletando informações no registro fóssil.

O bipedalismo provavelmente deu o controle refinado da respiração necessária para o *Australopithecus* produzir maior variedade de sons do que um chimpanzé pode fazer, e o bipedalismo libertou suas mãos para se comunicar por gestos. Mas há uma pequena evidência de que eles realmente falavam.

O osso hioide da criança Dikika, de 3,4 milhões de anos, é semelhante ao de um primata. Impressões de cérebro fossilizado e imagens de tomografia computadorizada do interior de fósseis de crânios revelam que as dobras e fissuras do cérebro dos primeiros *Australopithecus* eram muito semelhantes às dos primatas. Mas em alguns *Australopithecus*, parece haver assimetria na área de Broca[23], sugerindo que o cérebro foi aparelhado para produzir e compreender a linguagem. Certamente, esse foi o caso do cérebro dos primeiros *Homo* há cerca de 2 milhões de anos.

Fósseis de meio milhão de anos[24] da Espanha revelam ambos os ossos, hioides e do ouvido interno, semelhantes aos do humano, bem sintonizados para detectar e processar sons na frequência vocal. E evidência genética indica que a linguagem poderia estar presente naquela época. DNA extraído de fóssil de hominídeos na Europa e na Ásia mostra que um gene que influencia na linguagem, embora ainda não se saiba exatamente como isso ocorre, evoluiu para sua forma atual há, pelo menos, 1 milhão de anos.

Todos os ingredientes fundamentais para a linguagem parecem estar presentes há meio milhão de anos, mas o primeiro passo dessa sequência evolucionária foi o caminhar ereto, que promoveu o controle refinado necessário da respiração para a produção de um repertório maior de sons.

O *Homo erectus* caminhava, e à medida que se espalhava pelo mundo, ele também falava.

AS IDAS E vindas das eras do gelo no Pleistoceno às vezes permitiam aos hominídeos alcançar lugares que, de outra forma, seriam inacessíveis, só para depois os encurralar e os isolar. Os indivíduos *Homo erectus* que viviam no que hoje é a ilha de Java, por exemplo, poderiam vagar pelo Sudeste Asiático durante o máximo glacial, mas depois ficaram presos na ilha por dezenas de milhares de anos, quando os mares subiram durante o período de aquecimento. Na Europa Ocidental, os períodos glaciais permitiram aos hominídeos chegar à Inglaterra. Sabemos disso porque eles deixaram pegadas lá.

Há cerca de 800 mil anos[25], um grupo de hominídeos, às vezes chamado pelo nome da espécie, *Homo heidelbergensis*, caminhou ao longo da costa lamacenta próximo à moderna Happisburgh, na Inglaterra, deixando pegadas muito parecidas com as nossas. Contudo, a costa está erodindo rapidamente. Logo depois de os pesquisadores fotografarem e medirem as pegadas, elas foram destruídas pela água. A população do Pleistoceno que deixou as pegadas também foi transitória e, por fim, deslocou-se para o sul, se isolando em bolsões ao longo do Mediterrâneo à medida que geleiras avançavam do norte.

Essas mudanças climáticas levaram ao isolamento genético intermitente das populações *Homo* do Pleistoceno. Uma delas, inicialmente isolada em bolsões na Europa e no oeste da Ásia, evoluiu para os Neandertais. Seus ossos são abundantes e conhecidos pela ciência desde meados do século XIX. Depois que as geleiras recuaram, eles expandiram seu alcance de Portugal à Ucrânia; 24 crânios completos foram descobertos.

Em 2019, cientistas do Museu Nacional de História Natural em Paris[26] apresentaram a descoberta de uma coleção surpreendente de 257 pegadas de Neandertal deixadas nas dunas da Normandia, na França, há 80 mil anos. Uma dúzia de crianças caminhava com um adulto ou dois na areia úmida, imortalizando um dia de creche do Pleistoceno. Eu imagino que as crianças Neandertais brincavam e riam enquanto os adultos observavam o horizonte em busca de ameaças.

Naquela época, partes da Ásia eram habitadas pelos Denisovanos, um grupo conhecido não só pela anatomia de um punhado escasso de fósseis, mas pelo DNA extraído de pequenos pedaços de ossos[27] encontrados em cavernas da Sibéria e da China Central.

O *Homo erectus* e seus primos, com suas pernas longas, cérebro maior e com controle do fogo, se espalharam pela África, Ásia e Europa. O palco agora estava pronto para a fase final de nossa jornada — o *Homo sapiens*.

Mas descobertas recentes têm dividido essa narrativa, sugerindo que a evolução humana e a migração dos hominídeos ao redor do globo foram muito mais complicadas e até mais interessantes do que podemos imaginar.

Exceto, talvez, para J. R. R. Tolkien.

CAPÍTULO 9

Migração para a Terra Média

Nem todos os que vagueiam estão perdidos.[1]
— J. R. R. Tolkien, Senhor dos Anéis: A Sociedade do Anel, 1954

Todo outono, observadores da mudança de cor das folhagens reúnem-se no norte da Nova Inglaterra para ver o que acontece quando os raios solares estão mais fracos no céu e bordos-açucareiros, bétulas e carvalhos param de produzir clorofila. Vermelhos, laranjas e amarelos radiantes colorem os morros à medida que os dias ficam mais curtos e o ar fica mais fresco.

A Applebrook Bed & Breakfast em Jefferson, New Hampshire, oferece uma das mais lindas vistas da paleta de cores da natureza. Jefferson se localiza na entrada de um desfiladeiro através das Montanhas Brancas — Montes Waumbek e Cabot, ao norte e a cadeia de montanhas presidenciais —, Montes Adams, Jefferson e Washington ao sul.

"É difícil ir de oeste a leste no norte da Nova Inglaterra", disse Nathaniel Kitchel, arqueólogo da Dartmouth College, enquanto nos dirigíamos naquela direção pela Rota 2, de Vermont a Jefferson. As cadeias montanhosas em Vermont e New Hampshire formam paredes de norte a sul, e os desfiladeiros nevados de leste a oeste estão quase sempre fechados durante os meses de inverno e primavera.

As poucas estradas pavimentadas de leste a oeste aqui ficam em cima de estradas de terra que cobrem trilhas de cavalos, trilhas de pedestres e trilhas de caça, pela primeira vez pisoteadas por mamutes e mastodontes do Pleistoceno.

"Os primeiros habitantes dessa região teriam seguido esse mesmo percurso", disse Kitchel.

Os arqueólogos a chamam de "paleo-rota 2". Por aqui, há 12,8 mil anos, os humanos começaram a caminhar para terras inabitadas.

Naquela época, o manto de gelo Laurentide, outrora espesso o suficiente para cobrir o Monte Washington, de 1.916 metros², se retraiu, abrindo vales e despejando rochas glaciais grandes em sua trilha. O degelo do topo criou milhares de lagos, incluindo um de 800 metros de largura em Jefferson, onde tudo o que resta dele hoje é o calmo rio Israel. Grandes rebanhos de caribus dividem o ambiente com mamutes-lanosos e castores do tamanho de São Bernardos. Bordos, bétulas e carvalhos não haviam chegado ainda ao norte para cobrir os morros de granito.

Era uma cena inimaginável — uma Nova Inglaterra sem árvores. Mas até naquela época, o local onde Applebrook Bed & Breakfast fica hoje tinha a melhor vista da cidade.

Kitchel e eu viajamos para lá em um dia frio de dezembro. O céu estava de um azul radiante pincelado de nuvens fofas esparsas. Ao meio-dia, o sol do inverno estava baixo no céu, deixando uma sensação de ser mais tarde do que era de fato. Os picos das montanhas estavam cobertos de neve e gelo. Era uma boa época do ano para imaginar um cenário frio sem árvores no período do Pleistoceno Superior, chamado de Dryas recente, quando os humanos chegaram aqui pela primeira vez. As colinas pareciam nuas. E se eu semicerrasse os olhos, podia imaginar que não havia nenhuma árvore. O campo de golfe em primeiro plano me ajudou.

Em 1995, uma tempestade derrubou uma árvore atrás da Applebrook B&B. Embora não fosse um evento incomum, de qualquer modo, Kitchel me lembrou, "os arqueólogos estão sempre olhando para o chão". Paul Bock, um residente da cidade e arqueólogo amador, examinou a base da árvore arrancada pela raiz e descobriu uma ferramenta de pedra. Era uma ponta de lança estriada — um tipo específico de ferramenta feita por alguns dos primeiros habitantes das Américas. Dick Boisvert, arqueólogo do estado de

New Hampshire, escavou a área com equipes de estudantes por duas décadas e encontrou evidências, de pouco menos de 13 mil anos, de que os humanos costumeiramente acampavam naquele local.

A partir dessa posição vantajosa em Jefferson, sem árvores para bloquear a vista, as primeiras pessoas nesta área podiam ver até o outro lado do vale e localizar rebanhos de caribus, um lobo grande rondando a região ou a fumaça de fogueira do acampamento de seu vizinho. Algumas vezes, outros humanos passariam por ali, mas não representariam ameaça para eles. Havia abundância de comida — caribus, tifas, tubérculos de áreas úmidas — e nenhuma necessidade, nem qualquer evidência arqueológica, de hostilidade. Era frio, mas essas pessoas eram descendentes de populações que haviam emigrado da Sibéria para as Américas alguns milhares de anos antes. Elas sabiam como sobreviver nesse clima. Haviam inventado agulhas de ossos e podiam costurar roupas mais quentes e sapatos impermeáveis com o couro dos animais obtidos nas caçadas.

A Nova Inglaterra lembra xarope de bordo, a queda do *r* e anéis do Super Bowl, mas não arqueologia. Mas isso não detém Kitchel, que cresceu no norte de Vermont.

"De várias formas", disse ele, "as primeiras pessoas a pisar na Nova Inglaterra representam o último fluxo de assentamentos humanos movido por pedestres em terras inabitadas — o ápice de um processo que começou na África milênios antes".

Ele tem razão. Mas para compreender como os humanos finalmente se espalharam ao modo de Jefferson, temos que voltar para a África de 300 mil anos atrás.

NARRATIVAS SIMPLES IDENTIFICANDO o momento e o lugar específicos da origem de nossa espécie são sedutoras, mas erradas. Em 2019, por exemplo, um estudo publicado[3] em uma revista, cujos padrões poderiam ser evidentemente melhores, declarou que todos os seres humanos modernos nasceram no extremo norte de Botsuana, na África Austral. Essas afirmações ignoram o óbvio: os seres humanos se deslocam e sempre se deslocarão.

O registro fóssil mais recente do *Homo sapiens* demonstra esse fato. Os três fósseis de crânio mais antigos descobertos da nossa espécie foram encontrados no Marrocos, na África do Sul e na Etiópia — os ângulos geográficos do enorme triângulo formaram o continente africano. Nós não evoluímos em um lugar específico em um momento específico. Em vez disso, nossa espécie evoluiu lentamente, à medida que as populações de hominídeos se deslocavam pela África e trocavam genes, alguns favoráveis à sobrevivência.

Estudos recentes, ao examinarem genomas inteiros[4] dos humanos, tanto do passado quanto do presente, calcularam essa evolução pan-africana do *Homo sapiens* entre 250 mil e 350 mil anos atrás. Isso não quer dizer que a origem de nossa espécie aconteceu em algum momento específico entre essas datas. Em vez disso, nossa espécie evoluiu gradualmente ao longo de todo esse período, à medida que caminhávamos por todo o continente.

O sítio de Olorgesailie, no Quênia, nos ajuda a compreender o que aconteceu. Olorgesailie foi onde adquiri minha primeira experiência como estudante de paleoantropologia, em 2005. Terras áridas à sombra do Monte Olorgesailie apresentam faixas alternadas de sedimentos à margem do lago, solos antigos e camadas de cinza vulcânica. Fósseis de elefantes e rinocerontes antigos e babuínos extintos do tamanho de pequenos gorilas irrompem nas encostas áridas. Para todo lado que olhamos há ferramentas de pedra. Ancestrais humanos, sem dúvida, estiveram aqui, mas estranhamente, dos mais de 70 mil fósseis coletados em Olorgesailie, havia somente dois — um fragmento de crânio e uma mandíbula de hominídeo. Humanos primitivos viveram em Olorgesailie, mas eles não morreram lá.

Os cientistas Alison Brooks e Rick Potts, do Instituto Smithsonian[5], têm trabalhado nesse sítio há décadas, e em 2018 eles descobriram ferramentas de pedra obsidiana cobertas de sedimentos de 300 mil anos. A obsidiana não era de um local próximo; ela era compatível com a química de rochas de pedreiras localizadas a quase 100km de distância. Eles também descobriram manganês negro e rochas ricas em ferro vermelho, que eram pulverizados, misturados com gordura e usados como tinta corporal.

Em Olorgesailie, no surgimento do *Homo sapiens*, nossos ancestrais estavam pensando de forma simbólica e trocando ideias e bens com outros a grande distância. Somos exploradores. Somos viajantes. Caminhamos. E aqueles passos nos levaram a novas terras.

Em 2019, Katerina Harvati[6], da Universidade de Tübingen, anunciou a descoberta de dois fósseis em uma caverna na Grécia. O primeiro, um crânio de Neandertal de 170 mil anos, era esperado. O segundo fóssil não era. Ela encontrou a parte posterior de um crânio de 210 mil anos com formato semelhante ao de um *Homo sapiens*. Um ano antes, cientistas anunciaram a descoberta de um maxilar superior de *Homo sapiens* de 190 mil anos, encontrado por estudantes em sua primeira escavação arqueológica em uma caverna perto do Monte Carmelo, em Israel.

Parece que nossa espécie se espalhou até o Oriente Médio e a Eurásia antes do que imaginávamos, talvez apenas para ser expulsa pelos habitantes daquelas terras, os Neandertais. Isso provavelmente aconteceu muitas vezes em um processo dinâmico não capturado por nenhum mapa estático com setas. Por volta de 70 mil anos atrás, no entanto, a represa rompeu e o *Homo sapiens* invadiu a Europa e a Ásia.

Sabemos pelo DNA, ainda miraculosamente[7] preservado e meticulosamente sequenciado pelo cientista Svante Pääbo, do Instituto Max Planck de Antropologia Evolucionária, que o *Homo sapiens* se reproduziu com os Neandertais e Denisovanos, incorporando seu pool genético ao nosso. Vestígios dessas populações extintas ainda podem ser encontrados hoje em nosso DNA.

Caminhamos o mais distante possível a sudeste, até o limite do arquipélago indonésio. Lá, ficamos olhando para os quilômetros de água como nossos ancestrais *Homo erectus* fizeram no passado. Talvez tenhamos visto resquícios de fumaça subindo no horizonte, o produto da queima natural de galhos à distância. Talvez tenhamos nos perguntado se havia pessoas como nós lá adiante. Em vez de dar meia-volta, alguns de nós construíram barcos e navegaram para o desconhecido.

Estivemos no continente australiano[8] por volta de 65 mil anos atrás. Há 20 mil anos[9], atravessamos o continente até a região sudeste, onde deixamos dezenas de pegadas em sedimentos de lama em torno dos lagos Willandra.

Outros caminharam para o norte. Com roupas impermeáveis e aquecidas e controle do fogo, caminhamos sobre neve e gelo, pela tundra Ártica, e nos estabelecemos em uma grande faixa de terra que, na época, conectava a Ásia à América do Norte. Essas populações prosperaram e acabaram indo para o leste, para as Américas.

Para atravessar esse ambiente selvagem e gélido, seria preciso uma importante inovação tecnológica: sapatos.

NO NOROESTE DO Pacífico nos Estados Unidos, uma cadeia de vulcões ativos, incluindo os montes Rainier, Santa Helena e Hood, eleva-se entre 3 e 4 mil metros acima do nível do mar. O irmão deles, o monte Mazama, com 3,6 mil metros, dominou a paisagem do sul do Oregon até 7,7 mil anos atrás, quando entrou em erupção tão violentamente, que desmoronou, criando uma cratera vulcânica de 1,2 mil metros de profundidade e quase 10 quilômetros de largura, que lentamente foi enchendo de água da chuva e água de degelo glacial. Atualmente, é o lago mais profundo, mais claro e mais limpo nos Estados Unidos, conhecido pela tribo local Klamath como Giiwas e pelo Serviço Nacional de Parques dos Estados Unidos como lago Crater.

Precisamente a 80km a noroeste dele fica Fort Rock, uma caverna com um longo histórico documentado de ocupação pelos primeiros habitantes das Américas. Em 1938, o antropólogo Luther Cressman, que foi casado com Margaret Mead durante um tempo, escavou Fort Rock. Sob uma camada grossa de cinzas vulcânicas sedimentada pela erupção do Mazama, ele fez uma descoberta extraordinária — os restos de 75 sandálias. Elas eram feitas da casca da *Artemísia tridentata*, descascadas e torcidas juntas em um padrão que se assemelha a uma cesta de vime rasa. O antepé teria escorregado para a frente da sandália, que tinha tiras que prendiam por trás.

A datação de carbono, possível para materiais orgânicos com menos de 50 mil anos, revelou que as sandálias foram feitas há aproximadamente 9 mil anos.

As sandálias da caverna Fort Rock[10] foram os sapatos mais antigos já descobertos, mas materiais perecíveis como a *Artemísia tridentata* raramente são preservados no registro arqueológico. Os humanos estavam usando sapatos bem antes do monte Mazama entrar em erupção. Para investigar quando nossos ancestrais usaram calçados pela primeira vez, temos que nos basear em outros tipos de evidências.

Erik Trinkaus, da Universidade de Washington[11], em San Louis, é um especialista em evolução humana no Pleistoceno Superior, especializando-se no período referente aos últimos 250 mil anos da história de nossa linhagem. Em 2005, ele descobriu que os humanos antigamente tinham os ossos dos dedos do pé mais grossos. Segundo sua explicação sobre o motivo de nossos dedos do pé ficarem mais finos e mais fracos, isso aconteceu porque começamos a usar calçados. Uma vez que começamos a cobrir nossos pés para protegê-los, os ossos dos dedos não cresciam tão grossos como quando chegávamos à idade adulta.

O sítio de fóssil mais antigo a preservar um esqueleto humano com dedos do pé desenvolvidos de forma mais delgada é a caverna Tianyuan, localizada nas cercanias de Beijing, na China. O fóssil tem 40 mil anos.

Os ossos do pé consistentes com uso regular de calçado também foram descobertos em Sunghir, um sítio de 34 mil anos localizado a mais de uma centena de quilômetros a leste de Moscou, na Rússia. Lá os cientistas escavaram intencionalmente vários esqueletos enterrados ornados com milhares de contas de marfim de mamute. O local do sepultamento fica a 56º de latitude norte, paralelo à Suécia, ao Alasca e à Baía de Hudson, no Canadá — lugares muito frios, onde o uso de calçados era essencial para evitar queimaduras por frio.

Há 13 mil anos[12], vários descendentes do povo que cruzaram a ponte de terra da Ásia para a América caminharam ao longo da costa da Ilha Calvert, na Columbia Britânica, no Canadá, deixando 29 pegadas. Os primeiros habitantes das Américas continuaram seguindo para o sul e chegaram até o Chile há cerca de 12 mil anos ou mais. Naquela época, as pessoas que caminharam com seus mocassins para leste chegaram ao que é hoje a Nova Inglaterra, e alguém perdeu ou descartou uma ponta de flecha de pedra estriada em um cume com uma vista para um lindo vale em Jefferson, em New Hampshire.

De 70 mil a cerca de 10 mil anos atrás, o *Homo sapiens* caminhou até povoarmos o globo. Ao longo do caminho, no entanto, descobrimos que não estávamos sozinhos.

EM 2003, UMA equipe de cientistas australianos e indonésios escavou em uma caverna chamada Liang Bua, em Flores, uma ilha na parte leste da Indonésia. Durante anos eles encontraram ferramentas de pedra que consideraram ter sido feitas por *Homo sapiens*. Eles estavam, apesar de tudo, a leste da Linha de Wallace, e os sedimentos tinham somente cerca de 50 mil anos.

Na manhã do dia 2 de setembro[13], Benyamim Tarus desceu quase 6 metros em um poço para prosseguir sua escavação camada por camada, continuando o trabalho que seu pai havia começado 30 anos antes. Ao cavar em uma camada de argila, ele expôs o topo de um crânio. Os arqueólogos indonésios Wahyu Saptomo e Rokus Due Awe o identificaram como um crânio humano, mas dado o tamanho pequeno da peça, eles concordaram que seriam vestígios parciais de uma criança.

Quando limparam a argila e a terra que cobriam os dentes, eles ficaram chocados. O dente do siso estava rompido e desgastado. Esse crânio era de um adulto plenamente desenvolvido com um cérebro um pouco maior do que o de um chimpanzé.

Eles continuaram a cavar. Retirando o sedimento, camada por camada, descobriram um esqueleto parcial de um indivíduo com um pouco mais de

1 metro de altura. Ele tinha ossos dos braços e das pernas quase idênticos em tamanho aos da Lucy, mas sua espécie, *Australopithecus afarensis*, havia vivido na África há mais de 3 milhões de anos.

Logo, mais ossos foram encontrados, vestígios de 11 indivíduos pequenos que morreram na caverna há apenas 50 mil anos. Pesquisadores declararam que eles[14] eram de uma nova espécie, denominada *Homo floresiensis*, que a mídia chamou de "o Hobbit".

A comunidade de paleoantropologia ficou estarrecida. Alguns rejeitaram o anúncio completamente, declarando os vestígios como resultado de doença ou defeitos de nascença. Outros sugeriram que o *Homo floresiensis* era uma versão anã do *Homo erectus*.

Coisas engraçadas acontecem nas ilhas. Em geral, coisas grandes ficam pequenas e coisas pequenas ficam grandes. Flores foi outrora o lar dos ratos de 60cm, de cegonhas com 1,80m de altura e elefantes do tamanho de pôneis. Mesmo hoje, ela é o lar do maior lagarto do mundo, o dragão-de-Komodo. Então talvez a própria ilha Flores tenha criado esses indivíduos assim chamados de Hobbits. Talvez a seleção natural tenha favorecido a sobrevivência de indivíduos menores isolados em uma ilha com recursos limitados. Talvez a reprodução consanguínea devido ao isolamento genético fosse um fator que transformasse uma população ancestral do *Homo erectus* em uma espécie remanescente e que viveu até muito recentemente.

Mas para outros, esses fósseis sugerem uma história ainda mais extraordinária.

O cérebro do *Homo floresiensis* era menor do que o do *Homo erectus*. Na verdade, ele ficava bem dentro do limite de um de *Australopithecus*. Ele também tinha a mesma altura e tinha o tamanho dos membros semelhante ao de um *Australopithecus*, bem como o formato da pelve. Ele compartilhava as anatomias do pé e da mão[15] com o *Australopithecus*. Talvez os primeiros hominídeos, ao saírem da África para se dispersar, não fossem membros de nosso gênero *Homo*, mas nossos predecessores.

Quando estudiosos chineses escavarem no sítio da ferramenta de pedra com 2,1 milhões de anos em Shangchen e atingirem um osso, talvez eles também encontrem hominídeos com pés grandes, pernas curtas e cérebros pequenos como os que Tarus encontrou na Caverna Liang Bua. Talvez tenhamos acreditado rápido demais que as pernas longas do gênero *Homo* fossem necessárias para a jornada para fora da África. Apesar de tudo, o alcance do *Australopithecus* de perna curta se estendeu a mais de 3 mil quilômetros, do leste de Chad à Etiópia, e quase 6 mil quilômetros ao sul de lá para a África do Sul.

A distância da caminhada da Etiópia às cavernas do Berço da Humanidade, na África do Sul, e a distância da Etiópia ao Cáucaso, na Ásia, é quase a mesma. Ter desenvolvido pernas longas, sem dúvida, deu ao *Homo erectus* uma vantagem energética à medida que ele se expandia ao redor do globo, mas o *Homo floresiensis* pode estar nos dizendo que o *Australopithecus* de pernas curtas fez a jornada primeiro.

Se for assim, os Hobbits talvez não sejam os únicos descendentes daqueles primeiros exploradores.

Em 2019, os cientistas que trabalhavam em uma caverna em Luzon, nas Filipinas, descobriram outro hominídeo pequeno que sobreviveu até um tempo relativamente recente. Apenas treze fósseis — alguns dentes, um fêmur e alguns ossos de pés e mãos — foram descobertos até agora, mas seus formatos diferem de qualquer coisa previamente conhecida pela ciência, inclusive os Hobbits de Flores.

Os exploradores denominaram uma nova espécie[16]: *Homo luzonensis*. Ele também estava vivo simplesmente cerca de 50 mil anos atrás. Contudo, tanto em Flores quanto em Luzon, as ferramentas de pedra indicam que os hominídeos haviam habitado aquelas ilhas por quase um milhão de anos. Só podemos imaginar o que o primeiro *Homo sapiens* ao chegar nas Filipinas e na Indonésia teria pensado desses hominídeos pequenos de cérebros também pequenos e bípedes.

À medida que o *Homo sapiens* foi evoluindo na África, os Neandertais caçavam na Europa, os Denisovanos estavam criando ferramentas no continente Asiático, e pelo menos duas espécies de hominídeos de corpo pequeno habitavam as ilhas do Sudeste Asiático. O mundo, ao que parece, não se assemelhava em nada à Terra Média de Tolkien.

Contudo, a história da evolução humana estava prestes a sofrer outra reviravolta surpreendente.

"E AÍ?", PERGUNTOU Lee Berger enquanto eu saía de um cofre no subsolo da Universidade de Witwatersrand em janeiro de 2014.

Eu havia ficado lá embaixo o dia todo com mais fósseis de hominídeo do que esperei ver em minha vida toda. No local não havia janelas, e eu perdi a noção do tempo. Não havia comido, e meus olhos estavam cansados e inchados de ficar examinando ossos por horas. Mas eu ainda podia ver o sorriso de orelha a orelha no rosto de Berger.

"Eu acho que ele é um *Homo habilis* melhor do que o *Homo habilis*", disse eu.

Lee riu. "Não é legal?"

"Maravilhoso."

Essa foi a única palavra que me veio à mente, e não foi suficiente.

Cinco meses antes, eu estava trabalhando em meu gabinete na Universidade de Boston, quando um *ding* muito familiar anunciou um novo e-mail. Era de Berger. No espaço "assunto" estava escrito "olha só isso", e havia um arquivo anexo. Eu estava pensando se quebraria minha regra de deletar e-mails com fotos anexadas que me convidavam apenas para "olha isso", quando o telefone tocou.

"Jeremy, você viu?", Berger perguntou. "O que achou?"

"Ah... só um segundo."

Eu manuseei o mouse desajeitadamente e cliquei na imagem de um esqueleto parcial — uma mandíbula, alguns dentes soltos, a lateral de um crânio, um fêmur, um ombro e um punhado de hastes ósseas de braços e pernas. Eles não estavam incrustados na pedra ou enterrados no chão, só estavam no chão de uma caverna. É assim que Hollywood acha que encontramos fósseis, não como normalmente os encontramos.

"O que você achou?", perguntou Berger.

"Só um segundo."

Eu precisava ganhar tempo. Meu primeiro pensamento foi o de que poderia ser um explorador de cavernas morto. Não devíamos chamar a polícia? Mas não. Olha aqueles dentes! Nenhum humano tem dentes do siso tão grandes. Só hominídeos primitivos tinham dentes como aqueles.

"Jesus, Lee."

"Não é?" Ele deu a risada sincera de sempre.

Ele estava com pressa de compartilhar a novidade com outros colegas, por isso nossa conversa foi rápida. Fiquei olhando para minha tela de computador e me dei conta: a 12.638km de distância, um esqueleto parcial de hominídeo estava largado, vulnerável e exposto em uma caverna.

Em 13 de setembro de 2013, os exploradores amadores Rick Hunter e Steve Tucker estavam explorando o sistema de cavernas Rising Star. Apesar de estar a menos de 2km das famosas cavernas de fóssil hominídeo de Swartkrans e Sterkfontein no Berço da Humanidade, nenhum fóssil de hominídeo fora encontrado ali. Hunter e Tucker se espremeram por um buraco estreito, desceram uma rampa vertical e entraram em uma câmara.

Eles viram ossos por todo o lugar.

Quando Berger ficou sabendo[17], ele começou a planejar uma expedição para recuperar os fósseis. Desta vez, o trabalho precisaria de indivíduos com habilidades especiais. Eles precisariam de pessoas com experiência em escavação, *know-how* em cavernas e conhecimento de anatomia comparativa, é claro, mas elas também teriam de ser magras o suficiente para se espremer através da passagem da caverna Rising Star, que no seu ponto mais estreito têm pouco mais de 17cm de largura. Eu tô fora!

A solução de Berger foi enviar essa mensagem à comunidade científica no Facebook:

Precisamos de talvez três ou quatro indivíduos com excelentes habilidades arqueológicas/paleontológicas e prática em escavação para um programa de curto prazo que deve iniciar em 1º de novembro de 2013 e perdurar por um mês, se toda a logística funcionar conforme planejado. A estratégia é o seguinte: a pessoa deve ser magra e de preferência pequena; não pode ser claustrofóbica; tem que estar em forma e ter alguma experiência em escavação prática em escalada, seria um diferencial.

O *post* viralizou, e Berger, rapidamente encontrou sua equipe. Seis mulheres — Marina Elliott, Elen Feuerriegel, Alia Gurtov, Lindsay Hunter, Hannah Morris e Becca Peixotto — foram selecionadas. Apelidadas de "astronautas subterrâneos", pediram a elas que recuperassem o que se pensava ser um esqueleto parcial de hominídeo da câmara da caverna. O que elas encontraram foi muito, muito mais.

A equipe feminina retirou mais de 1,5 mil fósseis de hominídeos de mais de uma dúzia de indivíduos diferentes — a maior descoberta de fósseis de hominídeos já feita em qualquer sítio na África. Dois meses depois, eu estava em Joanesburgo para ajudar a descobrir o que havia sido retirado das profundezas daquela caverna.

Os crânios eram pequenos, com cérebro de tamanho comparável ao do *Homo habilis*. Eles também tinham dentes relativamente pequenos, mas como os *Australopithecus* e os primeiros *Homos*, o dente do siso era o maior dos molares. Os ombros eram curvados como os de Lucy, mas os braços eram mais curtos. Os ossos da mão eram bem semelhantes aos dos humanos, só que tinham dedos curvados. A pelve e o quadril eram parecidos com os de Lucy. As pernas eram longas como as do *Homo*, mas tinham articulações relativamente pequenas. Os pés pareciam muito com os nossos, só que eles eram planos, pelos padrões dos humanos modernos, e os dedos dos pés eram curvados.

Dito isso, ele parecia mais humano do que *Australopithecus*, mas menos humano do que *Homo erectus*.

Isso o tornou um candidato à linhagem humana — o elo entre o *Australopithecus* e o *Homo erectus*. Mas será que ele foi? O *Homo habilis* já havia assegurado essa posição. Com essa combinação de anatomias, eu esperava que os novos fósseis tivessem por volta de 2 milhões de anos.

Mas havia algo perturbador nos ossos. Os fósseis podem ser tão pesados quanto uma rocha, mas esses ossos eram leves. Alguns fósseis diferentes das cavernas sul-africanas eram leves ao toque, porque haviam sido naturalmente descalcificados pelo ácido dos lençóis subterrâneos. Eu presumo que o mesmo ocorreu na Rising Star.

Após um ano de estudo por uma equipe internacional de 47 cientistas, nós anunciamos ao mundo, em setembro de 2015, que esses fósseis representavam uma espécie nova de nosso gênero. Nós a denominamos *Homo naledi*.[18]

Outro ano passou antes que nossa equipe de geólogos descobrisse quando o *Homo naledi* havia vivido. A equipe adotou dois tipos de abordagens. Primeira, a taxa de decaimento radioativo do calcário ao redor do fóssil foi verificada para determinar há quanto tempo os ossos haviam caído dentro da câmara. Além disso, fragmentos de esmalte dos dentes do *Homo naledi* foram datados por meio de ressonância paramagnética de elétrons. Essa técnica conta os elétrons que são agitados pelas partículas radioativas e armadilhados na estrutura cristalina. Quanto mais tempo algo fica enterrado, maior é o número de elétrons armadilhados.

Os resultados dos dois testes foram consistentes e chocantes.

Os ossos têm simplesmente 260 mil anos.[19] Em outras palavras, o *Homo naledi* viveu ao mesmo tempo que os primeiros membros de nossa própria espécie. Era por isso que os fósseis pareciam tão leves ao toque. Eles não haviam ficado dentro das cavernas tempo o bastante para virarem rocha.

Há apenas um piscar de olhos no tempo geológico, os humanos primitivos partilharam o planeta com o *Homo naledi*, os Neandertais, os Denisovanos e os Hobbits da Ilha. E não há dúvidas de que eles se conheceram e, em alguns casos, se reproduziram.

Todos caminhavam sobre duas pernas, é claro, mas eles caminhavam de forma um pouco diferente um dos outros.

Com pernas curtas e pés grandes, o *Homo floresiensis* caminhou como alguém usando raquetes de neve — joelhos altos e passos pequenos. Eles tinham que erguer as pernas para evitar tropeçar nos próprios pés e podem ter tido dificuldade ao correr.

Não sabemos muito sobre o *Homo luzonensis*, mas um único fóssil do osso do pé indica que eles tinham mais mobilidade na porção do meio do pé do que nossa espécie. Isso teria comprometido sua capacidade de empurrar o solo com o pé, fazendo com que se movessem como se estivessem de chinelos. No entanto, isso os teria tornado melhores escaladores do que nós, se ou quando subissem em árvores à procura de comida ou por segurança.

Nós não sabemos quase nada sobre como os Denisovanos caminhavam, porque ainda não temos ossos suficientes. Mas os Neandertais são outra história. Suas pernas e seus pés eram quase idênticos aos nossos, mas diferenças sutis indicam que eles eram adequados para tiros curtos de velocidade e movimentos laterais em terrenos acidentados.

E o *Homo naledi*? Seus ossos sugerem que eles caminhavam de forma muito semelhante aos humanos, mas porque eles tinham pés chatos e careciam de articulações maiores para dissipar as forças de impacto, não teriam a resistência que nós temos. Como resultado, deveriam ter territórios menores como morada.

Há apenas 50 mil anos, espécies diferentes de hominídeos caminharam na Terra, usando seus territórios de formas ligeiramente diferentes. Mas a era da Terra Média não perdurou muito.

Logo, seríamos apenas nós.

Não sabemos por que[20] somos hoje o hominídeo solitário de caminhar ereto. Nós sabemos, com certeza, que não eliminamos os Neandertais e nem os Denisovanos. Fizemos bebês com eles e os absorbemos em nosso pool genético. Mas o destino do *Homo naledi* e o dos Hobbits da Ilha permanece um mistério.

PARTE III

Etapas da Vida

COMO O CAMINHAR ERETO DELINEOU
QUEM SOMOS DESDE NOSSOS PRIMEIROS
PASSOS ATÉ O ÚLTIMO

A pé e de coração leve[1] eu tomo a estrada aberta,
Saudável, livre, o mundo diante de mim,
O longo caminho de terra diante de mim levando para onde quer que eu escolha.*

— WALT WHITMAN, "CANÇÃO DA ESTRADA ABERTA", 1860

---

* Tradução da Canção da Estrada Aberta, de Tomaz Amorim Izabel: <https://traducaoliteraria.wordpress.com/2015/08/18/cancao-da-estrada-aberta-de-walt-whitman/>. (N. da T.)

CAPÍTULO 10

Passinhos de Bebê

Uma jornada de mil quilômetros começa com um único passo.
— *Lao Tzu,* Tao Te Ching, *século VI*

Em meados do século XIX, o artista francês Jean François Millet, usando um giz pastel preto, criou vários desenhos de uma criança aprendendo a andar. Ele os chamou de *Les Premiers Pas*, ou "Os Primeiros Passos". Mais tarde, em 1889, o mestre holandês Vincent van Gogh, que se internou em uma clínica psiquiátrica em Saint-Rémy, na França, cuidadosamente desenhou linhas de grade em uma fotografia de um dos desenhos e começou a pintar sua própria versão em uma tela em branco.

Grama semelhante a ondas e árvores com folhas grossas e sinuosas formam o quadro da famosa paisagem onírica de Van Gogh. O fazendeiro está vestido de azul, exceto pelo chapéu e pelos sapatos marrons. A pá foi jogada a esmo a sua direita; um carrinho de mão de feno está a sua esquerda. Os olhos não estão visíveis, mas ele está, claramente, olhando para a filha. Suas mãos estão abertas, braços totalmente estendidos, e o ouço dizer: "Ande para o papai." A esposa do fazendeiro também está vestida de azul. Ela se curva até a cintura, segurando sua filha conforme a pequena vai se inclinando para a frente para dar o primeiro passo precioso. A menininha sorri de forma travessa, há um brilho em seus olhos. Eu imagino sua risadinha ao dar seus primeiros passos.

Quando Vincent terminou o quadro, em janeiro de 1890, ele o enviou ao seu irmão, Theo, cuja esposa, Johanna, esperava o primeiro filho. Foi um presente afetuoso de um gênio problemático que cometeria suicídio seis meses depois.

Atualmente, esse quadro está no Museu Metropolitano de Arte de Nova York, e ele nos chama a atenção porque captura um momento que se desdobra todos os dias em todas as culturas do mundo — e há milênios. A universalidade da cena não diminui em nada a alegria que ela traz e o quanto esse momento é memorável para os tutores.

Mas como as crianças aprendem a andar e por que demora tanto para nossos baixinhos descobrirem como fazê-lo?

Após uma longa gestação, o bebê está pronto para nascer. A fêmea entra em trabalho de parto — às vezes demora dias — cercada e auxiliada por parentes femininos. A fêmea grávida agacha ou se ajoelha, usando a gravidade para auxiliá-la em um parto difícil. Isso poderia ser a descrição do nascimento de um ser humano, mas continue a ler. Após uma hora do nascimento, o bebê endireita as pernas e dá os primeiros passos vacilantes. No final do primeiro dia, ele consegue correr para acompanhar a mãe e o resto do grupo. Ele se aconchega na tromba da mãe e bebe seu leite. A manada de elefantes segue em frente, com mais um no grupo.

Muitos mamíferos, elefantes inclusive, dão à luz crias que já começam a se movimentar em seu meio ambiente quase que imediatamente após o parto. Os filhotes de focas e golfinhos saem do útero já nadando. Os filhotes de girafas e antílopes ficam de pé, caminham e correm dentro de 24 horas. Isso é necessário para sua sobrevivência, muitos predadores estão à caça.

Outros animais, no entanto, ficam vulneráveis ao nascer. Os filhotes de ursos-negros não são maiores do que seu polegar. Quase sem pelos e olhos ainda fechados, eles se arrastam lentamente até os mamilos das mães para mamar e crescer em segurança dentro da toca até a chegada da primavera. Muitas aves também dão à luz filhotes indefesos, que permanecem nos ninhos por semanas.

Os bípedes mais antigos conhecidos. Da direita para a esquerda: *Cabarzia*, *Eudibamus* e *Lacertulus* do início do período Permiano (por volta de 290 milhões de anos atrás). *Cortesia de Frederik Spindler.*

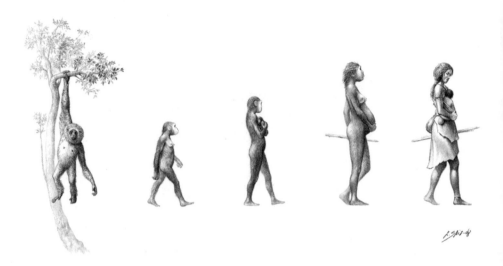

Uma visão simplificada da evolução bípede. *Cortesia de Eduardo Saiz Alonso.*

Reconstrução artística do *Danuvius guggenmosi*, um primata ereto de 11,62 milhões de anos da pedreira de argila de Hammerschmiede, na Alemanha. *Cortesia de Velizar Simeonovski.*

Pegada bípede de um hominídeo primitivo do sítio de 3,66 milhões de anos em Laetoli, Tanzânia. *Fotografia feita pelo autor.*

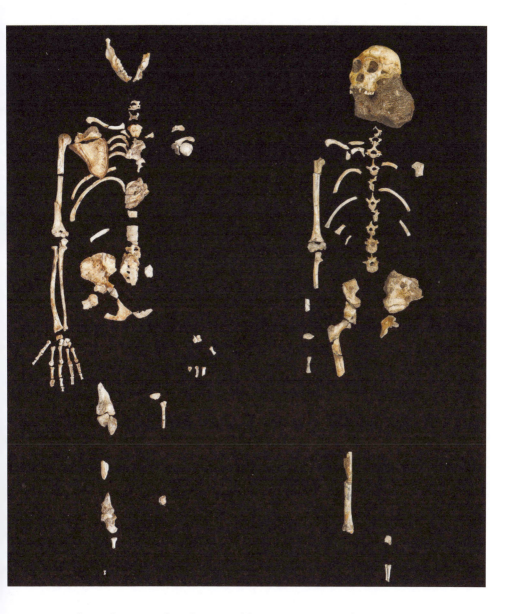

Esqueletos do *Australopithecus sediba* com aproximadamente 2 milhões de anos, da Caverna Malapa, África do Sul. *Cortesia de Getty Images/Brett Eloff.*

Primeiros Passos, depois de Millet, de Vincent van Gogh. *Museu Metropolitano de Arte, Nova York*.

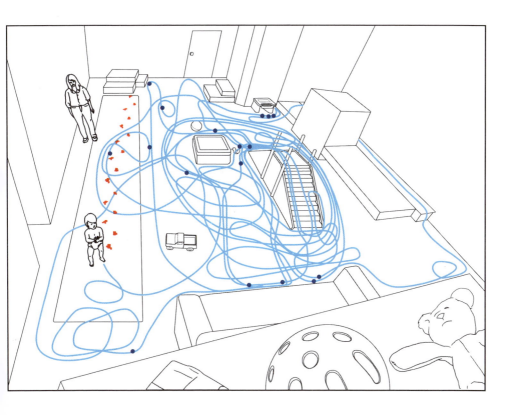

Trilha deixada por uma criança de 13 meses de idade ao caminhar espontaneamente por 10 minutos no laboratório de psicologia do desenvolvimento da Dra. Karen Adolph na Universidade de Nova York. Os pontos azul-escuros indicam os momentos em que a criança parou. *Cortesia de Karen Adolph.*

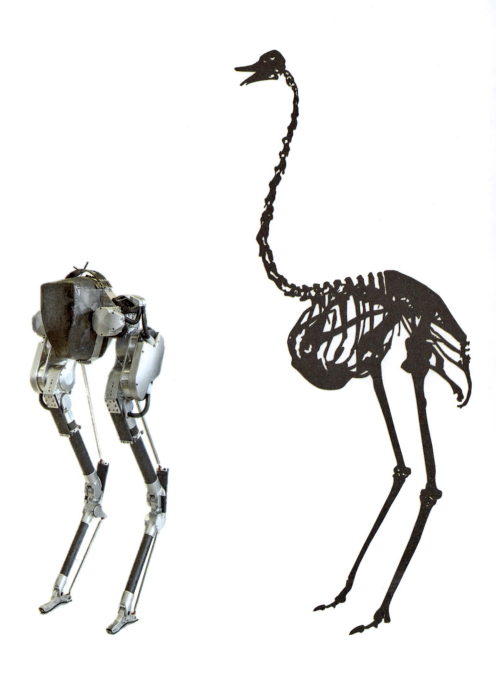

Cassie — um robô bípede desenvolvido pelo professor de engenharia Jonathan Hurst — em comparação com o esqueleto de um avestruz. *Imagem de Cassie, cortesia de Jonathan Hurst e Mitch Bernards. Imagem do avestruz de Getty Images/iStockphoto.*

A maioria dos primatas, os macacos em particular, situa-se entre os extremos dos elefantes e dos ursos. Eles nascem com pelos, com olhos abertos e com algumas habilidades de locomoção. Eles conseguem se agarrar às mães logo após o nascimento, mas raramente se afastam delas.

Contudo, os humanos são diferentes.[1]

Nas primeiras semanas, os bebês humanos são como bagagens. Eles não conseguem andar como um bebê elefante e se pendurar na mãe como um bebê chimpanzé, mas não nascem tão pouco desenvolvidos como ursos e aves. Em pouco tempo, com os olhos abertos, os recém-nascidos tomam consciência do ambiente. São atraídos por sons familiares, podem imitar algumas expressões faciais[2] e, socialmente, podem manipular todos ao seu redor. O intervalo longo entre o nascimento e o início do andar independente, no entanto, requer uma proteção contra ameaças nos primeiros anos de vida — algo de que nossos ancestrais precisariam também.

Embora os recém-nascidos humanos não consigam caminhar sozinhos, eles praticam os movimentos.

Em maio de 2017, um vídeo gravado momentos após um nascimento[3] no Hospital Santa Cruz, no Brasil, viralizou. A filmagem parecia mostrar uma menina recém-nascida caminhando. Seu torso estava apoiado nos braços da enfermeira; as pernas, estendidas para baixo; os pés, tocando a mesa. Ela levantava a perna esquerda e dava um passo. Depois fazia o mesmo com a perna direita. Dois movimentos: erguer e pisar, esquerda e direita. É certo que ela tinha apoio, mas estava basicamente caminhando minutos depois de ter nascido.

"Pai misericordioso. Eu estava tentando dar um banho nela aqui, e ela continua se levantando para andar", disse a enfermeira. "Meu Deus do céu! Se eu contasse para os outros o que está acontecendo, ninguém acreditaria, só se eles vissem com os próprios olhos."

O vídeo, visto por 80 milhões de pessoas em 48 horas depois de ser postado, é fofo, mas o que vemos nele é comum. Não é tão incomum para os recém-nascidos fazer os movimentos do caminhar. Albrecht Peiper, um pediatra alemão[4], filmou bebês em suas primeiras seis semanas de vida alternando as pernas no que ele chamava de "marcha primária". Outros pesquisadores chamaram de "marcha ereta", "marcha supina" ou "marcha reflexa". De fato, parece ser um reflexo, profundamente enraizado no plano corporal dos mamíferos.

Sete ou oito semanas após a concepção, o feto começa a chutar no útero. Alessandra Piontelli, que estuda o desenvolvimento fetal[5] usando um ultrassom na Universidade de Milão, chama isso de "caminhar no útero", e outros estudiosos propuseram que isso é energeticamente mais eficiente para o feto do que chutar com as duas pernas juntas contra a parede espessa do útero. Mas esses movimentos têm algo a ver com o caminhar?

No início, Nadia Dominici, uma neurocientista[6] da Vrije Universiteit Amsterdam (Universidade Livre de Amsterdã), achava que não. Ela descobriu que essas etapas no útero e logo após o parto foram, por fim, substituídas por um plano novo mais sofisticado no caminhar dos bebês. Surpreendentemente, no entanto, seus estudos sobre como se desenvolve o circuito neuromuscular mostram que esses primeiros passos são fundamentais. Eles são um protótipo, o qual é refinado e, consequentemente, aperfeiçoado à medida que uma criança aprende a caminhar nos meses subsequentes.

Pense na marcha reflexa como uma programação de computador com dois comandos: estender as pernas e alterná-las, a esquerda e a direita. O trabalho de Dominici relatou que esses comandos são encontrados não só no circuito neural humano, mas no de outros mamíferos também, inclusive nos ratos. Aparentemente, alternar nossas pernas é uma característica antiga que partilhamos com todos nossos primos mamíferos.

Se essa marcha reflexa em recém-nascidos estabelece a base do caminhar em crianças começando a andar, o fortalecimento da primeira pode impactar na segunda? Cerca de 50 anos atrás, Philip Roman Zelazo[7], um psicólogo da Universidade McGill, e seus colegas estudaram 24 bebês recém-nascidos para descobrir.

Durante as primeiras 8 semanas de vida, 8 desses bebês fizeram exercícios diários para praticar e fortalecer a marcha reflexa. Seus pais os seguravam sobre uma superfície plana à medida que eles alternavam as perninhas rechonchudas[8]. Os outros 16 bebês não fizeram nada disso. Em média, quem praticou a marcha reflexa deu seus primeiros passos de verdade por volta dos 10 meses de idade, 2 meses antes que os outros. Zelazo concluiu que a criação dos filhos era mais importante para o início do andar do que a capacidade inata das crianças. Embora esse fosse um estudo pequeno, Zelazo estava no caminho certo.

BEBÊS NÃO VÊM com manuais, mas os pais querem saber se seu filho está se desenvolvendo no tempo certo. Nós pedimos conselhos a amigos e à família que já criaram filhos. Eu passei muitas noites folheando uma cópia gasta com páginas com orelhas do *Livro do Bebê*, da Sears, que era da minha irmã. Mas a maioria dos pais novatos hoje procura no Google quando tem alguma dúvida. Buscando no Google "primeiros passos do bebê", ele sugere um site dos Centros de Controle e Prevenção de Doenças dos Estados Unidos, onde os visitantes são convidados a "clicar na idade de seu filho para checar as etapas". Lá, eles ficam sabendo que o bebê deve dar os primeiros passos por volta dos 12 meses. A Organização Mundial da Saúde também informa que a idade média para uma criança andar por conta própria[9] é 12 meses. Mas e se um bebê está andando com 9 meses ou ainda não deu um passo aos 16 meses? Há algo errado? Em muitos casos, não.

Em média, a criança norte-americana dá seus primeiros passos por volta de um ano, mas, nas entrelinhas, diz-se que a faixa normal é de 8 a 18 meses. Se metade das crianças saudáveis começa a andar perto de seu primeiro aniversário, isso significa que a outra metade não.

Entretanto, essa etapa do caminhar no primeiro ano tem mudado ao longo dos anos e também difere de cultura para cultura.

Arnold Gesell, um pediatra e psicólogo da Universidade de Yale no início do século XX, foi um pioneiro no estudo do desenvolvimento infantil. Embora ele argumentasse que cada criança se desenvolve em seu próprio ritmo, ainda defendia a ideia das faixas de desenvolvimento. Após coletar muitos dados, ele descobriu que nos anos de 1920, a criança norte-americana em média dava seus primeiros passos entre 13 e 15 meses[10] de vida.

Nos anos de 1950 e 1960, essas faixas de desenvolvimento tornaram-se parte dos testes de triagem normalmente realizados no consultório do pediatra. Entre eles havia as Escalas de Desenvolvimento Infantil e de Crianças de Bayley e o Teste de Triagem de Desenvolvimento de Denver. Essas ferramentas ajudaram os pediatras a identificar os problemas de desenvolvimento em uma criança, mas duas coisas pouco eficazes ocorreram. Primeiro, muitos pais confundiram "média" com "normal". Segundo, "mais cedo" foi confundido com "melhor". O hábito dos pais de estimular seus filhos a andar mais cedo reduziu para 12 meses a idade média com que as crianças norte-americanas começaram a andar.

A situação mudou novamente em 1992[11], quando a campanha "*back to sleep*" [dormir de costas, em tradução livre] foi lançada para combater o aumento de morte por SMSL (Síndrome da Morte Súbita do Lactente). Pesquisadores descobriram que bebês que dormem de bruços correm risco maior de morrer por SMSL, assim, os pediatras recomendavam que os bebês fossem colocados de costas quando fossem dormir. No entanto, bebês que dormem de bruços desenvolvem musculatura central mais forte, por causa do modo que eles ajustam seu corpo durante o sono. Como resultado, eles podem ficar de pé mais rápido e dar seus primeiros passos. Um pequeno atraso em ficar de pé e caminhar é um preço baixo a se pagar pela redução de mortes por SMSL. Mesmo assim, a "brincadeira de bruços" para fortalecer a musculatura central do bebê é agora uma atividade recomendada todos os dias.

Obviamente, quando uma criança se levanta e anda pela primeira vez pode variar dependendo de uma série de fatores, embora estudos para determinar a faixa de idade normal tenham sido feitos quase inteiramente em populações

"WEIRD", acrônimo em inglês para *Western, Educated, Industrialized, Rich* e *Democratic*, [ocidentais, instruídas, industrializadas, ricas e democráticas, em tradução livre]. Como as antropólogas Kate Clancy e Jenny Davis afirmaram[12]: "WEIRD significa brancas."

Esses estudos foram usados de forma equivocada para estabelecer uma base do que é "normal". Ao examinar o início do andar pelo mundo, ainda mais variações podem ser encontradas.

OS ACHÉ, UM povo nômade das florestas a leste do Paraguai, dependem da caça tradicional e da coleta de alimentos. Eles vivem em grupos de cerca de cinquenta indivíduos e comem o que conseguem encontrar, inclusive farinha de palmeira, mel, macacos, tatus e antas.

A floresta deles é perigosa, principalmente para crianças. Jaguares vagueiam furtivamente pelo solo da floresta. Répteis venenosos, inclusive cobras-corais, víboras e a temida jararaca-do-norte, são em grande número. No livro *Aché Life History* [História da Vida Aché, em tradução livre], as antropólogas Kim Hill e A. Magdalena Hurtado falam sobre picadas de formigas, pulgas, mosquitos, carrapatos, aranhas e até mesmo lagartas. As picadas das vespas dessa floresta podem causar vômitos, e há uma espécie de besouro que produz um líquido ácido que queima a pele e pode causar cegueira temporária. Mutucas depositam suas larvas[13] sob a pele humana, escreveram Hill e Hurtado, causando "uma ferida sempre crescente e dolorosa e que pode conter uma larva de proporções alarmantes". Invisíveis a olho nu, há mais perigos: malária, doença de Chagas e leishmaniose — doenças parasitárias causadas por picadas de mosquitos, barbeiros e flebotomíneos, respectivamente.

"Um bebê ou uma criança pequena[14] não sobreviveria muito tempo na floresta se não fosse assistida", escreveram as autoras. "Os acampamentos nas florestas são constantemente incomodados pelo choro de alguma criança aprendendo do jeito difícil sobre quais insetos evitar."

Seria perigoso para um pai deixar uma criança Aché de um 1 de idade aprender a caminhar nesse ambiente. Por isso, eles não deixam. As crianças permanecem agarradas a sua mãe até 2 anos de idade. Os antropólogos Hillard Kaplan e Heather Dove[15] relataram que a criança Aché demora, em média, 2 anos para começar a andar sozinha. Isso é o dobro da média de idade atualmente dos Estados Unidos. A diferença é cultural, não estritamente biológica. Se meus filhos tivessem sido criados na floresta dos Achés, provavelmente eles só começariam a andar aos 2 anos de idade.

Em certas regiões do norte da China[16], as crianças ficam presas em sacos de feijão, parecidos com sacos de areia fina, de 16 até 20 horas por dia, assim elas podem ser deixadas sozinhas enquanto os adultos cuidam das plantações. Aos 13 meses, idade em que três quartos das crianças norte-americanas estão caminhando, apenas 13% das crianças chinesas deram seus primeiros passos. Em algumas regiões do Tajiquistão, os bebês ficam enrolados para não mexerem muito suas pernas, e não se sabe se algum deles anda por conta própria com 1 ano de idade.

Enquanto há muitas culturas em que crianças dão seus primeiros passos mais tarde do que as da América, há outras em que elas andam mais cedo. Em regiões do Quênia e de Uganda, por exemplo, não é incomum que bebês andem sozinhos com 9 meses. Por anos, essas diferenças foram utilizadas para apoiar ideias racistas, de que os Africanos são biologicamente diferentes (leia-se: inferior) das pessoas com descendência europeia. Pesquisadores sabem que a razão de essas crianças andarem mais cedo não tem nada a ver com genes. Suas mães e avós massageiam vigorosamente as pernas dos bebês durante o banho diário, e esse estímulo melhora a força motora e a coordenação. Uma prática similar nos arredores da Jamaica levou a um resultado similar. Uma criança lá caminha com 10 meses, em média.

Mesmo assim, até hoje uma busca no Google revela um grande número de desinformação sobre o início do caminhar. "Bebês que demoram para caminhar são naturalmente mais inteligentes", gaba-se um site. "Quanto mais tempo os bebês demorarem para engatinhar, mais inteligentes eles serão", afirma outro. Um terceiro pensa o oposto: "Crianças que andam e falam cedo são gênios em formação?"

Psicólogos do desenvolvimento estudaram essa questão, e os resultados são ambíguos. Um estudo suíço com 220[17] bebês descobriu que os que andaram mais cedo tinham equilíbrio ligeiramente melhor quando completavam 18 anos, mas sua pontuação nos testes de QI, ou no teste de habilidade motora, não era nem melhor, nem pior. Um estudo maior e mais longo com mais de 5 mil pessoas do Reino Unido, finalizado em 2007, descobriu não haver relação entre quando as crianças dão os primeiros passos e seus testes de QI aos 8, 23 e 53 anos de idade.

De vez em quando[18], porém, um estudo mostra que crianças com um QI levemente mais alto caminharam mais cedo. Um problema com esse tipo de pesquisa é que não fica claro o que o QI, de fato, mede, além de verificar a habilidade de alguém ao fazer testes de QI. Além disso, o efeito, se for real mesmo, é tão pequeno, que não demonstra que o início do caminhar tem muito a ver com inteligência. Quando muito, a seta da causalidade está em outra direção. Alguns pesquisadores têm postulado que o caminhar por si só oferece à criança uma nova visão do mundo e abre portas para novas oportunidades[19] de aprendizagem.

Em 2015, no entanto, pesquisadores, ao estudar mais de 2 mil crianças[20] no Reino Unido, descobriram que aquelas que eram mais ativas aos 18 meses de idade tinham ossos da tíbia e das articulações dos quadris mais densos quase duas décadas mais tarde. A atividade física promove o crescimento do osso. Isso poderia explicar por que um estudo com mais de 9 mil crianças na Finlândia descobriu que as crianças que andaram precocemente tinham mais possibilidades de praticar esportes na adolescência.

Mesmo assim, a relação entre o início do caminhar e a habilidade atlética é fraca, na melhor das hipóteses, e não pode ser usada para fazer previsões. Muhammad Ali, quando era o bebê[21] Cassius Clay Jr., já estava de pé, andando e, talvez, até dando uns jabs aos 10 meses. O maior jogador de meio-campo de todos os tempos, Willie Mays, deu seus primeiros passos quando tinha 1 ano. Leroy Keyes, ex-profissional, estrela do futebol americano e membro do *College Football Hall of Fame*, só começou a andar com 3 anos. Kalin Bennett, que foi diagnosticado com autismo antes de completar 1 ano de idade, também só deu seus primeiros passos com 3 anos. Mas ele entrou para o basquete no terceiro ano, e quando estava no último ano do ensino médio, era o 16º melhor profissional dos novos atletas do Arkansas. Atualmente ele joga basquete universitário pela Kent State University.

Três anos é radical, e é extremamente recomendado que uma criança que não anda sozinha até os 18 meses seja vista por um médico. Mas a questão permanece: a idade do início do caminhar entre a faixa esperada de 8 a 18 meses não faz muita diferença.

UMA TREMENDA VARIAÇÃO pode ser encontrada não somente em *quando* as crianças aprendem a andar, mas em *como* elas aprendem. O antigo ditado que diz "você precisa engatinhar antes que possa andar" não é nem um pouco verdade.

Muitas crianças em culturas[22] de todo o mundo nunca passam pela fase de engatinhar, e pular essa fase não afeta sua capacidade de aprender a caminhar. Um estudo com bebês jamaicanos descobriu que cerca de 30% deles nunca engatinharam. Na Inglaterra, 1 em cada 5 nunca engatinha. Quarenta por cento dos bebês de classe média, do início do século XX nos Estados Unidos, nunca engatinharam, porque a maioria usava longos mandriões que chegavam até os joelhos. Se eles tentassem, bateriam primeiro o rosto no chão.

Bebês que engatinham não o fazem do mesmo jeito. Eles engatinham como o urso, como caranguejo, como aranha, de barriga, se arrastam como soldados, ajoelhados, como lagartas, rolando ou arrastando o bumbum. No final, eles dão os primeiros passos.

"Cada bebê estabelece seu próprio caminho"[23], escreveu a psicóloga de desenvolvimento Karen Adolph, da Universidade de Nova York (NYU), "e a sequência dessa atitude é variável". Em outras palavras, não há uma maneira certa de se tornar bípede.

Para melhor compreender como e por que as crianças ficam de pé e aprendem a andar, eu visitei a Dra. Adolph no laboratório da NYU, em Greenwich Village. Adolph foi professora da pré-escola por 6 anos antes de começar seu trabalho de pós-graduação em psicologia do desenvolvimento na Universidade Emory. Desde então, ela recebeu mais de 40 bolsas para estudar o início do desenvolvimento infantil e escreveu mais de uma centena de artigos científicos, os quais foram citados por seus colegas mais de 9 mil vezes. Ninguém sabe mais sobre como as crianças aprendem a caminhar.

"Locomover-se sobre quatro pernas é bom para os outros animais e parece ser adequado para os bebês. Por que, então fazer as crianças ficarem de pé e caminharem sobre duas pernas?", perguntei.

Adolph sorriu e olhou para mim com seus olhos azuis penetrantes.

"Por que andar?", disse ela. "Por que não?"

Uma grande quantidade de dados coletado pelo laboratório de Adolph mostra que a locomoção sobre duas pernas permite às crianças irem mais longe e mais rápido. Equipando os bebês com câmeras que capturam o mundo do ponto de vista deles, Adolph também demonstrou que a locomoção sobre duas pernas permite aos bebês terem uma visão melhor dos arredores. Como Antonia Malchik escreveu[24] em seu livro *A Walking Life* [Uma Vida em Marcha, em tradução livre], "Bebês e crianças são motivados a caminhar quando têm algum lugar interessante para ir". A equipe de Adolph também descobriu[25] que os bebês que caminham carregam objetos 43 vezes por hora, cerca de 7 vezes mais do que os bebês que engatinham.

"Isso faz sentido", acrescentei. "Caminhar deixa as mãos livres para carregar objetos."

"Mas não é *por isso* que eles andam", Adolph rapidamente me corrigiu. "Nossos dados mostram que eles não têm um objetivo estabelecido."

Ela explicou que os bebês vagam sem rumo pela sala[26], gastando todo tipo de energia pelo caminho. Mas eles acabam alcançando brinquedos e indo para um destino interessante? Claro. No entanto, eles levam um tempo para chegar lá.

"Por quê?", perguntei.

"Os bebês caminham pela alegria de caminhar", disse ela.

Pensei no meu filho Ben andando pela primeira vez. (Graças a Deus, temos alguns de seus primeiros passos em vídeo, senão haveria poucas chances de meu cérebro, privado de sono, se lembrar do momento.) Era uma tarde acolhedora de agosto, eu e minha esposa estávamos tentando nos refrescar em nossa pequena casa em Worcester, em Massachusetts. Nossos gêmeos já engatinhavam há meses e conseguiam se levantar e se arrastar de bumbum diante do sofá ou de uma estante. Meu filho parecia determinado a caminhar. Ele poderia estender suas pernas e dar um ou dois passos vacilantes antes que suas coxas rechonchudas fizessem seus joelhos dobrar e ele caísse sentado. Sua irmã gêmea ficava observando com alegria, mas raramente tentava caminhar sozinha.

Os cientistas que estudam como as crianças se desenvolvem definem os primeiros passos como dar cinco passos sem auxílio e sem cair.

Ben estava com seu pijama azul-escuro do Red Sox, sua cabeça grande e careca precariamente equilibrada no corpo vacilante como uma versão *baby* do Charlie Brown. Minha esposa segurou as mãos dele acima da cabeça e então gentilmente se afastou quando ele começou a tropeçar em direção aos meus braços abertos. A cada levantamento de perna, ele se aproximava, e quanto mais perto ele ficava, mais ria. Depois de cinco passos, ele abriu um sorriso enorme à medida que desabava, eufórico e exausto, nos meus braços.

Sim, bebês caminham pela alegria de caminhar.

Claro, depois daquele momento, Ben não andava para todo lugar que ia. Ele continuou a engatinhar, mover-se de lado e a rodar. Caminhar era apenas outra ferramenta em seu kit locomotor, mas em pouco tempo, passou a ser dominante. Minha filha Josie olhava atentamente, e pouco depois, para não ficar para trás, ela se juntou a ele. Ser capaz de observar e imitar os outros pode ter muito a ver com a forma como as crianças aprendem a andar. Pode também explicar por que crianças com deficiência visual[27] demoram o dobro do tempo, em média, para dar os primeiros passos.

Dizem que para se tornar um especialista em qualquer coisa — saber tocar um instrumento musical ou praticar algum esporte — a pessoa precisa investir 10 mil horas. Aprender a caminhar não é diferente.

"Como você aprende a andar?"[28], escreveu Adolph. "Milhares de passos e dezenas de tombos por dia."

No início de sua carreira, Adolph observou que as crianças não caminhavam em linha reta, embora os equipamentos do laboratório, como esteiras e tapetes usados para mensurar o andar, sempre fossem retos. Para conseguir os dados que ela queria, ela usava todo o espaço do laboratório, registrando cada passo que os novos caminhantes davam. O que ela e seus alunos assistentes descobriram é notável.

Os bebês, em média, dão[29] 2.368 passos por hora, cobrindo aproximadamente 8 campos de futebol. Em um dia comum, então, os bebês dão cerca de 14 mil passos — o suficiente para marcar 46 *touchdowns* ou cobrir cerca de 5km. Não é à toa que precisam de, pelo menos, 12 horas de sono diariamente.

Os bebês não andam como adultos em miniatura. Eles dão passos desiguais, balançando de um lado para o outro, com os quadris e joelhos ligeiramente flexionados, como primatas em miniatura. Seus pés são chatos, e eles não empurram o solo com eficiência. A equipe de Adolph descobriu que eles têm, em média, 17 quedas por hora, mas os milhares de passos diários que dão os ajudam a se aperfeiçoar. Mesmo assim, eles não começam a caminhar[30] como adultos até a idade de 5 a 7 anos. No processo, o esqueleto deles se modifica.

O OSSO ESTÁ VIVO.

Em uma aula de ciências, os espécimes de ossos são duros, quebradiços e inflexíveis. Normalmente, eles têm cor esbranquiçada. Mas em você, o osso é mais flexível e dinâmico. Ele é em parte composto de células vivas que respiram e dependem dos hormônios que recebem mensagens de outras partes do corpo. O osso vivo tem um suprimento de sangue que o deixa com um aspecto rosa bem claro.

Intuitivamente, você sabe que o osso está vivo. Ele cresceu em você quando você era um bebezinho e posteriormente formou o esqueleto que você tem agora. Se você fraturar um osso, sabe que ele pode se recuperar sozinho.

Temos o mesmo número e tipo de ossos que um chimpanzé. Esse número é normalmente 206, mas pode variar um pouco, dependendo de quantos ossos acessórios se formam. Crianças, no entanto, têm mais "ossos" do que os adultos. Veja o fêmur, por exemplo. Em um adulto, é um osso só — o maior osso do corpo humano. Mas nas crianças, ele consiste de uma haste e quatro botões ósseos — três no quadril e um na extremidade do joelho. Eles são separados da haste por placas de crescimento, que são regiões de cartilagem que proliferam à medida que um indivíduo cresce. Tudo isso vale também para os primatas africanos.

Assim, o que torna nosso esqueleto adequado para o caminhar ereto, enquanto o do chimpanzé não?

Os genes fazem parte da história. A informação genética responsável por onde e por quanta estrutura cartilaginosa crescerá em um feto em desenvolvimento, quer seja de um humano ou de um chimpanzé, ajuda a determinar a estrutura do esqueleto em um bebê recém-nascido. Certas conformações de nosso esqueleto nos fazem, de certa forma, nascer prontos para andar.

Por exemplo, os recém-nascidos humanos[31] já têm calcanhares robustos preparados para os rigores do caminhar ereto. Desde o nascimento, nossa pelve é pequena, forte e posicionada nas laterais de nosso corpo, fixando os músculos em torno da articulação do quadril, que é responsável também pela manutenção de nosso equilíbrio quando andamos sobre duas pernas. Recém-nascidos têm até a rede de ossos esponjosos na parte interna da pelve alinhada para transmitir as forças para o caminhar ereto. Isso não é algo de que os bebês *precisam* por mais um ano, mas eles nascem com ela. Portanto, essas são adaptações genéticas verdadeiras para caminhar sobre duas pernas.

Mas lembre-se, o osso está vivo. Suas células respondem a estímulos impostos sobre ele à medida que você cresce. De certa forma, elas se lembram de todas as vezes que você se moveu e *como* você se moveu. À medida que as crianças se desenvolvem, seus ossos não só aumentam em tamanho; eles mudam o formato em resposta ao estresse diário que as crianças aplicam neles[32].

Veja o joelho, por exemplo.

Quando Ben deu seus primeiros passos, ele balançava de um lado para outro[33], em parte porque suas pernas ainda permaneciam bem afastadas. Mas em crianças mais velhas e nos humanos adultos, os joelhos praticamente se tocam, auxiliando a equilibrar nossos corpos mantendo nossos pés embaixo do quadril. Isso acontece porque nosso fêmur é angulado para dentro e consta no Capítulo 4, uma vez que Lucy e sua espécie também tinham esse ângulo de anteversão no fêmur, mas não é algo com que nascemos, e nem Lucy. Ao nascer, nossos fêmures são hastes retas, como os do chimpanzé. Quando começamos a andar enquanto crianças, as cartilagens de nossos joelhos recebem pressão desigual e crescem em um certo ângulo, resultando em um joelho inclinado. Os indivíduos que são paraplégicos[34] e que nunca deram um passo nunca desenvolvem esse ângulo.

No entanto, sempre há vantagens e desvantagens na evolução. O ângulo de anteversão, embora benéfico para manter o corpo equilibrado, pode causar problemas. Como nosso fêmur é angulado, os músculos do quadríceps fixados na frente desse osso se contraem em um ângulo quando nos locomovemos. O resultado é uma força lateral que puxa a patela ligeiramente para o lado. Em casos extremos, ela pode deslocar a patela — algo que os médicos chamam de "subluxação patelar".

Dada a física envolvida, pode parecer que o deslocamento patelar devia acontecer com mais frequência do que de fato acontece (cerca de 20 mil por ano nos Estados Unidos). Eles não acontecem porque uma grande borda no osso, chamada de lábio patelar lateral, age como uma parede de retenção, mantendo a patela no lugar. Essa é a mesma anatomia que era anormalmente grande no joelho do *Australopithecus sediba*. Você consegue sentir isso ao sentar-se com os joelhos dobrados e massagear a parte de cima do joelho.

O que é surpreendente sobre o lábio patelar lateral[35] é que, como o osso esponjoso na parte interna da pelve, nascemos com ele, embora não precisemos dele até começarmos a andar. A estrutura cartilaginosa do lábio patelar lateral já existe nos joelhos do bebê ao nascer — uma solução para um problema que bebês ainda não têm.

Esse é um exemplo maravilhoso de como nosso corpo é uma combinação de características geneticamente codificadas e anatomias moldadas por nosso próprio comportamento. Nosso esqueleto é o produto da natureza e da criação trabalhando juntas em uma dança complicada que resulta na forma humana.

DE VOLTA AO laboratório, Adolph me mostrou vídeos de crianças engatinhando ao longo de uma pista elevada. Seus olhos estavam fixos em um animal de pelúcia usado para atraí-las. O que elas não percebiam eram as fendas com um pé de largura na pista. Se não houvesse um observador, elas cairiam para fora da pista. Adolph e sua equipe variavam os desafios para os bebês que engatinhavam, adicionando declives ou outros obstáculos. Os resultados foram sempre os mesmos[36]. Bebês explorando seu mundo pela primeira vez são destemidos e não têm noção de suas limitações. Logo, no entanto, eles aprendem com seus erros e começam a engatinhar com mais cautela e atenção às lacunas à sua frente. Ou seja, até começarem a caminhar.

Eu assistia maravilhado como vídeo após vídeo revelavam as mesmas crianças superando obstáculos tão bem sobre quatro pernas, mas desequilibrando-se tolamente para fora da pista experimental quando usavam somente as pernas.

"Uau — eles esquecem tudo o que aprenderam", eu disse.

"Não", respondeu ela. "Eles aprenderam como superar esses obstáculos enquanto engatinhavam, mas caminhar dá a eles um novo ponto de vista do mundo. Nossa visão de mundo depende de como nos locomovemos. Eles só sabem o que sabem no contexto de um tipo determinado de locomoção."

Enquanto eu assistia a vídeos de criança após criança caindo nas lacunas do caminho, chegar até o limiar de uma queda, se precipitando em declives íngremes, fiquei feliz pelas mãos sempre presentes dos observadores pegando esses bípedes novos e destemidos.

Aprender a caminhar é difícil e até mesmo perigoso — a menos que alguém esteja perto para ampará-lo.

CAPÍTULO 11

Nascimento e Bipedalismo

Estes quadris são quadris poderosos.[1]
Estes quadris são quadris mágicos.
— *Lucille Clifton*, Homenagem aos meus quadris, *1980*

Ela ficou em pé. A dor do parto fez com que ela cerrasse os punhos e tensionasse os músculos do braço, deixando-os bem à mostra. Às vezes, ela se agachava ou se sentava, enquanto duas outras mulheres a amparavam. Uma posicionava-se por trás dela, os braços em torno de seu peito, ajudando a mantê-la de pé, enquanto ela respirava e se preparava para a próxima onda de contrações. Elas murmuravam palavras de encorajamento e diziam que o bebê já estava quase nascendo. Elas sabiam porque já haviam feito isso antes.

Ela fez força uma última vez, e seu bebê, ainda preso a ela pelo cordão umbilical, entrou em um mundo frio e perigoso. Suas irmãs cobriram o bebê, e a mãe exausta o levou até o peito para amamentá-lo.

Esses eventos poderiam ter acontecido hoje, mas isso ocorreu há um pouco mais de 15 mil anos. Sabemos disso porque alguém esculpiu a cena — a mais antiga representação de um parto do registro arqueológico — em um fragmento de ardósia e o deixou com outras esculturas antigas da vida cotidiana no que hoje é Gönnersdorf, na Alemanha, uma cidade ao sul de Bonn, apenas a alguns quilômetros a oeste do Rio Reno.

Há 15 mil anos, nosso planeta estava começando a emergir da mais recente era do gelo. A Escandinávia e as Ilhas Britânicas ainda estavam cobertas com gelo do Ártico de quase 2km de espessura. Hoje, regiões subdesenvolvidas da Alemanha são arborizadas, mas no final do Pleistoceno não havia árvores por quilômetros. Era a tundra, similar à Sibéria de hoje. A área era habitada por animais encontrados nos prados polares atualmente, como o caribu, a raposa-do-ártico e o boi-almiscarado. Também havia animais hoje extintos, como o mamute, o rinoceronte-lanudo e o leão-das-cavernas. As pessoas faziam ferramentas e fogo. Elas caçavam e cozinhavam, tinham seus bebês e faziam arte.

Essas duas últimas atividades[2] se fundiram em um evento maravilhoso que produziu o fragmento esculpido de ardósia que chamamos de Plaquette 59. Era importante que escultor capturasse a contração dos músculos deltoides da mulher em trabalho de parto e mostrasse o comprimir de seus dedos. Mas também há abstração aqui. O recém-nascido é representado por uma simples forma ovalada com olhos ligados aos da mãe por uma linha tracejada, e duas cabeças de cavalos, como observadores, cujo significado se perdeu com essa cultura.

A maternidade sempre fez parte da vida humana e está intimamente, mas de forma complicada, ligada ao caminhar ereto — especificamente ao modo como as mulheres caminham.

TODA MULHER QUE dá à luz tem uma experiência única. Cada nascimento é uma mistura complicada de tamanho da cabeça do feto e largura do ombro, dimensões da pelve, tempo da gestação, relaxamento ligamentar, moldagem craniana, hormônios de estresse, posição no parto, apoio social e o auxílio e a abordagem da parteira ou da obstetra, entre outras variáveis. Mas nesse mar de variações, há pontos em comum, principalmente quando o parto dos humanos é comparado ao modo como fazem nossos parentes primatas vivos mais próximos.

Tanto nos humanos quanto nos grandes primatas, o bebê está, geralmente, de cabeça para baixo no útero e voltado para a frente (em direção à barriga da mãe) no final do terceiro trimestre. Não sabemos muito[3] sobre o nascimento de primatas selvagens, visto que as fêmeas geralmente dão à luz sozinhas nas árvores e quase sempre à noite, mas esses nascimentos são observados bem de perto em cativeiro.

A primata tem partos rápidos, normalmente cerca de duas horas. O bebê passa livremente[4] pelo canal ósseo do parto, geralmente virado para a frente. Se ele estiver posicionado da forma correta, a mãe primata pode olhar o rosto de seu bebê à medida que o empurra pela vagina. As mães primatas podem usar as próprias mãos para ajudar a puxar o bebê pelo canal de parto. Elas lambem e limpam o rosto do recém-nascido, ajudando a limpar as vias aéreas. A amamentação começa logo depois.

O nascimento em humanos raramente é tão simples. Um bebê humano normalmente sai como um primata: cabeça para baixo e virado para a frente. Em média, um parto tem duração de 14 horas[5], mas não é incomum que uma mulher fique em trabalho de parto por 40 horas ou mais. Parte desse tempo pode ser contabilizado pela lenta dilatação do colo do útero — a junção entre a vagina e o útero —, necessária para passar uma cabeça com as dimensões de um recém-nascido humano.

Quando minha mãe entrou em trabalho de parto no meu nascimento e minha cabeça atingiu o estreito superior da pelve, encontrei meu primeiro obstáculo. A pelve se inclina para a frente em nosso corpo, assim, o estreito superior do canal de parto é angulado. As dimensões da pelve, do topo à base, são normalmente muito estreitas para um bebê humano nascer da maneira que os primatas nascem. A solução que eu e praticamente todos[6] os outros bebês encontramos foi colocar meu queixo no peito e girar minha cabeça para o lado, assim a parte maior da minha cabeça (da frente para trás) se alinhou com a parte mais larga da pelve da minha mãe (de um lado a outro).

Em 1951, o antropólogo da Universidade da Pensilvânia[7], Wilton Krogman, escreveu um artigo na influente revista *Scientific American* intitulado "The Scars of Human Evolution" [As Cicatrizes da Evolução Humana, em tradução livre]. No artigo, ele argumenta que podemos culpar a evolução por várias de nossas imperfeições, desde dores nas costas até dentes tortos. Sobre o nascimento, ele escreveu: "Não pode haver dúvidas de que muitos dos problemas obstétricos da Sra. *H. sapiens* são devidos à combinação de uma pelve mais estreita e uma cabeça maior da espécie. Quanto tempo será necessário para equilibrar essa relação, não temos ideia. Parece razoável presumir que a cabeça humana não encolherá materialmente em tamanho, então o ajuste terá de ser na pelve; ou seja, a evolução deveria favorecer as mulheres com uma pelve grande e larga."

Mas o problema não é que as mulheres tenham pelves estreitas. De um lado a outro elas são suficientemente largas. O problema é que a pelve humana é estreita do topo à base, por isso o canal pelo qual os primatas normalmente nascem não funciona para nós.

Por que não?

Porque caminhamos sobre duas pernas.

Primatas têm uma pelve alta, similar ao formato da pelve na maioria dos mamíferos quadrúpedes. A articulação do quadril está localizada distante da articulação sacroilíaca, que liga a coluna vertebral à pelve, resultando no canal de parto que pode facilmente acomodar uma cabeça de bebê. Mas essa anatomia também torna os primatas muito pesados, oscilantes e instáveis quando ficam sobre duas pernas.

À medida que nossos ancestrais se tornaram mais dependentes da locomoção bípede, a pelve mudou de formato. De fato, a pelve mudou mais do que qualquer outro osso em nosso corpo, evoluindo de alta e achatada para pequena e robusta. A menor distância entre a articulação sacroilíaca e a do quadril diminuiu o centro de massa em nossos ancestrais bípedes, tornando os caminhantes eretos mais estáveis e eficientes. Mas a diminuição da distância entre nossa lombar e nossos quadris reduziu o tamanho do canal de parto. Uma vez que isso aconteceu, os bebês tiveram que virar sua cabeça para o lado e começar a girar durante o parto.

Podemos dizer pelo formato da pelve de Lucy[8] que esse mecanismo de nascimento data de bem mais de 3 milhões de anos atrás.

Na manhã de 7 de abril de 1976, as contrações uterinas de minha mãe continuaram a me empurrar para o canal de parto e para dentro de uma área que chamamos de estreito médio, onde encontrei o obstáculo número dois. Duas projeções ósseas, chamadas de espinhas isquiáticas, tornam essa parte do canal de parto estreito de um lado a outro. De fato, o canal de parto passou de mais largo de um lado a outro para mais estreito naquela área. Na maioria das pelves femininas[9], esse é o ponto mais estreito que o bebê humano encontrará. A única forma de atravessá-lo é manter a rotação.

"Passar pelo canal de parto"[10], disse a antropóloga Karen Rosenberg, "é provavelmente o maior exercício de destreza que a maioria de nós fará na vida".

Essas transformações de tamanho do canal de parto de minha mãe me fizeram agir como um saca-rolhas do estreito médio para o estreito inferior. Depois de girar no trajeto do canal de parto, eu estava agora de frente para as costas de minha mãe. Em posição agachada, uma mãe poderia olhar para baixo neste ponto e ver a parte de trás da cabeça de seu bebê coroando. Isso recebe o nome de nascimento "occipital anterior", que significa que a parte de trás da cabeça está virada para a frente. Às vezes, no entanto, o bebê não gira como descrito. Em vez disso, ele nasce virado para a frente, com a parte de trás da cabeça pressionando a espinha dorsal. Essa posição é chamada de cefálica e acontece em cerca de 5% das vezes.

A posição occipital anterior no nascimento, a forma mais comum de os humanos nascerem, envolve o menor número de complicações. Mas há uma compensação. Se minha mãe tivesse se inclinado para a frente e tentado assistir ao seu bebê em posição occipital anterior sair do canal de parto, como as mães primatas fazem, seria arriscado ela puxar meu pescoço para trás e me causar lesões graves.

A essa altura em meu nascimento, eu havia coroado, mas não tinha nascido ainda. Eu tinha que empurrar os ombros para fora. Como Alice disse quando ficou diante de uma porta pequena no livro de Lewis Carroll, *Alice no País da Maravilhas*, "Mesmo que minha cabeça passasse, teria pouca utilidade sem meus ombros"[11].

Não é incomum complicações ocorrerem nesse ponto, porque os ombros largos do bebê, direcionados perpendicularmente para a cabeça, podem ficar presos no osso pélvico. O truque é o bebê retirar um ombro de cada vez, baixando o ombro que está próximo da parte frontal da pelve da mãe. Mais uma vez, uma parteira ou obstetra pode ajudar nessa manobra. Depois que meus ombros passaram, o resto de meu corpo nasceu facilmente, e minha vida começou.

Como nossos ancestrais hominídeos tinham uma pelve com formato muito parecido com a nossa, eles também teriam precisado de ajuda no parto. De fato, Rosenberg, hoje uma professora da Universidade de Delaware, e Wenda Trevathan, uma antropóloga da Universidade do Estado do Novo México que tem auxiliado em centenas de nascimentos como parteira, propuseram que o nascimento rotacional em hominídeos *precisava* de assistentes. Para eles, tanto como para toda cultura humana[12] atualmente, o nascimento devia ser um evento social.

Contudo, o nascimento humano, mesmo com a assistência de parteiras ou obstetras, ainda pode ser perigoso.

"O nascimento é lindo"[13], Angela Garves, autora de *Like a Mother: A Feminist Journey Through the Science and Culture of Pregnancy* ["Como Mãe: Uma Jornada Feminista através da Ciência e Cultura da Gravidez", em tradução livre], escreveu, "mas não é bonito. É apavorante, e a afirmação da vida é gloriosa e perigosa".

No mundo inteiro, cerca de 300 mil[14] mulheres e 1 milhão de bebês morrem anualmente na hora do parto. Para a mãe, a hemorragia ou a infecção são as causas principais. Os países mais pobres são os que têm as taxas de mortalidade mais elevadas e aqueles em que as mulheres têm o menor número de direitos reprodutivos.

A mortalidade materna é particularmente alta onde as práticas de casamento com meninas são comuns, e estas dão à luz antes de seu corpo estar formado para tal. De acordo com um relatório de 2019 do Conselho de Direitos Humanos das Nações Unidas[15], essa é a principal causa de morte de meninas com idade entre 15 e 19 anos em países em desenvolvimento. Em países onde a média[16] de casamentos para mulheres é de 20 anos ou mais, a taxa média de mortalidade materna é de 1 em cada 1.500 nascimentos. Mas em países em que a média de idade de casamento é menor que 20 anos, a taxa média de mortalidade materna é alarmante: 1 em cada 200 nascimentos vivos. Isso é 7,5 vezes maior.

Nos Estados Unidos, cerca de 700 mulheres[17] morrem no parto anualmente. Isso significa cerca de 1 em cada 5 mil nascimentos.* Para uma sociedade moderna, isso não é um número excelente, deixando s EUA no 46º lugar entre os países mais perigosos do mundo para uma mulher dar à luz — um pouco melhor do que o Qatar e um pouco pior do que o Uruguai. E está piorando.

Atualmente, as mulheres norte-americanas têm 50% de chance a mais de morrer no parto do que suas mães tiveram. Os obstetras dizem que isso se deve em parte porque ficou mais difícil de cuidar da saúde reprodutiva por causa dos custos médicos altíssimos, das dificuldades em adquirir um plano de saúde barato e do fechamento de clínicas médicas para mulheres em detrimento das controvérsias sobre aborto. O racismo institucional em muitos pontos do processo torna a morte de mulheres pretas no parto três ou quatro vezes mais provável do que de mulheres brancas. Para cada morte, há uma centena de situações de risco nas quais são necessárias cirurgias de emergência e transfusões de sangue para salvar a vida da mãe.

Considerando essas altas taxas de mortalidade, pode-se pensar por que a evolução não corrigiu esse problema. A resposta é complicada e obscura, mas ela começa com uma ideia conhecida como "dilema obstétrico".

---

* No Brasil, ocorrem mais de 1.100 óbitos maternos por ano. O país ocupa a 95ª posição (dados de 2019). (N. da T.)

EU PROVAVELMENTE SOU o único antropólogo que conheceu Brad Washburn antes de conhecer seu irmão, Sherwood Washburn.

Brad Washburn era um cartógrafo que mapeou as Montanhas Brancas na Nova Inglaterra e ajudou a mapear o Everest e outros picos do Himalaia. Sua esposa, Barbara, não menos exploradora que Brad, foi a primeira mulher a alcançar o cume do Denali (antigo Monte McKinley), no Alasca. O mais importante para mim, no entanto, era o fato de Brad ter sido o fundador do Museu de Ciência de Boston. Eu trabalhei lá como professor de ciências de 1998 a 2003. Foi onde conheci minha esposa, redescobri meu amor pela ciência e encontrei minha paixão pela paleoantropologia.

Um dia, durante um almoço em 2001, Brad e Barbara Washburn me contaram suas histórias sobre os primeiros dias do museu desde a coruja Spook, até como o maior gerador Van de Graaff do mundo foi parar no estacionamento do Museu. Então Barbara perguntou quais eram meus interesses, e me lancei em minha paixão recém-descoberta, os fósseis humanos.

"Sabe", disse Brad, "meu irmão Sherry era antropólogo".

Eu não tinha ideia na época, mas o irmão de Brad, Sherwood (Sherry) Washburn era uma lenda na área. Seu orientador do doutorado de Harvard, Earnest Hooton, passou uma carreira identificando diferenças entre as populações humanas e agrupando pessoas em categorias raciais. Mas Sherry Washburn viu algo muito diferente nos dados. Ele viu a variação humana como contínua e uniforme, não categórica. Essa nova abordagem para a antropologia[18], explicada em seu clássico de 1951, *The New Physical Anthropology*, [A Nova Antropologia Física, em tradução livre], mudou nossa área para sempre, e para melhor.

Sherry Washburn também argumentou que estudar primatas vivos poderia nos ensinar algo sobre o comportamento de nossos ancestrais hominídeos. Quando estudos moleculares mostraram que os humanos estavam mais intimamente relacionados com os chimpanzés, ele endossou o trajeto de caminhar apoiado nas articulações dos dedos das mãos ao bipedalismo.

Ele escreveu sobre ferramentas de pedra, sobre o fóssil do *Australopithecus* e sobre os babuínos. Mas, principalmente, ele estava interessado no comportamento dos humanos primitivos.

Em 1960, Sherry Washburn[19] escreveu um artigo para a *Scientific American*. Embora o foco fosse tecnologia humana antiga e comportamento social, seus comentários sobre o nascimento humano assolaram nossa área por sessenta anos. Ele escreveu:

> *Na adaptação do homem à locomoção bípede, reduziu-se o tamanho do canal ósseo de parto, ao mesmo tempo em que as exigências do uso de ferramenta selecionaram os de cérebro maior. Esse dilema obstétrico foi resolvido pelo nascimento do feto em uma etapa de desenvolvimento muito mais cedo. Mas isso só foi possível porque a mãe, que já era bípede e com as mãos livres das necessidades locomotoras, podia segurar o bebê indefeso e imaturo.*

Algumas sentenças depois, Washburn se refere à "mãe de locomoção lenta", incapaz de caçar com um bebê nos braços.

Em seguida vem a frase "dilema obstétrico", que descreve sucintamente um cabo de guerra evolucionário clássico. A pelve feminina tem que ser larga o suficiente para o nascimento de recém-nascido, mas se fosse muito larga, comprometeria a locomoção. A solução da evolução foi uma pelve larga o suficiente para que o nascimento ocorresse, às vezes com dificuldade, mas não tão larga que não permitisse que a mulher caminhasse. Para deixar as coisas um pouco mais fáceis, pensou-se: os bebês nascem mais cedo e menores, mas também mais indefesos.

Em seu importante livro *Sapiens*[20], o historiador Yuval Noah Harari ampliou a hipótese de Washburn. O bipedalismo requer um canal de parto estreito, ele escreveu, "e isso justamente quando a cabeça dos bebês estava maior e maior. A morte no parto tornou-se um grande perigo para as fêmeas humanas. Mulheres que davam à luz mais cedo, quando o cérebro e a cabeça ainda eram relativamente pequenos e maleáveis, se saíam melhor e viviam para ter mais filhos".

O dilema obstétrico de Washburn é uma hipótese evolucionária requintada, mas isso não a torna correta. Hoje, uma nova geração de pesquisadores está desafiando suas premissas.

Para testar a ideia de que os humanos nascem antes para se ajustar e passar pelo estreito canal de parto, Holly Dunsworth, antropóloga da Universidade de Rhode Island, e seus colegas compararam a duração da gestação de várias espécies de primatas. A gestação dos gorilas dura cerca de 36 semanas; a dos chimpanzés e bonobos, entre 31 e 35 semanas; e os orangotangos, entre 34 e 37 semanas. Mas a gestação dos humanos normalmente dura entre 38 e 40 semanas, um mês mais longa do que se esperaria de um primata do nosso tamanho.

As mulheres não dão à luz antes de nossos amigos primatas. Elas dão à luz *depois*. Durante longos nove meses, o feto acumula gordura subcutânea, o cérebro fica maior, e ele exige cada vez mais energia de sua mãe. Em seu estudo de 2012, Dunsworth[21] e suas colegas elaboraram uma hipótese em que o parto é desencadeado quando a demanda por energia do bebê em crescimento excede a capacidade metabólica da mãe.

À medida que o parto se aproxima, o cérebro do bebê é tudo, exceto pequeno. O cérebro do recém-nascido humano tem, em média[22], 370cm³ — o mesmo tamanho do cérebro de um chimpanzé *adulto*. Sim, nossos bebês nascem relativamente indefesos, mas não porque nascem prematuramente.

Por que, então, as fêmeas humanas não desenvolveram pelves maiores para tornar o parto mais fácil e seguro? Isso requereria apenas uns poucos[23] centímetros para cada obstáculo ósseo — a bacia óssea ligeiramente mais alta e a espinha isquiática com largura sutilmente mais ampla.

A explicação mantida há muito tempo, sem muitas evidências, é a de que, por terem o corpo adaptado para o parto, as mulheres não são tão boas quanto os homens para caminhar. Acreditou-se que essa era a compensação evolucionária por terem bebês com cérebro maior, com corpo maior. Acreditava-se que o aumento da pelve feminina deixaria o caminhar insuportável. Apenas recentemente essa ideia foi verificada e se mostrou incorreta também.

"No início, eu a aceitei totalmente", disse Anna Warrener, antropóloga da Universidade do Colorado, em Denver, quando perguntei se ela sempre foi cética em relação ao pressuposto de que a marcha das mulheres era comprometida, por causa do parto. Mas, ela disse, "ninguém tinha coletado dados" para avaliar a ideia.

Como aluna da pós-graduação da Universidade de Washington, em St. Louis, ela se uniu com Herman Pontzer, hoje professor na Universidade Duke, para fazer justamente isso. Warrener não é apenas antropóloga, mas também bailarina, uma habilidade que a faz perceber facilmente as pequenas diferenças na maneira com que as pessoas se locomovem. Ela colocou homens e mulheres para caminhar em uma esteira rolante e mediu quanto CO_2 eles expiram enquanto caminham. Se expiram mais, eles estão usando mais energia. Ela fez uma ressonância magnética dos participantes do estudo para medir suas pelves. De acordo com o dilema obstétrico de Washburn, os que têm quadris mais largos usam maior quantidade de energia.

Mas eles não usam. Em 2015, Warrener relatou[24] que a relação prevista entre a largura do quadril e a eficiência energética simplesmente não existe.

Para compreender o que podia estar acontecendo, fui à Seattle Pacific University em uma manhã gelada de fevereiro para visitar a antropóloga Cara Wall-Scheffler. Havia caído 5cm de neve em Seattle durante a noite, e a cidade estava paralisada. Como fazemos na Nova Inglaterra, dei de ombros para o tempo e caminhei até o gabinete dela, o qual estava inundado de livros, papéis, réplicas de fósseis de hominídeos e LEGOs de seus filhos. Havia uma miniatura de plástico da pelve em cima de sua mesa. Pesquisadores da graduação ficavam aparecendo à sua porta para atualizá-la sobre os experimentos do caminhar no laboratório ao lado.

Como aluna da pós-graduação da Universidade de Cambridge, Wall-Scheffler cresceu interessada em Neandertais — sobretudo, um esqueleto espetacular de Neandertal da caverna Kebara, em Israel. O Neandertal Kebara morreu há cerca de 60 mil anos e foi deliberadamente enterrado por membros de seu grupo. O frágil esqueleto parcial tinha o hioide, as costelas e a pelve quase completa.

Quando Wall-Scheffler examinou a pelve, ela ficou intrigada.

"Aqui está esta pelve, uma pelve enorme e larga de um Neandertal macho", ela me falou. "Ninguém estava afirmando que os Neandertais tinham suas habilidades de locomoção comprometidas por causa de uma pelve larga. Fiquei perturbada com isso e com a ideia de que as mulheres estavam comprometidas — de que a marcha das mulheres fosse pior. Eu apenas pensei que isso estava errado. As mulheres são o gargalo da evolução; são a unidade de seleção — as mulheres carregam seus filhos. Por que a evolução comprometeria a sua marcha? Torná-las menos eficientes? Não fazia sentido do ponto de vista evolucionário."

Além disso, a pesquisa sobre as comunidades de caça e coleta expôs a falácia da "mãe de locomoção lenta" de Washburn. As mulheres de Hadza[25], da Tanzânia a Pumé, na Venezuela, cobriam uma média de quase 10km por dia. Não faria sentido para mulheres que caminham tudo isso terem desenvolvido anatomias que tornam a locomoção ineficiente.

Na verdade, os pesquisadores estavam encontrando evidências de que a seleção natural aperfeiçoou o esqueleto feminino para o desafio exclusivo dos mamíferos em serem bípedes grávidas.

Em 2007, Katherine Whitcome[26] e Daniel Lieberman, do Departamento de Biologia Evolucionária Humana da Universidade de Harvard, e a antropóloga Liza Shapiro, da Universidade do Texas, em Austin, estudaram o que acontece à marcha e postura de uma mulher durante a gravidez. À medida que a gestação chega no terceiro trimestre, uma porcentagem considerável da placenta, do fluído amniótico e do bebê se acumulam na parte dianteira do corpo, levando o centro de massa para a frente. Os mamíferos quadrúpedes não têm o mesmo problema, visto que o ganho de peso durante a gravidez não alteraria o centro de massa.

O Comitê do Prêmio IgNobel, o qual premia pesquisas que podem parecer absurdas inicialmente, mas acabam se tornando importantes, menosprezou essa pesquisa, chamando o artigo de Whitcome de um estudo sobre "por que as mulheres grávidas não tombam". Na verdade, é uma ótima questão: como as mulheres se adaptam à medida que seus centros de massa mudam durante a gravidez? Descobriu-se que a resposta está na região lombar.

Homens e mulheres têm cinco vértebras lombares (região lombar). Nos homens, as duas inferiores têm formato cuneiforme, produzindo uma curva na espinha dorsal a qual sustenta o torso sobre o quadril. Mas nas mulheres, as *três* vértebras inferiores têm formato cuneiforme, dando-lhes uma curvatura maior. Whitcome descobriu que isso ajuda as grávidas a levar a mudança do centro de massa de volta para as articulações do quadril, mantendo-as equilibradas quando caminham.

Essa diferença entre os sexos no formato das três últimas vértebras lombares ocorreu no início de nosso passado evolucionário. Whitcome descobriu que o *Australopithecus* já a apresentava há 2 milhões de anos.

Nesse meio-tempo, Wall-Scheffler[27] descobriu de forma consistente que as mulheres caminham de forma tão eficiente quanto os homens. Mas a antropóloga descobriu que, em algumas circunstâncias, elas são até melhores.

Como antropóloga evolucionária, ela não queria limitar seus estudos a pessoas caminhando na esteira. Nós não andamos em linha reta, nem só em superfícies planas, e nem nossos ancestrais primitivos eram assim. Nem sempre andamos de mãos vazias, e nem eles. Com as mãos livres devido ao caminhar bípede, eles carregavam alimentos, água, ferramentas e bebês. Quando Wall-Scheffler calculou quanta energia gastamos ao carregar algo, o que ela descobriu alterou fundamentalmente o que antes pensávamos sobre a pelve feminina e o dilema obstétrico.

Elas descobriu que caminhar enquanto se carrega um objeto[28] quase do mesmo tamanho de um bebê humano pode aumentar a quantidade de energia gasta em quase 20%. Mas a energia necessária é significantemente reduzida em indivíduos com quadris mais largos de um lado a outro — o tipo encontrado quase sempre nas mulheres.

"Mulheres", disse Wall-Scheffler, "são, em todos os aspectos, melhores transportadoras do que homens".

Em outras palavras, quadris largos não servem para a procriação. Eles servem para *carregar* bebês. Mas há mais.

Ao caminhar, os humanos podem se acomodar em seu ritmo mais eficiente e percorrer grandes distâncias sem usar muita energia. Mas caminhar em grupo, principalmente em um que tenha crianças, quase sempre significa andar mais devagar, parar e voltar a acelerar. Wall-Scheffler descobriu, que quando os homens variam a velocidade, eles gastam mais energia, porém quadris mais largos facilitam para as mulheres.

Minha esposa usava o quadril como prateleira. Ela colocava nossos bebês ali enquanto caminhava pela casa. Quando tentei o mesmo que ela, os bebês escorregaram pela minha coxa. Sem o osso da prateleira, eu tinha que carregar os gêmeos nos braços, e depois de um tempo, meus braços cansavam. Carregar crianças que não param de se mexer não é fácil, não importa se você está caminhando 10km por dia do jeito que fazem os caçadores e coletores modernos.

Quadris mais largos não prejudicam a marcha da mulher. Eles são adaptáveis. Eles também afetam no *quanto* as mulheres caminham.

Wall-Scheffler, Whitcome e outros pesquisadores[29] descobriram que quadris mais largos geram mais rotação, ou giro, ao caminhar. Isso permite às mulheres, que normalmente têm pernas menores do que os homens, dar passos mais largos do que o esperado. Quadris maiores não tornam o caminhar das mulheres menos eficiente. Eles só os deixam mecanicamente diferentes.

CLARAMENTE, A LOCOMOÇÃO das mulheres não é comprometida por seus quadris largos, mas a morte materna durante o parto permanece um problema que a evolução ainda não solucionou. Por quê? Não sabemos, mas pesquisadores têm elaborado hipóteses que precisam de avaliação científica rigorosa.

Uma ideia é a de que a alta taxa de mortalidade[30] pode ser um fenômeno recente. Atualmente, muitas pessoas subsistem com uma dieta rica em açúcar simplesmente. Isso leva a bebês grandes (macrossômicos). Pode também retardar o crescimento das meninas, inclusive suas pelves, durante a adolescência. Bebês grandes com pelves pequenas não é uma boa combinação.

Outros pesquisadores sugerem que o problema[31] pode estar relacionado ao clima, quando e onde nossos ancestrais primitivos evoluíram. Atualmente, pessoas que têm vivido por gerações em climas frios tendem a ser pequenas, atarracadas e a ter quadris largos, porque esse tipo corporal as ajuda a se manter aquecidas. Mais próximo da linha do equador, os corpos tendem a ser menores, porque esse formato corporal os ajudar a se resfriar. Visto que o *Homo sapiens* evoluiu na África, muitos dos quais encontram-se perto da linha do equador, os membros mais antigos de nossa linhagem podem ter enfrentado um dilema obstétrico no qual a necessidade de baixar a temperatura corporal limitava o tamanho do canal de parto.

Outra hipótese envolve a relação anatômica[32] entre o canal de parto, os quadris e os joelhos. O afastamento das articulações do quadril poderia permitir que o canal de parto fosse mais largo, mas também significaria que o ângulo do fêmur mudaria para manter os joelhos diretamente embaixo do tronco para a eficiência do caminhar ereto. Isso poderia colocar tanta pressão nos joelhos, que o risco de enfraquecimento e ruptura do ligamento cruzado anterior[33] seria intolerável.

Uma última hipótese tem sido apresentada[34] pela antropóloga Wenda Trevathan, a qual sugere que, na tentativa de compreender a relação entre o caminhar ereto e os mecanismos do nascimento, temos nos concentrado muito na parte do caminhar, e não o suficiente na parte do ereto.

A ideia dela envolve o prolapso de órgãos pélvicos, um problema potencial de enfraquecimento no qual o útero, a bexiga ou o sistema digestivo inferior se projeta para dentro da vagina. Isso ocorre quando os ligamentos e músculos do assoalho pélvico se distendem durante a gravidez e o parto e não se recuperam totalmente. Alguns estudos sugerem que os músculos do assoalho pélvico são rompidos em um a cada três nascimentos e que o prolapso pélvico impacta 50%[35] das mulheres no mundo todo. Isso pode acontecer em quadrúpedes também, mas seus órgãos internos raramente se projetam, porque os canais do parto são paralelos ao solo, tornando-os relativamente inalteráveis pela força da gravidade. Mas a força é significativa para os bípedes.

Ampliar o espaço entre as espinhas isquiáticas, a parte mais estreita do canal de parto de uma mulher, diminuiria a dificuldade de dar à luz, mas também aumentaria o risco de prolapso dos órgãos. Talvez, então, estreitar as espinhas isquiáticas fosse uma compensação evolucionária para fortalecer o assoalho pélvico.

Talvez, como no dilema obstétrico de Washburn, nenhuma dessas hipóteses resistirá a uma avaliação científica. Esse é, hoje, um dos tópicos mais discutidos na antropologia biológica.

EMBORA AS PREMISSAS geradas pelo dilema obstétrico não resistam a um exame minucioso, os homens, obviamente, têm performance melhor do que as mulheres em eventos esportivos que envolvam corrida. Será que têm mesmo? Para conhecer essa afirmação, temos que nos aprofundar mais no assunto.

No início dos anos de 1950, os entusiastas da corrida anteciparam com avidez a quebra de dois recordes. O mais famoso foi o de 1,6km em 4 minutos, que foi alcançado, finalmente, por Roger Bannister em maio de 1954. O outro foi na maratona de 2h20m. O recorde mundial da maratona havia ficado em 2h20m por quase 30 anos, quando Jim Peters, um ex-atleta olímpico de 33 anos da Inglaterra, correu a Maratona Politécnica de Londres de 1953 em 2 horas, 18 minutos e 40,2 segundos (2:18:40,2). Atualmente, o queniano Eliud Kipchoge mantém o recorde mundial oficial de 2:01:39. Hoje uma nova meta está em vista[36]: quebrar a marca de 2 horas.

No ano em que Peters estabeleceu o recorde da maratona[37], o recorde das mulheres era de 3:40:22, estabelecido por Violet Piercy no mesmo percurso em 1926. Esse recorde só foi quebrado quase 40 anos depois. Por quê? Porque as mulheres eram quase sempre banidas da competição.

A Maratona de Boston não viu sua primeira participante, Kathy Switzer, até 1967, e, ainda assim, um organizador da corrida tentou tirá-la a força do percurso. A Maratona Politécnica só teve uma divisão de mulheres em 1976, e a maratona de mulheres só se tornou um evento olímpico em 1984. Ainda assim, as atletas femininas de elite baixaram o recorde mundial em mais de uma hora entre 1964 e 1980. Naqueles anos, apenas 3 minutos foram diminuídos no recorde da maratona masculina.

Acesso e oportunidade são fundamentais. Atualmente, o recorde da maratona feminina pertence a Brigid Kosgei, do Quênia, que ganhou a Maratona de Chicago de 2019 com o tempo de 2:14:04. Se pudéssemos fazer um paralelo dos tempos e colocá-la no percurso da Politécnica de 1953 com Jim Peters, ele ficaria 1,6km atrás quando ela cruzasse a linha de chegada. Na verdade, Kosgei manteria o recorde da maratona para ambos os sexos até 1964.

Para se certificar, os melhores atletas masculinos continuam a superar as melhores atletas femininas nas corridas desde a de 100m até a maratona porque eles tendem a ter mais massa muscular e capacidade pulmonar. Na verdade, a diferença entre os recordes mundiais é de quase sempre cerca de 10%. Mas quando nos afastamos dos atletas de elite e olhamos para pessoas normais, as diferenças entre homens e mulheres revelam-se excessivas.

Em um lindo dia de outono em 2012 na Nova Inglaterra, eu me alinhei com mais de mil corredores na esperança de alcançar meu recorde pessoal correndo uma maratona em menos de 4 horas. Eu cruzei a linha de chegada em 3 horas e 50 minutos, um tempo respeitável, ligeiramente mais rápido do que a média de todos os competidores naquele dia. Terminando à minha frente estavam 128 mulheres, quase 30% das participantes femininas. Obviamente que, no geral, o melhor participante masculino foi mais rápido do que a melhor participante feminina, mas entre tantos homens e mulheres anônimos, a diferença em habilidade atlética entre os sexos desaparece. E quanto mais longas as corridas ficam, mais ela se sobrepõe.

Às vezes, até se inverte.

Pobre Richard Ellsworth![38] Em agosto de 2019, ele ganhou na divisão de homens a Corrida de Resistência Green Lakes, em Fayetteville, Nova York, completando um percurso de 50km em pouco mais de 4 horas. Mas nenhum troféu o esperava na linha de chegada.

Presumindo que o primeiro a chegar no final seria um homem, os organizadores planejaram entregar um troféu para ele e outro para a mulher mais rápida. Ellie Pell tinha outros planos. Ela terminou o percurso 8 minutos antes de Ellsworth e levou os dois troféus para casa. Não foi a primeira vez que algo assim aconteceu.

Em 2002, Pam Reed foi a primeira a terminar a extenuante Ultramaratona de Badwater, uma corrida de 217km através do Vale da Morte, cruelmente organizada no mês de julho (verão na cidade, com média de 38ºC). No ano seguinte, ela ganhou de novo. Em 2017, Courtney Dauwalter venceu a ultramaratona de Moab 240, fazendo o percurso pelo *Red Rock Canyons* em Utah em 2 dias, 9 horas e 59 minutos. O segundo lugar — um homem — cruzou a linha de chegada 10 horas mais tarde. Em janeiro de 2019, Jasmin Paris ganhou a Corrida Spine Montane de 432km no Reino Unido em 83 horas, 12 minutos e 23 segundos. Parando em 4 estações de descanso ao longo do percurso para retirar leite da mama para sua filha de 14 meses que a esperava em casa, ela ainda bateu o recorde em 12 horas. E Camille Herron ganhou repetidamente as ultramaratonas de 50km e 100km.

A distância entre a elite dos homens e a das mulheres está diminuindo, particularmente em corridas atléticas de resistência. Alguns estudos mostram que os músculos das pernas das mulheres tendem a ser mais resistentes à fadiga do que os dos homens[39]. Nos esportes que testam resistência, em vez de força e velocidade, as mulheres podem estar em vantagem.

ENTRETANTO, A NOÇÃO equivocada de que a marcha feminina é comprometida ainda persevera. A autora Rebecca Solnit chama isso[40] de "ressaca do *Gênese*". Ela sugere em seu livro de 2000, *A História do Caminhar*, que o caminhar está "relacionado ao pensamento e à liberdade" e que, historicamente, os homens achavam que as mulheres "mereciam menos".

Holly Dunsworth, antropóloga da Universidade de Rhode Island[41] que desafiou o dilema obstétrico com fundamentação empírica, concorda. "Em uma cultura que tem sido fortemente influenciada por interpretações do livro *Gênese*", escreveu ela, "o DO [dilema obstétrico] oferece uma explicação científica inovadora para as consequências da Queda". No entanto, completou, o DO pode ser uma hipótese falsa, mas "o parto difícil, o perigo do nascimento e bebês indefesos não são culpa de Eva, mas sim da evolução".

CAPÍTULO 12

Diferenças na Marcha e o que Elas Significam

Pelo andar, percebo que a alta Juno[1] está a chegar.

(Entra Juno)

— *William Shakespeare,* A Tempestade, *1610–1611*

Eu e minha mulher trabalhamos na mesma faculdade, e às vezes eu a vejo atravessando o gramado do *campus*. Eu a reconheço só pelo andar, mesmo quando estou longe demais para ver o rosto dela. A maneira que cada um de nós anda é única e reconhecível, seja o jeito arrogante levemente desequilibrado de John Wayne, o salto de Dorothy em direção a Oz, o balanço exagerado do quadril de Mae West ou o trote do Salsicha em *Scooby-Doo*.

Essa observação é mais do que uma simples curiosidade.

Em 1977, os psicólogos James Cutting e Lynn Kozlowski, da Universidade Wesleyan[2], conduziram o primeiro experimento para avaliar se as pessoas poderiam identificar umas às outras apenas pela maneira de caminhar. Eles gravaram indivíduos caminhando e depois converteram o corpo deles em uma série de pequenas luzes, semelhante à tecnologia de captura de movimento utilizada em Hollywood atualmente. Assim, os participantes do estudo não podiam memorizar algum aspecto como cor do cabelo ou formato do corpo. Os pesquisadores descobriram que até mesmo quando as pessoas viravam uma série de luzes, seus amigos foram muito bem em reconhecê-las.

Desde então, repetidos estudos[3] têm confirmado que temos habilidade de reconhecer nossos amigos e membros da família somente pela maneira que caminham. Como se constatou, algumas regiões de nosso cérebro são ajustadas para desempenhar esse papel.

Em seu estudo de 2017, por exemplo[4], Carina Hahn, hoje cientista social do National Institute of Standards and Technology, em Maryland, colocou dezenove participantes deitados em uma máquina de ressonância magnética, e eles assistiam a vídeos de pessoas conhecidas vindo em sua direção. Uma região do cérebro atrás dos ouvidos dos participantes (o sulco temporal superior posterior bilateral) foi ativado quando eles reconheceram as pessoas pelo andar. Quando as pessoas conhecidas estavam perto o bastante[5] para o reconhecimento facial, uma área diferente do cérebro dos participantes acendia.

Mas a maneira que uma pessoa caminha sinaliza mais do que sua identidade. Temos habilidades para detectar humor, intenções e até mesmo características de personalidade a partir da maneira que alguém caminha. Caminhar arrastado e com ombros caídos sinaliza tristeza. Caminhar saltitando transmite alegria. Pisar forte pode significar raiva. A pesquisa mostra que essas inferências[6] não são apenas uma questão de intuição.

No entanto, as pessoas não são 100% exatas na interpretação desses sinais. Algumas são melhores do que as outras. Um estudo de 2012 da Universidade de Durham[7], no Reino Unido, descobriu que percebemos os outros como aventureiros, calorosos, confiáveis, neuróticos, extrovertidos ou acessíveis pela maneira que caminham, mas os caminhantes frequentemente não se veem da mesma forma. Parece que as inferências que usamos, por vezes, estão erradas.

Mas, na verdade, alguns daqueles que são particularmente bons nisso são psicopatas. Em um estudo de 2013, Angela Book[8], psicóloga da Universidade Brock, em Ontário, no Canadá, apresentou para 47 prisioneiros de segurança máxima vídeos dos alunos da faculdade caminhando e pediu aos detentos que classificassem o quanto aqueles caminhantes eram vulneráveis em uma escala de um a dez. Os prisioneiros — principalmente os caracterizados como psicopatas — revelaram, no questionamento suplementar, que usaram sinais na marcha para identificar quem era mais frágil ou vulnerável para ser suas vítimas. A mesma tarefa foi dada aos alunos da graduação, e eles não enxergaram esses sinais.

As implicações foram assustadoras. Como Book destacou[9], Ted Bundy, que confessou ter estuprado e assassinado 30 mulheres e jovens na década de 1970, uma vez se vangloriou de poder "reconhecer uma vítima pela maneira como ela caminhava na rua, a inclinação de sua cabeça, a maneira como ela se comportava".

Faz sentido evolucionário que todos os animais — inclusive os humanos — sejam capazes de identificar as diferentes espécies e diferentes indivíduos dentro das espécies e até mesmo reconheça seu estado de humor pela maneira que se locomovem.

Tendo em conta a evidência de que as diferentes espécies de hominídeo caminhavam de maneira diferente umas das outras no passado, teria sido vantajoso, e talvez até mesmo uma questão de vida ou morte, saber se um grupo de hominídeos se alimentando à distância pertencia a sua espécie ou a outra. Sinais sutis da marcha podem ter ajudado com essas identificações. E se sua marcha revelasse realmente que eles eram de sua própria espécie, você conseguiria reconhecer se seriam amigos, familiares ou estranhos? Saber a resposta poderia ter sido a diferença entre evitar conflito ou se aproximar dele.

Distinguir o estado de humor pela marcha de um indivíduo também teria sido vantajoso. O nosso grupo de caça foi bem-sucedido ou ele está de cabeça baixa e arrastando os pés? Alguém está claudicante? A postura do macho maior é submissa? Isso poderia indicar uma mudança de liderança, como acontece atualmente com os grupos de chimpanzés.

Sinais de marcha e de postura podem ter sido um meio importante de comunicação nos hominídeos pré-verbais, algo provavelmente tão importante, ou talvez mais importante, para nossos predecessores como é para nós hoje.

ACONTECE QUE NOSSA maneira de andar não é a única coisa na marcha que trai nossa identidade.

"Pegadas são como digitais", explicou Omar Costilla-Reyes.

Ele me recebeu no Brain and Cognitive Sciences Complex, no *campus* do Instituto de Tecnologia de Massachusetts (MIT), em uma manhã fresca de outono. Costilla-Reyes usava um casaco cinza aberto com capuz e uma camiseta com os dizeres EU ♥ NASA escritos na frente. Originalmente de Toluca, uma cidade pequena na periferia da Cidade do México, ele recebeu o título do doutorado na Universidade de Manchester da Inglaterra, onde desenvolveu um algoritmo que identifica indivíduos pelas pegadas que deixam para trás.

Costilla-Reyes identificou 24 maneiras[10] pelas quais pegadas diferem de uma pessoa para outra. Ele explicou que seu algoritmo identifica com precisão indivíduos pelas pegadas em 99,3% das vezes, o resultado de melhor desempenho até agora no reconhecimento de pegadas.

Fiquei impressionado, porém cético. Seu algoritmo não poderia ser enganado por alguém fazendo um caminhar falso, como Keyser Söze no final de *Os Suspeitos*? Talvez sim, Costilla-Reyes disse, mas quanto mais dados usarmos para treinar os algoritmos de aprendizagem automática, nem sequer essas coisas conseguiriam enganá-los.

Comecei imaginando o piso dos aeroportos equipados com sensores de pressão. Os agentes da TSA [Transportation Security Administration] não precisariam mais verificar passaportes e bilhetes de embarque. As autoridades públicas poderiam saber, a partir dos sensores de pressão ou por câmeras que capturassem nossa marcha, quem está indo ou vindo.

Para aprender mais, liguei para Rama Chellappa, um professor de engenharia da Universidade de Maryland cuja especialização é reconhecimento de marcha e aprendizagem automática. Em 2000, ele recebeu subsídio do Departamento de Defesa dos Estados Unidos para investigar a marcha como uma ferramenta de identificação, embora nas duas últimas décadas a comunidade de pesquisa já tenha passado em termos gerais para o reconhecimento facial, considerada uma abordagem superior.

"Nós todos caminhamos de forma diferente, mas isso ainda é um exercício acadêmico", ele disse, observando que o ângulo errado da câmera ou variações na superfície da marcha ou carregar um peso não será suficiente para alterar a marcha e impactar a precisão. Além disso, assinaturas individuais de marcha seriam difíceis de extrair de uma multidão. Eu me lembro de uma história (possivelmente fictícia) de espiões norte-americanos que foram treinados para colocar pedrinhas e moedas nos sapatos para alterar ligeiramente sua marcha e evitarem ser reconhecidos.

De volta ao MIT, Costilla-Reyes me falou que, por causa dos avanços em sistemas de visão e aprendizagem mecânica, o reconhecimento facial é mais barato e mais eficaz do que o reconhecimento da marcha, mas a combinação do caminhar com a expressão facial funcionaria muito bem.

Entretanto, a análise da marcha tem também possibilidades para os profissionais de saúde, afirmou Costilla-Reyes. Um dos primeiros sintomas[11] que surge na demência dos pacientes com Alzheimer é a mudança da marcha. Isso poderia ser detectado prematuramente se os consultórios médicos e/ou casas de repouso fossem equipadas com aparelho sensível a pressão.

Mas isso não é tudo. Em 2012, Marios Savvides[12], um engenheiro da computação da Carnegie Mellon University, desenvolveu um aplicativo que permite que um smartphone reconheça a marcha de seu dono. Minigiroscópios e acelerômetros dentro de smartphones podem detectar diferenças sutis no caminhar de alguém. Visto que cada um tem uma marcha única, o telefone permanecerá bloqueado se ele não reconhecer a velocidade e a locomoção do usuário. Um aplicativo similar está sendo usado por alguns funcionários do Pentágono, e espera-se que uma versão comercial esteja disponível em 2021.

CAMINHAR SEMPRE FOI algo além de ir de um lugar para outro. E é, e sempre será, um fenômeno social. Hoje, celebramos os passos intelectuais e solitários de Thoreau, Wordsworth e Darwin, mas raramente em nossa história evolucionária caminhar sozinho foi uma boa ideia. Até muito recentemente, uma caminhada contemplativa e solitária teria terminado, certamente, no aperto perfurante da mandíbula de um leopardo.

Com frequência, andamos coletivamente, como um cardume de peixes, e parece provável que nossos ancestrais faziam isso também. Curiosamente, fala-se que as pessoas que caminham juntas, subconscientemente, coordenam suas marchas, mas isso só foi demonstrado empiricamente em 2007.

Ari Zivotofsky, do Ocular Motor and Visual Perception Laboratory da Universidade Bar Ilan, em Israel, e seu colaborador, Jeffrey Hausdorff, da Universidade de Tel Aviv[13] e do Tel Aviv Sourasky Medical Center, convidaram 14 garotas do Ensino Fundamental II para caminhar pelo corredor da escola. Eles descobriram que, quando caminhavam em pares, subconscientemente, as garotas sincronizavam as marchas. Usando vendas, que bloqueavam a visão uma da outra, os resultados não pareceram se alterar. Não surpreendentemente, a sincronização era mais fácil de ocorrer quando as garotas estavam de mãos dadas. Não pude evitar de pensar nas pegadas de Laetoli de 3,66 milhões de anos que mostram claras evidências da sincronização da marcha. Talvez os indivíduos *Australopithecus* que deixaram as pegadas estivessem de mãos dadas.

Um ano depois do estudo de Zivotofsky[14], outro estudo descobriu que pessoas caminhando em esteiras próximas na academia sincronizam seus passos.

Em 2018, Claire Chambers[15], uma aluna do pós-doutorado do Departamento de Neurociência da Universidade da Pensilvânia, analisou marchas humanas de quase 350 vídeos postados no YouTube. Ela descobriu evidências de que, de Londres a Seul e de Nova York a Istambul, as pessoas — mesmo completos estranhos — sincronizam seus passos.

Às vezes, no entanto, a marcha sincronizada tem um preço.

COM APENAS 18 anos de idade, Stephen King[16] escreveu seu primeiro livro, *A Longa Marcha*. Nele, uma centena de meninos na adolescência e jovens se alinham na fronteira do Maine com o Canadá e caminham para o sul a 6km por hora. Se baixassem esse limite de velocidade, eles recebiam uma advertência. Três advertências, e eles eram executados por soldados a cavalo que andavam ao longo da fileira. Multidões estavam nas ruas torcendo por eles. A longa marcha termina quando houver apenas um competidor de pé.

O que torna *A Longa Marcha* tão interessante para alguém que, como eu, estuda o caminhar é o limite de velocidade: 6km por hora. Um estudo multicultural feito[17] pelos psicólogos Robert Levine e Ara Norenzayan com mais de 2 mil pessoas de 31 países diferentes descobriu que humanos caminhando sozinhos nas ruas planas das cidades têm velocidade média de quase exatamente 4,8km por hora. Os irlandeses e os holandeses tendem a ser ligeiramente mais rápidos (5,7km por hora), e os brasileiros e os romenos andam em um ritmo mais casual (4km por hora).

Um estudo de 2011 feito pelos pesquisadores[18] do Human Motion Institute, em Munique, na Alemanha, coletou velocidades de marcha de 358 pessoas de idades diferentes e relatou uma média de 4,5km por hora, diminuindo gradualmente à medida que envelhecemos. Nessa velocidade (4,8km por hora), os humanos são notáveis e eficientes caminhantes e podem andar, andar e andar sem exaustão. Se King tivesse usado o limite de 4,8km por hora, não seria uma história tão convincente.

Mas o custo para movimentar nosso corpo aumenta com a velocidade. Aqueles meninos da obra de King estavam exaustos mental, emocional e fisicamente também. Ter de sustentar 6km por hora para se manter vivo é o que torna *A Longa Marcha* horripilante.

Há muitas razões, algumas culturais e algumas anatômicas, pelas quais as pessoas naturalmente caminham em velocidades diferentes, mas uma delas envolve princípios básicos da energia. Tente andar no seu ritmo normal. Agora acelere e caminhe mais rápido. É preciso energia para fazer isso. Mas se diminuir ao ritmo de uma lesma, é preciso também energia para resistir à velocidade preferida de seu corpo. Todos têm uma velocidade de caminhada ideal, então o que acontece quando pessoas com diferentes velocidades ideais andam juntas?

Imagine dois caminhantes, um rápido e um lento. O mais lento acelera e absorve todo o custo energético, ou o mais rápido diminui o ritmo e fica com todo encargo? O que acontece em um grupo grande de pessoas em que todos têm ritmos de caminhada ideais diferentes? Quando os Beatles atravessaram a Abbey Road, Ringo absorveu todo o encargo energético ou apenas parte dele? A resposta parece ser que as pessoas tendem a ficar no meio, subconscientemente estabelecendo uma velocidade ideal que minimiza o custo de energia para o grupo todo.

No entanto, uma reviravolta acontece quando[19] os caminhantes estão envolvidos romanticamente. O estudo da professora Cara Wall-Scheffler, da Seattle Pacific University, com os alunos da faculdade norte-americana descobriu que o macho em uma relação heterossexual absorve o custo total. Isso pode ser cavalheiresco, mas não é muito justo, do ponto de vista psicológico. Wall-Scheffler, o pesquisador que descobriu que o quadril largo das mulheres pode ajudar a carregar cargas, descobriu que os quadris também dão às mulheres uma variedade de velocidades ideais de marcha mais abrangente do que a dos homens. Quando as mulheres diminuem ou aumentam a velocidade, elas não gastam tanta energia quanto o homem.

No entanto, caminhar sempre foi algo que fizemos juntos. Em 97% da história de nossa espécie e em 99% das vezes que os hominídeos bípedes caminharam na Terra, nós éramos caçadores e coletores nômades. Nós vagávamos pela natureza, caminhando de uma fonte de alimento para outra. Estabelecemos acampamentos temporários, e quando os recursos estavam quase esgotados, pegávamos nossos poucos pertences e seguíamos em frente juntos.

Algumas populações humanas, inclusive a Hadza, da Tanzânia, e a Tsimané, da Bolívia, ainda vivem dessa forma, mas atualmente a maioria das pessoas vive em assentamentos permanentes e se alimentam da produção de uma fazenda. Dirigimos carros e pilotamos aviões. E muitas de nossas cidades, onde mais da metade de todos os humanos mora, são projetadas de uma forma que torna difícil ou até mesmo perigoso caminhar de um lugar para outro. Caminhar — o que nos faz humanos — não é mais tão comum como costumava ser.

"Sim, houve um tempo quando[20] todos caminhavam: eles o faziam porque não tinham outra opção", escreveu o autor Geoff Nicholson. "No momento em que tiveram escolha, eles resolveram não andar mais."

Como consequência, nossa saúde foi afetada.

CAPÍTULO 13

Miosinas e o Custo da Imobilidade

Eu tenho dois médicos, minha perna esquerda e a direita.[1]
— *George Macaulay Trevelyan*, Walking, *1913*

Recentemente me deparei com as seguintes manchetes motivacionais "10 Razões para Ir Caminhar Agora Mesmo", "9 Benefícios Surpreendentes de uma Caminhada para a Saúde" e "Benefícios de uma Caminhada: 15 Razões para Caminhar". Em seu livro de 2014, *Move Your DNA* [Movimente seu DNA, em tradução livre], a biomecânica Katy Bowman escreveu, "Caminhar é um superalimento"[2]. Mas como uma pessoa que estuda a evolução humana, vejo isso de modo diferente. Caminhar é nosso padrão. Ao longo de nossa história, se quiséssemos comer, tínhamos que andar. O que é novo é *não* andar.

Considere o efeito que a imobilidade teve em nossos ossos.

Nosso esqueleto consiste de dois tipos de ossos. Um, chamado cortical ou compacto, é o invólucro resistente externo de nossos ossos. O outro, chamado trabecular, localizado nas articulações onde nossos ossos se encontram, é uma rede de ossos mais finos e esponjosos organizados como uma colmeia. Comparados com nossos primos primatas, os humanos têm menos dos dois tipos. Nós dependemos mais do nosso esqueleto trabecular para absorver, como uma esponja, as forças de alto impacto do bipedalismo.

Por que, então, temos tão pouco dele?

Habiba Chirchir, uma antropóloga biológica[3] da Universidade Marshall, na Virgínia Ocidental, usou uma imagem de tomografia computadorizada para calcular a densidade do osso trabecular nos esqueletos dos humanos, primatas e de fósseis de hominídeos. Ela descobriu que os chimpanzés, o fóssil do *Australopithecus*, dos Neandertais e até mesmo o *Homo sapiens* do Pleistoceno tinham a mesma densidade de osso trabecular em suas articulações: de 30% a 40%. Mas os humanos hoje têm de 20% a 25% menos. Essa queda na densidade dos ossos pareceu ocorrer de repente nos últimos 10 mil anos. Habiba sugere que isso aconteceu porque não andamos tanto quanto nossos ancestrais andavam.

Tim Ryan, um antropólogo da Universidade Estadual da Pensilvânia[4], concorda. Seu estudo de quatro populações humanas — dois grupos nômades e duas comunidades agrícolas — descobriu que o povo nômade tem ossos mais densos do que os fazendeiros. Embora a dieta alimentar tenha alguma coisa a ver com isso, a maioria dos cientistas concorda que os ossos são menos densos nas pessoas que não caminham muito. Na verdade, os humanos perderam[5] tanta densidade óssea nesses últimos 10 mil anos quanto um astronauta perde em uma viagem ao espaço em condições de baixa gravidade.

Ao envelhecer, nossos ossos naturalmente ficam mais finos à medida que os níveis de estrogênios estimulantes caem, principalmente em mulheres na pós-menopausa. Mas como já temos ossos com baixa densidade, essa redução adicional pode levar à osteoporose e a fraturas ósseas na população idosa.

Mas a osteoporose pode ser a menor de nossas preocupações.

QUANDO FIZ 40 anos, meu irmão me disse, "Bem-vindo aos últimos 9"*, uma referência ao golfe que implica que cheguei à segunda metade da minha vida útil esperada. Isso me fez pensar o que eu podia fazer para viver mais e ser mais saudável.

---

* O percurso dos campos de golfe normalmente tem dois conjuntos de 9 buracos. (N. da T.)

A reposta, disse Steven Moore[6], do Instituto Nacional do Câncer em Bethesda, em Maryland, poderia ser tão simples quanto uma caminhada diária. Ele e sua equipe de pesquisa compilaram dados de uma década de 650 mil pessoas e descobriram que os que fizeram exercícios equivalentes a uma caminhada de 25 minutos por dia — desde que não fossem obesos — viveriam cerca de 4 anos a mais do que as pessoas que são mais sedentárias. Mesmo uma caminhada de 10 minutos por dia poderia fazer uma diferença de dois anos de vida útil.

Pesquisadores da Universidade de Cambridge[7] tentaram separar peso e inatividade como fatores de risco para uma morte precoce. Eles examinaram mais de 300 mil europeus e descobriram que a inatividade causou duas vezes mais mortes do que a obesidade. Eles constataram que uma caminhada diária de 20 minutos diminui o risco de morte em um terço. Bente Klarlund Pedersen, fisiologista da Universidade de Copenhague[8], explicou em uma palestra no TED em 2012 que era "melhor estar em forma e gordo do que ser magro e preguiçoso".

Para compreender, temos que analisar mais profundamente a ciência da fisiologia.

DEPOIS DE UMA breve aventura na astrofísica como aluno da graduação na Universidade Cornell, troquei de curso e me graduei em fisiologia. Em vez de estudar galáxias, aprendi sobre corpos. O funcionamento interno dos organismos vivos é agitado como a hora do *rush* do Grand Central Terminal de Nova York. As moléculas em nosso corpo estão em constante movimento, chegando e saindo em um fluxo constante. Às vezes elas se encontram para dar as mãos ou se abraçarem. Às vezes elas passam sem dar nada além de olhar uma para a outra. Algumas carregam presentes, outras carregam armas. A dança complexa das moléculas é caótica e também organizada.

Caminhadas afetam essa dança de maneira significativa. Um bom exemplo, e onde muito da pesquisa sobre esse tópico foi feita, é o câncer de mama, principalmente uma forma chamada de câncer de mama com receptor estrogênio positivo, o qual ocorre em dois terços dos casos. O câncer de mama é extremamente complexo, mas aqui está o básico.

O estrogênio circula na corrente sanguínea, faz as células do tecido da mama crescerem e se dividirem como parte da fisiologia normal da mulher. Toda vez que uma célula se divide, ela copia seu DNA, e toda vez que ela faz isso, há uma possibilidade de erro — uma mutação. Normalmente, isso não significa nada, contudo, se uma mutação ocorre em um gene que limita a velocidade de crescimento e da divisão das células, um crescimento descontrolado pode produzir um aglomerado de células chamado tumor. Uma mutação em um gene que mantém as células na mama onde elas devem ficar poderia fazer com que algumas se desviassem, entrassem na corrente sanguínea e chegassem aos pulmões, no fígado, nos ossos ou no cérebro. Esse processo é chamado de metástase, e o resultado é o estágio IV do câncer de mama.

Uma em cada oito mulheres norte-americanas[9] será diagnosticada com câncer de mama ao longo da vida. Quase 3 mil homens também recebem esse diagnóstico anualmente. Ele mata 40 mil norte-americanos e mais de meio milhão globalmente todos os anos.

Mas uma caminhada diária reduz[10] as chances de desenvolver câncer de mama. Como? Uma possível explicação é que exercícios diminuem os níveis[11] de estrogênio circulando no sangue. A equipe de Anne McTiernan[12], do Fred Hutchinson Cancer Research Center, em Seattle, mostrou em 2016 que exercícios aumentam a produção corporal de uma molécula científica chamada globulina ligadora de hormônios sexuais. Essa molécula se liga ao estrogênio, reduzindo sua concentração no sangue de 10% a 15%, assim reduzindo a possibilidade de mutação no DNA do tecido da mama.

Mesmo que ocorra uma mutação[13], o exercício parece ajudar o DNA danificado a se reparar. Os participantes do estudo que se exercitaram pelo menos 20 minutos por dia tiveram uma ligeira melhora (1,6%) na capacidade de reparar erros do DNA, apesar de não estar claro o funcionamento desse mecanismo.

Se as cópias com erros não forem reparadas e surgir um câncer, a caminhada ainda ajuda. Em um estudo com cerca de 5 mil mulheres[14] diagnosticadas com câncer de mama, Crystal Holick e seus antigos colegas do Fred Hutchinson Center descobriram que o exercício — mesmo apenas uma hora de caminhada por semana — diminui as possibilidades de morte em cerca de 40%. Um estudo de prosseguimento feito por Ezzeldin Ibrahim e Abdelaziz Al-Homaidh, pesquisadores do câncer da Arábia Saudita[15], estimou o número em 50% para câncer de mama com estrogênio positivo. Eles também descobriram que o exercício reduz em 24% as chances de câncer recorrente após a remissão. Foram encontradas reduções similares na recorrência[16] em homens com câncer de próstata que caminham rotineiramente após o diagnóstico. Na verdade, um estudo em 2016[17] com cerca de 1,5 milhão de pessoas descobriu que exercícios moderados diminuem o risco de desenvolvimento de 13 diferentes tipos de câncer.

Enquanto o câncer reivindica muitas vidas, o matador número um das nações industrializadas é a doença cardiovascular. Em suas várias formas[18], ela é responsável por 1 em 4 quatro mortes, ou 600 mil norte-americanos por ano. Caminhar também pode ajudar a evitá-la. Pessoas que caminham com frequência tem ritmo cardíaco e pressão sanguínea menores do que os de indivíduos sedentários. Um estudo de 2002 com menos[19] de 40 mil homens norte-americanos descobriu que 30 minutos de caminhada por dia diminuem o risco de doença coronariana em 18%.

A doença coronariana é quase[20] incomum entre os caçadores-coletores. Dave Raichlen, um professor de biologia humana da University of Southern California, relatou que os Hadza do norte da Tanzânia são quatorze vezes mais ativos do que a média dos norte-americanos. Eles também têm pressão sanguínea menor à medida que envelhecem, colesterol mais baixo e nenhum indício de doença cardiovascular. Um estudo do povo Tsimané, da Bolívia, igualmente descobriu que eles têm baixos níveis de doenças coronarianas e cinco vezes menos bloqueio nas artérias do que a média das pessoas no mundo industrializado.

A dieta alimentar tem tudo a ver com isso, mas há evidências de que a atividade física tem um papel fundamental. Talvez, porém, não da forma que você esteja pensando.

UM ANTROPÓLOGO DA Duke University, Herman Pontzer, passou a última década tentando compreender como o corpo humano usa a energia. Ele viajou para o norte da Tanzânia e viveu com os Hadza, coletando dados sobre o quanto eles se movimentam e quanta energia eles gastam. Todos, inclusive Pontzer, eram da opinião de que os Hadza gastavam mais energia do que o norte-americano comum. Afinal, os adultos Hadza caminham entre 10 e 15 quilômetros por dia, enquanto o norte-americano, em média, de acordo com Nielsen Media Research[21], passa 6 horas por dia diante da TV.

Mas o que Pontzer descobriu foi chocante e nos forçou a pensar sobre nosso corpo de forma diferente. O total de energia usada diariamente[22] pelo ativo povo Hadza e os norte-americanos sedentários, que não saem da frente da TV, é a mesma.

Como isso é possível?

A pista está escondida[23] na única coisa que caminhar *não* nos ajuda a fazer: perder peso. Descobriu-se que os humanos são tão eficientes em caminhar, que uma pessoa com 69 quilos teria que andar pelo menos *113* quilômetros para perder meio quilo. Assim, os passos extras que os Hadza dão, em comparação com os norte-americanos comuns, não queimam muito mais energia. Mas os Hadza não só fazem caminhadas. Eles cavam, escalam e correm. Certamente eles devem usar mais energia.

Pontzer me explicou que a hipótese aceita atualmente[24] para esse mistério é a de que os corpos humanos em todo o mundo têm a mesma provisão de energia diária. Como gastam essa energia varia de cultura para cultura, de pessoa para pessoa. Os Hadza utilizam energia para ir de um lugar para outro, coletar alimento, lutar contra doenças, carregar crianças e criar as mais novas. Os norte-americanos fazem as mesmas coisas, mas como não somos tão ativos, nosso corpo gasta o excesso de energia com outra atividade: aumentar a resposta de nosso corpo a inflamações.

Por isso que é um problema de saúde.

A resposta à inflamação refere-se à forma como nosso corpo recruta células grandes, vigilantes, semelhantes à ameba, chamadas macrófagos, para acabar com infecções ou reparar ferimentos. Essas células, cujo nome significa "grandes comedoras", são componentes fundamentais de nosso sistema imunológico. Elas produzem uma proteína para combater a infecção chamada fator de necrose tumoral [TNF, sigla em inglês]. Entre as diversas funções no corpo, o TNF diz ao hipotálamo para aumentar a temperatura corporal quando somos invadidos por um vírus ou bactéria — algo, é claro, chamado febre.

Mas altos níveis crônicos de TNF[25] têm sido ligados a doenças cardíacas.

Em 2017, Stoyan Dimitrov[26], da Universidade de Tübingen, na Alemanha, descobriu que caminhar pode reduzir a produção de TNF. Na verdade, ele caiu para 5% depois de uma intensa caminhada de 20 minutos.

Como?

A resposta parece envolver uma classe inteira de proteínas que não estavam nem nos livros quando estudei fisiologia na graduação.

NO FINAL DOS anos de 1990[27], uma equipe de pesquisa liderada pelo fisiologista dinamarquês, Bente Klarlund Pedersen, ficou interessada em uma proteína chamada interleucina-6, a qual os glóbulos brancos usam para se comunicar uns com os outros. Eles descobriram que os níveis de interleucina-6 em maratonistas são uma centena de vezes mais altos no final da corrida do que no início.

Para descobrir o que estava acontecendo[28], Pedersen prendeu pesos nos tornozelos de seis homens, que permaneceram sentados durante o experimento. Um acesso intravenoso foi colocado em cada perna, assim o sangue poderia ser colhido. Em alguns segundos, os homens estendiam uma perna para a frente, em um pontapé lento, enquanto mantinham a outra perna parada. A concentração de interleucina-6 aumentou na perna do exercício, mas da outra não. Pedersen supôs que os próprios músculos estavam produzindo interleucina-6 e liberando na corrente sanguínea.

Essa foi uma ideia revolucionária.

Muitos órgãos do nosso corpo produzem moléculas e as liberam na nossa corrente sanguínea como uma forma de conversar com os outros órgãos. Esses órgãos endócrinos incluem o pâncreas, a glândula pituitária, os ovários e os testículos. Mas poucos tinham pensado no *músculo* como um órgão endócrino até o estudo de Pedersen. A interleucina-6 foi só o começo. Atualmente os cientistas descobriram mais de uma centena de moléculas que nossos músculos produzem e liberam em nosso sangue quando caminhamos. A equipe de Pedersen descobriu que uma delas, a oncostatina M, reduziu o tecido tumoral da mama em ratos, e poderia ainda haver outra razão para os exercícios serem benéficos para os humanos com câncer de mama.

Em 2003, Pedersen cunhou um nome[29] para essa maravilhosa família de moléculas: miosinas.

Como a miosina, a interleucina-6 é um anti-inflamatório. Entre outras funções, ela ajudar a acabar com o problemático fator de necrose tumoral (TNF). Ela é o ibuprofeno natural do organismo. A equipe de Pedersen também descobriu[30] que a interleucina-6 pode mobilizar células pertencentes ao sistema imunológico chamadas de Natural Killer (NK), ou célula exterminadora natural, para atacar e destruir os tumores cancerígenos, pelo menos em ratos.

Por alguma razão, essa miosina precisa ser produzida pelos músculos durante exercícios para funcionarem. Mas isso não requer caminhada[31]. Será que 3 milhões de norte-americanos em cadeiras de rodas podem gerar miosina? Sim. Pesquisadores do Departamento de Medicina de Reabilitação da Universidade de Medicina Wakayama, no Japão, descobriram elevados níveis de interleucina-6 e baixo fator de necrose tumoral após meias maratonas com cadeira de rodas e jogos de basquete adaptado. Como Juliette Rizzo, Miss Cadeira de Rodas da América 2005, disse, "Caminhar é uma maneira de ir do ponto A ao B, e eu faço isso".

Miosinas, no entanto, não são poções mágicas. Elas não podem ser injetadas ou tomadas por via oral. Elas são produzidas apenas quando o corpo está em movimento, e nas sociedades modernas, ele com frequência não está. Em média, os norte-americanos andam 5.117[32] passos por dia, os quais são um terço do que a média dos Hadzas. Temos que andar tudo isso para sermos saudáveis? Quanto devemos caminhar para evitar doenças cardíacas, determinados cânceres e diabetes tipos 2?

De acordo com meu smartphone, a resposta é 10 mil passos por dia. Se eu caminhar tanto assim, o aplicativo do pedômetro no meu celular registra sua aprovação mudando a cor de vermelho ou laranja, de desapontado, para verde, feliz. De onde veio esse limite de 10 mil passos mágicos?[33] Para descobrir, temos que voltar no tempo, para os Jogos Olímpicos de verão de 1964, no Japão.

Em Tóquio, naquele ano, Abebe Bikila[34], da Etiópia, defendeu sua medalha de ouro na maratona estabelecendo um novo recorde mundial em 2:12:11.2. O velocista norte-americano e futuro NFL *hall of fame* Bob Hayes correu 100 metros em pista de cinzas em apenas 10,06 segundos, batendo o recorde mundial. Joe Frazier abriu seu caminho a socos até o ouro no boxe. E a ginasta soviética Larisa Latynina, competindo em sua última olimpíada, levou para casa mais 6 medalhas, elevando seu total para 18, tornando-se a atleta olímpica mais premiada até o norte-americano Michael Phelps entrar na piscina.

Os jogos olímpicos inspiraram o povo japonês. Pela primeira vez, os jogos foram transmitidos ao vivo pela televisão, e em 1964, 90% dos lares japoneses tinham TV. Com eles, Yoshiro Hatano, professor de saúde e bem-estar da Universidade Kyushu, viu uma oportunidade. Ele estava preocupado com o quanto o público japonês havia se tornado sedentário e com a crescente incidência de obesidade em seu país. Sua pesquisa sobre caminhada mostrou que as pessoas no Japão davam entre 3,5 e 5 mil passos por dia. Pelos seus cálculos, essa quantidade não era o suficiente para ser saudável.

No ano seguinte, Hatano[35] trabalhou com a relojoeira Yamasa Tokei para criar um dispositivo que prendesse na cintura das pessoas e contasse os passos que eles davam. Eles o chamaram de Manpo-kei. Em japonês, *man* significa "10 mil", *po*, "passo", e *kei* é "metro". Então temos o passômetro de 10 mil passos.

Meu aplicativo de caminhada para smartphone tem como padrão o objetivo de 10 mil passos por dia. A maioria dos Fitbits faz o mesmo. Embora o objetivo de 10 mil passos seja baseado em alguma pesquisa do Hatano, era em grande parte um truque publicitário. Contudo, mais de 50 anos depois, ele ainda está conosco. Mas é um número significativo? Quantos passos diários devemos dar?

De 2011 até 2015, I-Min Lee[36], uma epidemiologista do Brigham and Women's Hospital, em Boston, pediu a cerca de 17 mil mulheres com idade média de 72 anos para usar um acelerômetro por uma semana. Em grupo, elas davam, em média, 5.499 passos por dia, um pouco mais do que a quantidade de passos que um norte-americano comum adulto dá.

Nos pouco mais de 4 anos que se seguiram, 504 dessas mulheres morreram. Lee constatou que o número de passos diários que as participantes do estudo deram foi um bom indicador para quem ainda estava vivo e quem não estava. Ela descobriu que as mulheres que caminharam pelo menos 4,4 mil passos em média se saíram muito melhor dos que as que caminharam apenas 2,7 mil passos diários. Com até 7,5 mil passos diários, as mulheres continuavam em melhor situação do que as que deram menos passos. Mas então aí se estabilizou. Caminhar além de 7,5 mil passos não fazia diferença.

Mas para uma população mais jovem, o platô pode não ocorrer em 7,5 mil passos. A quantidade de passos necessária para produzir benefícios à saúde depende da idade e do nível de atividade. Resumindo, Lee[37] recomenda que todos tentem dar 2 mil passos a mais do que a média atual.

Uma maneira de adicionar essa quantidade de passos à sua rotina é arrumar um cachorro.

Cachorros são os primeiros animais[38] domesticados pela nossa espécie. O antigo DNA de uma costela canina encontrada na Sibéria revela que os humanos e os lobos, ancestrais dos cães, começaram a andar juntos há 30 mil anos. Comparativamente, porcos e vacas foram domesticados há aproximadamente 10 mil anos. À medida que os humanos migravam em torno do globo, nossos cães caminhavam ao nosso lado.

Até hoje, os tutores de cães andam em média[39] 3 mil passos a mais diariamente do que os humanos que não têm cachorros, e são os mais prováveis a atingir os 150 minutos de caminhada recomendados por semana.

ALÉM DISSO, PARA evitar alguns tipos de câncer[40] e reduzir o risco de morte por doenças cardiovasculares, uma caminhada diária pode evitar doenças autoimune e auxiliar na prevenção do diabetes tipo 2 diminuindo os níveis de açúcar no sangue. Ela melhora o sono e diminui a pressão sanguínea. Diminui os níveis de cortisol na circulação, o qual auxilia a redução de estresse. Em um estudo com quase 40 mil mulheres acima de 45 anos de idade, uma caminhada diária de 30 minutos reduziu o risco de derrame cerebral em 27%. Apesar desses benefícios à saúde e das admiráveis tentativas de colocar nossa população sedentária em forma, é uma batalha difícil. Muitos futuristas preveem que nossos dias de caminhada ficarão para trás.

No romance *Galápagos*, de Kurt Vonnegut, nossos descendentes de um milhão de anos no futuro desenvolverão adaptações aquáticas. Eles perdem a habilidade de caminhar e se tornam esguios para nadar. O filme de animação da Pixar *WALL-E* não avança muito no tempo, mas ele também prevê que os humanos do futuro, confinados em poltronas reclináveis a bordo da espaçonave *Axiom* com robôs para atender a todas as suas necessidades, não caminharão.

Será que nós, humanos, deixaremos de fazer exatamente o que nos definiu desde o início?

Pelo bem de nossa saúde física e, no final das contas, pela nossa saúde mental, espero que não.

CAPÍTULO 14

Por que Caminhar nos Ajuda a Pensar

> Sobretudo, deveis caminhar como um camelo, o qual, ao que sabemos, é o único animal capaz de ruminar em marcha.[1]
> — Henry David Thoreau, "Walking", 1861

Charles Darwin era introvertido. É verdade que ele passou quase cinco anos viajando no *Beagle* registrando observações que produziram alguns dos mais importantes insights científicos já feitos. Mas ele tinha uns 20 anos na época, embarcando em uma privilegiada versão do naturalista do século XIX fazendo mochilão na Europa durante um ano de folga. Depois de seu retorno para casa em 1836, ele nunca mais pisou fora das Ilhas Britânicas.

Ele evitava conferências, festas e grandes reuniões. Elas o deixavam ansioso e exacerbavam uma doença que atormentou muito de sua vida adulta. Em vez disso, ele passou seus dias na Down House, sua tranquila residência a cerca de 30km a sudeste de Londres, produzindo a maior parte de sua escrita em seu escritório. Ocasionalmente, ele recebia uma visita ou duas, mas preferia se corresponder com o mundo por carta. Ele instalou um espelho no escritório, assim podia tirar os olhos do trabalho e ver se o carteiro estava vindo na estrada — a versão do século XIX de apertar o botão para ATUALIZAR o e-mail.

As melhores reflexões de Darwin, no entanto, não foram feitas em seu escritório. Foram feitas do lado de fora, em uma trilha em forma de "d" minúsculo no limiar de sua propriedade. Darwin a chamou de *Sandwalk* [Trilha de areia, em tradução livre]. Hoje, é conhecida como caminho de pensamento de Darwin. Janet Browne, autora da biografia em dois volumes de Darwin[2], escreveu:

> *Como um homem metódico, ele poderia empilhar um monte de pedrinhas na curva do caminho e chutar uma toda vez que ele passasse, para garantir que fizesse um número predeterminado de circuitos sem ter que interromper sua sequência de pensamentos. Cinco voltas em torno do caminho somavam 800 metros ou um pouco mais. A Sandwalk era onde ele refletia. Nessa rotina tranquilizadora, um sentido de pertencimento tornou-se predominante na ciência de Darwin. Ele moldou sua identidade como um pensador.*

Darwin rodeava o Sandwalk à medida que desenvolvia sua teoria da evolução por meio da seleção natural. Ele caminhava para refletir sobre o mecanismo de movimento em plantas trepadeiras e para imaginar que maravilhas polinizaram de forma fantástica o formato e as cores das orquídeas que ele descrevia. Ele caminhava à medida que desenvolvia sua teoria da seleção sexual e enquanto acumulava a evidência sobre a ancestralidade humana. Suas últimas caminhadas foram ao lado da esposa, Emma, enquanto ele pensava em minhocas e em seu papel no remodelamento do solo de forma gradual.

Em fevereiro de 2019, tive a metaexperiência de caminhar no caminho do pensamento de Darwin para pensar sobre como caminhar nos ajuda a pensar. Eram férias escolares em Londres, e eu tive que competir com as famílias que chegavam em massa para ver onde Darwin havia vivido e trabalhado. A mesa de seu escritório está ainda atulhada com livros, cartas e pequenas caixas de espécimes contendo insetos afixados. Pendurado em uma cadeira próxima está seu casaco preto, o chapéu coco preto e uma bengala de madeira para a caminhada. A bengala tem um design helicoidal como uma gavinha rasteira e parece recém-polida. A base da bengala, no entanto, está bem gasta — evidência dos quilômetros de Sandwalk.

Saí da cozinha pelos fundos da casa cor-de-creme, passei pela treliça verde e pelas colunas cobertas por videiras que sustentavam a varanda de Darwin nos fundos, atravessei o jardim lindamente cuidado e entrei na Sandwalk. Eu estava sozinho. O dia estava frio e tempestuoso. Nuvens acinzentadas estavam baixas no horizonte e moviam-se rapidamente no céu, soltando uns chuviscos intermitentes. Algumas brechas ocasionais nas nuvens permitiam que o sol passasse, fazendo as gotas de chuva cintilarem.

Eu podia ouvir os aviões do aeroporto de Biggin Hill de Londres, próximo dali, e o barulho de um caminhão passando na A233. Mas esses sons modernos eram fugazes. Foi fácil imaginar que estávamos em 1871 e que eu caminhava com o próprio Darwin. Conseguia ouvir a tagarelice dos esquilos-cinzas, mas também os isolei, já que eram uma espécie norte-americana invasiva, introduzida na Inglaterra em 1876.

Empilhei cinco pedras chatas na entrada, para as cinco voltas que eu daria, e comecei minha caminhada, primeiro ao longo do campo, e depois no sentido anti-horário pelo bosque. A Sandwalk estava viva. Estorninhos e corvos voavam sobre minha cabeça, enchendo o ar com seus trinados e gorgolejos. A hera avança nos troncos grossos do amieiro e do carvalho em direção à luz do sol. Sob os pés, fungos decompõem folhas úmidas, emanando o cheiro de terra fresca. Peguei uma touceira de carrapicho fora da trilha, os espinhos saíram nas dobras da minha mão e se agarraram em meu casaco. A cada passo, o cascalho se quebrava ruidosamente, e meus sapatos às vezes escorregavam nas pedras úmidas suavizadas pelos milhares de passos, inclusive os dados pelo próprio Darwin.

Down House não é um lugar mágico, nem um lugar de adoração. Dar a volta no Sandwalk, uma pedrinha por vez, não me dotou de sabedoria para continuar minha busca científica. Na verdade, qualquer caminhada ao ar livre tem o potencial de desbloquear nosso cérebro. O Sandwalk calhou de estar onde um cérebro desbloqueado do século XIX ajudou a mudar o mundo e o nosso lugar nele.

Mas por quê? Por que caminhar nos ajuda a pensar?

SEM DÚVIDA, ESSA situação lhe é familiar: você está lutando com um problema — um trabalho difícil ou um trabalho escolar, um relacionamento complicado, possibilidades de mudança de carreira — e não consegue descobrir o que fazer. Então resolve dar uma caminhada e, em algum lugar do caminho, a resposta aparece[3].

Dizem que William Wordsworth, poeta inglês do século XIX[4], caminhou 290 mil quilômetros em sua vida. Certamente em alguma dessas caminhadas ele descobriu seus narcisos dançantes. O filósofo francês Jean-Jacques Rousseau disse uma vez[5]: "Há algo sobre caminhar que estimula e anima meus pensamentos. Quando fico parado em um lugar, eu mal posso pensar; meu corpo precisa estar em movimento para fazer minha mente funcionar." As caminhadas de Ralph Waldo Emerson e Henry David Thoreau nos bosques da Nova Inglaterra inspiraram suas escritas, inclusive "*Caminhada*", o tratado de Thoreau sobre o assunto. John Muir, Jonathan Swift, Immanuel Kant, Beethoven e Friedrich Nietzsche eram caminhantes obsessivos[6]. Nietzsche, que caminhava com seu caderno de anotações, todos os dias, das 11h da manhã à 1h da tarde, disse: "Todos os pensamentos verdadeiramente importantes são concebidos em uma caminhada." Charles Dickens preferia dar longas caminhadas em Londres à noite. "A rua era um lugar tão solitário à noite, que eu caía no sono com o som monótono de meus próprios pés, fazendo seus 6km habituais em uma hora"[7], escreveu Dickens. "Quilômetro após quilômetro, eu caminhei sem o mínimo esforço, adormecendo pesado e sonhando constantemente." Mais recentemente, andar tornou-se uma parte importante do processo criativo do cofundador da Apple, Steve Jobs.

É importante parar e refletir sobre esses famosos caminhantes. Todos são homens. Pouco foi escrito sobre mulheres famosas que caminhavam regularmente. Virginia Woolf é uma exceção. Aparentemente, ela caminhava bastante. Mais recentemente, Robyn Davidson[8] caminhava com seu cachorro e quatro camelos pela Austrália e escreveu sobre isso em seu livro *Trilhas*. Em 1999, Dorris Haddock, uma avó de 89 anos de Dublin, New Hampshire, caminhou 5.150km de costa a costa para protestar contra as leis de financiamento de campanhas dos Estados Unidos.

Historicamente, no entanto, caminhar[9] tem sido o privilégio de homens brancos. Homens pretos provavelmente seriam presos ou coisa pior. Mulheres saem para caminhar e são assediadas ou coisa pior. E, é claro, raramente em nossa história evolucionária foi seguro para alguém caminhar sozinho.

Talvez seja coincidência que tantos grandes pensadores fossem caminhantes obsessivos. Pode haver muitos pensadores brilhantes que nunca caminharam. William Shakespeare, Jane Austen ou Toni Morrison caminhavam todos os dias? E Frederick Douglass, Marie Curie ou Isaac Newton? Certamente o incrivelmente brilhante Stephen Hawking não caminhou depois que a ELA o paralisou. Então, caminhar não é essencial para pensar, mas certamente ajuda.

MARILY OPPEZZO, UMA psicóloga da Universidade Stanford, costumava caminhar no *campus* com seu orientador de doutorado para discutir os resultados do laboratório e fazer um *brainstorm* de novos projetos. Um dia, eles elaboraram um experimento para observar os efeitos da caminhada no pensamento criativo. Haveria algo na antiga ideia de que caminhar e pensar estivessem ligados?

Oppezzo elaborou um experimento elegante.[10] Pediram para um grupo de alunos de Stanford fazer uma lista com o maior número de usos criativos que pudessem para objetos comuns. Um frisbee, por exemplo, pode ser usado como brinquedo de cachorro, mas também como chapéu, prato, banheira de pássaros ou uma pequena pá. Quanto mais inovador fossem os usos que um aluno listasse, maior seria a pontuação em criatividade. Metade dos alunos ficou sentada por uma hora antes de receberem os testes. Os outros caminharam em uma esteira.

Os resultados foram impressionantes. Os pontos em criatividade melhoraram em 60% depois da caminhada.

Alguns anos antes, Michelle Voss[11], professora de psicologia da Universidade de Iowa, estudou os efeitos da caminhada na conectividade cerebral. Ela recrutou 65 voluntários sedentários com idades entre 55 e 80 e fez imagens de ressonância magnética do cérebro deles. Por um ano, metade dos voluntários fez caminhada de 45 minutos, três vezes por semana. Os outros participantes continuaram passando os dias assistindo à reprise das *Supergatas* (não estou julgando ninguém; eu amo a Dorothy e a Blanche) e só participaram dos exercícios de alongamento como controle. Depois de um ano, Voss fez outra ressonância magnética do cérebro deles. Nada havia acontecido com o grupo de controle, mas os caminhantes haviam melhorado significativamente a conectividade nas regiões do cérebro percebidas como fundamentais na nossa habilidade de pensar criativamente.

Caminhar muda nosso cérebro e afeta não somente a criatividade, mas também a memória.

Em 2004, Jennifer Weuve[12], da Escola de Saúde Pública da Universidade de Boston, estudou a relação entre caminhar e declínio cognitivo em 18.766 mulheres com idades entre 70 e 81. Sua equipe pediu para elas falarem o maior número de animais que pudessem em um minuto. As que caminhavam regularmente lembraram mais pinguins, pandas e pangolins do que as mulheres que tiveram menor mobilidade. Weuve então leu uma série de números e pediu às mulheres que os repetissem em ordem inversa. Aquelas que caminhavam regularmente desempenharam a tarefa muito melhor do que aquelas que não caminhavam. Weuve descobriu que, mesmo caminhando apenas 90 minutos por semana, a taxa de declínio cognitivo reduziu com o tempo. Declínio cognitivo é o que ocorre nos primeiros estágios da demência, portanto, caminhar pode afastar essa condição neurodegenerativa.

Mas correlação não implica em causalidade. Caso contrário, alguém poderia interpretar cemitérios como lugares onde pedras gigantes caíram do céu e mataram pessoas inocentes e, em sua maioria, idosas. Talvez a flecha da causalidade estivesse apontando na direção errada. Talvez pessoas ativas mentalmente tenham maior probabilidade de sair para caminhar. Pesquisadores tinham que estudar mais profundamente.

Para isso, vamos visitar o laboratório de anatomia macroscópica, onde meus alunos dissecam cadáveres humanos.

EM AGOSTO, MEUS alunos já haviam passado oito semanas intensas explorando cada centímetro do interior de indivíduos que doaram seus corpos para dissecação no curso de pré-medicina da Dartmouth College. Eles separaram tecidos para encontrar válvulas do músculo cardíaco e artérias calcificadas. Seguiram vasos sanguíneos que fazem loops como se fossem mal projetados como as estradas em Boston. O grave silêncio da sala de dissecação muda para um zumbido estimulante quando os alunos encontram uma prótese de quadril ou uma malha de *stent*. A reação é menor quando um aluno descobre um tumor canceroso ou acidentalmente corta o intestino grosso.

Após cada dissecação, os alunos devolvem os órgãos para seus devidos lugares e fecham as camadas de tecidos e pele no lugar como se eles estivessem fechando as páginas de um livro sagrado. Tenho visto alunos gentilmente segurando as mãos de seu primeiro paciente enquanto seus colegas cortam a pele fina como papel. Os cadáveres são os melhores professores que meus alunos terão.

Surpreso por alguém que estuda fósseis também ensinar anatomia para alunos do curso de pré-medicina? Não fique. Paleontólogos conhecem anatomia. Um fóssil pode ser de qualquer um dos mais de 200 tipos diferentes de ossos e de uma das dezenas de espécies diferentes de animais que vivem em determinado ambiente. Quando eu pego um fóssil, preciso rapidamente determinar que osso ele poderia ser. Será um úmero? Uma vértebra? Parte do maxilar? É de um antigo antílope ou de uma zebra? Um macaco ou um ser humano primitivo? Pequenas saliências em um osso fóssil contêm pistas de quais músculos e ligamentos estavam ali fixados em vida. Alguns ossos têm ranhuras e orifícios que teriam permitido a passagem de vasos sanguíneos e nervos há milhões de anos, quando o coração desses antigos animais ainda estava batendo. Tudo isso requer conhecimento em anatomia, e isso significa muitas horas no laboratório de dissecação.

Na nona semana, as serras aparecem. Semanas afastando tecidos delicadamente para o lado para identificação de músculos, nervos e vasos sanguíneos dão lugar ao ato brutal de extração de cérebros. Serrar o topo de um crânio incomoda muitos alunos, e deveria mesmo. É um ato muito antinatural. Quando o barulho das serras elétricas para, a sala cai no silêncio. Poucos alunos conversam, e nenhum faz piadas. Um cheiro de queimado, lembrando cabelo queimado, permanece no ar. Às vezes, martelo e cinzel são necessários para quebrar áreas muito grossas para a serra penetrar.

Os alunos geralmente expressam emoções quando seguram um coração. Ficam impressionados quando seguram o cérebro. O coração é apenas uma bomba. O cérebro *é* a pessoa. Meus alunos ficam, quase sempre, surpresos com o quão leve e esponjosos ele é — e como é vulnerável. Eles passam os dedos pelos sulcos e dentro dos sulcos. Com uma faca grande, um de meus alunos corta o cérebro como se ele fosse um melão cantaloupe, separando-o em duas metades iguais, a esquerda e a direita. Lá, no topo do tronco encefálico, há um bastonete denso de tecido com o comprimento do meu dedo mindinho. Para mim, parece um chiclete. Para os primeiros anatomistas, ele parecia o rabo de um cavalo-marinho, então eles deram o nome para ele em homenagem ao monstro marinho mitológico grego que tinha o corpo de um cavalo e o rabo de um peixe — o hipocampo. O hipocampo é o centro de memória do cérebro. Quando os neurônios nessa pequena parte do cérebro estavam ligados, eles armazenavam muitas memórias do nosso cadáver.

Talvez em seus últimos anos ele não pudesse mais se lembrar do nome de sua professora do terceiro ano, mas podia distintamente se lembrar do formato e da cor dos óculos dela. Talvez ele pudesse ainda implorar pelo cheiro de terra no cachorro de sua infância, Sadie, depois de um passeio no bosque. Ele ainda podia pedir ao hipocampo para se lembrar do exato momento em que a garota por quem ele secretamente teve uma quedinha por três anos sorriu para ele no instante em que o professor de inglês do ensino médio, Sr. Austin, estava lendo o poema "Thanatopsis".* Ele ainda podia sentir as pétalas aveludadas da orquídea que ela tinha no cabelo no dia de seu casamento. Ele podia se lembrar quantos *home runs* Carl Yastrzemski acertou em 1964, mas em alguns dias ele não conseguia se lembrar do nome da esposa. Isso o confundiu e o frustrou. Ele ficaria bravo. Quando ele se acalmasse, ela seguraria sua mão, e ele cantaria a música "Smoke Gets in Your Eyes" inteirinha, a música de seu casamento com uma mulher cujo nome ele havia esquecido. Talvez, no dia em que ele morreu, ele tenha pedido ao seu filho para ligar no jogo do Red Sox e pôr Sadie para dentro.

A dor e a frustração do esquecimento deviam nos compelir a fazer de tudo para preservar essa região de nosso cérebro, a estrutura central de armazenamento de nossas memórias. Com certeza, diferentes tipos de memória são armazenados em outro lugar do cérebro: a habilidade de reconhecer rostos, as chamadas memórias implícitas, como andar de bicicleta, e as chamadas memórias explícitas, tais como a data de início da Segunda Guerra Mundial. Mas o hipocampo é o depósito de nossa história de vida.

À medida que envelhecemos, no entanto, nosso cérebro fica menor. Nos nossos últimos anos, o hipocampo se reduz 1% e 2% por ano, e fica cada vez mais difícil lembrar de coisas que costumavam vir a nossa mente instantaneamente. Um colega, próximo de se aposentar, costumava fazer a piada de que estava demorando mais para o homenzinho dentro de seu cérebro achar no arquivo das memórias aquilo de que ele queria lembrar. Havia muitos arquivos onde procurar, eles não estavam muito organizados, e ainda por cima, o homenzinho andava de bengala.

O que podemos fazer quanto a isso?

Caminhar.

---

* Thanatopsis (Meditação sobre a Morte). (N. da T.)

EM 2011, PSICÓLOGOS da Universidade de Pittsburgh[13] reuniram 120 idosos saudáveis da comunidade. Esses psicólogos realizaram nos idosos exames de ressonância magnética e mediram o tamanho do hipocampo de cada um deles. Depois pediram para metade dos idosos caminhar por 40 minutos, 3 vezes por semana. A outra metade deveria fazer alongamento, mas não longas caminhadas. Depois de um ano, o grupo de alongamento perdeu entre 1% e 2% do volume do hipocampo. Isso já era esperado. Mas algo extraordinário aconteceu com os que caminharam. Eles não só não perderam volume do hipocampo, como *ganharam*. O grupo de caminhada teve um aumento de 2% do hipocampo, em média. Consequentemente, sua memória aumentou.

O hipocampo, na verdade, pode se regenerar, e até mesmo uma caminhada diária pode promover seu crescimento. Caminhar não só atrasa os efeitos do envelhecimento, mas pode revertê-los. Mas como?

Uma explicação é que caminhar ou fazer qualquer exercício auxilia no fluxo sanguíneo, e realmente isso acontece. Em 2018, Sophie Carter[14], da Liverpool John Moores University, fez ressonância magnética do cérebro de pessoas que caminhavam por dois minutos a cada meia hora ou mais, e de outras que ficavam sentadas o dia todo. Ela descobriu que as que se levantavam e caminhavam tinham aumento significativo de fluxo sanguíneo nas artérias cerebral média e carótida. Mas o sangue é só o veículo. Ele deve transportar algo de importância crucial para o cérebro.

Miosinas. Essas moléculas, liberadas pela contração muscular, alcançam o cérebro sendo transportadas pelo fluxo sanguíneo. Uma dessas miosinas é chamada irisina, cujo nome vem de Iris, deusa grega dos arco-íris e mensageira pessoal de Hera. Em 2019, pesquisadores da Universidade Federal do Rio de Janeiro, no Brasil[15], encontraram níveis alarmantemente baixos de irisina nos humanos com Alzheimer, uma doença que afeta 1 em cada 10 pessoas com mais de 65 anos.

Quando os pesquisadores brasileiros bloquearam a produção de irisina em ratos, nossos primos roedores tiveram de realizar uma prova imensa para se lembrar de onde o queijo estava em um labirinto. Quando a irisina fluiu novamente, os mesmos ratos se recuperaram. Em ratos, pelo menos, a irisina vai direto para o hipocampo, onde ela protege os neurônios da degeneração.

Outra dessas miosinas é chamada de fator neurotrófico derivado do cérebro ou BDNF (sigla em inglês). Não é tão engraçado como dizer irisina, mas pode ser ainda mais importante. Os caminhantes do estudo da Universidade de Pittsburgh cujo hipocampo aumentou cerca de 2% também tiveram aumentados os níveis de BDNF, ao contrário do grupo que não caminhou. John Ratey, um professor de psiquiatria clínica da Escola de Medicina de Harvard[16], chama o BDNF de "milagre do crescimento para seu cérebro".

Mas caminhar não ajuda só o hipocampo e a memória. Há alguma evidência de que ajuda a amenizar os sintomas da depressão e da ansiedade.

"Eu falei para mim mesmo que não caminharia, porque eu estava muito deprimido e debilitado"[17], o autor britânico Geoff Nicholson escreveu no livro *The Lost Art of Walking* [A Arte Perdida de Caminhar, em tradução livre]. "E então eu pensei em uma coisa. Talvez eu estivesse deprimido e debilitado precisamente porque não estava caminhando."

As pessoas que lutam contra a depressão a descrevem como um abismo extenuante de desespero. Quando você está nesse estado, se sente como se nunca fosse sair. Um em cada doze norte-americanos[18] conhece essa sensação. Embora muitos estudos mostrem que uma caminhada regular pode aliviar os sintomas da depressão e da ansiedade, isso não funciona com todo o mundo. Além disso, os benefícios parecem depender de onde você caminha. Para compreender o porquê, precisamos voltar ao laboratório de anatomia e olhar novamente para o cérebro.

Para olhos inexperientes, os sulcos e as fissuras do cérebro parecem distribuídos randomicamente. Para um neurologista, eles são um mapa que revela o funcionamento de nosso órgão maravilhoso. Os sulcos na parte posterior do cérebro são onde as sugestões visuais são processadas. Uma faixa de tecidos nervosos em toda parte superior ajuda na coordenação dos movimentos. A protuberância na frente do cérebro é onde fazemos planos. Cinquenta e duas regiões diferentes do cérebro foram identificadas e nomeadas no início do século XX pelo neurologista alemão Korbinian Brodmann, e cada uma delas agora tem o nome dele. A área de Brodmann 22, por exemplo, processa os sons. As áreas Brodmann 44 e 45 o ajudam a falar.

Mais ou menos 8cm atrás da ponte de seu nariz está a Brodmann 25, ou o que os neurologistas modernos chamam de córtex pré-frontal subgenual (sgPFC). Ele desempenha um papel importante na regulação de nosso humor e mostra atividade crescente durante os períodos de tristeza e reflexão.

Por volta da época em que Marily Oppezzo pediu para seus alunos de Stanford listarem a quantidade de usos encontrada para um frisbee, o cardeal Greg Bratman se perguntou como uma caminhada no bosque poderia melhorar seu humor. Bratman, na época um doutorando[19] interessado na intersecção do meio ambiente e da psicologia, tinha 38 pessoas preenchendo uma pesquisa que incluía questões sobre o humor e autorreflexão negativa. Ele estava particularmente interessado em saber se algum problema estava consumindo alguns deles. A pesquisa foi contabilizada no que foi chamado de pontuação de reflexão. Bratman então fez ressonância magnética dos sgPFC, acessando o fluxo sanguíneo dessa região. Então ele mandou os participantes caminhar.

Metade fez uma caminhada de 6km por um caminho gramado no *campus* da Stanford. Havia ar fresco, sombra de carvalhos e o guincho dos *Aphelocoma californica*. A outra metade caminhou a mesma distância na calçada ao longo do El Camino Real, uma rua movimentada e com várias faixas no coração de Palo Alto. Lá eles tiveram que prestar atenção aos carros que entravam e saíam dos postos de gasolinas, hotéis, estacionamentos e restaurantes fast-food. Quando os participantes retornaram, responderam a outra pesquisa e fizeram outra ressonância magnética.

Os que caminharam na estrada movimentada não mostraram nenhuma alteração nos pontos de reflexão ou no fluxo sanguíneo para o sgPFC, mas aqueles que caminharam no bosque tiveram as pontuações de reflexão reduzidas, e o fluxo sanguíneo para o sgPFC reduziu de maneira significativa.

Para nossa saúde mental, parece que devemos caminhar onde há árvores[20], pássaros e o sopro delicado da brisa.

Isso nos leva de volta ao outro estudo de Stanford, o que Marily Oppezzo realizou. Depois que as pessoas que andaram na esteira se saíram melhores nos testes de criatividade do que as que não caminharam, ela adicionou um grupo de teste que caminhou em ambiente externo. Os que caminharam na trilha externa foram ainda melhores na sugestão de ideias originais do que os que caminharam na esteira.

Infelizmente, nós não estamos apenas caminhando menos; com tantos de nós morando em áreas urbanas, estamos caminhando em lugares que anulam alguns dos benefícios à saúde que podem advir de uma caminhada.

TALVEZ RAY BRADBURY estivesse certo sobre o que nos aguarda no futuro.

Em seu conto de 1951, "O Pedestre"[21], ambientado uma centena de anos no futuro, um escritor chamado Leonard Mead sai para sua caminhada noturna. Bradbury escreve:

> *Penetrar naquela quietude que era a cidade às oito horas de uma nebulosa noite de novembro, pousar os pés naquela sólida calçada de concreto, pisar nas fendas de mato, e fazer seu caminho, mãos nos bolsos, pelo silêncio, era o que o Sr. Leonard Mead mais gostava de fazer.*

Como de costume, Mead caminha sozinho enquanto as pessoas na cidade assistem à TV, todas as janelas acesas. Um policial robótico o para e pergunta o que ele está fazendo.

"Apenas caminhando" — responde ele.

"Andando para onde? Para quê?" — O policial quer saber.

"...para tomar ar, e para ver, e só caminhar" — responde ele.

"Você faz isso com frequência?"

"Todas as noites, há anos" — Mead diz.

"Entre" — Ordenou o policial.

A história acaba com Mead no banco de trás do carro da polícia, que o leva para um Centro Psiquiátrico para Pesquisa de Tendências Regressivas.**

** Tradução do conto extraído de E de Espaço©, 1978, de Hemus-Livraria e Editora Ltda. (N. da T.)

CAPÍTULO 15

De Pés de Avestruz a Próteses de Joelhos

O tempo fere todos os calcanhares.[1]
— *Groucho Marx*, Go West, *1940*

Eu prefiro caminhar com qualquer risco.[2]
— *Elizabeth Barrett Browning*, Aurora Leigh, *1856*

Em 1490, Leonardo da Vinci desenhou o Homem Vitruviano, um rascunho do homem com braços e pernas estendidos até as bordas de um contorno em um círculo e um quadrado. Ele foi criado em parte para demonstrar as proporções ideais da forma humana como presumia, no século I, o arquiteto romano Vitruvius, mas o Homem Vitruviano está longe de ser o ideal. Na verdade, esse ícone mostra uma das cicatrizes de nosso passado evolucionário.

Dr. Hutan Ashrafian, um conferencista da Imperial College[3], em Londres, notou em 2011 que o Homem Vitruviano tem uma estranha protuberância do lado esquerdo, acima da virilha. Ele a reconheceu de imediato como uma hérnia inguinal, algo que mais de um quarto de todos os homens[4] desenvolvem ao longo da vida. Se não for tratada, a hérnia inguinal pode ser fatal — como demonstrou o cadáver que serviu de base para o esboço de Leonardo.

Hérnias inguinais são um resultado direto do bipedalismo.[5]

Ao nascer, os testículos humanos estão posicionados dentro do abdômen masculino, próximo aos órgãos do sistema urinário, mas no primeiro ano de vida, eles migram para a cavidade abdominal e para o escroto. Essa migração cria algo chamado canal inguinal, um ponto frágil na parede abdominal. Isso acontece em muitos outros mamíferos também, mas sem consequências nefastas. Porque ficamos eretos, não importa como, a gravidade puxa nossas entranhas para baixo, e às vezes nossos intestinos se espremem no canal inguinal e ficam estrangulados, resultando em uma condição perigosa e ocasionalmente fatal.

Essa estranha rota que os testículos fazem[6] na maioria dos mamíferos é um subproduto das limitações do desenvolvimento e de uma história evolucionária profunda. Os testículos permanecem internos em alguns mamíferos, incluindo golfinhos, elefantes e tatus, mas como são necessárias temperaturas mais baixas para o funcionamento normal do esperma na maioria dos mamíferos, seus testículos ficam suspensos em uma parte no corpo onde é mais frio. Peixes, no entanto, também têm testículos internos. Como os mamíferos partilham um ancestral comum com eles — um peixe que viveu há mais de 375 milhões de anos —, nossos testículos conservam um ponto inicial de desenvolvimento no abdômen como um vestígio de nosso passado aquático.

Embora caminhar tenha benefícios físicos e mentais, também tem suas desvantagens. Em parte, é porque não fomos criados do nada. Somos primatas modificados. Nossa linhagem teve 6 milhões de anos ou mais para aperfeiçoar nosso corpo para caminharmos eretos, mas a evolução não cria a perfeição. Em vez disso, ela produz formas que são boas o suficiente para sobreviver, se reproduzir e continuar a linhagem. O registro fóssil está repleto de animais extintos que eram bem-adaptados para a vida, mas morreram quando a mudança ambiental inevitável puxou o tapete deles. Mesmo os sobreviventes mais bem-adaptados, inclusive os humanos, são ferros-velhos de formas preexistentes modificados pelas mãos da seleção natural e enriquecidos pelos ecos do passado.

Se fôssemos concebidos como bípedes desde o início, talvez pudéssemos parecer com o CASSIE.

"No futuro, os robôs serão capazes[7] de fazer tudo o que os humanos fazem, só que melhor", me falou Jonathan Hurst, um professor de engenharia mecânica e robótica da Universidade Estadual do Oregon, quando o visitei em seu laboratório. Ele imagina um futuro não muito distante no qual robôs bípedes entregam encomendas, servem refeições e ajudam em missões de busca e resgate.

Não convencido de que o bipedalismo seja a melhor maneira de se locomover no mundo, perguntei por que Hurst projetou um robô de duas pernas. Por que não os fez quadrúpedes? Ora, por que não dar rodas para eles? Hurst me falou que os robôs se locomoverão em um mundo projetado para humanos, então faz sentido eles se locomoverem como nós fazemos.

Mas os projetos de Hurst não parecem humanos.

Conheci CASSIE em fevereiro de 2019. Os alunos de Hurst colocaram o robô em uma esteira, e ele caminhou a uma velocidade constante de 5km/h, a velocidade média de uma pessoa com pés pequenos e com amortecimento. CASSIE não se parece em nada com o C-3PO, Bender, o Exterminador ou o Johnny 5. Ele não é um humanoide. Em vez disso, com 1,22m de altura e 32k, CASSIE é só pernas. Mas diferente de minhas pernas estendidas, as de CASSIE são finas e flexionadas, e os motores que impulsionam o robô estão perto dos quadris. Eu já vi esse design antes — em uma grande ave terrestre. Na verdade, CASSIE é abreviação do nome *cassowary* em inglês, uma ave terrestre de 42kg da Nova Guiné.

Mas Hurst não criou CASSIE intencionalmente na forma de qualquer animal vivo. Nas duas últimas décadas, sua equipe[8] de pesquisa estudou a física por trás do bipedalismo — o que Hurst chama de "verdades universais" do caminhar. Esses princípios, em vez de qualquer projeto preconcebido, têm orientado o desenvolvimento de seus robôs, e eles não se parecem conosco.

OUTRO PROBLEMA QUE chegou a nós pelos vestígios de nosso passado evolucionário é um que afeta as mulheres muito mais do que aos homens. Para compreendê-lo, temos que viajar para 30 milhões de anos no passado.

Assim como os humanos não evoluíram dos chimpanzés, os primatas também não evoluíram dos macacos. Em vez disso, eles partilham um ancestral comum. Paleontólogos que trabalhavam em sedimentos de 30 milhões de anos da África do Norte descobriram como era a aparência desse ancestral em comum. Era um primata do tamanho de um gato chamado *Aegyptopithecus*. O nome significa o primata do Egito, mas, é claro, o *Aegyptopithecus* não era um primata. Ele tinha os dentes de um primata, mas se locomovia sobre quatro pernas, como um macaco. E, diferentemente de um primata, o *Aegyptopithecus* tinham uma cauda longa.

Nos 10 milhões de anos seguintes, essa linhagem começou a se dividir em duas formas. Uma manteve a cauda, desenvolveu dentes com formatos diferentes e se diversificou nos macacos africanos e asiáticos atuais. A outra perdeu a cauda e, por fim, se diversificou nos primatas de hoje. Os símios, um grupo de primatas que inclui gibões, orangotangos, gorilas, chimpanzés bonobos e humanos, não têm cauda, mas mantiveram os músculos que antigamente faziam a cauda se mover.

Esses músculos ainda abrigam[9] nosso vestígio de osso da cauda, ou cóccix, e criaram uma faixa de músculos que formam o assoalho de nossa pelve. Os mesmos músculos que balançam a cauda dos cães e possibilitam a alguns macacos se pendurar pela cauda foram redefinidos nos primatas para dar suporte aos órgãos internos contra a força da gravidade. Mas no caminhar ereto dos humanos, a força da gravidade às vezes é muito grande para essa faixa de músculos.

Daí o prolapso do órgão pélvico, a condição debilitante na qual os órgãos internos às vezes se projetam para dentro da vagina.

O MUSEU DE Ciências de Boston abriga um grande número de animais vivos — alguns feridos na vida selvagem, outros animais de estimação confiscados — que são utilizados em aulas sobre ecologia, comportamento animal e evolução. Um de meus favoritos quando eu ensinava lá era Alex, um pequeno jacaré americano. Alex tinha pouca idade e não pesava mais do que 4,5kg, mas atraía um grande público quando eu o tirava do tanque, assim os visitantes podiam vê-lo de perto.

Alex tinha bom temperamento, mas eu sempre sabia quando ele estava agitado. Os músculos da base de sua cauda ficavam tensos um pouco antes de ele se debater e escapar antes que eu o agarrasse. Quando eu sentia os músculos de sua cauda tencionarem, eu simplesmente o segurava na vertical, a cabeça voltada para o teto e a cauda para o chão. Isso drenava um pouco de sangue da sua cabeça e o acalmava. Depois de alguns segundos, eu conseguia continuar a aula sobre répteis.

Os jacarés têm válvulas nas veias, mas elas parecem ser fortes o suficiente somente para resistir ao refluxo de sangue quando o réptil é posicionado horizontalmente, não verticalmente. Isso me faz pensar se "Carolina Butcher", que era mais ereta, tinha válvulas mais fortes do que os crocodilos e jacarés modernos.

Humanos e muitos outros mamíferos têm essas válvulas também, e por uma boa razão. Girafas, por exemplo, têm válvulas extensas no pescoço para evitar que o sangue escorra do cérebro. Mas o bipedalismo pode pressionar essas válvulas em nós. Com a idade, elas podem conter vazamentos, fazendo com que o sangue se acumule nas extremidades inferiores. Em humanos, isso pode resultar em varizes. Essa patologia é particularmente comum nas mulheres que engravidaram, em parte porque carregar um bebê adiciona, em média, 39 semanas de aumento da pressão no sistema circulatório.

O BIPEDALISMO TAMBÉM afeta nossas cavidades sinusais, que se enchem de fluídos, mucos e todo o tipo de sujeira quando temos uma infecção. As cavidades nasais os drenam para a faringe, que pode ser esvaziada com um simples limpar de garganta. Infelizmente para nós, no entanto, o duto que esvazia os seios maxilares, localizados abaixo dos olhos, drenam para cima. É por isso que quando você tem um resfriado forte, sente uma pressão desconfortável, que, quando severa, pode parecer a dor de cabeça de uma enxaqueca.

A percepção sobre essa peculiaridade de nossa anatomia vem de um estudo que comparou cabras e humanos. A Dra. Rebecca Ford[10], uma oftalmologista da King's College, em Londres, descobriu que as cabras não têm problemas para drenar os seios maxilares. É por isso que muitos clínicos recomendam que as pessoas com sinusite maxilar crônica, uma enfermidade desconfortável na qual o seio obstruído com o muco se inflama, fiquem de quatro como uma cabra. Os humanos não foram bípedes tempo o suficiente para que a evolução surgisse com uma solução melhor para esse eco de nosso passado quadrúpede.

TALVEZ O EFEITO colateral mais óbvio do bipedalismo, no entanto, seja o preço que ele cobra de nossos músculos e ossos.

As costas do quadrúpede são estruturadas como pontes suspensas, com as entranhas pendendo de uma cadeia de vértebras estável e horizontal. Mas os bípedes elevaram a espinha dorsal em noventa graus. A coluna vertebral humana é uma série de 24 ossos e discos empilhados um em cima do outro. O paleoantropólogo Bruce Latimer[11], da Case Western Reserve University, os imagina como uma pilha de 24 xícaras e pires equilibrando precariamente grande parte do peso do corpo. Para piorar a situação, a pilha não é reta. Ela tem três curvas — uma curva para dentro na lombar, uma curva para fora no meio e uma curva para dentro nas vértebras do pescoço, que posiciona a cabeça acima dos ombros.

Há vantagens nessas curvas. Como molas, elas ajudam a absorver[12] as forças de compressão durante uma corrida e também a afastar a base da coluna vertebral do canal de parto. Devido a nossa coluna vertebral ter de suportar o peso de toda a parte superior do corpo, de qualquer forma, as vértebras humanas podem fraturar sem qualquer aviso.

Nós somos os únicos animais[13] que têm fraturas na espinha dorsal causadas por nada mais do que nosso próprio peso corporal, um risco que aumenta à medida que envelhecemos. Talvez não surpreendentemente, a maioria dessas fraturas ocorra em pontos frágeis da espinha dorsal — as pontas dessas curvas. Anualmente, estima-se que três quartos de um milhão de norte-americanos sofram de fraturas por compressão vertebral.

Mas isso não é tudo. O peso do corpo sobre a curvatura da coluna vertebral pode romper as espinhas das vértebras (as partes que você sente se passar seus dedos no meio das costas) diretamente do resto do osso, fazendo com que um osso da coluna escorregue em cima do outro abaixo dele. Essa enfermidade, chamada espondilolistese, parece ser exclusiva dos humanos e pode pinçar nervos e causar dor severa.

As mais comuns são discos deslizantes ou hérnia de disco — anéis de cartilagem e material semelhante a gel que proporciona um revestimento entre as vértebras. O dano ocorre quando anos de compressão do caminhar ereto fazem com que o revestimento se espalhe, ultrapasse o osso e pressione um nervo. O resultado é, com frequência, uma dor terrível, quase debilitante. Na coluna lombar, hérnias de disco podem pressionar as raízes do nervo ciático e causar uma dor que desce pela perna, uma enfermidade comum conhecida como ciática.

Anos de desgaste danificam ainda mais os discos, e o revestimento intervertebral pode se deteriorar completamente, fazendo os ossos rasparem uns contra os outros. Isso pode causar osteoartrite da coluna, que, por sua vez, pode levar ao esporão, que coloca pressão nos nervos da espinha dorsal e causa dor e fraqueza nos braços e pernas. É incomum encontrar esporão nas vértebras de outros animais. Em humanos adultos, eles são comuns.

Empilhar essas 24 xícaras e pires pode também fazer com que a espinha se curve para o lado, resultando em escoliose, que se desenvolve em cerca de 3% das crianças com idade escolar, mas é raro ou inteiramente desconhecido em outros mamíferos.

SE SUAS COSTAS não o incomodam ainda, seus joelhos podem estar dando problemas. O joelho humano não é notavelmente diferente dos joelhos de qualquer outro mamífero. Ele consiste de dois côndilos na extremidade do osso da nossa coxa (fêmur), que rolam sobre uma parte superior relativamente plana da tíbia. Também existe uma rótula (patela) para ajudar a fornecer uma alavanca para os músculos do quadríceps.

O que é diferente nos humanos é que nós colocamos quase todo o nosso peso corporal diretamente nos joelhos, em vez de distribuí-lo em quatro membros, como os quadrúpedes fazem. Quando caminhamos, as forças do solo sobem pelas nossas pernas como golpes de martelo. Nos joelhos, essas forças são surpreendentemente grandes. A cada passo, uma força equivalente[14] ao dobro do nosso peso corporal é absorvida pelo joelho. Quando corremos, a força é mais de sete vezes o peso de nosso corpo. Algumas dessas forças são absorvidas pela contração de nossos músculos, e outras ainda são dissipadas pelo revestimento da cartilagem entre nossos ossos. Com o tempo, esse revestimento pode deteriorar, e como não tem um fluxo sanguíneo, ele não é fácil de reparar. Esse desgaste, enfim, resulta em uma artrite dolorosa. Apenas nos Estados Unidos, mais de 700 mil joelhos[15] sofrem artroplastia todos os anos, em parte por causa do dano que o bipedalismo causa em nossas articulações.

O joelho é vulnerável não só pela degradação gradual, mas também pelo ferimento repentino e severo. Em 1951, os New York Yankees[16] recebeu os New York Giants no jogo dois do World Series. Quando a lenda dos Giants, Willie Mays, jogou uma bola alta para o meio campo direito, o campista central dos Yankees, Joe DiMaggio, deslizou para a esquerda, e o estreante Mickey Mantle, o campista direito, correu para a direita para convergir.

Quando Mantle viu DiMaggio embaixo da bola, ele saltou e tropeçou com a chuteira direita em uma grade do sistema de sprinkler. Mantle torceu o joelho direito e caiu no chão.

Mantle muito provavelmente rompeu o LCA (o ligamento cruzado anterior), o LCM (ligamento colateral medial) e o menisco medial — uma lesão que os cirurgiões ortopédicos chamam de "tríade infeliz". Mantel poderia chegar a 536 *home runs* em uma carreira histórica no *Hall of Fame*, mas seu joelho nunca mais seria o mesmo. Muitos acreditam que a lesão impediu que ele fosse o melhor que o beisebol já viu.

A estrela do futebol Alex Morgan, a esquiadora olímpica Lindsey Vonn, o ex-quarterback dos Patriots Tom Brady e a jogadora profissional de basquete Sue Bird romperam o LCA. É uma lesão comum e que deixa os atletas afastados até por um ano. Para cada estrela do esporte que rompe os ligamentos do joelho, há dezenas de milhares de pessoas comuns que sofrem a mesma lesão todo ano.

Funcionalmente, o joelho é simples. Ele flexiona e estende. Anatomicamente, é complexo. Ele se mantém unido a quatro ligamentos que cruzam a articulação e mantêm o fêmur preso aos ossos na parte inferior da perna. Dois dos ligamentos — o LCA, que cruza a frente do joelho, e o LCP (ligamento cruzado posterior), que cruza a parte de trás — impedem que o joelho deslize para fora da tíbia. Os outros dois — o LCM, localizado dentro do joelho, e o LCL (ligamento colateral lateral), do lado de fora — impedem que o joelho se desloque. Essas faixas elásticas anatômicas, adaptações maravilhosas encontradas nos mamíferos, estão sujeitas a mais tensão nos bípedes do que nos quadrúpedes.

Perto de 200 mil[17] norte-americanos rompem os LCAs todos os anos. A lesão é mais comum em mulheres do que nos homens[18], e é especialmente predominante em esportes como basquete, futebol, hockey de campo e futebol americano, que exigem mais movimentos laterais. É mais provável que a alta frequência dessa lesão seja uma consequência de se locomover com duas pernas, em vez de quatro, embora a frequência em animais selvagens ainda seja desconhecida.

Os ligamentos dos joelhos são ainda mais vulneráveis por causa das mudanças adaptativas pelas quais nossa pelve e nossos joelhos precisaram passar para o caminhar ereto. Comparados aos primatas, os humanos têm quadris largos e joelhos virados para dentro, o que nos possibilita caminhar com eficiência. Essa organização de nossas articulações, no entanto, ocasiona o encontro dos ossos da coxa com os joelhos em um determinado ângulo. As forças que passam por objetos angulados tendem a dobrar e quebrar esses objetos. Como consequência, os ligamentos de nosso joelho estão sujeitos a muito mais pressão. Há sempre compensações na evolução, e o joelho nos fornece um exemplo doloroso dos custos do bipedalismo.

EM 1976, QUANDO Van Phillips, aos 21 anos de idade, era estudante da Arizona State University (ASU), sofreu um grave acidente em um esqui aquático que fez com que ele tivesse a perna esquerda amputada abaixo do joelho. Ele recebeu a prótese de perna padrão e foi enviado para casa.

"Eu a odeio"[19], ele falou para a *OneLife Magazine* em 2010. "Enviamos o homem para a lua. E aqui ainda tenho essa porcaria. Eu sabia, no íntimo, que poderíamos fazer algo melhor."

Ele deixou a ASU, tornou-se um aluno do Northwestern University Prosthetic-Orthotic Center e se dedicou a trabalhar em um design melhor, inspirado nos guepardos e nos atletas do salto com vara. Anos depois, em 2012, o mundo viu maravilhado como um velocista sul-africano, Oscar Pistorius, usou um modelo de prótese baseado no design de Phillips para participar de uma corrida de 400m nas Olimpíadas em Londres.

Juntos, nossos pés são compostos de 52 ossos individuais — um quarto de todos os ossos do corpo humano. Os ossos são unidos por ligamentos e mantidos rigidamente pelos muitos músculos que cruzam o pé. Em um contraste flagrante, a lâmina protética de Phillips consiste de um único elemento móvel feito de um material flexível, rígido o suficiente para impulsionar o corpo para a frente, mas elástico o bastante para dobrar e recuar.

Diferente da lâmina, projetada em laboratório, o pé humano é o produto de uma longa, complexa e não linear história evolutiva. No entanto, não é preciso ir muito longe para ver pés parecidos com lâminas no mundo biológico. Aves terrestres grandes como avestruzes e emus têm pés que lembram a prótese de Oscar Pistorius. Os tornozelos e ossos do pé das aves são fundidos em um único osso rígido, chamado de tarsometatarso. Eles também têm tendões grossos que armazenam energia elástica durante a locomoção bípede, criando um retorno que dá um impulso em seus passos. Essa anatomia possibilita que avestruzes corram a quase 73km/h, duas vezes a velocidade de um velocista humano.

Nenhum mamífero vivo se uniu[20] a nós em nosso experimento do caminhar bípede, mas se um asteroide não tivesse dizimado os dinossauros há 66 milhões de anos (há evidências de que erupções vulcânicas imensas também contribuíram), cientistas conseguiriam analisar melhor a evolução convergente do bipedalismo. Muitos dinossauros, inclusive o *T. rex*, eram bípedes, e há vestígios da locomoção sobre duas pernas como a de avestruzes e emus de hoje em alguns dos dinossauros mais antigos, que viveram há cerca de 240 milhões de anos. Essa linhagem tem sido bípede cerca de 50 vezes mais do que a nossa.

Diferentemente de nós — os novos *carinhas* do grupo bípede —, as aves terrestres aperfeiçoaram seu esqueleto para essa forma de locomoção.

Os primeiros mamíferos vivendo à sombra dos dinossauros bípedes eram quadrúpedes. Muitos viviam em tocas ou nas copas das árvores da floresta. Uma primeira modificação no esqueleto[21] na evolução dos mamíferos foi o desenvolvimento da articulação subtalar. Essa articulação, localizada entre o osso do tornozelo (tálus) e o osso do calcanhar (calcâneo) permite a você girar o pé para dentro e para fora. Esses movimentos fazem o pé do mamífero ser mais flexível de um lado a outro. O tálus e o calcâneo são fundidos nas aves e estão próximos um do outro nos ancestrais reptilianos dos mamíferos e nos répteis modernos. Mas nos primeiros mamíferos, o tálus migrou para uma posição no topo do calcâneo, criando uma articulação no pé.

Tente ficar em pé com apenas uma das pernas por alguns minutos. Sentiu a oscilação no pé ao tentar não cair? Consequentemente, a contração dos músculos que o mantém ereto torna-se exaustiva, e você precisa descansar. No entanto, os flamingos podem ficar em uma perna só indefinidamente sem se cansar. Eles não oscilam porque não têm a articulação subtalar. Os ossos do pé e do tornozelo fundiram-se.

Os humanos têm tornozelos flexíveis porque herdamos nossa anatomia de ancestrais que moravam nas árvores, onde a flexibilidade era uma vantagem significativa. Mas para os bípedes terrestres, essa flexibilidade tem um preço alto.

Nos segundos finais do jogo de 2013 contra os Atlanta Hawks, a falecida estrela dos Los Angeles Lakers, Kobe Bryant, driblou pela direita em direção à linha de fundo e saltou para fazer um lançamento em suspensão. Seu pé esquerdo aterrissou de forma estranha em cima do pé de seu marcador, e Bryant se encolheu, empurrando os ossos do tornozelo. O ligamento talofibular anterior, que prende o tálus à fíbula, estirou, e Bryant saiu da quadra com uma dor excruciante.

Nos Jogos Olímpicos de Atlanta, a ginasta norte-americana Kerri Strug rompeu o ligamento do tornozelo. Momentos depois, com muito esparadrapo, adrenalina e coração, ela saltou e deu à equipe norte-americana o ouro. A maioria das pessoas não consegue andar, que dirá saltar com o ligamento talofibular anterior rompido.

Quando alguém "torce o tornozelo", normalmente é o ligamento talofibular anterior que distende e, às vezes, até se rompe. Essa faixa de tecido que fixa o tálus à fíbula é o ligamento do corpo humano que lesiona com mais frequência. Todo ano, um milhão de norte-americanos o distende[22], às vezes jogando basquete, mas às vezes só de pisar de maneira errada em uma superfície com desnível. Pode levar semanas para curar.

Por causa do bipedalismo, os tornozelos humanos são muito vulneráveis a lesões. Para compreender por que, viajei para o Parque Nacional da Floresta de Kibale, no oeste de Uganda.

NINGUÉM NUNCA FICA seco na floresta tropical. Mesmo quando não está chovendo, o ar é denso e úmido. O suor não tem para onde ir, a não ser encharcar roupas, abas de chapéu e meias. Trilhas de elefantes que cortam as florestas densas são entrecruzadas por cipós que fazem bípedes desatentos tropeçarem. Cobras venenosas, aranhas grandes, plantas que causam erupções cutâneas, formigas que mordem e armadilhas de caçadores ilegais pululam. Não é um lugar acolhedor para nativos da Nova Inglaterra, mas é para onde eu tive de ir para estudar os chimpanzés em seu habitat.

A comunidade de chimpanzés Ngogo tem cinquenta indivíduos fortes e tem sido estudada por John Mitani, da Universidade de Michigan, e David Watts, da Universidade de Yale, por duas décadas. Eu estava lá para ver como os chimpanzés usam seus pés quando caminham e escalam, e não precisei esperar muito tempo para ver o que eles podiam fazer.

Na minha primeira manhã na floresta, Bartok, um macho alfa grande e majestoso, caminhou com o apoio das articulações dos dedos das mãos até a base de uma árvore *Uvariopsis* frutífera, olhou para a copa e escalou o tronco com largura de 30cm como se estivesse subindo um lance de escadas. Ele nem parecia fazer força. Meus olhos ficaram fixos em seu pé, e quase não acreditei no que estava vendo. Bartok pressionava a ponta do pé contra o osso da tíbia e o torcia, de forma que a planta do pé se agarrava no tronco da árvore. O primeiro movimento teria rompido meu tendão de Aquiles. O segundo teria rompido meu ligamento talofibular anterior.

Por um mês, segui esse grupo de chimpanzés e filmei quase duzentas escaladas. Todas as vezes, o chimpanzé posicionava seu pé de forma que teria causado graves danos no tendão e no ligamento da maioria dos humanos[23].

Nos humanos, o tendão de Aquiles vai da metade da parte inferior da perna até a base do músculo da panturrilha. Ele é longo e armazena energia elástica para ajudar a impulsionar nosso passo, principalmente quando corremos. Nos chimpanzés, no entanto, o tendão de Aquiles tem só 3cm de comprimento. Grande parte do lado posterior das pernas deles é de músculos, os quais são muito mais flexíveis do que o tendão, possibilitando que o tornozelo tenha mais flexibilidade à medida que eles escalam. Em outras palavras, diferente de nós, os chimpanzés não precisam se preocupar com rupturas no tendão de Aquiles.

Eles também não precisam se preocupar com entorse dos tornozelos. Nem sequer têm um ligamento talofibular anterior.

Os primeiros símios se sentiam confortáveis em escalar as árvores, e não só por causa da flexibilidade das articulações dos pés. Eles tinham também um dedão com função de agarrar, como os chimpanzés têm até hoje. Os pés dos primatas, a matéria-prima a partir do qual os pés dos humanos se desenvolveram, estavam sob intensa pressão da seleção natural para tornarem-se apêndices flexíveis e com função de agarrar. Os músculos dos pés ajudavam a controlar os movimentos finos dos dedos dos pés, importante para agarrar galhos altos nas copas das árvores da floresta.

O pé humano precisa ser firme e mais rígido para dar impulso no chão durante o caminhar ereto. Ao longo do curso de nossa história evolucionária, muitas partes de um pé que uma vez já foi mais flexível ficaram mais estáveis pelos ligamentos, músculos e algumas alterações ósseas sutis. Essas modificações, de equivalentes biológicos[24] da fita adesiva e dos clipes de papel, são exemplos maravilhosos de remendos da evolução.

Obviamente, o pé humano faz seu trabalho muito bem. A seleção natural o moldou em uma estrutura que absorve forças, enrijece durante a fase de propulsão da marcha e tem até estruturas elásticas, incluindo a curvatura do pé e o tendão de Aquiles. Os músculos intrínsecos, que primeiramente controlavam os movimentos finos dos pés com função de agarrar de nossos ancestrais, hoje nos ajudam a sustentar a curvatura dos pés. Se essas modificações não tivessem se desenvolvido, é provável que nossos ancestrais teriam virado comida de leopardo, e os humanos como os conhecemos não existiriam.

Mas como a evolução faz modificações pequenas e graduais em estruturas preexistentes, nós herdamos uma solução na base da gambiarra para o bipedalismo que é eficiente o bastante para nos manter em pé, mas não elegante o suficiente para que o façamos sem corrermos o risco de lesão e dor.

A aponeurose plantar, por exemplo, é uma faixa forte de tecido fibroso que se estende sobre a planta do pé desde o calcanhar até a base dos dedos do pé. Quando ela se estende excessivamente, se inflama, resultando em um esporão e em uma patologia chamada fascite plantar. Sem essa faixa, nosso pé teria flexibilidade em excesso para funcionar adequadamente, mas nos deixaria mais propensos a lesões. Também somos particularmente suscetíveis ao colapso do arco, joanetes, dedos em garra, entorses de tornozelo e todo o tipo de enfermidades. Na verdade, muitas dessas doenças nos pés são exacerbadas pela própria tecnologia que permitiu aos humanos habitarem o globo: sapatos.

O calçado ajudou os humanos a se dispersarem nas latitudes norte e, consequentemente, chegarem às Américas. Hoje, os sapatos me possibilitam jogar confortavelmente basquete com meus filhos e fazer trilha na floresta depois de uma tempestade. Botas de cano longo nos protegem de picadas de cobras nas savanas da Austrália e na África Subsaariana. O calçado nos protege de vidros quebrados na praia ou nas calçadas da cidade. Ou ele simplesmente possibilita a alguém comprar algo em uma loja, já que "sem camisa, sem sapatos, sem atendimento". Sem os sapatos, os humanos não teriam escalado o monte Everest ou caminhado na lua. Eles foram e permanecem uma importante inovação tecnológica. Mas, como é verdade para muitas das nossas invenções inteligentes, há um preço a pagar pelos seus benefícios.

A planta do seu pé tem dez músculos organizados em camadas. Alguns desses músculos mantêm a curvatura do pé, enquanto outros são importantes para nos impulsionar para o passo seguinte[25]. Mas a maioria dos sapatos, mesmo os que parecem trazer benefícios para "sustentar a curvatura", podem enfraquecer esses músculos. O resultado é um pé mais propenso a lesões.

Os Tarahumara são um povo indígena do México conhecido por sua excepcional habilidade de correr longas distâncias.[26] Suas sandálias são normalmente feitas de um pedaço da borracha de pneus e presa ao pé por um cordão. Daniel Lieberman, um biólogo evolucionário dos seres humanos da Universidade de Harvard e ele mesmo um corredor de longas distâncias, pensava sobre seus pés. Ele viajou para Sierra Tarahumara, no noroeste do México, para estudar como eles caminham e correm. Ele também usou um ultrassom para medir o tamanho dos músculos dos pés. Lieberman e os pesquisadores de pós-doutorado Nicholas Holowka e Ian Wallace[27] relataram em 2018 que os Tarahumaras têm a curvatura dos pés mais alta, os pés mais rígidos, e a musculatura do pé é maior do que a de um americano comum.

Porventura os Tarahumaras estão apenas geneticamente predispostos a ter os músculos do pé mais fortes? Não. Elizabeth Miller, do departamento de antropologia[28] da Universidade de Cincinnati, trabalhou com o grupo de Lieberman e mediu o tamanho dos dois músculos do pé de 33 atletas. Metade dos corredores treinou como de costume, com tênis de corrida com mais amortecimento. A outra metade fez a transição lenta para um tênis minimalista — mais parecido com o que os Tarahumaras usam. Após apenas 12 semanas, os que usaram os tênis minimalistas haviam tido um aumento do tamanho dos dois músculos do pé em 20%, e sua curvatura estava mais rígida em magníficos 60%. Nossos pés mudam por causa dos sapatos que usamos ou porque não os usamos.

Não somente isso, mas sem a musculatura forte do pé, a aponeurose plantar — a faixa de tecido que abrange a planta do pé — pode sofrer muita pressão, resultando na dor aguda da fascite plantar[29]. No entanto, Irene Davis, biomecânica da Universidade de Harvard[30], disse: "Nós nos enganamos em pensar que nossos pés precisam de amortecedor para sobreviver."

Para começar, calçados não protegem mais nossos pés. Eles são símbolos arcaicos de status social, saúde e poder. Nossos pés pagam o preço. Sapatos de salto alto reduzem[31] os músculos da panturrilha e estreitam o tendão de Aquiles, alterando nossa forma de andar. Apertar repetidamente a ponta[32] dos nossos pés com sapatos de ponta fina aumenta as chances de desenvolver joanetes e dedos dos pés em forma de martelo. Esses efeitos danosos afetam desproporcionalmente os pés das mulheres e, às vezes, exigem intervenção cirúrgica.

"DR. HECHT TEM a melhor música", a enfermeira do centro cirúrgico disse para mim.

Eu estava vestido com um avental cirúrgico azul, máscara e sapatilhas descartáveis, como convidado do Dr. Paul Hecht, um experiente cirurgião ortopédico de pés e tornozelos. Um homem com uns 40 anos se deitou na mesa cirúrgica no Centro Médico Dartmouth-Hitchcock. No inverno anterior, ele havia escorregado no gelo e fraturado o tornozelo direito[33]. Colocaram parafusos no osso para ajudar na recuperação, mas não deu muito certo. Ele precisava de uma cirurgia de fusão do tornozelo.

Stevie Wonder cantava "Don't worry 'bout a thing" nos alto-falantes acima de nossa cabeça.

Os primeiros cortes foram delicados à medida que o Dr. Hecht meticulosamente separava os tecidos superficiais — pele, gordura subcutânea e músculos — para chegar na articulação do tornozelo.

Depois, a cena começou a parecer mais com uma loja de material de construção do que um centro cirúrgico. Surgiram primeiro as furadeiras para retirar os parafusos antigos da tíbia.

"Sabe o que é um parafuso tira-fundo?", Dr. Hecht perguntou para mim.

"Ah... sei", disse eu. Eu os usei para fixar a casa da árvore dos meus filhos em um carvalho grande em nosso quintal e não esperava parafusos de aço tão grandes em uma sala de cirurgia.

Usaram um bisturi elétrico para fazer cortes finos e para conter o sangramento de veias pequenas que, inevitavelmente, são cortadas em uma cirurgia desse tipo. O cheiro de tecido chamuscado encheu a sala. O osso tálus estava afastado da tíbia como um carro sendo erguido para a troca de um pneu furado.

Com a articulação exposta, tudo virou uma bagunça. A cartilagem foi raspada da articulação com uma ferramenta que parecia um boleador de melão. O Dr. Hecht então usou uma furadeira elétrica para furar a articulação e estimular o sangramento que traria células para regeneração óssea na área e começaria a fusão da articulação. À medida que a furadeira vibrava, lascas de ossos saíam voando, então dei uns passos para trás. Depois, com um martelo e cinzel, Dr. Hecht levantou a camada externa do osso em pequenos pedaços que lembravam escamas de peixe para aumentar a área de superfície sobre a qual a cura pudesse ocorrer. Finalmente, uma mistura de células ósseas vivas e estruturas ósseas microscópicas, que mais parecia o Geleia de *Os Caça-fantasmas*, foi enxertada nos ossos fraturados, para acelerar a cura e o crescimento de ossos novos. Antes de o Dr. Hecht se tornar cirurgião ortopédico, ele estudou carpintaria. Fazia sentido.

Mais tarde naquele dia, assisti quando a parte de trás do calcanhar de uma mulher de meia-idade foi cortada com uma serra elétrica para a remoção de um esporão ósseo dolorido. Em outro paciente, uma furadeira elétrica arredondou a articulação do dedão do pé para reparar a artrite.

A cirurgia ortopédica é uma indústria multibilionária, e nossa história evolucionária agradece pelo seu sucesso.

Certamente, alguns dos males de nossos pés são resultado de nosso estilo de vida sedentário e nossa decisão de usar sapatos. Mas as patologias dos pés são comuns nos fósseis de hominídeos de muitos anos antes da invenção do calçado. As consequências negativas do caminhar ereto têm estado conosco há muito tempo.

Na verdade, esses ossos antigos doentes revelam algo mais do ser humano — algo que nos ajuda a começar a desvendar o mistério de como um primata antigo começou a andar sobre duas pernas.

CONCLUSÃO:
O PRIMATA EMPÁTICO

> Como é frágil, sensível e patético um corpo humano nu; qualquer coisa de inacabado, de incompleto![1]
> — D. H. Lawrence, O Amante de Lady Chatterley, 1928

O bipedalismo pôs em marcha todos os principais eventos evolutivos da linhagem humana, desde o uso da ferramenta e a relação de parentesco cooperativo até as redes de comércio e a linguagem, permitindo, por fim, ao que antes foi um primata humilde sobre duas pernas nas florestas do Mioceno, povoar o globo.

Mas ainda é uma surpresa estarmos aqui. Somos pateticamente lentos, temos, quando muito, um terço da velocidade de um galope típico de um quadrúpede do nosso tamanho. Os dois furos das presas de um leopardo na parte posterior da cabeça de um fóssil de *Australopithecus* é um lembrete assustador de que houve consequências evolucionárias por causa de nossa falta de velocidade. Somos instáveis sobre duas pernas, quedas acidentais são responsáveis por mais de meio milhão de mortes[2] por ano em todo o mundo. A pelve pequena e atarracada que biomecanicamente adapta os humanos para o caminhar bípede eficiente também força um bebê a girar no canal de parto durante o nascimento, tornando-o difícil e, às vezes, perigoso. Após o nascimento, nossas crianças aventureiras e destemidas tolamente se desequilibram para fora de uma pista experimental se não forem supervisionadas. E à medida que envelhecemos, o bipedalismo cobra um preço doloroso de nossas costas, joelhos e pés.

As vantagens da locomoção bípede, obviamente, compensam os custos. Caso contrário, já estaríamos extintos há muito tempo. Mas considerando as muitas desvantagens do caminhar ereto e o quão rara é essa forma de locomoção no mundo animal, fico pensando o que fez a balança pender para a sobrevivência em vez da extinção.

A resposta pode ser encontrada em um dos aspectos mais maravilhosos e misteriosos da condição humana. Para compreender, temos que revisitar o registro fóssil humano.

ALGUNS FÓSSEIS TÊM nomes como "Lucy" ou "Sue". Muitos têm nomes como KNM-ER 2596.

"KNM" é a sigla em inglês de "Museu Nacional do Quênia", a localização atual desse fóssil em particular. "ER" é sigla em inglês de "Leste Rudolf", indicando que o fóssil foi encontrado ao longo da margem leste do lago Rudolf, nome colonial do lago Turkana, ao norte do Quênia. O número 2596 significa que ele foi o 2.596º fóssil descoberto nessa localidade. Sua recuperação foi feita em 1974. Desde então, mais fósseis foram coletados nessa área, elevando a contagem atual para quase 70 mil.

O KNM-ER 2596 é um pequeno pedaço quebrado de uma tíbia distal, o nome científico para a base do osso da tíbia. Onde antes ela se encontrava com a articulação do tornozelo, ela é expandida e preenchida com osso esponjoso, uma clara indicação de que esse fóssil pertencia a um hominídeo de caminhar ereto.

Pelo tamanho do osso, podemos estimar que o indivíduo pesava um pouco menos de 32 quilos, o que seria do tamanho de Lucy. Uma linha tênue em torno do perímetro do osso tem uma placa de crescimento fundida, mostrando que esse hominídeo havia chegado ao seu tamanho pleno pouco antes de sua morte. Juntas, essas pistas sugerem uma fêmea no final da adolescência. Ela morreu há 1,9 milhão de anos, de acordo com a quantidade de radioatividade presente nas camadas de cinza que envolviam o fóssil. Diversas impressões de dentes de carnívoros revelam a provável causa da morte.

Não temos certeza sobre a que espécie[3] o KNM-ER 2596 pertencia, porque vários tipos diferentes de hominídeos viveram nessa época. Mas há algo errado com esse osso. Ele não se parece exatamente com o osso da tíbia do esqueleto de Lucy ou com o de nenhum outro hominídeo bípede. O maléolo medial, a cabeça dentro do tornozelo, é incomumente pequeno e atrofiado. A articulação do tornozelo é angulada de maneira peculiar. Essas anatomias singulares às vezes são encontradas hoje nas pessoas que fraturam o tornozelo na infância[4] e nunca tiveram os ossos reparados de forma apropriada.

Não havia médicos ou hospitais há 1,9 milhão de anos, é claro, mas depois de essa pequena hominídeo fraturar o tornozelo, ficando indefesa em um mundo de predadores, ela não morreu. Não na ocasião. Ela viveu o bastante para se curar e crescer.

Fósseis são apenas rochas, mas eles contam histórias extraordinárias. Imagine a cena ao longo da margem leste do lago Turkana 1,9 milhão de anos atrás. O sol nasceu, lançando uma luz dourada por todo o campo ao redor. Em uma floresta de galeria que abraça um rio próximo, macacos acordam com um barulho. Os ancestrais de zebras, antílopes e elefantes saboreiam seu desjejum, ocasionalmente erguendo a cabeça à procura de predadores vagando na grama alta.

Da segurança de suas árvores, os hominídeos observam a cena que se desenrola. Eles não ousam descer ao solo. Os predadores estavam famintos, e os hominídeos estavam no cardápio. Mas assim que o sol nascia forte o bastante para fazer os enormes felinos irem para a sombra, os hominídeos desciam das árvores em busca de alimento. Eles coletavam larvas, tubérculos, frutas, sementes, folhas verdes e talvez até carnes grudadas nos ossos de carcaças de animais que os felinos haviam matado durante a noite.

Um desses hominídeos era a KNM-ER 2596. Ela estava com sua família e seus amigos, um grupo de talvez duas ou três dúzias. Sua mãe não a alimentava mais desde que tivera outro bebê para cuidar, mas a KNM-ER 2596 ajudava a carregar o bebê enquanto eles coletavam alimento. Quando o sol se punha, ela voltava para a árvore e fazia um ninho para a noite. Talvez ela olhasse para cima e ficasse imaginando o que seriam os pontos de luz no céu.

Um dia, a vida de KNM-ER 2596 mudou drasticamente. Talvez ela tenha caído de uma árvore; talvez tenha tropeçado em uma vala. Seja como for, ela torceu o tornozelo, os ligamentos se romperam, e o osso fraturou. Ela se esparramou no solo gritando de dor, pedindo ajuda. Sua mãe correu para ajudá-la, mas não podia pôr o bebê no chão — não no mato aberto com predadores por perto. O restante do grupo se aproximou, a preocupação estampada em suas faces, pois sabiam que a comoção logo atrairia os grandes felinos e hienas.

A coisa mais segura para o grupo era abandoná-la ali, mas isso não aconteceu.

Talvez alguns a tenham carregado para uma área arborizada e a ajudado a subir em uma árvore. Talvez fosse uma árvore frutífera e ela pudesse comer algo sem precisar deixar a segurança dos galhos. Talvez os outros tenham lhe trazido comida, um pedaço de antílope ou uma porção de sementes. Talvez isso tenha acontecido na estação chuvosa e ela pudesse lamber a água das folhas.

Se tivéssemos encontrado mais de seu esqueleto, mais de sua história teria sido revelada, mas um pedaço precioso de sua tíbia é a única evidência que temos de que ela existiu. Nós *sabemos* que outros membros do grupo cuidaram dela enquanto ela se restabelecia? Não, mas é difícil imaginar como ela teria sobrevivido se não fosse dessa forma. A KNM-ER 2596 foi lentamente ficando melhor, mas nunca deixou de mancar.

Quando um quadrúpede, como a zebra ou o antílope, fica gravemente ferido, ele manca, mas ainda pode andar. Quando um bípede fica gravemente ferido, ele não consegue mais caminhar. O bipedalismo não só nos deixou vulneráveis a ferimentos nas pernas e nos pés, mas nos tornou particularmente frágeis quando eles acontecem.

Se a KNM-ER 2596 fosse o único exemplo de um hominídeo sobrevivendo a um ferimento catastrófico, perceberíamos a sorte que ela teve e a colocaríamos em uma nota de rodapé. Mas ela não foi a única que precisou de ajuda para sobreviver a um ferimento ou a uma doença. Houve outros — muitos outros.

O esqueleto de *Australopithecus afarensis* com 3,4 milhões[5] de anos descoberto no sítio Woranso-Mille, na Etiópia, por Yohannes Haile-Selassie tinha uma fratura curada no tornozelo, exatamente como a da KNM-ER 2596. Por volta da mesma época em que KNM-ER 2596 estava se recuperando nas margens do lago Turkana, um hominídeo conhecido como KNM-ER 738 quebrou seu fêmur esquerdo[6]. Era uma fratura espiral, do tipo que os médicos de pronto atendimento costumam ver após acidentes de carros ou com esquis. Normalmente, seis semanas de imobilização total são necessárias antes de o paciente poder andar de novo. O KNM-ER 738 não devia ter sobrevivido. Mas esse fóssil, descoberto pela equipe de Richard Leakey em 1970, tem uma área espessa de osso chamada calo, uma evidência de que ele se curou e sobreviveu.

Anéis de osso inflamado circulam ou tornam espesso o esqueleto de um *Homo erectus* cujo fóssil é chamado KNM-ER 1808[7]. Inicialmente, os cientistas acharam que a causa fosse overdose de vitamina A, uma doença que afligia marinheiros náufragos no início do século XX, que comiam fígado de foca em excesso, desenvolviam crescimentos similares e morriam. Outros propuseram que a doença era causada por bouba, uma infecção bacteriana que raramente é fatal, mas desfigura as pessoas hoje. Não importa a causa, a inflamação do osso do KNM-ER 1808 deve ter sido dolorosa e debilitante. Mas esse *Homo erectus* continuou se alimentando, se locomovendo e respirando. É difícil imaginar que ele pudesse ter feito isso sem qualquer ajuda[8].

E a lista continua. A criança *Homo erectus* Nariokotome, de 1,49 milhão de anos[9], parece ter tido escoliose. Um fóssil parcial de um pé de 1,8 milhão de anos[10] de Olduvai Gorge, na Tanzânia, tem crescimentos ósseos indicando grave artrite. Ossos da perna do hominídeo[11] encontrados nas proximidades apresentavam deficiência, com grave torção do tornozelo superior. Vértebras de sedimentos de cavernas de 2,5 milhões de anos[12] na África do Sul contêm anéis de ossos consistentes com artrite severa na região lombar. Nos mesmos depósitos da caverna[13], pesquisadores descobriram uma fratura de compressão curada no tornozelo de um *Australopithecus*. Karabo, o esqueleto do *Australopithecus sediba*[14] encontrado por Matthew Berger, de 9 anos, e seu cachorro Tau, tinha um tumor nas vértebras que teria latejado e doído. Em todos os casos, esses indivíduos teriam sido beneficiados pela assistência de outros.

A vida era difícil para nossos ancestrais, e locomover-se sobre duas pernas a deixava ainda mais difícil. Todos os dias, eles lutavam por comida com outras espécies de hominídeos, enquanto tentavam evitar predadores assustadores. Com todas essas ameaças, eles precisavam se defender bravamente contra os "outros" perigosos, enquanto, simultaneamente, direcionavam a empatia para os seus.

Richard Wranghan, primatólogo da Universidade de Harvard[15], chama isso de *The Goodness Paradox* [O Paradoxo da Bondade, em tradução livre]. Como nós, humanos, podemos ser cruéis e compassivos? Os estudiosos têm debatido a essência[16] da natureza humana há séculos. Somos violentos inatos e restringimos nossas tendências agressivas por regras e normas de grupo, ou somos pacíficos por natureza e nos tornamos agressivos em sociedades opressivas que celebram a violência e o patriarcado?

Todos os mamíferos, inclusive os humanos, têm comportamentos flexíveis. Eles podem ter comportamento parental em um momento e ser violentos no outro. As adoráveis lontras dão as mãos e limpam amorosamente umas às outras, mas atacam e copulam forçosamente com bebês de focas. Os elefantes cuidam dos recém-nascidos em um momento e pisoteiam uma pessoa fazendo safári no outro. O cão doméstico é um membro da família em mais de 50 milhões de lares norte-americanos. Os cães brincam, farejam e lambem, mas também mordem[17]. Nossos amigos peludos mordem 4,5 milhões de norte-americanos por ano, resultando em 10 mil atendimentos em hospitais, e em 2019 houve 46 mortes.

O comportamento do mamífero é uma dança de hostilidade e harmonia.

Nossos primos mais próximos, chimpanzés e bonobos, são frequentemente considerados como tendo comportamentos opostos. Às vezes os chimpanzés são assassinos truculentos, enquanto que os bonobos geralmente são pacifistas de espírito livres. Os que veem os humanos como naturalmente violentos com frequência citam pesquisas com chimpanzés para sustentar seus argumentos. Os que consideram os humanos pacíficos por natureza citam os bonobos. A realidade é mais complexa do que isso.

No Parque Nacional Florestal Kibale, em Uganda, em 2016, observei Miles, um dos machos de alto escalão de seu grupo, bater violentamente em um chimpanzé fêmea cujos esforços desesperados para fugir falharam repetidamente, pois ele a agarrava pela perna, a arrastava pelas costas e batia nela com os punhos fechados. Dois dias antes, no entanto, eu vi um Miles tranquilo, deitado de lado, brincando com um chimpanzé mais jovem. Ele era gentil e amoroso.

Um ano depois, acompanhei o mesmo grupo de chimpanzés em patrulha. Uma dúzia de machos caminhava com o apoio das articulações dos dedos das mãos com o propósito de demarcar seu território. Eles farejavam o ar e às vezes se erguiam como bípedes para ouvir ou procurar por inimigo. Eles se moviam em um silêncio perturbador. Aquele dia terminou sem intercorrência[18], mas uma semana depois, o mesmo grupo encontrou um chimpanzé de um grupo vizinho, e bateram nele até a morte[19].

Bonobos, no entanto, nunca foram vistos envolvidos em matanças territoriais. Quando se encontram com os vizinhos, eles os limpam, dividem alimentos e até cruzam. Em suas florestas ricas em recursos, a melhor estratégia comportamental parece ser fazer amor, e não guerra, mas não significa que os bonobos sejam pacifistas[20]. Eles caçam, comem carne, e as brigas entre os membros do grupo em sua sociedade dominada pelas fêmeas ocasionalmente tornam-se violentas. Às vezes as bonobos fêmeas formam colisões para atacar e subjugar machos agressivos.

"O POTENCIAL PARA o bem ou para o mal verifica-se em todo indivíduo"[21], escreveu Richard Wrangham em *The Goodness Paradox*. O registro fóssil fornece algumas ideias sobre o equilíbrio entre a agressão e a amizade na linhagem humana?

Nas Montanhas Atapuerca, ao norte da Espanha, uma equipe de paleoantropólogos descobriu 7 mil fósseis de hominídeos em uma caverna com meio milhão de anos chamada Sima de los Huesos, ou "poço de ossos". Eles classificaram os vestígios mortais misturados em 28 esqueletos parciais. Os fósseis são os mais antigos a preservar ainda o DNA[22] e revelaram que as pessoas de Atapuerca eram ancestrais dos Neandertais.

Um deles, apelidado de "Benjamina" pelos pesquisadores, era uma criança que morreu quando tinha 7 anos de idade. Seu crânio deformado indica que ela teve um caso grave de craniossinostose[23], uma enfermidade que causa deficiência mental. Para cuidar de uma criança de 7 anos são necessários cuidadores dedicados, mas no caso de Benjamina, seria preciso cuidados acima do normal. Por outro lado, outro indivíduo, cujos ossos descansavam não muito longe dos de Benjamina, apresenta evidências de brutalidade. Ele foi agredido com uma pedra até a morte[24]. Dois golpes na testa, acima do olho esquerdo, penetraram o crânio e expuseram o cérebro. Seu corpo foi jogado em um poço natural e dentro do mesmo poço de ossos.

Há 36 mil anos, alguém pegou uma rocha afiada — provavelmente uma machadinha — e golpeou o topo da cabeça do Neandertal, próximo da atual Saint-Césaire, na França. Mas seu fóssil mostra um osso recuperado em torno do ferimento[25], evidência de que ele continuou a viver.

Há 150 mil anos, uma garota que vivia na caverna Lazaret[26], próximo da atual Nice, na França, sofreu um golpe do lado direito da cabeça. Talvez ela estivesse brincando e caiu. Talvez uma amiga tenha jogado uma pedra que a atingiu por acidente. Talvez um membro de seu grupo — ou de um clã vizinho — tenha esmagado sua cabeça deliberadamente. Não importa como aconteceu, o fóssil que ela deixou para trás mostra que ela estava gravemente ferida. Mesmo que ela tenha sangrado profusamente, sofrendo desse tipo de ferimento na cabeça, ela cicatrizou. Alguém deve ter cuidado de seus ferimentos até que ela se recuperasse.

Em 2011, Xiu-Jie Wu, da Academia Chinesa de Ciências, publicou os resultados de sua análise de um crânio com aproximadamente 300 mil anos do sul da China[27]. Ele também sofreu um golpe no topo da cabeça e se curou. Wu e seus colegas documentaram exemplos adicionais de violência traumática[28] — mais de 40 ferimentos na cabeça — em fósseis de nossos ancestrais. Mas na maioria dos casos, a vítima sobreviveu e se recuperou, e quase todos não teriam conseguido sem ajuda.

OS HUMANOS TÊM espírito de clã. Assim como os chimpanzés, com frequência limitamos nosso altruísmo àqueles considerados membros de nosso grupo. Nós podemos ser terrivelmente violentos com aqueles que definimos como os "outros", às vezes para se apoderar da riqueza ou do território, mas quase sempre simplesmente porque eles adoram um deus diferente, têm cor de pele diferente, falam uma língua diferente ou vivem sob uma bandeira diferente. Sim, os humanos se destacam em ajudar uns aos outros[29], mas uma das coisas em que cooperamos melhor é em matar um grande número de outros seres humanos.

De primatas munidos de tacapes de *2001: Uma Odisseia no Espaço* à falsa, mas ainda difundida noção de "Man the Hunter" [Homem, o Caçador, em tradução livre] de que nossa evolução foi movida em parte pelo desejo de carne de animais grandes, nossas inegáveis tendências violentas e agressivas têm dominado as narrativas que construímos sobre nosso passado. E ainda sim, nossa jornada evolutiva também nos dotou de uma capacidade extraordinária de ser empáticos. Quase sempre, deixamos de lado o melhor de nossa natureza[30] e ignoramos o fato de que, assim como os quarenta hominídeos de Wu que sobreviveram aos ferimentos da cabeça porque receberam ajuda, conflito e empatia estão ligados.

"Seu coração faz quase a mesma coisa se você estiver enfurecido ou tendo um orgasmo"[31], escreveu o psicólogo Robert Sapolsky, da Universidade Stanford, em seu livro *Comportamento: A Biologia Humana no Nosso Melhor e Pior*. "O oposto do amor não é a raiva, é a indiferença." Mas a indiferença não é algo que eu veja no registro fóssil humano.

Lembre-se das pegadas Laetoli de 3,66 milhões de anos. O menor dos indivíduos parece ter caminhado com um grave manquejar, seu pé angulava quase 30 graus da direção de deslocamento. Mas ele não caminhava sozinho. Ele estava com outros[32] — os que o ajudaram.

Lucy deve ter tido quem a ajudasse também. Seu fêmur contém um arco acentuado[33] de osso infectado onde os músculos de seu quadril deveriam estar ligados. Talvez tenha sido causado por um espinho profundamente encravado na lateral de seu corpo. Talvez seu tendão tenha rompido do osso à medida que ela desesperadamente fugia das mandíbulas de um predador. Ela fugiu, mas seu quadril ficou ferido e a fazia manquejar.

Lucy também tinha problemas na coluna vertebral.[34] Embora ela fosse jovem, quatro de suas vértebras haviam desenvolvido crescimentos estranhos similares aos encontrados em pessoas atualmente com um distúrbio esquelético chamado doença de Scheuermann. Essa doença pode ter dado a ela uma corcunda e comprometido sua habilidade de andar. A vida era difícil e dolorosa para nosso símbolo da ciência.

Ainda mais revelador é como a espécie de Lucy dava à luz.

Em 2017, trabalhei com as antropólogas Natalie Laudicina, Karen Rosenberg e Wenda Trevathan[35] para reconstruir como a espécie de Lucy paria. A partir do formato da pelve, determinamos que era impossível para um *Australopithecus* nascer olhando para a frente, como acontece na maioria dos nascimentos de primatas. Em vez disso, o bebê girava à medida que entrava no canal de parto. Conforme o bebê chegava ao estreito médio, ele tinha que manter a rotação para fazer seus ombros passarem. Embora nossas simulações não precisassem de uma rotação completa de 180 graus, o bebê ainda tinha que nascer virado para trás, na posição occipital anterior, como a maioria dos humanos nasce atualmente. Teria sido perigoso para a espécie de Lucy dar à luz sem ajuda.

Para as paleoantropólogas, isso significa que Lucy tinha quem a ajudasse. O trabalho de parteira tem pelo menos 3,2 milhões de anos, desde a época dos *Australopithecus*. Como Rosenberg escreveu, "Parteira... é a 'profissão mais antiga'"[36].

Os chimpanzés fêmeas, cuja pelve mais larga não requer que seus bebês girem nos canais de parto, normalmente davam à luz sozinhas, mas com os bonobos, nosso outro primo de primeiro grau com pelves largas, o nascimento não é sempre uma experiência solitária.

Em 2018, Elisa Demuru[37], uma pesquisadora de pós-doutorado da Universidade de Lyon, na França, publicou observações de três nascimentos de bonobos em cativeiro. Outras fêmeas estavam presentes e até ajudaram segurando o bebê enquanto ele nascia. Alguns anos antes, Pamela Heidi Douglas, uma cientista do Instituto Max Planck de Antropologia Evolucionária em Leipzig, na Alemanha, observou um dia raro de nascimento de um bonobo selvagem nas florestas da República Democrática do Congo. Novamente, outras fêmeas estavam presentes.

Nessa família tripartida de humanos, chimpanzés e bonobos, os chimpanzés são os singulares. Talvez eles mudem seu comportamento ao nascer de um social para um solitário ao longo do curso de sua história evolucionária.

Parece provável, então, que quando o último ancestral comum dos humanos, chimpanzés e bonobos dava à luz, outras fêmeas estavam presentes e prontas para ajudar. Talvez o apoio social durante o nascimento dos hominídeos bípedes seja *anterior* à necessidade física de ter ajudantes. Talvez o nascimento rotacional, que se tornou necessário devido às mudanças pélvicas que acompanharam o bipedalismo, fosse possível somente porque a ajuda das fêmeas já fazia parte do repertório comportamental de nossos ancestrais hominídeos.

No cenário do "que vem primeiro, o ovo ou a galinha?" em relação à ajuda no parto e à rotação do nascimento, a conclusão lógica é a de que as ajudantes vieram primeiro.

O CAMINHAR ERETO está intimamente ligado à nossa evolução como espécie social. A evidência sugere que nossos ancestrais bípedes não só assistiam aos partos, mas também cuidavam dos bebês enquanto suas mães buscavam alimentos. Eles formavam comunidades que mantinham seus filhos seguros, enquanto o cérebro dele crescia e eles aprendiam os hábitos de seus grupos. Muito lentos para fugir e muito pequenos para evitarem sozinhos os ataques, eles tinham que cuidar uns dos outros para sobreviver.

Hoje nós subestimamos essa base antiga de confiança, generosidade e cooperação mesmo quando nossas crianças corajosamente tropeçam em seus primeiros passos, confiantes de que um cuidador está próximo, protegendo-as do perigo. Nós, subconscientemente, coordenamos nossos passos com os que estão ao nosso lado, como temos feito há milênios.

O bipedalismo evoluiu em conjunto com a empatia e impeliu o desenvolvimento da tecnologia. Junto com a inteligência, ele enfim resultou na medicina moderna, em hospitais, cadeiras de roda e próteses[38]. A evolução para tornar o corpo fisicamente apto para um primata social e empático caminhar é o que tornou possível o *não caminhar* para quase 3 milhões de norte-americanos com deficiência motora.

O primatólogo Frans de Waal escreveu que a empatia começa com a "sincronização dos corpos".[39] Ao caminhar no ritmo dos que estão ao nosso redor, não podemos deixar de nos colocar no lugar do outro.

Como muitas ideias, a ligação entre o bipedalismo e as tendências sociais remonta a Darwin. Em 1871, ele escreveu:

Em relação ao tamanho corporal ou força[40], não sabemos se o homem descende de alguma espécie pequena, como a do chimpanzé, ou se de uma tão poderosa quanto a do gorila; portanto, não podemos dizer se o homem se tornou maior e mais forte, ou menor e mais fraco do que seus ancestrais. Devemos, no entanto, ter em mente que um animal que seja grande, forte, e feroz que, como o gorila, poderia se defender de todos os inimigos, não poderia, talvez, ter se tornado social; e isso teria verificado mais eficazmente a aquisição de qualidades mentais superiores, como simpatia e amor pelos seus amigos. Portanto, poderia ter sido uma imensa vantagem para o homem ter se originado de alguma criatura comparativamente fraca.

Embora seu ponto de vista geral seja bom, há erros factuais nessa passagem. Os chimpanzés não são pequenos e fracos; eles são muito fortes. Os gorilas são menos ferozes e mais sociais do que Darwin descreve. E é um erro assumir que uma espécie carinhosa e social seja "fraca".

O notório mafioso Al Capone pode ter dito: "Não confunda minha gentileza com fraqueza."[41] Uma declaração quase idêntica — "Nunca confunda... minha gentileza com fraqueza"[42] — é atribuída ao Dalai Lama. Isso é uma boa ilustração de nossa notável flexibilidade comportamental. Somos pacíficos e violentos, cooperativos e egoístas, empáticos e apáticos. De Waal escreveu: "Nós caminhamos sobre duas pernas[43]: uma social, e a outra egoísta."

Nós tendemos a salientar nossas inclinações egoístas e subestimar nossa sociabilidade. Todos os dias, milhões de atos atenciosos, gentis e de mudança de vida são realizados por seres humanos sem chamar muito a atenção. Mas quando nos desviamos do lado cooperativo de nossa natureza e cometemos atos de violência e egoísmo, é uma aberração suficiente para ser digna de nota.

Bombardeados por nosso noticiário 24 horas com exemplos da crueldade humana, nós, quase sempre, negligenciamos quão cooperativos e tolerantes podemos ser. Ajudar uns aos outros é natural para nós: segurar a porta para um vizinho, doar uns trocados para um pedinte, passar o prato para dividir a comida com os outros. Esses são eventos rotineiros em que a gentileza do ser humano, como caminhar, o tornou um pedestre.

Vale a pena ressaltar que os humanos, e nossos ancestrais hominídeos, não são de forma alguma as únicas criaturas a cooperar ou demonstrar empatia. Esses comportamentos para manter a coesão social têm sido amplamente observados no reino animal. Por exemplo, as formigas e as abelhas cooperam muito mais e com mais eficiência do que nós. A empatia tem sido observada em espécies tão variadas como os elefantes, os golfinhos e os cães.

E ecos de *nossa* natureza compassiva aparecem em nossos primos primatas.

Em 1974, Penny, um chimpanzé fêmea com 3 anos de idade, caiu na água que cerca a ilha onde é seu recinto, no Instituto Oklahoma de Estudos de Primatas, e começou a se afogar. Washoe, um chimpanzé fêmea de 9 anos, saltou uma cerca eletrificada, puxou-a para fora da água e a deixou em segurança[44]. Em 1996, Binti-Jua, uma gorila-ocidental-das-terras-baixas, pegou e embalou um menino de 3 anos de idade que havia caído em seu recinto, no Zoológico de Brookfield, nos arredores de Chicago, antes de deixá-lo em segurança. No início de 2020, um orangotango foi fotografado estendendo a mão para ajudar um homem com água acima da cintura. Bonobos, os mais empáticos e altruístas dos grandes primatas, rotineiramente compartilham comida até com estranhos.

O QUE FOI necessário para as sementes de cooperação e altruísmo eclodirem na linhagem humana foram os desafios colossais criados pelo caminhar ereto.

Em 2011, o paleoantropólogo Don Johanson e Richard Leakey se uniram ao neurocirurgião e jornalista médico Sanjay Gupta para um evento público no Museu Americano de História Natural, em Nova York. Na última vez em que os paleoantropólogos dividiram um palco, em 1980, Leakey se enfureceu por causa de suas interpretações diferentes de ossos antigos que eles haviam retirado dos antigos sedimentos africanos. Mas algumas décadas depois, esses dois "machos dominantes" de nossa área haviam amadurecido o suficiente para refletirem juntos sobre suas carreiras.

Durante o momento de perguntas e respostas, Gupta perguntou o que nos tornou humanos. Leakey falou primeiro sobre como ele havia perdido suas pernas quando foram esmagadas em uma queda de avião em 1993 e como ele agora andava com próteses. Ele disse:

Se você é uma criatura com duas pernas e não tem pernas, você não vai muito longe... ter uma perna não é melhor do que não ter perna. Ao passo que, se você for um chimpanzé ou um babuíno, um leão ou um cachorro e tiver quatro pernas, você pode perder uma e andar perfeitamente bem. Agora, uma vez que você se torna bípede... os vínculos e as interações sociais assumem um significado totalmente diferente, não só significado, mas valores também. E eu não acredito que os primatas bípedes teriam sobrevivido a menos que, além de serem bípedes, tivessem mudado a forma de pensar em termos de altruísmo, de rede social e conexões sociais.[45]

Pode ser, então, que um dos aspectos mais misteriosos da condição humana — nossa capacidade de abnegação — surgisse de nossas vulnerabilidades como bípedes em um mundo perigoso. Sim, nossa sobrevivência foi, e para muitos continua a ser, uma luta, mas como descendentes dos hominídeos bípedes, nossa jornada evolucionária continua, porque a empatia, a cooperação e a generosidade evoluíram em sintonia com nossa forma de locomoção diferenciada.

Eu sustentaria que o experimento humano não teria sido possível a menos que descendêssemos de primatas sociais capazes da empatia — o bipedalismo poderia ter evoluído somente de uma linhagem que tivesse desenvolvido a capacidade da tolerância, cooperação e solidariedade para com o outro. O bipedalismo em um primata excessivamente agressivo, com tendências puramente egoístas e baixa tolerância com outros membros do grupo teria sido uma receita para a extinção.

No filme *Contato*, Carl Sagan escreveu sobre os humanos: "Vocês são uma espécie interessante[46]. Uma mistura interessante. Vocês têm capacidade de ter sonhos lindos e pesadelos horríveis. Vocês se sentem tão perdidos, tão solitários, só que não são. Sabe, em toda nossa busca, a única coisa que encontramos que torna o vazio suportável é um ao outro."

Depois de milhões de anos e dezenas de experimentos evolucionários, nós, humanos, somos os últimos primatas bípedes da Terra. À medida que avançamos como uma espécie em tempos incertos e inquietantes, ajuda olhar por cima dos ombros para a trilha que deixamos para trás. Viajamos muito e superamos muita coisa juntos.

Está na hora de abraçarmos as lições que os ossos de nossos ancestrais nos ensinam e construirmos uma nova história da origem humana, na qual o sucesso evolucionário desse primata ereto extraordinário seja atribuído em grande parte à nossa capacidade de empatia, tolerância e cooperação.

NOTAS

INTRODUÇÃO

1   Há uma antiga história sobre uma centopeia: Duncan Minshull, *The Vintage Book of Walking* (Londres: Vintage, 2000), 1.
2   Dos 636 capturados: "New Jersey Division of Fish & Wildlife", última modificação em 10 de outubro de 2017, <https://www.njfishandwildlife.com/bearseas16_harvest.htm>.
3   Houve enorme indignação: Daniel Bates, "EXCLUSIVE: Hunter Who Shot Pedals the Walking Bear with Crossbow Bolt to the Chest is Given Anonymity over Death Threats", Daily Mail, 3 de novembro de 2016, <https://www.dailymail.co.uk/news/article-3898930/Hunter-shot-Pedals-ear-crossbow-bolt-chest-boasting-three-year-mission-given-anonymity-death-threats.html>.
4   Um deles tem mais de 1 milhão de visualizações: "Pedals Bipedal Bear Sighting", última modificação em 22 de junho de 2016, <https://www.youtube.com/watch?v=Mk-HHyGRSRw>.
5   Outro tem mais de 4 milhões: "New Jersey's Walking Bear Mystery Solved", 8 de agosto de 2014, <https://www.youtube.com/watch?v=kcIkQaLJ9r8&t=3s>.
6   Chimpanzés dando abraços: veja Frans de Waal, *Mama's Last Hug: Animal Emotions and What They Tell Us About Ourselves* (Nova York: W. W. Norton, 2019). Vídeo disponível em: <https://www.youtube.com/watch?v=INa-oOAexno>.
7   Em 2011, foi divulgado que um gorila-ocidental-das-terras-baixas: "Gorilla Walks Upright", CBS, 28 de janeiro de 2011, <https://www.youtube.com/watch?v=B3nhz0FBHXs>. "Gorilla Strolls on Hind Legs", NBC, 27 de janeiro de 2011, <http://www.nbcnews.com/id/41292533/ns/technology_and_science-science/t/gorilla-strolls-on-hind-legs/#.XllgdpNKhQI>. "Walking Gorilla Is a YouTube Hit", BBC News, 27 de janeiro de 2011, <https://www.bbc.co.uk/news/uk-england-12303651>.
8   A euforia do gorila que caminha ereto: "Strange Sight: Gorilla Named Louis Walks like a Human at Philadelphia Zoo", CBS News, 18 de março de 2018, <https://www.youtube.com/watch?v=TD25aORZjmc>. Eu visitei Ambam em fevereiro de 2019 e Louis em outubro do mesmo ano. Seus tratadores foram muito prestativos e tinham bastante conhecimento sobre os gorilas, e tive momentos maravilhosos observando nossos magníficos primos. Durante várias horas de manhã, observei os dois gorilas caminhando apoiados nas juntas dos dedos das mãos de um lado para outro dentro de seu recinto; não os vi caminhando como bípedes. Mesmo os indivíduos que se sentem mais confortáveis caminhando sobre duas patas, só o fazem ocasionalmente.
9   Faith, a cadela: "Things You Didn't Know a Dog Could Do on Two Legs", Oprah.com, <https://www.oprah.com/spirit/faith-the-walking-dog-video>.
10 Um vídeo de um polvo bípede: "Bipedal Walking Octopus", 28 de janeiro de 2007, <https://www.youtube.com/watch?v=E1iWzYMYyGE>.

PARTE I: A ORIGEM DO CAMINHAR ERETO

1. *Todos os outros animais olham para baixo*: Ovid, *Metamorphoses, Book One*, trad. Rolfe Humphries (Bloomington: Indiana University Press, 1955).

CAPÍTULO 1: COMO NÓS CAMINHAMOS

1. *Caminhar é cair para a frente:* Paul Salopek, "To Walk the World: Part One", dezembro de 2013, <https://www.nationalgeographic.com/magazine/2013/12/out-of-eden>.
2. Até mesmo Platão reconheceu: de Diogenes Laërtius, *Vidas e Doutrinas dos Filósofos Ilustres*, trad. C. D. Yonge (Londres: G. Bell & Sons, 1915), 231.
3. O bipedalismo, desde então, faz parte de nosso vocabulário: eu descobri que fazer listas de substantivos e metáforas com caminhar é uma prática comum. Há variações em Rebecca Solnit, *Wanderlust: A History of Walking* (Nova York: Penguin Books, 2000); Antonia Malchik, *A Walking Life* (Nova York: Da Capo Press, 2019), 4; Geoff Nicholson, *Lost Art of Walking* (Nova York: Riverhead Books, 2008), 17, 21–22; Joseph Amato, *On Foot: A History of Walking* (Nova York: NYU Press, 2004), 6; Robert Manning e Martha Manning, *Walks of a Lifetime* (Falcon Guides, 2017).
4. Ao longo da vida: o norte-americano comum, sem deficiências, caminha um pouco mais de 5 mil passos por dia e tem expectativa de vida de 79 anos, o que significa que a maioria de nós caminhará cerca de 150 milhões de passos, a aproximadamente 2 mil passos por quilômetro, resultando em cerca de 120 mil quilômetros. A circunferência da Terra tem cerca de 41 mil quilômetros, o que significa que cada um de nós, em média, dará passos suficientes para dar a volta na Terra três vezes.
5. Como o primatólogo John Napier escreveu: John Napier, "The Antiquity of Human Walking", *Scientific American* 216, n° 4 (abril de 1967), 56–66.
6. Ao aproveitar a gravidade: Timothy M. Griffin, Neil A. Tolani e Rodger Kram, "Walking in Simulated Reduced Gravity: Mechanical Energy Fluctuations and Exchange", *Journal of Applied Physiology* 86, n°1 (1999), 383–390.
7. Em 2009, o velocista jamaicano: Dan Quarrell, "How Fast Does Usain Bolt Run in mph/km per Hour? Is He the Fastest Recorded Human Ever? 100m Record?" Eurosport.com, <https://www.eurosport.com/athletics/how-fast-does-usainbolt-run-in-mph-km-per-hour-is-he-the--fastest-recorded-human-ever-100m-record_sto5988142/story.shtml>.
8. passam de 95km/h: dizem, frequentemente, que os guepardos correm 110km/h, mas o guepardo mais rápido filmado correu a 103km/h. N. C. C. Sharp, "Timed Running Speed of a Cheetah (*Acinonyx jubatus*)", *Journal of Zoology* 241, n° 3 (1997), 493–494.
9. De acordo com os Centros: "Acidentes ou Lesões Não Intencionais", Centro de Controle e Prevenção de Doenças, Centro Nacional de Estatística em Saúde dos Estados Unidos, 20 de janeiro de 2017, <https://www.cdc.gov/nchs/fastats/accidental-injury.htm>.
10. descendessem dos primatas: humanos são primatas. Nós somos membros de uma família de primatas de grande porte, sem rabo e que comem frutas, chamados de hominídeos, a qual inclui gorilas, chimpanzés, bonobos, orangotangos e gibões. O hominídeo algumas vezes é chamado de "primata". No entanto, é funcional ter uma palavra para nós (humanos) e uma palavra para hominídeos não humanos (primata). Mesmo que eu reconheça que somos, de fato, primatas, ao longo deste livro uso a palavra "primata" em substituição a hominídeos não humanos, e quando eu a uso, estou me referindo aos chimpanzés, gorilas, bonobos, orangotangos e/ou gibões.

11 lançada na origem do homem: ao longo do livro, uso a palavra "homem" quando é uma citação direta, como é o caso da frase do livro de Darwin, *A Origem das Espécies*, ou quando estou me referindo aos homens atuais. Ela não é uma palavra conveniente ou abrangente para descrever toda a humanidade. A antropóloga Sally Linton (Slocum) escreveu "Uma teoria que deixa de fora metade da espécie humana é fraca" (em "Woman the Gatherer: Male Bias in Anthropology", em *Toward an Anthropology of Women*, ed. Rayna R. Reiter [Nova York: Monthly Review Press, 1975]). Uma palavra que faça o mesmo é igualmente problemática.

12 Darwin previu há um século e meio: Charles Darwin escreveu na página 199 do livro *A Descendência do Homem e Seleção em Relação ao Sexo*: "...é mais provável que nossos primeiros progenitores tenham vivido no continente africano do que em outro lugar qualquer." Ele então escreveu: "Mas é inútil especular sobre o assunto."

13 Os únicos fósseis humanos pré-modernos: em 1864, William King, um professor de geologia na Irlanda, nomeou uma nova espécie humana extinta com base em um esqueleto parcial da Caverna Feldhofer no Vale Neander, na Alemanha. Ele o chamou de *Homo neanderthalensis*. Fósseis de Neandertal também foram encontrados na Bélgica e na península de Gibraltar. Em 1864, Darwin até segurou o Neandertal de Gibraltar nas mãos, mas não percebeu a sua importância. O fóssil do *Homo sapiens* Cro-Magnon também era conhecido e foi descoberto em 1868.

14 um jovem professor australiano chamado Raymond Dart: veja Raymond Dart, *Adventures with the Missing Link* (Nova York: Harper & Brothers, 1959), e Lydia Pyne, *Seven Skeletons* (Nova York: Viking, 2016), para mais detalhes sobre o contexto da descoberta de Dart. Em resumo, a única aluna de Dart, Josephine Salmons, descobriu o crânio de um babuíno em posse de um amigo da família, Mr. E. G. Izod. Izod era diretor da Northern Lime Company, que vinha minerando na pedreira Buxton Limeworks, em Taung, na África do Sul. As versões da história diferem sobre se o crânio do fóssil estava sobre o console de sua lareira ou sendo usado como peso de papéis em sua escrivaninha. Seja como for, Salmons levou o fóssil para Dart, que ficou impressionado e entrou em contato com Izod, solicitando que outros fósseis da pedreira fossem entregues a ele para estudo. Dart lembra em seu livro que as caixas contendo a criança de Taung chegaram no dia em que ele estava de smoking, recebendo os convidados do casamento de um amigo.

15 ele pegou uma pequena caixa de madeira: em 1931, Dart levou a criança de Taung para Londres, assim ela poderia ser estudada por paleoantropólogos de lá. Um dia, Dart deu a caixa com a criança de Taung para a esposa Dora levar de volta ao apartamento deles. Mas ela acidentalmente a deixou no táxi. Depois de passar o dia rodando em Londres, até perceber a caixa e abri-la, o motorista do táxi ficou chocado com o que encontrou dentro dela, o crânio de uma criança! Imediatamente ele a levou à polícia. Dora, a esta altura dos acontecimentos, percebeu que havia perdido a caixa e foi à polícia de Londres, onde ela recuperou o fóssil insubstituível. Essa foi por pouco.

16 as cavidades oculares da criança com 2,5 milhões de anos: a idade geológica de Taung é incerta. McKee (1993) a datou entre 2,6 a 2,8 milhões de anos. Mais recentemente, Kuhn *et al.* (2016) datou Taung entre 2,58 a 3,03 milhões de anos. Jeffrey K. McKee, "Faunal Dating of the Taung Hominid Fossil Deposit", *Journal of Human Evolution* 25, n° 5 (1993), 363-376. Brian F. Kuhn *et al.*, "Renewed Investigations at Taung; 90 Years after the Discovery of *Australopithecus africanus*", *Palaeontologica africana* 51 (2016), 10-26.

17 Ele a chamou de *Australopithecus africanus*: Raymond A. Dart, "*Australopithecus africanus*: The Man-Ape of South Africa", *Nature* 115 (1925), 195-199.

18 esses fósseis têm entre 2 e 2,6 milhões de anos: Robyn Pickering e Jan D. Kramers, "Reappraisal of the Stratigraphy and Determination of New U-Pb Dates for the Sterkfontein Hominin Site, South Africa", *Journal of Human Evolution* 59, nº 1(2010), 70–86.

19 hominídeo de Makapansgat de *Australopithecus prometheus*: Raymond A. Dart, "The Makapansgat Proto-human *Australopithecus prometheus*", *American Journal of Physical Anthropology* 6, nº 3 (1948), 259–284.

20 Em 1949, Dart publicou suas descobertas: Raymond A. Dart, "The Predatory Implemental Technique of *Australopithecus*", *American Journal of Physical Anthropology* 7, nº 1 (1949), 1–38. O termo "osteodontoquerática" surgiu em 1957.

21 Ele passou a maior parte do ano de 1918 na Inglaterra e na França: Dart serviu como oficial médico no Royal Prince Alfred Hospital antes de ser promovido a capitão no Corpo Médico Real do Exército Australiano (1918–1919). Eu especulava que ele podia ter visto os efeitos da guerra, mas, na verdade, ele nunca viu diretamente qualquer ação, não escreveu nada que eu pudesse encontrar sobre suas experiências durante a Primeira Guerra Mundial. Ver Phillip V. Tobias, "Dart, Raymond Arthur (1893–1988)", *Australian Dictionary of Biography* vol. 17 (2007).

22 best-seller internacional de 1961, *African Genesis*: Robert Ardrey, *African Genesis* (Nova York: Atheneum, 1961).

23 ex-aluno de Raymond Dart, Phillip Tobias: Phillip Tobias teria uma longa e célebre carreira, permanecendo na ativa até sua morte, em 2012. Ele escavou em Sterkfontein, trabalhou com Louis Leakey na nomeação do *Homo habilis* e treinou Lee Berger, que se tornou parte importante deste livro nos Capítulos 7 e 9. Tobias lutou contra o regime do *apartheid* dentro da África do Sul, falando em comícios de protestos pelo tratamento igualitário para todos os sul-africanos. Quando eu o conheci, o já pequeno Tobias havia encolhido mais alguns centímetros e caminhava com uma bengala. Ele era sábio e gentil. Penso nele como o Yoda da paleoantropologia.

24 *Australopithecus prometheus* e o *africanus*: a maneira científica de escrever o nome da espécie é colocar o gênero com a primeira letra em maiúscula, a espécie em minúscula e escrever tudo em itálico. Assim, nós humanos somos *Homo sapiens*. A criança de Taung é *Australopithecus africanus*. Para evitar a escrita *Australopithecus* repetidamente, a maneira certa de abreviar espécies seria escrever a letra inicial do gênero e depois a espécie. Assim, nós somos *H. sapiens*, e Taung é *A. africanus*. No entanto, ao longo deste livro, tomei a liberdade de diminuir as espécies um pouco mais e omitir o gênero, me referindo a elas como *africanus*, *afarensis* ou *sapiens*. Cientificamente, isso é inaceitável, mas para tornar a leitura melhor, faz mais sentido ferir as regras da nomenclatura taxinômica.

25 *Prometheus* foi incorporado ao *africanus*: John T. Robinson, "The Genera and Species of the Australopithecinae", *American Journal of Physical Anthropology* 12, nº 2 (1954), 181–200. Com base no esqueleto parcial StW 573, apelidado de "Pezinho", Ron Clarke ressuscitou a espécie *Australopithecus prometheus*. Isso é controverso, no entanto, e está em aberto a questão sobre se os fósseis de Sterkfontein e Makapansgat representam uma única espécie variável, ou se há duas espécies diferentes de *Australopithecus* na amostra. Ver Ronald J. Clarke, "Excavation, Reconstruction and Taphonomy of the StW 573 *Australopithecus prometheus* Skeleton from Sterkfontein Caves, South Africa", *Journal of Human Evolution* 127 (2019), 41–53. Ronald J. Clarke e Kathleen Kuman, "The Skull of StW 573, a 3.67 Ma *Australopithecus prometheus* skeleton from Sterkfontein Caves, South Africa", *Journal of Human Evolution*, 134 (2019), 102634.

26 nome de catálogo SK 54: Charles K. Brain, "New Finds at the Swartkrans Australopithecine Site", *Nature* 225 (1970), 1112-1119.
27 Museu Nacional de História Natural Ditsong: Na época de minha visita, ainda era chamado de Museu Transvaal. O Transvaal era o nome de uma província Sul-africana que incluía Pretória (capital administrativa da cidade) e Joanesburgo de 1910 a 1994. Com a queda do regime *apartheid*, parte do distrito foi renomeado de Gauteng, que significa "local de ouro" na língua sotho. Em 2010, o museu passou a se chamar "Ditsong", uma palavra Tswana que significa "um lugar de herança".
28 A gerente do acervo, Stephany Potze: desde 2016, Stephany Potze não está mais no Museu Ditsong, ela é agora a administradora do laboratório do Rancho do Poço de Piche de La Brea e no Museu de Los Angeles, Califórnia.
29 A sala de Broom: SK 48 é um crânio pesado de um *Parantropus robustus* impregnado de calcário descoberto em Swartkrans por Broom e J. T. Robinson em 1949. Sts 5, ou Sra. Ples, foi encontrada em Sterkfontein por Broom e Robinson em 1947 e é um dos crânios mais bem preservados de um *Australopithecus africanus* adulto.
30 a mandíbula inferior de um antigo leopardo: a mandíbula tem número de catálogo SK 349.
31 Eles eram caçados: Charles K. Brain, *The Hunters or the Hunted? An Introduction to African Cave Taphonomy* (Chicago: The University of Chicago Press, 1981). Ver também Donna Hart e Robert W. Sussman, *Man the Hunted: Primates, Predators, and Human Evolution* (Nova York: Basic Books, 2005).
32 Alguns estudiosos duvidam: o melhor exemplo disso pode ser encontrado em Matt Carmill, "Human Uniqueness and Theoretical Content in Paleoanthropology", *International Journal of Primatology* 11, (1990), 173-192.

CAPÍTULO 2: *T. REX*, CAROLINA BUTCHER E OS PRIMEIROS BÍPEDES

1 "Quatro pernas bom": George Orwell, *Revolução dos Bichos* (Londres: Secker & Warburg, 1945).
2 uma trilha de magníficas pegadas com 120 milhões de anos: Hang-Jae Lee, Yuong-Nam Lee, Anthony R. Fiorillo, e Junchang Lü, "Lizards Ran Bipedally 110 Million Years Ago", *Scientific Reports* 8, n° 2617 (2018), <https://doi.org/10.1038/s41598-018-20809-z>. A trilha foi datada entre 110 e 128 milhões de anos.
3 *Eudibamus* é um dos primeiros animais conhecidos: David S. Berman *et al.*, "Early Permian Bipedal Reptile", *Science* 290, n° 5493 (2000), 969-972. *Cabarzia trostheidei* foi descoberto na Alemanha em 2019 e ele é 15 milhões de anos mais antigo que o *Eudibamus*. Frederik Spindler, Ralf Werneburg e Joerg W. Schneider, "A New Mesenosaurine from the Lower Permian of Germany and the Postcrania of Mesenosaurus: Implications for Early Amniote Comparative Ostology", *Paläontologische Zeitschrift* 93 (2019), 303-344.
4 nossos amigos emplumados têm relação de parentesco mais próxima com os crocodilianos: ver Axel Janke e Ulfur Arnason, "The Complete Mitochondrial Genome of *Alligator mississippiensis* and the Separation Between Recent Archosauria (Birds and Crocodiles)", *Molecular Biology and Evolution* 14, n° 12 (1997), 1266-1272 e Richard E. Green *et al.*, "Three Crocodilian Genomes Reveal Ancestral Patterns of Evolution Among Archosaurs", *Science* 346, n° 6215 (2014), 1254449. Um colega meu destacou que os paleontólogos e anatomistas comparativos já sabiam há muito tempo que aves e crocodilos são parentes e que não precisavam da genética para nos

dizer. Ver Robert L. Carroll, *Vertebrate Paleontology and Evolution* (Nova York: W. W. Freeman, 1988).

5 "É isso que os evolucionistas": "God Must Exist... Because the Crocoduck Doesn't", Nightline Face-off with Martin Bashir, ABC News, <https://www.youtube.com/watch?v=a0DdgS-Dan9c>. Curioso, apesar de ser um crocodilo cretáceo descoberto no início dos anos 2000, tinha um bico de pato e provavelmente deslizava na água em busca de comida, como os patos fazem hoje. Ele foi chamado de *Anatosuchus*, que significa "crocopato". Paul Sereno, Christian A. Sidor, Hans C. E. Larsson, Boubé Gado, "A New Notosuchian from the Early Cretaceous of Niger", *Journal of Vertebrate Paleontology* 23, nº 2 (2003), 477–482.

6 Ela o chamou de *Carnufex carolinensis*: Lindsay E. Zanno, Susan Drymala, Sterling J. Nesbit e Vincent P. Schneider, "Early Crocodylomorph Increases Top Tier Predator Diversity During Rise of Dinosaurs", *Scientific Reports* 5 (2015), 9276. Ver também Susan M. Drymala e Lindsay E. Zanno, "Osteology of *Carnufex carolinensis* (Archosauria: Psuedosuchia) from the Pekin Formation of North Carolina and Its Implications for Early Crocodylomorph Evolution", *PLOS ONE* 11, nº 6 (2016), e0157528.

7 seus primeiros ancestrais tinham constituição mais leve: em 2020, pesquisadores descobriram pegadas fósseis deixadas por crocodilos bípedes em sedimentos com 106 milhões de anos na Coreia do Sul. Ver Kyung Soo Kim, Martin G. Lockley, Jong Deock Lim, Seul Mi Bae e Anthony Romilio, "Trackway Evidence for Large Bipedal Crocodylomorphs from the Cretaceous of Korea", *Scientific Reports* 10, nº 8680 (2020).

8 Pela forma preservada da articulação: de Riley Black (antigo Brian Switek), *My Beloved Brontosaurus* (Nova York: Scientific American/Farrar, Straus & Giroux, 2013).

9 se eles tinham alguma função: em seu livro, Steve Brusatte discute o trabalho da colega Sara Burch, que determinou que os braços do *T. rex* eram "acessórios para matar". Como ganchos de carne gigantes, eles poderiam deter as presas que tentassem escapar das mandíbulas de um *T. rex*. Steve Brusatte, *Ascensão e Queda dos Dinossauros: Uma Nova História de um Mundo Perdido* (Nova York: William Morrow, 2018), 215.

10 Pesquisadores da Universidade de Alberta: W. Scott Persons e Philip J. Currie, "The Functional Origin of Dinosaur Bipedalism: Cumulative Evidence from Bipedally Inclined Reptiles and Disinclined Mammals", *Journal of Theoretical Biology* 420, nº 7 (2017), 1–7. Persons me escreveu em um e-mail: "...os músculos grandes da cauda não são exclusivos dos dinossauros bípedes (quase todos os dinossauros os têm). Mas ter esses músculos na cauda significa que, quando você começa a evoluir em direção à velocidade, está naturalmente inclinado a se tornar bípede." Em outras palavras, por causa desses músculos, as patas traseiras têm melhor desempenho que as dianteiras. Para maximizar o poder dos músculos da cauda, entretanto, a seleção favoreceria as patas traseiras alongadas em dinossauros mais velozes e patas dianteiras pequenas, para não atrapalhar.

11 Pense na postura: na verdade, o *T. rex* provavelmente não conseguiria correr tão rápido quanto Hollywood queria nos fazer acreditar. Ver Brusatte, *Ascensão e Queda dos Dinossauros: Uma Nova História de um Mundo Perdido*, 210–212.

12 Os macacos normalmente não conseguem fazer isso: exceções são os primatas atelídeos sul-americanos, que, apesar da evolução convergente, conquistaram flexibilidade simiesca nos ombros. São eles os macacos-aranhas, bugios, macacos-barrigudos e muriquis.

13 grande massa de terra mais próxima — a Austrália: essa massa de terra que liga o continente australiano com a Tasmânia e Nova Guiné é chamada de Sahul.

14 essa é uma forma muito eficiente de locomoção: Robert McN. Alexander e Alexandra Vernon, "The Mechanics of Hopping by Kangaroos (Macropodidae)", *Journal of Zoology* 177, nº 2 (1975), 265-303.
15 o crânio do Dragão da Sorte: como eu descobriria mais tarde, Riley Black brincou em um blog sobre os dez melhores fósseis que o *Andrewsarchus* era a "versão da vida real de Gmork do filme a *História Sem Fim*". Ver <https://www.tor.com/2015/01/04/ten-fossil-mammals-as-a-wesome-as-any-dinosaur-2>. Em um e-mail, Black chamou isso de um caso de evolução cômica convergente!
16 Christine Janis, paleontóloga: Christine M. Janis, Karalyn Buttrill e Borja Figueirido, "Locomotion in Extinct Giant Kangaroos: Were Sthenurines Hop-Less Monsters?" *PLOS ONE* 9, nº 10 (2014), e109888.
17 Pegadas com 4 milhões de anos: Aaron B. Camens, Trevor H. Worthy, "Walk Like a Kangaroo: New Fossil Trackways Reveal a Bipedally Striding Macropodid in the Pliocene of Central Australia", *Journal of Vertebrate Paleontology* (2019), 72.
18 Embora a maioria seja quadrúpede, há evidências: pegadas encontradas no sítio de Pehuén-Có, na Argentina, revelaram para alguns pesquisadores uma marcha bípede e lenta do Megatério. R. Ernesto Blanco e Ada Czerwonogora, "The Gait of *Megatherium* CUVIER 1796 (Mammalia, Xenartha, Megatheriidae)", *Senckenbergiana Biologica* 83, nº 1 (2003), 61-68. Outra equipe atribui as pegadas bípedes ao *Neomegatherichnum pehuencoensis*, um tipo diferente de Preguiça-Gigante. Silvia A. Aramayo, Teresa Manera de Bianco, Nerea V. Bastianelli e Ricardo N. Melchor, "Pehuen Co: Updated Taxonomic Review of a Late Pleistocene Ichnological Site in Argentina", *Palaeogeography, Palaeoclimatology, Palaeoecology* 439 (2015), 144-165.
19 não eram maiores do que os chimpanzés: Mark Grabowski e William L. Jungers, "Evidence of a Chimpanzee-Sized Ancestor of Humans but a Gibbon-Sized Ancestor of Apes", *Nature Communications* 8, nº 880 (2017).

CAPÍTULO 3: "COMO O SER HUMANO FICOU SOBRE DUAS PERNAS" E OUTRAS HISTÓRIAS SOBRE O BIPEDALISMO

1 *especulações sobre a origem*: Jonathan Kingdon, *Lowly Origin: When, Where, and Why Our Ancestors First Stood Up* (Princeton, NJ: Princeton University Press, 2003), 16.
2 Isso preocupava Zeus: Platão, *O Banquete*, trad. Christopher Gill (Nova York: Penguin Classics, 2003).
3 antropólogo da Universidade de Chicago: Russell H. Tuttle, David M. Webb e Nicole I. Tuttle, "Laetoli Footprint Trails and the Evolution of Hominid Bipedalism", em *Origine(s) de la Bipédie chez les Hominidés*, ed. Yves Coppens e Brigitte Senut (Paris: Éditions du CNRS, 1991), 187-198.
4 A questão, então: Napier (1964) escreveu: "O bipedalismo ocasional é quase uma regra entre os primatas." John R. Napier, "The Evolution of Bipedal Walking in the Hominids", *Archives de Biologie (Liège)* 75 (1964), 673-708. Em outras palavras, a capacidade está ali até certo ponto, mas o incentivo, com frequência, não. O paleontólogo Mike Rose também argumentou que o bipedalismo fazia parte do repertório locomotor do último ancestral comum, a questão é por que esse comportamento se tornou mais frequente nos hominídeos. Michael D. Rose, "The Process of Bipedalization in Hominids", em *Origine(s) de la Bipédie chez les Hominidés*, eds. Yves Coppens e Brigitte Senut (Paris: Éditions du CNRS, 1991), 37-48. O antropólogo Jon Marks também salientou que isso não é algo novo, e sim a evolução do bipedalismo

exclusivo. Ele poderia argumentar que o comportamento precedeu a morfologia, tornando o bipedalismo de certa forma lamarquismo. Jon Marks, "Genetic Assimilation in the Evolution of Bipedalism", *Human Evolution* 4, nº 6 (1989), 493-499. Tuttle também afirmou que o "bipedalismo antecedeu ao surgimento do hominídeo", já que todo primata é ocasionalmente bípede. Russell H. Tuttle, "Evolution of Hominid Bipedalism and Prehensile Capabilities", *Philosophical Transactions of the Royal Society of London B* 292 (1981), 89-94.

5   Esses exemplos apoiam a hipótese do "cadê-achou": Tuttle surgiu com outros nomes ótimos para as várias hipóteses, inclusive *arrastão, capa de chuva, tudo molhado, rebocado, quente para andar, dois pés são melhores que quatro, oscilantes vão mais longe, ascensão social* e *acertá-los onde lhes dói*. Tuttle, Webb e Tuttle, "Laetoli Footprint Trails", 187-198.

6   Ele escreveu que o bipedalismo satisfez: Jean-Baptiste Lamarck, *Zoological Philosophy, or Exposition with Regard to the Natural History of Animals* (Paris: Musée d'Histoire Naturelle, 1809).

7   Talvez nossos antigos ancestrais hominídeos: Nina G. Jablonski e George Chaplin, "Origin of Habitual Terrestrial Bipedalism in the Ancestor of the Hominidae", *Journal of Human Evolution* 24, nº 4 (1993), 259-280.

8   Um estudioso foi um pouco mais além: A. Kortlandt, "How Might Early Hominids Have Defended Themselves Against Large Predators and Food Competitors", *Journal of Human Evolution* 9 (1980), 79-112.

9   Na natureza, alguns chimpanzés: Kevin D. Hunt, "The Evolution of Human Bipedality: Ecology and Functional Morphology", *Journal of Human Evolution* 26, nº 3 (1994), 183-202. Craig B. Stanford, *Upright: The Evolutionary Key to Becoming Human* (Nova York: Houghton Mifflin Harcourt, 2003). Craig B. Stanford, "Arboreal Bipedalism in Wild Chimpanzees: Implications for the Evolution of Hominid Posture and Locomotion", *American Journal of Physical Anthropology* 129, nº 2 (2006), 225-231.

10 Há outros, ainda, que colocam nossos ancestrais: Richard Wrangham, Dorothy Cheney, Robert Seyfarth, Esteban Sarmiento, "Shallow-Water Habitats as Sources of Fallback Foods for Hominins", *American Journal of Physical Anthropology* 140, nº 4 (2009), 630-642.

11 Essa hipótese é a reformulação mais razoável: Sir Alister Hardy, "Was Man More Aquatic in the Past?" *New Scientist* (17de março de 1960). Elaine Morgan, *The Aquatic Ape: A Theory of Human Evolution* (Nova York: Stein & Day, 1982). Elaine Morgan, *A Hipótese do Símio Aquático: Uma Teoria sobre a Evolução Humana* (Londres: Souvenir Press, 1999). Palestra de Elaine Morgan no TED "I Believe We Evolved from Aquatic Apes", TED.com, <https://www.ted.com/talks/elaine_morgan_i_believe_we_evolved_from_aquatic_apes>. David Attenborough, "The Waterside Ape", BBC Radio. <https://www.bbc.co.uk/programmes/b07v0hhm>. Ver também Marc Verhaegen, Pierre-François Puech e Stephen Murro, "Aquarboreal Ancestors?" *Trends in Ecology & Evolution* 17, nº 5 (2002), 212-217. Algis Kuliukas, "Wading for Food the Driving Force of the Evolution of Bipedalism?" *Nutrition and Health* 16, (2002), 267-289.

12 A hipótese do primata aquático: o que essa hipótese carece de dados tem de sobra na incansável campanha de marketing. Os proponentes dessa ideia utilizam o Twitter, e-mail, a seção de comentários do YouTube e as avaliações de livros da Amazon para promover uma versão da hipótese do primata aquático. Por exemplo, encontrei dezenas de resenhas de livros da Amazon dando apenas duas estrelas para os livros, inclusive livros didáticos, que não adotam a hipótese do primata aquático como explicação da origem bípede. Na verdade, aposto que *Primeiros Passos*

receberá no máximo duas estrelas de um avaliador em particular, porque eu não acredito na hipótese do primata aquático. *Acreditar* é mesmo a palavra de ordem aqui. Se as suposições que emergem da hipótese do primata aquático fossem apoiadas com as evidências que temos atualmente, eu ficaria feliz em apoiar essa ideia. Mas os proponentes do primata aquático estão mais interessados em pressionar a comunidade científica para adotar essa narrativa do que estruturar o primata aquático como hipótese verificável e tentar refutá-la. Eles selecionam dados que apoiam sua ideia e ignoram, ou atacam, críticas legítimas dessa hipótese. Em outras palavras, eles não estão interessados em fazer ciência. Para o desmantelamento do primata aquático, ver John H. Langdon, "Umbrella Hypotheses and Parsimony in Human Evolution: A Critique of the Aquatic Ape Hypothesis", *Journal of Human Evolution* 33, nº 4 (1997), 479–494.

13 Mas todo o mundo gosta de um bom mistério: Björn Merker, "A Note on Hunting and Hominid Origins", *American Anthropologist* 86, nº 1 (1984), 112–114. Kingdon, *Lowly Origin* (2003). R. D. Guthrie, "Evolution of Human Threat Display Organs", *Evolutionary Biology* 4, nº 1 (1970), 257–302. David R. Carrier, "The Advantage of Standing Up to Fight and the Evolution of Habitual Bipedalism in Hominins", *PLOS ONE* 6, nº 5 (2011), e19630. Uner Tan, "Two Families with Quadrupedalism, Mental Retardation, No Speech, and Infantile Hypotonia (Uner Tan Syndrome Type-II): A Novel Theory for the Evolutionary Emergence of Human Bipedalism", *Frontiers in Neuroscience* 8, nº 84 (2014), 1–14. Anthony R.E. Sinclair, Mary D. Leakey e M. Norton-Griffiths, "Migration and Hominid Bipedalism", *Nature* 324 (1986), 307–308. Edward Reynolds, "The Evolution of the Human Pelvis in Relation to the Mechanics of the Erect Posture", *Papers of the Peabody Museum of American Archaeology and Ethnology* 11 (1931), 255–334. Isabelle C. Winder *et al.*, "Complex Topography and Human Evolution: The Missing Link", *Antiquity* 87, nº 336 (2013), 333–349. Milford H. Wolpoff, *Paleoanthropology* (Nova York: McGraw-Hill College, 1998). Sue T. Parker, "A Sexual Selection Model for Hominid Evolution", *Human Evolution* 2 (1987), 235–253. Adrian L. Melott e Brian C. Thomas, "From Cosmic Explosions to Terrestrial Fires", *The Journal of Geology* 127, nº 4 (2019), 475–481.

14 Simulacro de avestruz: ver também Carolyn Brown, "IgNobel (2): Is That Ostrich Ogling Me?" *Canadian Medical Association Journal* 167, nº 12 (2002), 1348.

15 E tem muitas outras mais: e mais razões para ser cético sobre elas. Em 2008, Ken Sayers e C. Owen Lovejoy adotaram uma filosofia conhecida como "Jolly's paradox" [Paradoxo de Jolly, em tradução livre], para argumentar contra a adoção do comportamento bípede em outros primatas a fim de especular sobre sua origem nos hominídeos. Eles argumentaram que as circunstâncias por trás da locomoção bípede em outros primatas não podem ser as motivações pelas quais os hominídeos começaram a se locomover sobre duas pernas. Caso contrário, esses outros primatas também teriam adotado o caminhar ereto em tempo integral como uma forma de se mover. Ken Sayers e C. Owen Lovejoy, "The Chimpanzee Has No Clothes: A Critical Examination of *Pan troglodytes* in Models of Human Evolution", *Current Anthropology* 49, nº 1 (2008), 87–114.

16 O antropólogo molecular Todd Disotell: não muito tempo depois da entrevista, Disotell aceitou um novo cargo na Universidade de Massachusetts, em Amherst.

17 nossa linhagem se separou completamente: eu usei a palavra "completamente" aqui porque as linhagens raramente experimentam especiação rápida. Em vez disso, a divisão das linhagens é, com frequência, um processo confuso e lento, no qual a hibridização continua a ocorrer antes

de as linhagens se tornarem reprodutivamente isoladas. Ver Nick Patterson, Daniel J. Richter, Sante Gnerre, Eric S. Lander e David Reich, "Genetic Evidence for Complex Speciation of Humans and Chimpanzees", *Nature* 441 (2006), 1103–1108. Alywyn Scally *et al.*, "Insights into Hominid Evolution from the Gorilla Genome Sequence", *Nature* 483 (2012), 169–175. Além disso, há um efeito derivado de uma divergência mais profunda entre humanos e chimpanzés (por exemplo, 12 milhões de anos), o qual levaria à divergência entre macaco e primata para o Oligoceno superior. Isso está em desacordo com o registro fóssil, o qual produziu evidências de um ancestral comum dos primatas e macacos há 29 milhões de anos.

18 No entanto, não temos certeza sobre *por que* o caminhar ereto: os antropólogos Henry McHenry e Peter Rodman disseram que o bipedalismo era "um modo de vida do primata em que um primata não conseguiria viver". Roger Lewin, "Four Legs Bad, Two Legs Good", *Science* 235 (1987), 969–971.

19 Uma explicação é que a postura ereta: Peter E. Wheeler, "The Evolution of Bipedality and the Loss of Functional body Hair in Hominids", *Journal of Human Evolution* 13, nº 1 (1984), 91–98. Peter E. Wheeler, "The Thermoregulatory Advantages of Hominid Bipedalism in Open Equatorial Environments: The Contribution of Increased Convective Heat Loss and Cutaneous Evaporative Cooling", *Journal of Human Evolution* 21, nº 2 (1991), 107–115.

20 Pesquisadores da Universidade de Harvard: Michael D. Sockol, David A. Raichlen e Herman Pontzer, "Chimpanzee Locomotor Energetics and the Origin of Human Bipedalism", *Proceedings of the National Academy of Sciences* 104, nº 30 (2007), 12265–12269.

21 o dobro da energia: no artigo original de Sockol *et al.*, de 2007, os pesquisadores relataram que os chimpanzés utilizam quatro vezes mais energia que os humanos. Esse valor foi atualizado desde então para o dobro da energia. Ver Herman Pontzer, David A. Raichlen e Michael D. Sockol, "The Metabolic Cost of Walking in Humans, Chimpanzees, and Early Hominins", *Journal of Human Evolution* 56, nº 1 (2009), 43–54. Herman Pontzer, David A. Raichlen e Peter S. Rodman, "Bipedal and Quadrupedal Locomotion in Chimpanzees", *Journal of Human Evolution* 66, (2014), 64–82.

22 não tinha nada de energeticamente especial: ver Herman Pontzer, "Economy and Endurance in Human Evolution", *Current Biology* 27, nº 12 (2017), R613–R621. Lewis Halsey e Craig White, "Comparative Energetics of Mammalian Locomotion: Humans are Not Different", *Journal of Human Evolution* 63 (2012), 718–722.

23 Susana Carvalho, uma antropóloga: Susana Carvalho *et al.*, "Chimpanzee Carrying Behaviour and the Origins of Human Bipedality", *Current Biology* 22, nº 6 (2012), R180–R181. Há dois tipos de nozes que os chimpanzés consomem e que eu combino sob o nome de "nozes da África" — palmeira-de-dendê (*Elaeis guineensis*) e nozes-africanas (*Coula edulis*).

24 Essa ideia remete a Gordon Hewes: Gordon W. Hewes, "Food Transport and the Origin of Hominid Bipedalism", *American Anthropology* 63, nº 4 (1961), 687–710. Gordon W. Hewes, "Hominid Bipedalism: Independent Evidence for the Food-Carrying Theory", *Science* 146, nº 3642 (1964), 416–418.

25 Essa "hipótese do aprovisionamento": C. Owen Lovejoy, "The Origin of Man", *Science* 211, nº 4480 (1981), 341–350. C. Owen Lovejoy, "Reexamining Human Origins in Light of *Ardipithecus ramidus*", *Science* 326, nº 5949 (2009), 74–74e8.

26 Para muitos críticos dessa ideia: ver artigos de Lori Hager, *Women in Human Evolution* (Nova York: Routledge, 1997).

27 Nos anos de 1970 e 1980, as antropólogas Nancy: Nancy Tanner e Adrienne Zihlman, "Women in Evolution, Part I: Innovation and Selection in Human Origins", *Signs* 1, n° 3 (1976), 585–605. Adrienne Zihlman, "Women in Evolution, Part II: Subsistence and Social Organization Among Early Hominids", *Signs* 4, n° 1 (1978), 4–20. Nancy M. Tanner, *On Becoming Human* (Cambridge: Cambridge University Press, 1981).

28 Foi demonstrado que, no caso dos bonobos: Thibaud Gruber, Zanna Clay e Klaus Zuberbühler, "A Comparison of Bonobo and Chimpanzee Tool Use: Evidence for a Female Bias in the *Pan* Lineage", *Animal Behavior* 80, n° 6 (2010), 1023–1033. Muitos dos primatas inovadores mencionados são fêmeas em Frans de Waal, *The Ape and the Sushi Master: Cultural Reflections of a Primatologist* (Nova York: Basic Books, 2008). Klaree J. Boose, Frances J. White e Audra Meinelt, "Sex Differences in Tool Use Acquisition in Bonobos (*Pan paniscus*)", *American Journal of Primatology* 75, n° 9 (2013), 917–926. Em Fongoli, um sítio de estudo no Senegal, os chimpanzés — na maioria fêmeas — caçavam com varas pontiagudas. Jill D. Pruetz *et al.*, "New Evidence on the Tool Assisted Hunting Exhibited by Chimpanzees (*Pan troglodytes verus*) in a Savannah Habitat at Fongoli, Sénégal", *Royal Society of Open Science* 2, (2015), 140507.

CAPÍTULO 4: OS ANCESTRAIS DE LUCY

1 Mas não podemos incorrer: Charles Darwin, *A Descendência do Homem e Seleção em Relação ao Sexo*, vol. I (Londres: John Murray, 1871), 199.

2 A perna indicava: parece que Dubois estava certo, mas pelas razões erradas. Em 2015, Chris Ruff e seus colegas reexaminaram o fêmur de Trinil e concluíram que ele é de um período bem mais recente do que o crânio, e que provavelmente pertence a um *Homo sapiens*. No entanto, Dubois descobriu outros quatro fêmures em Trinil em 1900; ele os descreveu nos anos de 1930. A reavaliação de Ruff sobre as peças levou a declarar que elas são consistentes com a anatomia do *Homo erectus*. Dessa forma, a conclusão de Dubois de que o *Pithecanthropus erectus* era bípede na verdade baseou-se no fêmur do *Homo sapiens*, entretanto, um fêmur adicional que ele descobriu mostrou que ele estava certo. Christopher B. Ruff, Laurent Puymerail, Roberto Machiarelli, Justin Sipla e Russell L. Ciochon, "Structure and Composition of the Trinil Femora: Functional and Taxonomic Implications", *Journal of Human Evolution* 80 (2015), 147-158.

3 Em 1900, Dubois e seu filho: ver Pat Shipman, *The Man Who Found the Missing Link: Eugène Dubois and His Lifelong Quest to Prove Darwin Right* (Cambridge, MA: Harvard University Press, 2002).

4 Mas a forma como Boule representou o corpo: o indivíduo de La Chapelle era mais velho e tinha artrite quando morreu. Mas em vida, no entanto, ele tinha as costas arqueadas, não porque a espécie não era completamente ereta, mas sim porque La Chapelle tinha vivido o bastante para desenvolver um esqueleto defeituoso.

5 paleoantropólogo [...] da Universidade Estadual do Arizona: na época da sua descoberta, Donald Johanson trabalhava com o Museu de História Natural de Cleveland. Ao longo deste livro, normalmente tento identificar onde os cientistas estão trabalhando atualmente, em lugar de onde eles estavam quando o trabalho em discussão foi feito.

6 E seus colegas: ao longo deste livro, faço o melhor que posso para identificar o grande trabalho feito por meus colegas cientistas. No entanto, a ciência raramente é feita por um só; normalmente equipes grandes contribuem com todos os estudos que eu comento. Nestas páginas de notas, o termo "*et al.*", o qual é usado para qualquer estudo com mais de cinco autores, aparece

mais de 120 vezes. Eu me inspirei em Roberto Sapolsky, que, nas notas de rodapé do seu livro mais recente, *Behave*, escreveu: "Sempre que eu descrever um trabalho feito por determinado autor/autora, na verdade, o trabalho foi feito também por uma equipe de pós-doutorandos, técnicos, alunos da pós-graduação e colaboradores espalhados em toda parte e por vários anos. Mencionarei o autor ou autora somente por questão de brevidade, não implicando que ele ou ela tenha feito todo o trabalho sozinho(a) — a ciência é um processo inteiramente feito em equipe."

7   Na enésima vez que ouviam: Donald C. Johanson, *Lucy: The Beginnings of Humankind* (Nova York: Simon & Schuster, 1981).

8   Não está claro *como* ela morreu: ver John Kappelman *et al.*, "Perimortem Fractures in Lucy Suggest Mortality from Fall out of Tall Tree", *Nature* 537 (2016), 503–507.

9   os bebês humanos também têm a coluna vertebral nesse formato: isso revelou-se algo complicado. As crianças humanas já nascem com um pouco de curvatura em S na coluna vertebral. Ver Elie Choufani *et al.*, "Lumbosacral Lordosis in Fetal Spine: Genetic or Mechanic Parameter", *European Spine Journal* 18 (2009), 1342–1348. No entanto, a coluna vertebral apresenta mais lordose em desenvolvimento, particularmente na idade na qual as crianças começam a dar seus primeiros passos. M. Maurice Abitbol, "Evolution of the Lumbosacral Angle", *American Journal of Physcial Anthropology* 72, nº 3 (1987), 361–372. Mas parece que isso aconteceria de uma forma ou de outra. Crianças que nunca caminharam também desenvolvem coluna vertebral com curvatura em S. Sven Reichmann e Thord Lewin, "The Development of Lumbar Lordosis", *Archiv für Orthopädische und Unfall-Chirurgie, mit Besonderer Berückisichtigung der Frakturenlehre und der Orthopädisch-Chirurgischen Technik* 69, (1971), 275–285.

10 músculos, chamados glúteos mínimos: os músculos aos quais me refiro aqui são os *gluteus medius* e os *gluteus minimus*, os chamados glúteos menores, em comparação com os *gluteus maximus*, muito mais volumosos, os músculos de nossa bunda.

11 ela caminhava, em sua época, sobre duas pernas: ver C. Owen Lovejoy, "Evolution of Human Walking", *Scientific American* (novembro de 1988), 118–125. Quando eu escrevo que os quadris ficam nas laterais do corpo, essa é uma forma abreviada para lâminas ilíacas girando para o lado do corpo, onde elas estão situadas nos humanos, em contraposição aos primatas que têm lâminas ilíacas achatadas voltadas para a parte de trás do corpo.

12 Os chimpanzés nunca o desenvolveram: Christine Tardieu, "Ontogeny and Phylogeny of Femoro-Tibial Characters in Humans and Hominid Fossils: Functional Influence and Genetic Determinism", *American Journal of Physical Anthropology* 110 (1999), 365–377.

13 porém, antes de Lucy: o espécime tem número de catálogo A.L. 129–1 e é um indivíduo diferente de Lucy. Detalhes da descoberta e importância da anatomia podem ser encontrados em Donald C. Johanson, *Lucy: The Beginnings of Humankind*. Donald C. Johanson e Maurice Taieb, "Plio-Pleistocene Hominid Discoveries in Hadar, Ethiopia", *Nature* 260 (1976), 293–297.

14 Mas sua cabeça nunca foi encontrada: possivelmente. Francis Thackeray aventou a possibilidade de a cabeça do esqueleto parcial Sts 14 ser a Sts 5, a senhora Ples. Ele também sugeriu que a senhora Ples fosse um macho jovem. Francis Thackeray, Dominique Gommery e Jose Braga, "Australopithecine Postcrania (Sts 14) from the Sterkfontein Caves, South Africa: the Skeleton of 'Mrs Ples'? *South African Journal of Science* 98, nº 5–6 (2002), 211–212. Mas ver também Alejandro Bonmatí, Juan-Luis Arsuaga e Carlos Lorenzo, "Revisiting the Developmental Stage and Age-at-Death of the 'Mrs. Ples' (Sts 5) and Sts 14 Specimens from Sterkfontein (South

Africa): Do They Belong to the Same Individual?" *The Anatomical Record* 291, nº 12 (2008), 1707-1722.
15 Muitas vezes, existe um dilema: o crédito por plantar essa ideia na minha mente vai para o geólogo Andy Kurtz, da Universidade de Boston, com quem tive o prazer de ministrar aulas no inverno de 2015.
16 K^{40} e o Ar^{40}: ao longo desta seção, escrevo sobre o potássio e o argônio. No entanto, pesquisadores desenvolveram um atalho que incrementa a precisão desta técnica conhecida como datação Ar^{40}/Ar^{39} (argônio-argônio).
17 Como seus ossos: Robert C. Walter, "Age of Lucy and the First Family: Single-Crystal $^{40}Ar/^{39}Ar$ Dating of the Denen Dora and Lower Kada Hadar Members of the Hadar Formation, Ethiopia", *Geology* 22, nº 1 (1994), 6-10.
18 Em um jantar oficial: Juliet Eilperin, "In Ethiopia, both Obama and Ancient Fossils Get a Motorcade", *Washington Post*, 27 de julho de 2015.
19 Em meados dos anos de 1990, no entanto, Meave: Meave G. Leakey, Craig S. Feibel, Ian McDougall e Alan Walker, "New Four-Million-Year-Old Hominid Species from Kanapoi and Allia Bay, Kenya", *Nature* 376 (1995), 565-571.
20 A anatomia desses hominídeos fossilizados: Brigitte Senut *et al.*, "First Hominid from the Miocene (Lukeino Formation, Kenya)", *Comptes Rendus de l'Académie des Sciences—SeriesIIA—Earth and Planetary Science* 332, nº 2 (2001), 137-144.
21 Se Senut e Pickford tivessem encontrado: eu estudei moldes do *Orrorin tugenensis* no laboratório de Senut e Pickford no outono de 2019. O que está preservado do fêmur mais completo tem todos os traços característicos de um hominídeo com caminhar ereto. Com apenas esse osso, eu também teria concluído — como os pesquisadores fizeram — que o *Orrorin* era bípede. Estou ansioso para ver com o que o resto desse hominídeo se parecia!
22 Os detalhes, que incluem declarações de licenças falsas: ver Ann Gibbons, *The First Human: The Race to Discover Our Earliest Ancestors* (Nova York: Anchor Books, 2007). Talvez a citação que melhor resume a saga dos fósseis *Orrorin* tenha sido proferida por Brigitte Senut, que deu uma resposta inesperada à descoberta do fêmur do hominídeo mais antigo. "Eu disse para Martin jogá-lo no lago. Ele só poderia nos trazer problemas." (De Gibbons, p. 195)
23 Há rumores: em 2018, eu me correspondi com Eustace Gitonga, o diretor da Community Museums of Kenya (CMK), que estava de posse dos fósseis do *Orrorin*. Eu requisitei o material do *Orrorin* para estudar e fui informado de que "os fósseis originais do *Orrorin* não estão disponíveis até que os detalhes do novo memorando de entendimento (MOU, sigla em inglês) sejam finalizados". Aqui, Gitonga está se referindo ao MOU entre o CMK e o governo do Condado de Baringo, o qual, de acordo com Gitonga, sente como se os pesquisadores estrangeiros tivessem descumprido os memorandos anteriores.
24 Apenas seis meses após o *Orrorin*: Yohannes Haile-Selassie, "Late Miocene Hominids from the Middle Awash, Ethiopia", *Nature* 412 (2001), 178-181.
25 tinha uma combinação de anatomias: Michel Brunet *et al.*, "A New Hominid from the Upper Miocene of Chad, Central Africa", *Nature* 418 (2002), 145-151. Patrick Vignaud *et al.*, "Geology and Palaeontology of the Upper Miocene Toro-Menalla Hominid Locality, Chad", *Nature* 418 (2002), 152-155.
26 Afinal, o crânio estava muito danificado: Milford Wolpoff, Brigitte Senut, Martin Pickford e John Hawks, "Palaeoanthropology (Communication Arising): *Sahelanthropus or*

'Sahelpithecus'?" *Nature* 419 (2002), 581–582. Brunet *et al.*, "*reply*", *Nature* 419, (2002), 582. Milford Wolpoff, John Hawks, Brigitte Senut, Martin Pickford e James Ahern, "An Ape or *the* Ape: Is the Toumaï Cranium TM 266 a Hominid?" *PaleoAnthropology* (2006), 35–50.

27 O resultado pareceu mostrar um orifício similar com o do humano: Christoph P. E. Zollikofer *et al.*, "Virtual Cranial Reconstruction of *Sahelanthropus tchadensis*", *Nature* 434 (2005), 755–759. Franck Guy *et al.*, "Morphological Affinities of the *Sahelanthropus tchadensis* (Late Miocene Hominid from Chad) Cranium", *Proceedings of the National Academy of Sciences* 105, nº 52 (2005), 18836–18841.

28 Ele encontrou um fêmur: contudo, na época, ele não foi identificado como um fêmur de primata. Em 2004, Aude Bergeret, então pós-graduanda da Universidade de Poitiers, estava estudando fósseis animais da localidade de Toros-Menalla, quando identificou o osso como sendo de um primata grande. O único primata grande conhecido de Toros-Menalla é *Sahelanthropus tchadensis*. Em 2018, Bergeret e seu antigo orientador, Roberto Macchiarelli, propuseram apresentar seu trabalho sobre o fêmur à Sociedade de Antropologia de Paris, mas, para a perplexidade de toda a comunidade de paleoantropólogos, o resumo foi rejeitado pelos organizadores da reunião. Ver Ewen Callaway, "Controversial Femur Could Belong to Ancient Human Relative", *Nature* 553 (2018), 391–392. Frank Guy e seus colegas publicaram uma descrição preliminar do fêmur no final de setembro de 2020, o que significa que em breve deverá haver uma publicação revisada por especialistas.

29 *Não é necessário pedir desculpas*: Robert Broom, "Further Evidence on the Structure of the South African Pleistocene Anthropoids", *Nature* 142 (1938), 897–899. Mais de uma década depois, Broom e seu aluno J. T. Robinson escreveram: "Ultimamente, estamos fazendo descobertas importantes na África do Sul tão rapidamente, que é quase impossível publicar relatórios sobre elas em um ano ou mesmo em dois. Podemos adiar a publicação por muitos anos, como é feito com frequência no hemisfério norte, ou podemos publicar descrições preliminares e nos submeter às críticas de que nossos trabalhos são inadequados. Achamos muito melhor publicar descrições inadequadas e deixar que outros pesquisadores saibam alguma coisa de nossas descobertas do que mantê-las em segredo por dez anos ou mais." Robert Broom e John T. Robinson, "Brief Communications: Notes on the Pelves of the Fossil Ape-Men", *American Journal of Physical Anthropology* 8, nº 4 (1950), 489–494. Quatro meses depois, Broom faleceu, aos 84 anos.

30 Mal posso esperar pelo dia: uma empresa de suprimento educacional chamada *Bone Clones, Inc.* esculpiu versões do *Ardipithecus* e do *Sahelanthropus* segundo fotografias e medidas publicadas. Com essas como nossas únicas opções para o ensino prático, muitos de nós, antropólogos, compraram as versões da Bone Clones — por US$295/crânio — para nossos laboratórios de ensino. Eu e meus colegas preferíamos enviar esse dinheiro para Chade e Etiópia, pelos fósseis reais, mas isso não é uma alternativa atualmente. Agora que vi os ossos do pé original do *Ardipithecus ramidus* e os moldes corretos do *Sahelanthropus*, posso informar que as versões da *Bone Clones* — apesar de seus melhores esforços — são terrivelmente imprecisas, e de certa forma, até mesmo enganosas. O crânio real de *Sahelanthropus*, por exemplo, é cerca de 20% maior do que a réplica da *Bone Clones*.

31 Como um pesquisador afirmou: Daniel E. Lieberman, *A História do Corpo Humano: Evolução Saúde e Doença* (Nova York: Pantheon, 2013), 33. Ele escreveu: "Você consegue colocar todos

os fósseis do *Ardipithecus*, do *Sahelanthropus* e do *Orrorin* em uma simples sacola de compras."
E eu complementei, "e ainda terá espaço o bastante para as compras".

CAPÍTULO 5: ARDI E OS DEUSES DO RIO

1. Vamos apenas dizer que o *ramidus*: Rick Gore, "The First Steps", *National Geographic* (fevereiro de 1997), 72-99.
2. Em setembro de 1994: Tim D. White, Gen Suwa e Berhane Asfaw, "*Australopithecus ramidus*, a New Species of Early Hominid from Aramis, Ethiopia", *Nature* 371 (1994), 306-312. O tipo de amostra — uma coleção de dentes associados — foi encontrado por um homem local de Afar, Gada Hamed.
3. Mas seis meses depois: Tim D. White, Gen Suwa e Berhane Asfaw, "Corrigendum: *Australopithecus ramidus*, a New Species of Early Hominid from Aramis, Ethiopia", *Nature* 375 (1995), 88.
4. Alguns se referiam a eles como Projeto Manhattan: Rex Dalton, "Oldest Hominid Skeleton Revealed", *Nature* (1 de outubro de 2009). Donald Johanson e Kate Wong, *Lucy's Legacy: The Quest for Human Origins* (Nova York: Broadway Books, 2010), 154.
5. Ardi viveu e morreu em um ambiente arborizado: Giday WoldeGabriel *et al*., "The Geological, Isotopic, Botanical, Invertebrate, and Lower Vertebrate Surroundings of *Ardipithecus ramidus*", *Science* 326, nº 5949 (2009), 65-65e5. Como muitas declarações aparentemente simples na paleoantropologia, está também é uma controversa. Alguns estudiosos defendiam que a localidade de Aramis não teria sido tão arborizada como White e seus colegas sugeriram. Thure E. Cerling *et al*., "Comment on the Paleoenvironment of *Ardipithecus ramidus*", *Science* 328 (2010), 1105. Além disso, um segundo fóssil do *Ardipithecus ramidus* na localidade de Gona, na Etiópia, parece ser de um ambiente mais arborizado, dando a entender que o *Ardipithecus* era mais apto a viver em ambientes diversificados. Sileshi Semaw *et al*., "Early Pliocene Hominids from Gona, Ethiopia", *Nature* 433 (2005), 301-305. Curiosamente, há um segundo esqueleto parcial de *Ardipithecus* de um local mais aberto em Gona, e ele parece ter adaptações esqueléticas mais desenvolvidas (ou seja, mais semelhantes às humanas) para o caminhar bípede do que o Ardipithecus, de Aramis, de um local mais arborizado. Scott W. Simpson, Naomi E. Levin, Jay Quade, Michael J. Rogers e Sileshi Semaw, "*Ardipithecus ramidus* Postcrania from the Gona Project Area, Afar Regional State, Ethiopia", *Journal of Human Evolution* 129 (2019), 1-45.
6. Eles são delicados e não tão compactos: isso se refere aos próprios fósseis. Em vida, Lucy e Ardi teriam os esqueletos com densidade óssea similar.
7. codiretor de White: o falecido J. Desmond Clark formou esse grupo em 1981. Outros diretores do projeto são previamente mencionados pelo geólogo Giday WoldeGabriel e Yonas Beyene, que é especializado em arqueologia.
8. estava bom demais: em 2019, Scott Simpson, da Case Western Reserve University, publicou a análise de sua equipe de outro esqueleto parcial de um *Ardipithecus ramidus* descoberto em Gona, região da Etiópia. Embora eu não tivesse ainda estudado o fóssil original, ele me parece até mais bem adaptado para a locomoção bípede do que o Ardi. Se esse for o caso, então, naquele momento (4,4 milhões de anos atrás) havia uma variação de habilidades bípedes no *Ardipithecus* — a seleção natural pode ter favorecido esses indivíduos com adequações melhores para o caminhar bípede e, por fim, evoluir para *Australopithecus*, bípede comum, a partir de um *Ardipithecus*, bípede alternativo.

9   Essa imagem, chamada de Marcha do Progresso: essa imagem gradual das fases da evolução humana da esquerda para a direita há muito precede o desenho de Zallinger. Benjamin Waterhouse Hawkins desenhou esqueletos em pé de primatas modernos em Thomas Henry Huxley, *Evidence as to Man's Place in Nature* (Londres: Williams & Norgate, 1863). Tais imagens também apareceram em William K. Gregory, "The Upright Posture of Man: A Review of Its Origin and Evolution", *Proceedings of the American Philosophical Society* 67, nº 4 (1928), 339–377. E apareceram novamente na contracapa de Raymond Dart, *Adventures with the Missing Link* (Nova York: Harper & Brothers, 1959).

10 em momento algum nossos ancestrais caminharam apoiando as articulações dos dedos das mãos: C. Owen Lovejoy, Gen Suwa, Scott W. Simpson, Jay H. Matternes e Tim D. White, "The Great Divides: *Ardipithecus ramidus* Reveals the Postcrania of Our Last Common Ancestors with African Apes", *Science* 326, nº 5949 (2009), 73–106. Tim D. White, C. Owen Lovejoy, Berhane Asfaw, Joshua P. Carlson e Gen Suwa, "Neither Chimpanzee Nor Human, *Ardipithecus* Reveals the Surprising Ancestry of Both", *Proceedings of the National Academy of Sciences* 112, nº 16 (2015), 4877–4884.

11 *Morotopithecus*: quem descobriu esse primata fascinante foi Laura MacLatchy, orientadora de minha tese na Universidade de Michigan. Ver Laura MacLatchy, "The Oldest Ape", *Evolutionary Anthropology* 13 (2004), 90–103.

12 O ácido úrico ajuda a converter a frutose: James T. Kratzer *et al.*, "Evolutionary History and Metabolic Insights of Ancient Mammalian Uricases", *Proceedings of the National Academy of Sciences* 111, nº 10 (2014), 3763–3768. Uma distinção importante aqui: Kratzer *et al.* utilizam a mutação da uricase como explicação para saber como os primatas africanos conseguiram migrar de volta para a África equatorial, enquanto eu sugiro que a mutação teria ajudado esses primatas a viverem na Europa moderna. Há também evidências de que o ácido úrico ajuda a regular a pressão sanguínea e a mantê-la estável mesmo durante os períodos de escassez. Benjamin De Becker, Claudio Borghi, Michel Burnier e Philippe van de Borne, "Uric Acid and Hypertension: A Focused Review and Practical Recommendations", *Journal of Hypertension* 37, nº 5 (2019), 878–883.

13 A presença desse gene nos primatas africanos: Matthew A. Carrigan *et al.*, "Hominids Adapted to Metabolize Ethanol Long Before Human-Directed Fermentation", *Proceedings of the National Academy of Sciences* 112, nº 2 (2015), 458–463. Para saber mais sobre o aye-aye e a metabolização do álcool, ver Samuel R. Gochman, Michael B. Brown e Nathaniel J. Dominy, "Alcohol Discrimination and Preferences in Two Species of Nectar-Feeding Primate", *Royal Society Open Science* 3 (2016), 160217.

14 Böhme e sua equipe concluíram: Madelaine Böhme *et al.*, "A New Miocene Ape and Locomotion in the Ancestor of Great Apes and Humans", *Nature* 575 (2019), 489–493.

15 elas permanecem controversas e contestadas: veja Scott A. Williams *et al.*, "Reevaluating Bipedalism in *Danuvius*," *Nature* 586 (2020), E1–E3. Madelaine Böhme, Nikolai Spassov, Jeremy M. DeSilva, e David R. Begun, "Reply to: Reevaluating Bipedalism in *Danuvius*," *Nature* 586 (2020), E4–E5.

16 Ele propôs que o melhor modelo: Dudley J. Morton, "Evolution of the Human Foot. II", *American Journal of Physical Anthropology* 7 (1924), 1052. Ver também Russell H. Tuttle, "Darwin's Apes, Dental Apes, and the Descent of Man", *Current Anthropology* 15 (1974),

389-426. Russel H. Tuttle, "Evolution of Hominid Bipedalism and Prehensile Capabilities", *Philosophical Transactions of the Royal Society of London B* 292 (1981), 89-94.

17 Eles erguem os braços para o alto: comunicação pessoal com Warren Brockelman.
18 Acaba que: Carol V. Ward, Ashley S. Hammond, J. Michael Plavcan e David R. Begun, "A Late Miocene Partial Pelvis from Hungary", *Journal of Human Evolution* 136 (2019), 102645. Alguns estudiosos também propuseram que o *Oreopithecus* era bípede, embora muitos rejeitassem essa alegação. Um exame recente de seu esqueleto mostrou que as anatomias do tronco teriam tornado o *Oreopithecus* "certamente mais adequado aos comportamentos de postura bípede do que os grandes primatas existentes". Ver Ashley S. Hammond *et al.*, "Insights into the Lower Torso in Late Miocene Hominoid *Oreopithecus bambolii*", *Proceedings of the National Academy of Sciences* 117, nº 1 (2020), 278-284.
19 Alguns geneticistas moleculares: por exemplo, Kevin E. Langergraber *et al.*, "Generation Times in Wild Chimpanzees and Gorillas Suggest Earlier Divergence Times in Great Ape and Human Evolution", *Proceedings of the National Academy of Sciences* 109, nº 39 (2012), 15716-15721.
20 Mais bípede do que os chimpanzés: no livro de 2007, Aaron Filler formulou uma hipótese na qual a locomoção bípede retrocede aos primórdios da linhagem dos primatas, há 20 milhões de anos. Ele usa uma espinha dorsal do *Morotopithecus bishopi* como evidência. No entanto, nada sobre o fêmur ou a articulação do quadril dessa espécie indicaria locomoção bípede neste táxon. Aaron G. Filler, *The Upright Ape: A New Origin of the Species* (Newburyport, MA: Weiser, 2007).
21 Os orangotangos às vezes fazem isso hoje: Susannah K. S. Thorpe, Roger L. Holder e Robin H. Crompton, "Origin of Human Bipedalism as an Adaptation for Locomotion on Flexible Branches", *Science* 316 (2007), 1328-1331.
22 um toque leve com a ponta dos dedos: Leif Johannsen *et al.*, "Human Bipedal Instability in Tree Canopy Environments Is Reduced by 'Light Touch' Fingertip Support", *Scientific Reports* 7, nº 1 (2017), 1-12. Esse leve toque pode ter também ajudado nossos ancestrais a encontrar alimento. Meu colega da Dartmouth College, Nate Dominy, descobriu que, da mesma forma que nós humanos apertamos as frutas no mercado para avaliar a maturação, os chimpanzés aplicam um leve toque nos figos para encontrar os que estão prontos para comer. Se os chimpanzés, com seus longos dedos, podem fazer isso, então os primeiros hominídeos bípedes com proporções de mãos mais humanas também o faziam enquanto forrageavam frutas ao andar pelas árvores. Nathaniel J. Dominy *et al.*, "How Chimpanzees Integrate Sensory Information to Select Figs", *Interface Focus* 6 (2016).
23 Será que a hipótese: tenho uma quantidade significativa de colegas, os quais eu respeito muito, que apoiam um modelo de primata pequeno que caminha apoiado com as juntas dos dedos das mãos para a forma corporal, na qual o bipedalismo evoluiu. David Pilbeam, Dan Lieberman, David Strait, Scott Williams e Cody Prang, todos escreveram a favor dessa estrutura corporal do último ancestral em comum. Veja, por exemplo, David R. Pilbeam e Daniel E. Lieberman, "Reconstructing the Last Common Ancestor of Chimpanzees and Humans", em *Chimpanzees and Human Evolution*, ed. Martin N. Muller, Richard W. Wrangham e David R. Pilbeam (Cambridge, MA: Belknap Press of Harvard University Press, 2017), 22-142. Algumas das evidências mais convincentes de um último ancestral comum caminhar com apoio das juntas dos dedos das mãos podem ser encontradas no punho. A maioria dos primatas tem nove ossos do carpo em cada mão, mas os humanos e os primatas africanos têm apenas oito. A razão é que

um desses ossos, os centrale, é fundido ao escafoide, tornando dois ossos em um em gorilas, chimpanzés, bonobos e humanos. Por quê? Parece que essa fusão auxilia na estabilização do punho durante o caminhar apoiado nas juntas dos dedos das mãos e argumentaria a favor de um último ancestral comum que se movesse dessa maneira. Ver Caley M. Orr, "Kinematics of the Anthropoid Os Centrale and the Functional Consequences of the Scaphoid-Centrale Fusion in African Apes and Humans", *Journal of Human Evolution* 114 (2018), 102-117. Thomas A. Püschel, Jordi Marcé-Nogué, Andrew T. Chamberlain, Alaster Yoxall e William I. Sellers, "The Biomechanical Importance of the Scaphoid-Centrale Fusion During Simulated Knuckle-Walking and Its Implications for Human Locomotor Evolution", *Scientific Reports* 10, 3526 (2020), 1-10. Isso também poderia ser interpretado como uma fusão aleatória dos ossos do punho que era seletivamente neutra em um primata arbóreo, que predispunha gorilas e chimpanzés a essa forma de locomoção mais adiante em sua história evolutiva. Muito embora eu seja atualmente a favor de um modelo de origem bípede arbórea bem anterior, será fascinante ver como esse debate se desenvolve e será expresso por novos fósseis nas próximas décadas.

24 havia seguido o declínio das florestas: uma descoberta de fóssil que eu não debato neste livro, porque não sei o que fazer com ele ainda, é o sítio de pegadas bípedes de cerca de 6 milhões de anos revelado na Ilha de Creta. Essas pegadas permanecem controversas, mas se elas forem comprovadas, então primatas bípedes continuaram a viver em refúgios europeus mesmo depois do último ancestral comum aos humanos e aos primatas africanos que habitavam a África. Gerard D. Gierliński *et al.*, "Possible Hominin Footprints from the Late Miocene (c.5.7 Ma) of Crete?" *Proceedings of the Geologists' Association* 128, nº 5-6 (2017), 697-710.

PARTE II: TORNANDO-SE HUMANO

1 O *Homo sapiens* não inventou: Erling Kagge, *Caminhar: Um Passo de Cada Vez* (Nova York: Pantheon, 2019), 157.

CAPÍTULO 6: PEGADAS ANTIGAS

1 Há certo encantamento em caminhar lentamente: John Keats, Harry Buxton Forman e Horace Elisha Scudder, *The Complete Poetical Works of John Keats* (Boston: Houghton Mifflin Company, 1899), 246.
2 Chamada Laetoli: o povo Maasai chama a área de Olaetole.
3 Uma criança bípede com pés macios e descalços: pessoas descalças desenvolvem uma calosidade grossa sob os pés, que ajuda a protegê-los sem perder a sensibilidade. Mas o espinho estava inserido bem no meio da curvatura do pé da criança, uma área que não desenvolveria a calosidade protetora. Para mais informações sobre a formação da calosidade, ver Nicholas B. Holowka *et al.*, "Foot Callus Thickness Does Not Trade Off Protection for Tactile Sensitivity During Walking", *Nature* 571 (2019), 261-264.
4 Havia também ondulações pequenas e estranhas: Peg van Andel, uma professora de ciências do ensino fundamental II em Boxborough, em Massachusetts, começou a pesquisar um livro infantil sobre as pegadas de Laetoli e entrevistou Andrew Hill antes de sua morte. Nas notas de sua entrevista, Hill mencionou as impressões dos pingos de chuva e sua conexão com os *Princípios de Geologia* de Lyell.
5 Os animais caminharam nela por alguns dias: ver Mary D. Leakey e Richard L. Hay, "Pliocene Footprints in the Laetolil Beds at Laetoli, Northern Tanzania", *Nature* 278 (1979), 317-323.

Mary Leakey, "Footprints in the Ashes of Time", *National Geographic* 155, nº 4 (1979), 446-457. Michael H. Day e. H. Wickens, "Laetoli Pliocene Hominid Footprints and Bipedalism", *Nature* 286 (1980), 385-387. Mary D. Leakey e Jack M. Harris, eds., *Laetoli: A Pliocene Site in Northern Tanzania* (Oxford: Oxford University Press, 1987). Tim D. White e Gen Suwa, "Hominid Footprints at Laetoli: Facts and Interpretations", *American Journal of Physical Anthropology* 72, (1987), 485-514. Neville Agnew e Martha Demas, "Preserving the Laetoli Footprints", *Scientific American* (1998), 44-55. A ideia comumente aceita de que o vulcão Sadiman, nas proximidades, seja a fonte das cinzas de Laetoli foi recentemente contestada, tornando a origem das cinzas atualmente desconhecida. Ver Anatoly N. Zaitsev *et al.*, "Stratigraphy, Minerology, and Geochemistry of the Upper Laetolil Tuffs Including a New Tuff 7 Site with Footprints of *Australopithe-cus afarensis*, Laetoli, Tanzania", *Journal of African Earth Sciences* 158 (2019), 103561.

6   Em setembro, eles tiveram: detalhes em Mary Leakey, *Disclosing the Past: An Autobiography* (Nova York: Doubleday, 1984). Virginia Morell, *Ancestral Passions: The Leakey Family and the Quest for Humankind's Beginnings* (Nova York: Simon & Schuster, 1995).

7   Ela enviou Ndibo Mbuika: outros pesquisadores proeminentes envolvidos na descoberta e escavação das trilhas-G foram Tim White, Ron Clarke, Michael Day e Louise Robbins.

8   Parece que três, ou talvez até quatro: ver Matthew R. Bennett, Sally C. Reynolds, Sarita Amy Morse e Marcin Budka, "Laetoli's Lost Tracks: 3D Generated Mean Shape and Missing Footprints", *Scientific Reports* 6, (2016), 21916. Charles Musiba propôs que talvez fossem quatro os indivíduos que deixaram a trilha-G de Laetoli.

9   impressão de que as pegadas de Laetoli: ver Kevin G. Hatala, Brigitte Demes e Brian G. Richmond, "Laetoli Footprints Reveal Bipedal Gait Biomechanics Different from Those of Modern Humans and Chimpanzees", *Proceedings of the Royal Society B: Biological Sciences* 283, nº 1836 (2016), 20160235.

10 pareciam ter sido feitas: atualmente estamos analisando a morfologia da trilha-A para verificar se é mais provável que as pegadas tenham sido feitas por um jovem *Australopithecus afarensis* ou talvez, ainda, por uma espécie de hominídeo diferente.

11 Enquanto os alunos limpavam as impressões: podíamos ter montado uma *playlist* do bipedalismo com "Walk of Life" (Dire Straits), "Love Walks In" (Van Halen), "Walking on a Thin Line" (Huey Lewis), "Walking on Sunshine" (Katrina and the Waves) e "Walk this Way" (versão do Run-DMC, é claro).

12 uma nova espécie, *Homo habilis*: Louis S. B. Leakey, Phillip V. Tobias e John R. Napier, "A New Species of the Genus *Homo* from Olduvai Gorge", *Nature* 202, nº 4927 (1964), 7-9.

13 depositada há 3,3 milhões de anos: Sonia Harmand *et al.*, "3.3-Million-Year-Old Stone Tools from Lomekwi 3, West Turkana, Kenya", *Nature* 521 (2015), 310-315.

14 um esqueleto parcial extraordinário de uma criança *Australopithecus*: Zeresenay Alemseged *et al.*, "A Juvenile Early Hominin Skeleton from Dikika, Ethiopia", *Nature* 443 (2006), 296-301. Jeremy M. DeSilva, Corey M. Gill, Thomas C. Prang, Miriam A. Bredella e Zeresenay Alemseged, "A Nearly Complete Foot from Dikika, Ethiopia, and its Implications for the Ontogeny and Function of *Australopithecus afarensis*", *Science Advances* 4, nº 7 (2018), eaar7723.

16 haviam sido deliberadamente cortados com pedras afiadas: Shannon P. McPherron *et al.*,5"Evidence for Stone-Tool-Assisted Consumption of Animal Tissues Before 3.39 Million Years Ago at Dikika, Ethiopia", *Nature* 466 (2010), 857-860.

16 "Sinto que os cientistas que creem nessa definição": Baroness Jane Van Lawick-Goodall, *My Friends the Wild Chimpanzees* (Washington D.C., National Geographic Society, 1967), 32.
17 Evidências da genética: David L. Reed, Jessica E. Light, Julie M. Allen e Jeremy J. Kirchman, "Pair of Lice Lost or Parasites Regained: The Evolutionary History of Anthropoid Lice", *BMC Biology* 5, nº 7 (2007). Note o título desse artigo.
18 Talvez uma criança mais velha segurasse o bebê: ver Rebecca Sear e David Coall, "How Much Does Family Matter? Cooperative Breeding and the Demographic Transition", *Population and Development Review* 37, nº s1 (2011), 81–112.
19 pequenas ações de parentalidade realizadas por outros: essa ideia é conhecida como a Hipótese da Criação Cooperativa e foi desenvolvida por Sarah Blaffer Hrdy em seu extraordinário livro *Mothers and Others: The Evolutionary Origins of Mutual Understanding* (Cambridge, MA: Belknap Press, 2009).
20 coletivamente, criamos nossos filhos: Jeremy M. DeSilva, "A Shift Toward Birthing Relatively Large Infants Early in Human Evolution", *Proceedings of the National Academy of Sciences* 108, nº 3 (2011), 1022–1027. Uma suposição da hipótese de que o *Australopithecus* estava criando seus jovens coletivamente é a idade de desmame. Com os grandes primatas, as mães amamentam seus bebês por mais de quatro anos. Os jovens orangotangos não desmamam depois dos sete anos. Os humanos nas comunidades de caçadores-coletores, ao contrário, amamentam bebês entre um e quatro anos. Podemos nos permitir desmamar mais cedo em parte porque há membros do grupo capazes e dispostos a partilhar alimento. Análises recentes dos isótopos dos dentes infantis de *Australopithecus* revelam que eles também desmamaram cedo. Essa é uma evidência independente da criação cooperativa dos jovens de nossos primeiros ancestrais. Théo Tacail *et al.*, "Calcium Isotopic Patterns in Enamel Reflect Different Nursing Behaviors Among South African Early Hominins", *Science Advances* 5 (2019), eaax3250. Renaud Joannes-Boyau et al., "Elemental Signatures of *Australopithecus africanus* Teeth Reveal Seasonal Dietary Stress", *Nature* 572 (2019), 112–116.
21 Eles comeriam qualquer coisa que encontrassem: algumas das evidências vieram dos isótopos de carbono que mostraram uma ampla gama de valores do *Australopithecus afarensis*. Jonathan G. Wynn, "Diet of *Australopithecus afarensis* from the Pliocene Hadar Formation, Ethiopia", *Proceedings of the National Academy of Sciences* 110, nº 26 (2013), 10495–10500.
22 Essa mudança para uma dieta generalizada: ver Daniel Lieberman, *A História do Corpo Humano: Evolução Saúde e Doença* (Nova York: Vintage, 2013).
23 Hoje, babuínos e chimpanzés: Jane Goodall, *The Chimpanzees of Gombe: Patterns of Behavior* (Cambridge, MA: Harvard University Press, 1986), 555–557. Jane Goodall, "Tool-Using and Aimed Throwing in a Community of Free-Living Chimpanzees", *Nature* 201 (1964), 1264–1266. William J. Hamilton, Ruth E. Buskirk e William H. Buskirk, "Defensive Stoning by Baboons", *Nature* 256 (1975), 488–489. Martin Pickford, "Matters Arising: Defensive Stoning by Baboons (Reply)", *Nature* 258 (1975), 549–550.
24 Recentemente, o paleoantropólogo Yohannes Haile-Selassie: Yohannes Haile-Selassie, Stephanie M. Melillo, Antonino Vazzana, Stefano Benazzi e Timothy M. Ryan, "A 3.8-Million-Year-Old Hominin Cranium from Woranso-Mille, Ethiopia", *Nature* 573 (2019), 214–219.
25 Isso ainda é apenas um terço do tamanho do cérebro: William H. Kimbel, Yoel Rak e Donald C. Johanson, *The Skull of* Australopithecus afarensis (Oxford: Oxford University Press, 2004).

26 Seu cérebro tem apenas 2%: ainda mais é necessário quando o cérebro de uma criança está crescendo — mais 40% da energia corporal. Christopher W. Kuzawa et al., "Metabolic Costs and Evolutionary Implications of Human Brain Development", *Proceedings of the National Academy of Sciences* 111, nº 36 (2014), 13010-13015.
27 Na savana: ver Herman Pontzer, "Economy and Endurance in Human Evolution", *Current Biology* 27 (2017), R613-R621.
28 Nessa idade, a criança tinha desenvolvido: o artigo Dikika sobre o crescimento do cérebro. Philipp Gunz et al., "*Australopithecus afarensis* Endocasts Suggest Apelike Brain Organization and Prolonged Brain Growth", *Science Advances* 6 (2020), eaaz4729. Na verdade, Smith conseguiu indicar a idade de Dikika até o *dia* de sua morte. Ela tinha 861 dias de idade quando morreu. Como em muitos outros estudos discutidos neste livro, esse foi um grande esforço em equipe. Os escaneamentos que Tanya Smith analisou foram coletados com a colaboração de Paul Tafforeau e Adeline LeCabec. Philipp Gunz reconstruiu o cérebro da criança, e, naturalmente, Zeray Alemseged foi quem encontrou o fóssil.

CAPÍTULO 7: HÁ MUITAS FORMAS DE CAMINHAR UMA LÉGUA
1 "Toda jornada começa": Ann Gibbons, "Skeletons Present an Exquisite Paleo-Puzzle", *Science* 333, (2011), 1370-1372. Bruce Latimer, comunicação pessoal.
2 o mais próximo que temos do Indiana Jones na paleoantropologia: o que quero dizer com isso é que Lee Berger é um explorador e aventureiro que inspira futuras gerações de pesquisadores ao popularizar nossa ciência. Portanto, Berger é o Indiana Jones — com todas as boas práticas, e não nas formas de artimanhas e pilhagens que o personagem de Harrison Ford também encarnou.
3 Lee Berger baixou: mais detalhes dessa envolvente história podem ser encontrados em dois dos livros de Berger sobre o assunto. Lee Berger e Marc Aronson, *The Skull in the Rock: How a Scientist, a Boy, and Google Earth Opened a New Window on Human Origins* (Washington, DC: National Geographic Children's Books, 2012). Lee Berger e John Hawks, *Almost Human: The Astonishing Tale of* Homo naledi *and the Discovery That Changed Our Human Story* (Washington, DC: National Geographic, 2017).
4 a provável causa da morte: Ericka N. L'Abbé et al., "Evidence of Fatal Skeletal Injuries on Malapa Hominins 1 and 2". *Scientific Reports* 5, nº 15120 (2015).
5 em uma janela de 3 mil anos, 1.977 milhões de anos atrás: Robyn Pickering et al., "*Australopithecus sediba* at 1.977 Ma and Implications for the Origins of the Genus *Homo*", *Science* 333, nº 6048 (2011), 1421-1423.
6 Eles os nomearam *sediba*: Lee Berger et al., "*Australopithecus sediba*: A New Species of Homo-Like Australopith from South Africa", *Science* 328, nº 5975 (2010), 195-204.
7 Berger e Zipfel me enviaram moldes de plástico: isso precisa de algumas explicações para os leitores que estão se perguntando por que eu ficaria surpreso com a anatomia dos moldes depois de ter visto os originais sob o pano preto no laboratório de Berger. O fóssil original do pé e dos ossos do tornozelo (tíbia, tálus e calcâneo) estão ainda articulados e mantidos unidos pela matriz e foram escaneados em uma microtomografia computadorizada por Kristian Carlson e separados digitalmente após horas de trabalho tedioso de computador. Carlson, então, imprimiu em 3D a reprodução dos ossos do pé isolados. Eles foram os que Berger e Zipfel me enviaram na primavera de 2010.

8   Registrando diferenças em suas pelves: John T. Robinson, *Early Hominid Posture and Locomotion* (Chicago: University of Chicago Press, 1972). Robinson também classificou o *africanus* como *Homo*. Se alguma vez isso fosse adotado, causaria uma confusão nos nomes dos hominídeos, visto que o tipo de espécie do *Australopithecus* é *africanus*.

9   Trinta anos mais tarde, Museu Americano: William E. H. Harcourt-Smith e Leslie C. Aiello, "Fossils, Feet, and the Evolution of Human Bipedal Locomotion", *Journal of Anatomy* 204, nº 5 (2004), 403-416.

10 eu e Zipfel publicamos nossas descobertas: Bernhard Zipfel *et al*., "The Foot and Ankle of *Australopithecus sediba*", *Science* 333, nº 6048 (2011), 1417-1420. Como em outros estudos descritos neste livro, este foi um trabalho de equipe, e contribuições significativas foram feitas por Robert Kidd, Kristian Carlson, Steve Churchill e Lee Berger.

11 Holt, Zipfel e eu testamos nossa hipótese: Jeremy M. DeSilva *et al*., "The Lower Limb and Mechanics of Walking in *Australopithecus sediba*", *Science* 340, nº 6129 (2013), 1232999.

12 Fizemos ressonância magnética em quarenta humanos: Jeremy M. DeSilva *et al*., "Midtarsal Break Variation in Modern Humans: Functional Causes, Skeletal Correlates, and Paleontological Implications", *American Journal of Physical Anthropology* 156, nº 4 (2015), 543-552.

13 improvisar as articulações e fazê-lo caminhar: Amey Y. Zhang e Jeremy M. DeSilva, "Computer Animation of the Walking Mechanics of *Australopithecus sediba*", *PaleoAnthropology* (2018), 423-432. Tuíte de Sally Le Page sobre o caminhar do *sediba*: <https://twitter.com/sallylepage/status/1088364360857198598>.

14 esquete 'Ministério do Andar Tolo' do grupo Monty Python: William H. Kimbel, "Hesitation on Hominin History", *Nature* 497 (2013), 573-574. Para ver o esquete "Ministério do Andar Tolo" entre em: <https://www.dailymotion.com/video/x2hwqki>. Para um artigo brilhante de análise das marchas do Ministro e do Mr. Pudley, ver Erin E. Butler e Nathaniel J. Dominy, "Peer Review at the Ministry of Silly Walks", *Gait & Posture* (26 de fevereiro de 2020).

15 Marion Bamford, diretora do: Marion Bamford *et al*., "Botanical Remains from a Coprolite from the Pleistocene Hominin Site of Malapa, Sterkfontein Valley, South Africa", *Palaeontologica Africana* 45 (2010), 23-28.

16 Com seus braços longos e ombros encolhidos: os braços longos provavelmente não precisam ser explicados como uma adaptação para subir nas árvores, mas os ombros encolhidos talvez precisem. Kevin Hunt propôs que os ombros estreitos e encolhidos ajudariam no equilíbrio do centro de massa de um primata pendurado por um braço. Kevin D. Hunt, "The Postural Feeding Hypothesis: An Ecological Model for the Evolution of Bipedalism", *South African Journal of Science* 92 (1996), 77-90.

17 ele era extremamente dependente dos alimentos das florestas: Amanda G. Henry *et al*., "The Diet of *Australopithecus sediba*", *Nature* 487 (2012), 90-93.

18 Desde então, ele descobriu: Yohannes Haile-Selassie *et al*., "New Species from Ethiopia Further Expands Middle Pliocene Hominin Diversity", *Nature* 521 (2015), 483-488.

19 "Você encontrou outro Ardi!": Citações de Latimer de John Mangels, "New Human Ancestor Walked and Climbed 3.4 Million Years Ago in Lucy's Time, Cleveland Team Finds (Video)", *Cleveland Plain Dealer* (28 de março de 2012), <https://www.cleveland.com/science/2012/03/new_human_ancestor_walked_and.html>.

20 Outro hominídeo, caminhando de forma diferente: Yohannes Haile-Selassie *et al*., "A New Hominin Foot from Ethiopia Shows Multiple Pliocene Bipedal Adaptations", *Nature* 483

(2012), 565-569. Mas é importante notar que Haile-Selassie não atribuiu diretamente o pé de Burtele ao *Australopithecus deyiremeda*. Poderia ser um terceiro hominídeo ainda sem nome.

CAPÍTULO 8: HOMINÍDEOS EM MOVIMENTO

1   "Não há nenhum lugar para ir": Jack Kerouac, *On the Road* (Nova York: Viking Press, 1957), 26.
2   O que um rinoceronte estava fazendo: no século XIII, Marco Polo viajou mais de 12 mil quilômetros de sua casa, na Itália, à China pela Rota da Seda. Mapas de sua viagem o levam por Dmanisi, embora não haja evidências de que ele tenha parado ali. Muitos viajantes o fizeram, no entanto, quando Dmanisi se tornou parte importante da rota comercial entre a Europa e a Ásia, e por fim foi absorvida pelo Império Mongol. Polo continuou, e quando chegou à ilha de Java, ele relata ter visto um unicórnio. Ele escreveu: "Há elefantes selvagens no país e muitos unicórnios quase tão grandes. Eles têm pelo como os de um búfalo, pés como os de um elefante e um chifre no meio da testa, o qual é preto e muito grosso. Porém eles não fazem mal com o chifre, mas apenas com a língua; pois ela é coberta por longos e fortes espinhos [e quando atacam alguém, eles os esmagam debaixo de seus joelhos e depois raspam sua cara com a língua]. A cabeça se assemelha como a de um javali, e a mantêm sempre curvada para o chão. Eles se deliciam bastante em ficar no pântano e na lama. Ele é uma fera feia de se admirar e não é nada parecida com as nossas histórias que dizem que foram apanhadas no colo de uma virgem; na verdade, é totalmente diferente do que imaginávamos." O que Marco Polo descreve em *As Viagens* é, certamente, um rinoceronte.
3   em 1991, encontraram uma mandíbula de hominídeo: Leo Gabunia e Abesalom Vekua, "A Plio-Pleistocene Hominid from Dmanisi, East Georgia, Caucasus", *Nature* 373 (1995), 509-512.
4   Em 2018, Zhaoyu Zhu: Zhaoyu Zhu *et al.*, "Hominin Occupation of the Chinese Loess Plateau Since About 2.1 Million Years Ago", *Nature* 559 (2018), 608-612.
5   Três anos depois que o conheci: Fred Spoor *et al.*, "Implications of New Early *Homo* Fossils from Ileret, East of Lake Turkana, Kenya", *Nature* 448 (2007), 688-691. A posição atual de Fredrick Manthi é Chefe do Departamento de Geociências dos Museus Nacionais do Quênia.
6   Em seu livro *The Wisdom*: Alan Walker e Pat Shipman, *The Wisdom of the Bones: In Search of Human Origins* (Nova York: Vintage, 1997).
7   "Só Deus sabe como ele o viu": Walker e Shipman, *The Wisdom of the Bones*, 12.
8   Os cientistas calculam que o menino Nariokotome: há incerteza sobre isso. Começa com quantos anos tinha a criança Nariokotome quando morreu. A idade cronológica estimada varia de 7 a 8 até 15 anos, embora muitos estudiosos citem faixas etárias mais jovens determinadas a partir da análise de última geração do desenvolvimento dentário. A altura da criança ao morrer varia entre 1,40m e 1,60m, dependendo de qual técnica for empregada. Depois, há a questão sobre se o *Homo erectus* teve o surto de crescimento na adolescência ou se evoluiu mais recentemente. A altura do adulto do Nariokotome é calculada entre 1,60m e mais de 1,80m. Ver Ronda R. Graves, Amy C. Lupo, Robert C. McCarthy, Daniel J. Wescott e Deborah L. Cunningham, "Just How Strapping was KNM-WT 15000?" *Journal of Human Evolution* 59 nº 5 (2010), 542-554. Chris Ruff e Alan Walker, "Body Size and Body Shape" in *The Nariokotome Homo erectus Skeleton*, ed. Alan Walker e Richard Leakey (Cambridge, MA: Harvard University Press, 1993), 234-265.

9   O antropólogo Chris Kuzawa, da Universidade Northwestern: Christopher W. Kuzawa *et al.*, "Metabolic Costs and Evolutionary Implications of Human Brain Development", *Proceedings of the National Academy of Sciences* 111, nº 36 (2014), 13010–13015.

10 Seu fêmur direito, grande, é do tamanho: Henry M. McHenry, "Femoral Lengths and Stature in Plio-Pleistocene Hominids", *American Journal of Physical Anthropology* 85 (1991), 149–158. Foi feita uma estimativa ligeiramente mais baixa para o KNM-ER 1808, de 1,70m, por Manuel Will e Jay T. Stock, "Spatial and Temporal Variation of Body Size Among Early *Homo*", *Journal of Human Evolution* 82 (2015), 15–33. Com base no tamanho da pegada, uma equipe estimou que um grupo de *Homo erectus* variava em altura entre 1,50m para mais de 1,80m. Heather L. Dingwall, Kevin G. Hatala, Roshna E. Wunderlich e Brian G. Richmond, "Hominin Stature, Body Mass e Walking Speed Estimates Based on 1.5-Million-Year-Old Fossil Footprints at Ileret, Kenya", *Journal of Human Evolution* 64, nº 6 (2013), 556–568.

11 Em 2009, uma equipe de pesquisadores: Matthew R. Bennett *et al.*, "Early Hominin Foot Morphology Based on 1.5-Million-Year-Old-Footprints from Ileret, Kenya", *Science* 323, nº 5918 (2009), 1197–1201. Kevin G. Hatala *et al.*, "Footprints Reveal Direct Evidence of Group Behavior and Locomotion in *Homo erectus*", *Scientific Reports* 6 (2016), 28766.

12 Especialmente quando eles correm: Dennis M. Bramble e Daniel E. Lieberman, "Endurance Running and the Evolution of Homo", *Nature* 432 (2004), 345–352.

13 Nos ecossistemas pelo mundo: Chris Carbone, Guy Cowlishaw, Nick J. B. Isaac e J. Marcus Rowcliffe, "How Far Do Animals Go? Determinants of Day Range in Mammals", *American Naturalist* 165, nº 2 (2005), 290–297.

14 Seja como for, há 2,1 milhões de anos: fica-se imaginando qual é o papel desempenhado pelo meio ambiente ao criar condições favoráveis à migração de hominídeos para a Eurásia. Há evidências de seca e resfriamento global — e subsequente expansão das savanas — causados, em parte, por correntes oceânicas alteradas como resultado da separação física dos oceanos Atlântico e Pacífico, graças ao fechamento do Istmo do Panamá, há 2,8 milhões de anos. Ver Aaron O'Dea *et al.*, "Formation of the Isthmus of Panama", *Science Advances* 2, nº 8 (2016), e1600883. Steven M. Stanley, *Children of the Ice Age: How a Global Catastrophe Allowed Humans to Evolve* (Nova York: Crown, 1996).

15 Durante as eras do gelo: oito períodos de glaciação são conhecidos dos três últimos trimestres de um milhão de anos. EPICA community members, "Eight Glacial Cycles from an Antarctic Ice Core", *Nature* 429 (2004), 623–628.

16 Os pesquisadores chamaram o fóssil: Isidro Toro-Moyano *et al.*, "The Oldest Human Fossil in Europe, from Orce (Spain)", *Journal of Human Evolution* 65, nº 1 (2013), 1–9. Eudald Carbonell *et al.*, "The First Hominin of Europe", *Nature* 452 (2008), 465–469. José María Bermúdez de Castro *et al.*, "A Hominid from the Lower Pleistocene of Atapuerca, Spain: Possible Ancestor to Neandertals and Modern Humans", *Science* 276, nº 5317 (1997), 1392–1395.

17 A primeira, formulada pelos antropólogos: Leslie C. Aiello e Peter Wheeler, "The Expensive-Tissue Hypothesis: The Brain the Digestive System in Human and Primate Evolution", *Current Anthropology* 36, nº 2 (1995), 199–221.

18 Mais recentemente, Richard Wrangham: Richard Wrangham, *Pegando Fogo; Por que Cozinhar nos Tornou Humanos* (Nova York: Basic Books, 2009). O único problema com essa hipótese refinada é o tempo. A evidência mais recente do controle do fogo tem 1,5 milhão de anos. Mas o aumento do cérebro é detectável no registro fóssil começando em, pelo menos, 2 milhões de

anos atrás. Ou o controle do fogo é mais antigo do que as evidências que temos atualmente, ou o cozinhar não pode explicar o início do aumento do tamanho do cérebro do antigo *Homo*. Mesmo que esse último acabe sendo apoiado por evidência paleontológica e arqueológica, o controle do fogo e o cozinhar quase certamente mantiveram e talvez até aceleraram o crescimento do cérebro no *Homo* do Pleistoceno.

19 o fogo é um meio de afastar os predadores: ver Richard Wrangham e Rachel Carmody, "Human Adaptation to the Control of Fire", *Evolutionary Anthropology* 19 (2010), 187-199.

20 Mas os animais que se locomovem sobre duas patas: ver Dennis M. Bramble e David R. Carrier, "Running and Breathing in Mammals", *Science* 219, nº 4582 (1983), 251-256. Robert R. Provine, "Laughter as an Approach to Vocal Evolution", *Psychonomic Bulletin & Review* 23 (2017), 238-244.

21 Na posição sentada: ver Morgan L. Gustison, Aliza le Rouz e Thore J. Bergman, "Derived Vocalizations of Geladas (*Theropithecus gelada*) and the Evolution of Vocal Complexity in Primates", *Philosophical Transactions of the Royal Society B* 367, nº 1597 (2012). Fico pensando até onde a relação entre a vocalização e a locomoção se estende. As aves, por exemplo, têm um repertório vocal. Os músculos do peito dos animais aquáticos, como baleias e golfinhos, impulsionados pela água, também têm sistemas de comunicação complexos.

22 Mesmo em nossas crianças: tanto nas crianças americanas quanto as chinesas, os primeiros passos e as primeiras palavras estão relacionados, independentemente da idade na qual eles ocorrem. Minxuan He, Eric A. Walle e Joseph J. Campos, "A Cross-National Investigation of the Relationship Between Infant Walking and Language Development", *Infancy* 20, nº 3 (2015), 283-305.

23 assimetria na área de Broca: ver review in Amélie Beaudet, "The Emergence of Language in the Hominin Lineage: Perspectives from Fossil Endocasts", *Frontiers in Human Neuroscience* 11 (2017), 427. Dean Falk, "Interpreting Sulci on Hominin Endocasts: Old Hypotheses and New Findings", *Frontiers in Human Neuroscience* 8, (2014), 134. Certamente, esse foi o caso do primeiro *Homo* como evidenciado no KNM-ER 1470. Dean Falk, "Cerebral Cortices of East African Early Hominids", *Science* 221, nº 4615 (1983), 1072-1074.

24 Fósseis com meio milhão de anos: ver Ignacio Martínez *et al.*, "Auditory Capacities in Middle Pleistocene Humans from the Sierra de Atapuerca in Spain", *Proceedings of the National Academy of Sciences* 101, nº 27 (2004), 9976-9981. Ignacio Martínez *et al.*, "Communicative Capacities in Middle Pleistocene Humans from the Sierra de Atapuerca in Spain", *Quaternary International* 295 (2013), 94-101. Ignacio Martínez *et al.*, "Human Hyoid Bones from the Middle Pleistocene Site of the Sima de los Huesos (Sierra de Atapuerca, Spain)", *Journal of Human Evolution* 54, nº 1 (2008), 118-124. Johannes Krause *et al.*, "The Derived *FOXP2* Variant of Modern Humans Was Shared with Neandertals", *Current Biology* 17, nº 21 (2007), 1908-1912. Veja também Elizabeth G. Atkinson *et al.*, "No Evidence for Recent Selection of *FOXP2* among Diverse Human Populations", *Cell* 174, nº 6 (2018), 1424-1435.

25 Há cerca de 800 mil anos: Nick Ashton *et al.*, "Hominin Footprints from Early Pleistocene Deposits at Happisburgh, UK", *PLOS ONE* 9, nº 2 (2014), e88329.

26 Em 2019, cientistas do Museu Nacional: Jérémy Duveau, Gilles Berillon, Christine Verna, Gilles Laisné e Dominique Cliquet, "The Composition of a Neandertal Social Group Revealed by the Hominin Footprints at Le Rozel (Normandy, France)", *Proceedings of the National Academy of Sciences* 116, nº 39 (2019), 19409-19414.

27 DNA extraído de pequenos pedaços: David Reich *et al.*, "Genetic History of an Archaic Hominin Group from Denisova Cave in Siberia", *Nature* 468, nº 7327 (2010), 1053–1060. Fahu Chen *et al.*, "A Late Middle Pleistocene Denisovan Mandible from the Tibetan Plateau", *Nature* 569 (2019), 409–412.

CAPÍTULO 9: MIGRAÇÃO PARA A TERRA MÉDIA

1 "Nem todos os que vagueiam estão perdidos": Do poema "Nem Tudo que Reluz é Ouro", em J. R. R. Tolkien, *O Senhor dos Anéis: A Sociedade do Anel* (Londres: George Allen & Unwin, 1954).
2 espesso o suficiente para cobrir o Monte Washington, de 1.916 metros: embora o gelo no topo da montanha tivesse sido fino, visto que as rochas no cume não são erodidas.
3 Em 2019, por exemplo, um estudo publicado: Eva K. F. Chan *et al.*, "Human Origins in a Southern African Palaeo-Wetland and First Migrations", *Nature* 575 (2019), 185–189.
4 Estudos recentes, ao examinarem genomas inteiros: Carina M. Schlebusch *et al.*, "Southern African Ancient Genomes Estimate Modern Human Divergence to 350,000 to 260,000 Years Ago", *Science* 358, nº 6363 (2017), 652–655.
5 cientistas [...] do Instituto Smithsonian: Alison S. Brooks *et al.*, "Long-Distance Stone Transport and Pigment Use in the Earliest Middle Stone Age", *Science* 360, nº 6384 (2018), 90–94.
6 Em 2019, Katerina Harvati: Katerina Harvati *et al.*, "Apidima Cave Fossils Provide Earliest Evidence of *Homo sapiens* in Eurasia", *Nature* 571 (2019), 500–504. Israel Hershkovitz *et al.*, "The Earliest Modern Humans Outside Africa", *Science* 359, nº 6374 (2018), 456–459.
7 Sabemos pelo DNA, ainda miraculosamente: Richard E. Green *et al.*, "Analysis of One Million Base Pairs of Neanderthal DNA", *Nature* 444 (2006), 330–336. Lu Chen, Aaron B. Wolf, Wenqing Fu, Liming Li e Joshua M. Akey, "Identifying and Interpreting Apparent Neanderthal Ancestry in African Individuals", *Cell* 180, nº 4 (2020), 677–687.
8 Estivemos no continente australiano: Chris Clarkson *et al.*, "Human Occupation of Northern Australia by 65,000 Years Ago", *Nature* 547 (2017), 306–310.
9 Há 20 mil anos: Steve Webb, Matthew L. Cupper e Richard Robbins, "Pleistocene Human Footprints from the Willandra Lakes, Southeastern Australia", *Journal of Human Evolution* 50, nº 4 (2006), 405–413.
10 As sandálias da caverna Fort Rock: ver referências em Janna T. Kuttruff, S. Gail De-Hart e Michael J. O'Brien, "7500 Years of Prehistoric Footwear from Arnold Research Cave", *Science* 281, nº 5373 (1998), 72–75.
11 Erik Trinkaus, da Universidade de Washington: Erik Trinkaus, "Anatomical Evidence for the Antiquity of Human Footwear Use", *Journal of Archaeological Science* 32, nº 10 (2005), 1515–1526. Erik Trinkaus e Hong Shang, "Anatomical Evidence for the Antiquity of Human Footwear: Tianyuan and Sunghir", *Journal of Archaeological Science* 35, nº 7 (2008), 1928–1933.
12 Há 13 mil anos: Duncan McLaren *et al.*, "Terminal Pleistocene Epoch Human Footprints from the Pacific Coast of Canada", *PLOS ONE* 13, nº 3 (2018), e0193522. Karen Moreno *et al.*, "A Late Pleistocene Human Footprint from the Pilauco Archaeological Site, Northern Patagonia, Chile", *PLOS ONE* 14, nº 4 (2019), e0213572.
13 Na manhã do dia 2 de setembro: algumas dessas informações vieram de Paige Madison, "Floresiensis Family: Legacy & Discovery at Liang Bua", 26 de abril de 2018, <http://fossilhistory.wordpress.com/2018/04/26/lunch-liang-bua>.

14 Pesquisadores declararam que eles eram: Peter Brown et al., "A New Small-Bodied Hominin from the Late Pleistocene of Flores, Indonesia", *Nature* 431 (2004), 1055-1061.
15 Ele compartilhava as anatomias do pé e da mão: William L. Jungers et al., "The Foot of *Homo floresiensis*", *Nature* 459, (2009), 81-84.
16 Os exploradores denominaram uma nova: Florent Détroit et al., "A New Species of *Homo* from the Late Pleistocene of the Philippines", *Nature* 568 (2019), 181-186.
17 Quando Berger ficou sabendo: detalhes em Lee Berger e John Hawks, *Almost Human: The Astonishing Tale of Homo naledi and the Discovery That Changed Our Human Story* (Washington, DC: National Geographic, 2017).
18 Nós o denominamos *Homo naledi*: Lee R. Berger et al., "*Homo naledi*, a New Species of the Genus *Homo* from the Dinaledi Chamber, South Africa", *eLife* 4 (2015), e09560. Os fósseis do *Homo naledi* foram encontrados na segunda câmara do sistema de cavernas Rising Star: John Hawks et al., "New Fossil Remains of *Homo naledi* from the Lesedi Chamber, South Africa", *eLife* 6 (2017), e24232. Assim como os fósseis do *Australopithecus sediba*, da Caverna Malapa, na África do Sul, um grande número de fósseis *Homo naledi* foi digitalizado na superfície, e seus modelos digitais estão disponíveis no site www.morphosource.com (conteúdo em inglês).
19 Os ossos têm simplesmente 260 mil: Paul H. G. M. Dirks et al., "The Age of *Homo naledi* and Associated Sediments in the Rising Star Cave, South Africa", *eLife* 6 (2017), e24231.
20 Não sabemos por que: Ian Tattersall atribui a sobrevivência do *Homo sapiens* em relação a outros hominídeos ao nosso comportamento simbólico. Ver Ian Tattersall, *Masters of the Planet* (Nova York: Palgrave Macmillan, 2012). Pat Shipman propôs que a domesticação do cachorro deu aos humanos uma vantagem, particularmente aos Neandertais. Ver Pat Shipman, *The Invaders: How Humans and Their Dogs Drove Neanderthals to Extinction* (Cambridge, MA: Belknap Press of Harvard University Press, 2015).

PARTE III: ETAPAS DA VIDA
1 "A pé e de coração leve": Walt Whitman, "Song of the Open Road", in *Leaves of Grass* (Publicação própria, 1855).

CAPÍTULO 10: PASSINHOS DE BEBÊ
1 Contudo, os humanos são diferentes: ver Wenda Trevathan e Karen Rosenberg, eds., *Costly and Cute: Helpless Infants and Human Evolution* (Santa Fé: University of New Mexico Press, publicado em parceria com a School for Advanced Research Press, 2016).
2 podem imitar algumas expressões faciais: ver Andrew N. Meltzoff e M. Keith Moore, "Imitation of Facial and Manual Gestures by Human Neonates", *Science* 198, n° 4312 (1977), 75-78.
3 um vídeo gravado momentos após um nascimento: ver crítica da mídia sensacionalista sobre o vídeo por Dr. Jen Gunter, "A Newborn Baby in Brazil Didn't Walk, Journalists Made a Story of a Normal Reflex. That's Wrong," 30 de maio de 2017, <https://drjengunter.com/2017/05/30/a--newborn-baby-in-brazil-didnt-walk-journalists-made-a-story-of-a-normal-reflex-thats--wrong>.
4 Albrecht Peiper, um pediatra alemão: Albrecht Peiper, *Cerebral Function in Infancy and Childhood* (Nova York: Consultants Bureau, 1963).
5 Alessandra Piontelli, que estuda o desenvolvimento fetal: Alessandra Piontelli, *Development of Normal Fetal Movements: The First 25 Weeks of Gestation* (Milão: Springer-Verlag Italia, 2010).

6 No início, Nadia Dominici, uma neurocientista: Nadia Dominici et al., "Locomotor Primitives in Newborn Babies and Their Development", Science 334, nº 6058 (2011), 997-999.
7 Cerca de 50 anos atrás, Philip Roman Zelazo: Philip Roman Zelazo, Nancy Ann Zelazo e Sarah Kolb, "'Walking' in the Newborn", Science 176 (1972), 314-315.
8 perninhas rechonchudas: na verdade, parece que essas pernas rechonchudas podem fazer parte do atraso da transição do "reflexo de passo" para a caminhada real por — em média — um ano. Ver Esther Thelen e Donna M. Fisher, "Newborn Stepping: An Explanation for a 'Disappearing' Reflex", Developmental Psychology 18, nº 5 (1982), 760-775.
9 uma criança andar por conta própria: há critérios rigorosos do que representa o caminhar de forma independente. Alguns definem o início da caminhada como dar cinco passos consecutivos. Outros o definem como ser capaz de caminhar três metros sem parar ou sem cair.
10 entre 13 e 15 meses: aparentemente, no entanto, Gesell somente coletou dados sobre bebês de origem alemã e excluiu os bebês de pais solteiros. Tal exclusão extrapola seus dados para uma média da população, um exercício profundamente falho.
11 A situação mudou novamente em 1992: Beth Ellen Davis, Rachel Y. Moon, Hari C. Sachs e Mary C. Ottolini, "Effects of Sleep Position on Infant Motor Development", Pediatrics 102, nº 5 (1998), 1135-1140.
12 Como as antropólogas Kate Clancy: Kathryn B. H. Clancy e Jenny L. Davis, "Soylent Is People, and WEIRD is White: Biological Anthropology, Whiteness, and the Limits of the WEIRD", Annual Review of Anthropology 48, (2019), 169-186.
13 Mutucas depositam suas larvas: Kim Hill e A. Magdalena Hurtado, Ache Life History (Nova York: Routledge, 1996), 153-154.
14 "Um bebê ou uma criança pequena": Hill e Hurtado, Ache Life History, 154.
15 Antropólogos Hillard Kaplan e: Hillard Kaplan e Heather Dove, "Infant Development Among the Ache of Eastern Paraguay", Developmental Psychology 23, nº 2 (1987), 190-198.
16 Em certas regiões do norte da China: ver referências em Karen Adolph e Scott R. Robinson, "The Road to Walking: What Learning to Walk Tells Us About Development", in Oxford Handbook of Developmental Psychology, ed. Philip David Zelazo (Oxford: Oxford University Press, 2013). Lana B. Karasik, Karen E. Adolph, Catherine S. Tamis-LeMonda e Marc H. Bornstein, "WEIRD Walking: Cross-Cultural Research on Motor Development", Behavioral and Brain Sciences 33, nº 2-3 (2010), 95-96.
17 Um estudo suíço com 220: Oskar G. Jenni, Aziz Chaouch, Jon Caflisch e Valentin Rousson, "Infant Motor Milestones: Poor Predictive Value for Outcome of Healthy Children", Acta Paediatrica 102 (2013), e181-e184. Graham K. Murray, Peter B. Jones, Diana Kuh e Marcus Richards, "Infant Developmental Milestones and Subsequent Cognitive Function", Annals of Neurology 62, nº 2 (2007), 128-136.
18 De vez em quando: Trine Flensborg-Madsen e Erik Lykke Mortensen, "Infant Developmental Milestones and Adult Intelligence: A 34-Year Follow-Up". Early Human Development 91, nº 7 (2015), 393-400. Akhgar Ghassabian et al., "Gross Motor Milestones and Subsequent Development", Pediatrics 138, nº 1 (2016), e20154372.
19 abre portas para novas oportunidades de aprendizagem: Joseph J. Campos et al., "Travel Broadens the Mind", Infancy 1, nº 2 (2000), 149-219.
20 Em 2015, no entanto, pesquisadores, ao estudar mais de 2 mil crianças: Alex Ireland, Adrian Sayers, Kevin C. Deere, Alan Emond e Jon H. Tobias, "Motor Competence in Early Childhood

Is Positively Associated with Bone Strength in Late Adolescence", *Journal of Bone and Mineral Research* 31, nº 5 (2016), 1089-1098. Esse mesmo grupo de pesquisa descobriu, em 2017, que o atraso no caminhar da criança era um indicador de baixa força óssea em um grupo de 60 a 64 anos de idade. Alex Ireland *et al.*, "Later Age at Onset of Independent Walking Is Associated with Lower Bone Strength at Fracture-Prone Sites in Older Men", *Journal of Bone and Mineral Research* 32, nº 6 (2017), 1209-1217. Charlotte L. Ridgway et al., "Infant Motor Development Predicts Sports Participation at Age 14 Years: Northern Finland Birth Cohort of 1966", *PLOS ONE* 4, nº 8 (2009), e6837.

21 Muhammad Ali, quando era o bebê: de Jonathan Eig, *Muhammad Ali: Uma Vida* (Boston: Houghton Mifflin Harcourt, 2017), 11. James S. Hirsch, *Willie Mays: The Life, the Legend* (Nova York: Scribner, 2010), 13. Andrew S. Young, *Black Champions of the Gridiron* (Nova York: Harcourt, Brace & World, 1969). Martin Kessler, "Kalin Bennett Has Autism—And He's a Div. I Basketball Player", *Only a Game*, WBUR, 21 de junho de 2019, <https://www.wbur.org/onlyagame/2019/06/21/kent-state-kalin-bennett-basketball-autism>.

22 Muitas crianças em culturas: ver referências em Karen Adolph e Scott R. Robinson, "The Road to Walking: What Learning to Walk Tells Us About Development", in *Oxford Handbook of Developmental Psychology*, ed. Philip David Zelazo (Oxford: Oxford University Press, 2013).

23 "Cada bebê estabelece seu próprio caminho": Adolph e Robinson, "The Road to Walking", 410.

24 Como Antonia Malchik escreveu: Antonia Malchik, *A Walking Life* (Nova York: Da Capo Press, 2019), 25.

25 A equipe de Adolph também descobriu: Lana B. Karasik, Karen E. Adolph, Catherine S. Tamis-LeMonda e Alyssa L. Zuckerman, "Carry On: Spontaneous Object Carrying in 13-Month-Old Crawling and Walking Infants", *Developmental Psychology* 48, nº 2 (2012), 389-397. Carli M. Heiman, Whitney G. Cole, Do Kyeong Lee, Karen E. Adolph, "Object Interaction and Walking: Integration of Old and New Skills in Infant Development", *Infancy* 24, nº 4 (2019), 547-569.

26 bebês vagam sem rumo pela sala: ver Justine E. Hock, Sinclaire M. O'Grady e Karen E. Adolph, "It's the Journey, Not the Destination: Locomotor Exploration in Infants", *Developmental Science* (2018), e12740.

27 crianças com deficiência visual: Miriam Norris, Patricia J. Spaulding e Fern H. Brodie, *Blindness in Children* (Chicago: University of Chicago, 1957).

28 "Como você aprende a andar?": Karen E. Adolph *et al.*, "How Do You Learn to Walk? Thousands of Steps and Dozens of Falls per Day", *Psychological Science* 23, nº 11 (2012), 1387-1394.

29 Os bebês, em média, dão: Adolph, "How Do You Learn to Walk?"

30 Mesmo assim, eles não começam a caminhar: David Sutherland, Richard Olshen e Edmund Biden, *The Development of Mature Walking* (Londres: Mac Keith Press, 1988).

31 Por exemplo, recém-nascidos humanos: Jeremy M. DeSilva, Corey M. Gill, Thomas C. Prang, Miriam A. Bredella e Zeresenay Alemseged, "A Nearly Complete Foot from Dikika, Ethiopia, and its Implications for the Ontogeny and Function of *Australopithecus afarensis*", *Science Advances* 4, nº 7 (2018), eaar7723. Craig A. Cunningham e Sue M. Black, "Anticipating Bipedalism: Trabecular Organization in the Newborn Ilium", *Journal of Anatomy* 214, nº 6 (2009), 817-829.

32 estresse diário que as crianças aplicam: o trabalho experimental com não humanos também revelou formas pelas quais os ossos respondem ao novo estresse da locomoção bípede. Em 1939,

uma cabra nasceu sem as patas dianteiras, e ela saltava com as patas traseiras. Ela morreu em um acidente um ano depois e foi examinada por Everhard Johannes Slijper, um anatomista comparativo da Universidade de Utrecht. A cabra de Slijper teve alterações esqueléticas na coluna vertebral, na pelve e nos membros inferiores consideradas como resultado de sua locomoção incomum. Everhard J. Slijper, "Biologic-Anatomical Investigations on the Bipedal Gait and Upright Posture in Mammals, with Special Reference to a Little Goat, Born without Forelegs", *Proceedings of the Koninklijke Nederlandse Akademie van Wetenschappen* 45 (1942), 288-295. Recentemente, uma equipe de pesquisa japonesa ensinou um macaco do gênero Macaca a caminhar com duas patas. Como os humanos, ele desenvolveu lordose. Mas enquanto os humanos desenvolvem lordose por causa dos ossos e discos intervertebrais que se alteram em formato de cunhas, o macaco apenas exibe as alterações nos discos. Masato Nakatsukasa, Sugio Hayama e Holger Preuschoft, "Postcranial Skeleton of a Macaque Trained for Bipedal Standing and Walking and Implications for Functional Adaptation", *Folia Primatologica* 64, nº 1-2 (1995), 1-9. Em 2020, Gabrielle Russo, da Stony Brook University, conduziu um experimento controlado no qual ratos eram manipulados e encorajados a caminhar de forma bípede. Comparados aos ratos quadrúpedes, eles desenvolveram um forame magno mais avançado, lordose lombar e articulações maiores nas pernas. Gabrielle A. Russo, D'arcy Marsh e Adam D. Foster, "Response of the Axial Skeleton to Bipedal Loading Behaviors in an Experimental Animal Model", *Anatomical Record* 303, nº 1 (2020), 150-166.

33 balançava de um lado para o outro: parece, então, que as crianças caminham como primatas eretos com quadril e joelhos flexionados e postura ampla. Os chimpanzés, no entanto, parecem desenvolver sua marcha de maneira aparentemente oposta. Os chimpanzés são mais bípedes quando são bebês (de 1 a 5 anos de idade). Nessa idade jovem, eles são três vezes mais bípedes do que o chimpanzé adulto, passando 6% de seu tempo se movendo em duas patas. Lauren Sarringhaus, Laura MacLatchy e John Mitani, "Locomotor and Postural Development of Wild Chimpanzees", *Journal of Human Evolution* 66 (2014), 29-38.

34 Os indivíduos que são paraplégicos: Christine Tardieu, "Ontogeny and Phylogeny of Femoro-Tibial Characters in Humans and Hominid Fossils: Functional Influence and Genetic Determinism", *American Journal of Physical Anthropology* 110 (1999), 365-377.

35 O que é surpreendente sobre o lábio patelar lateral: Yann Glard *et al.*, "Anatomical Study of Femoral Patellar Groove in Fetus", *Journal of Pediatric Orthopaedics* 25, nº 3 (2005), 305-308.

36 Os resultados foram sempre os mesmos: Karen E. Adolph, Sarah E. Berger e Andrew J. Leo, "Developmental Continuity? Crawling, Cruising, and Walking", *Developmental Science* 14, nº 2 (2011), 306-318. Ver referências adicionais em Adolph e R. Robinson, "The Road to Walking.

CAPÍTULO 11: NASCIMENTO E BIPEDALISMO

1 "Estes quadris são quadris poderosos": Lucille Clifton, "Homage to My Hips", *Two Headed Woman* (Amherst: University of Massachusetts Press, 1980).

2 Essas duas últimas atividades: Alexander Marshack, "Exploring the Mind of Ice Age Man", *National Geographic* 147 (1975), 85. Francesco d'Errico, "The Oldest Representation of Childbirth", em *An Enquiring Mind: Studies in Honor of Alexander Marshack*, ed. Paul G. Bahn (Oxford e Oakville, CT: American School of Prehistoric Research, 2009), 99-109.

3 Não sabemos muito: mas veja Pamela Heidi Douglas, "Female Sociality During the Daytime Birth of a Wild Bonobo at Luikotale, Democratic Republic of Congo", *Primates* 55 (2014),

533-542. A assistência no nascimento tem sido observada em alguns macacos. Ver Bin Yang, Peng Zhang, Kang Huang, Paul A. Garber e Bao-Guo Li, "Daytime Birth e Postbirth Behavior of Wild *Rhinopithecus roxellana* in the Qinling Mountains of China", *Primates* 57, (2016), 155-160. Wei Ding, Le Yang, e Wen Xiao, "Daytime Birth and Parturition Assistant Behavior in Wild Black-and-White Snub-Nosed Monkeys (*Rhinopithecus bieti*) Yunnan, China", *Behavioural Processes* 94 (2013), 5-8.

4   O bebê passa livremente: Hirata *et al.* apresentaram evidências de que os chimpanzés ocasionalmente se desviam dessa descrição de nascimento. Satoshi Hirata, Koki Fuwa, Keiko Sugama, Kiyo Kusunoki e Hideko Takeshita, "Mechanism of Birth in Chimpanzees: Humans Are Not Unique Among Primates", *Biology Letters* 7, nº 5 (2011), 286-288. Veja também James H. Elder e Robert M. Yerkes, "Chimpanzee Births in Captivity: A Typical Case History and Report of Sixteen Births", *Proceedings of the Royal Society of London B* 120 (1936), 409-421.

5   Em média, um parto tem duração de 14 horas: Karen Rosenberg, "The Evolution of Modern Human Childbirth", *Yearbook of Physical Anthropology* 35, nº S15 (1992), 89-124.

6   A solução que eu e praticamente todos: há uma variação na mecânica do nascimento. Ver Dana Walrath, "Rethinking Pelvic Typologies and the Human Birth Mechanism", *Current Anthropology* 44 (2003), 5-31.

7   Em 1951, o antropólogo da Universidade da Pensilvânia: Wilton M. Krogman, "The Scars of Human Evolution", *Scientific American* 184 (1951), 54-57.

8   Podemos dizer pelo formato da pelve de Lucy: Christine Berge, Rosine Orban-Segebarth e Peter Schmid, "Obstetrical Interpretation of the Australopithecine Pelvic Cavity", *Journal of Human Evolution* 13, nº 7 (1984), 573-584. Robert G. Tague e C. Owen Lovejoy, "The Obstetric Pelvis of A.L. 288-1 (Lucy)", *Journal of Human Evolution* 15 (1986), 237-255. Jeremy M. DeSilva, Natalie M. Laudicina, Karen R. Rosenberg e Wenda R. Trevathan, "Neonatal Shoulder Width Suggests a Semirotational, Oblique Birth Mechanism in *Australopithecus afarensis*", *Anatomical Record* 300 (2017), 890-899.

9   Na maioria das pelves femininas: Cara M. Wall-Scheffler, Helen K. Kurki e Benjamin M. Auerbach, *The Evolutionary Biology of the Pelvis: An Integrative Approach* (Cambridge: Cambridge University Press, 2020).

10 "Passar pelo canal de parto": Em Jennifer Ackerman, "The Downsides of Upright", *National Geographic* 210, nº 1 (2006), 126-145.

11 "Mesmo que minha cabeça passasse": Lewis Carroll, *Alice no País das Maravilhas* (Nova York: Macmillan, 1865).

12 Para eles, tanto como para toda cultura humana: Wenda R. Trevathan, *Human Birth: An Evolutionary Perspective* (Nova York: Aldine de Gruyter, 1987). Karen R. Rosenberg e Wenda R. Trevathan, "Bipedalism and Human Birth: The Obstetrical Dilemma Revisited", *Evolutionary Anthropology* 4 (1996), 161-168. Karen R. Rosenberg e Wenda R. Trevathan, "The Evolution of Human Birth", *Scientific American* 285 (2001), 72-77. Wenda R. Trevathan, *Ancient Bodies: Modern Lives* (Oxford: Oxford University Press, 2010). Além disso, parteira não é apenas um par de mãos extras para pegar o bebê. Della Campbell, professora da Escola de Enfermagem na Universidade de Delaware, compilou dados de 600 nascimentos humanos. Metade das mulheres que deu à luz estava acompanhada por uma amiga ou por um membro feminino da família; a outra metade não estava. Aquelas que tinham companhia feminina, conhecida frequentemente por "doula", diminuíram o tempo de trabalho de parto em uma hora. Isso beneficiou não

somente a mãe, mas o bebê também. A escala de Apgar, que mede a saúde do recém-nascido, se mostrou melhor nos bebês que tiveram a presença de uma doula. Recentemente, a professora emérita Ellen Hodnett, da Universidade de Toronto, revisou 22 estudos que examinaram 15 mil nascimentos em todo o mundo. O apoio social durante o parto, seja ele no Irã, na Nigéria, em Botsuana ou nos Estados Unidos, diminuiu sua duração e reduziu tanto a necessidade de medicamentos quanto a chance de uma cesárea de emergência. Nosso corpo é fisiologicamente adaptado para ter assistentes presentes no parto, e tê-los presentes diminui a possibilidade de algo dar errado. Ver Della Campbell, Marian F. Lake, Michele Falk e Jeffrey R. Backstrand, "A Randomized Control Trial of Continuous Support in Labor by a Lay Doula", *Gynecologic & Neonatal Nursing* 35, n⁰ 4 (2006), 456–464. Ellen D. Hodnett, Simon Gates, G. Justus Hofmeyr e Carol Sakala, "Continuous Support for Women During Childbirth", *Cochrane Database of Systematic Reviews* 7 (2013). Veja também o trabalho da Escola de Medicina Pública da Universidade de Minessota, da professora Katy Kozhimannil.

13 "O nascimento é lindo": Angela Garbes, *Like a Mother: A Feminist Journey Through the Science and Culture of Pregnancy* (Nova York: HarperCollins, 2018), 101.

14 No mundo inteiro, cerca de 300 mil: "Maternal Mortality", *World Health Organization*, 19 de setembro de 2019, <https://www.who.int/news-room/fact-sheets/detail/maternal-mortality>.

15 De acordo com um relatório de 2019 do Conselho de Direitos Humanos: Elizabeth O'Casey, "42nd Session of the UN Human Rights Council. General Debate Item 3", *United Nations Human Rights Council*, de 9 a 27 de setembro de 2019.

16 Em países onde a média: usando dados brutos de Max Roser e Hannah Ritchie, "Maternal Mortality", *Our World in Data*, <https://ourworldindata.org/maternal-mortality#>. "List of Countries by Age at First Marriage", *Wikipedia*, <https://en.wikipedia.org/wiki/List_of_countries_by_age_at_first_marriage>.

17 Nos Estados Unidos, cerca de 700: Donna L. Hoyert e Arialdi M. Miniño, "Maternal Mortality in the United States: Changes in Coding, Publication, and Data Release, 2018", *National Vital Statistics Report* 69, n⁰ 2 (2020), 1–16. GBD 2015 Maternal Mortality Collaborators, "Global, Regional, and National Levels of Maternal Mortality, 1990–2015: A Systematic Analysis for the Global Burden of Disease Study 2015", *The Lancet* 388 (2016), 1775–1812.

18 Essa nova abordagem para a antropologia: Sherwood L. Washburn, "The New Physical Anthropology", *Transactions of the Nova York Academy of Sciences* 13, n⁰ 7 (1951), 298–304.

19 Em 1960, Sherry Washburn: Sherwood L. Washburn, "Tools and Human Evolution", *Scientific American* 203, (1960), 62–75.

20 Em seu importante livro *Sapiens*: Yuval Noah Harari, *Sapiens: Uma Breve História da Humanidade* (Nova York: HarperCollins, 2015), 10.

21 Em seu estudo de 2012, Dunsworth: Holly Dunsworth, Anna G. Warrener, Terrence Deacon, Peter T. Ellison e Herman Pontzer, "Metabolic Hypothesis for Human Altriciality", *Proceedings of the National Academy of Sciences* 109, n⁰ 38 (2012), 15212–15216. Dunsworth chamou isso de hipótese EGG (sigla em inglês para Energética, Crescimento, Gestação).

22 O cérebro do recém-nascido humano tem, em média: Jeremy M. DeSilva e Julie J. Lesnik, "Brain Size at Birth Throughout Human Evolution: A New Method for Estimating Neonatal Brain Size in Hominins", *Journal of Human Evolution* 55 (2008), 1064–1074.

23 Isso requereria apenas uns poucos: ver Herman T. Epstein, "Possible Metabolic Constraints on Human Brain Weight at Birth", *American Journal of Physical Anthropology* 39 (1973), 135–136.

24 Em 2015, Warrener relatou: Anna Warrener, Kristi Lewton, Herman Pontzer e Daniel Lieberman, "A Wider Pelvis Does Not Increase Locomotor Cost in Humans, with Implications for the Evolution of Childbirth", *PLOS ONE* 10, nº 3 (2015), e0118903.
25 As mulheres de Hadza: Frank W. Marlowe, "Hunter-Gatherers and Human Evolution", *Evolutionary Anthropology* 14 (2005), 54–67. Charles E. Hilton e Russell D. Greaves, "Seasonality and Sex Differences in Travel Distance and Resource Transport in Venezuelan Foragers", *Current Anthropology* 49, nº 1 (2008), 144–153.
26 Em 2007, Katherine Whitcome: Katherine K. Whitcome, Liza J. Shapiro e Daniel E. Lieberman, "Fetal Load and the Evolution of the Lumbar Lordosis in Bipedal Hominins", *Nature* 450 (2007), 1075–1078. Além do formato de cunha das vértebras, as facetas que ligam uma vértebra à outra também são anguladas obliquamente nas mulheres. Considera-se que isso proporcione estabilidade às costas que são mais curvadas e, assim, mais suscetíveis à lesão.
27 Nesse meio-tempo, Wall-Scheffler: Cara Wall-Scheffler, "Energetics, Locomotion, and Female Reproduction: Implications for Human Evolution", *Annual Review of Anthropology* 41 (2012), 71–85. Cara M. Wall-Scheffler e Marcella J. Myers, "The Biomechanical and Energetic Advantage of a Mediolaterally Wide Pelvis in Women", *Anatomical Record* 300, nº 4 (2017), 764–775.
28 caminhar enquanto se carrega um objeto: Cara M. Wall-Scheffler, K. Geiger e Karen L. Steudel-Numbers, "Infant Carrying: The Role of Increased Locomotor Costs in Early Tool Development", *American Journal of Physical Anthropology* 133, nº 2 (2007), 841–846.
29 Wall-Scheffler, Whitcome e outros pesquisadores: Wall-Scheffler e Myers, "The Biomechanical and Energetic Advantage of a Mediolaterally Wide Pelvis in Women", Katherine K. Whitcome, E. Elizabeth Miller e Jessica L. Burns, "Pelvic Rotation Effect on Human Stride Length: Releasing the Constraint of Obstetric Selection", *Anatomical Record* 300, nº 4 (2017), 752–763. Laura T. Gruss, Richard Gruss e Daniel Schmid, "Pelvic Breadth and Locomotor Kinematics in Human Evolution", *Anatomical Record* 300, nº 4 (2017), 739–751. Veja também Yoel Rak, "Lucy's Pelvic Anatomy: Its Role in Bipedal Gait", *Journal of Human Evolution* 20 (1991), 283–290.
30 Uma ideia é a de que a alta taxa de mortalidade: Jonathan C. K. Wells, Jeremy M. DeSilva e Jay T. Stock, "The Obstetric Dilemma: An Ancient Game of Russian Roulette, or a Variable Dilemma Sensitive to Ecology?", *Yearbook of Physical Anthropology* 149, nº S55 (2012), 40–71.
31 Outros pesquisadores sugerem que o problema: Christopher B. Ruff, "Climate and Body Shape in Hominid Evolution", *Journal of Human Evolution* 21, nº 2 (1991), 81–105. Laura T. Gruss e Daniel Schmitt, "The Evolution of the Human Pelvis: Changing Adaptations to Bipedalism, Obstetrics e Thermoregulation", *Philosophical Transactions of the Royal Society B* 370, nº 1663 (2015). Veja também revisão em Lia Betti, "Human Variation in Pelvis Shade and the Effects of Climate and Past Population History", *Anatomical Record* 300, nº 4 (2017), 687–697.
32 Outra hipótese envolve a relação anatômica: mas veja Anna Warrener, Kristin Lewton, Herman Pontzer e Daniel Lieberman, "A Wider Pelvis Does Not Increase Locomotor Cost in Humans, with Implications for the Evolution of Childbirth", *PLOS ONE* 10, nº 3 (2015), e0118903. Eles pressupõem que a maior incidência de lesões ao LCA em mulheres é resultante de força muscular menor do que a dos homens. Em parte, isso pode ser devido às diferenças de como os gêneros são encorajados (ou desencorajados) a participar de esportes em idade mais jovem.

33 o risco de enfraquecimento e ruptura do ligamento: ver a relação entre o joelho valgo e o risco de lesão ao LCA em Mary Lloyd Ireland, "The Female ACL: Why Is It More Prone to Injury", *Orthopaedic Clinics of North America* 33, nº 4 (2002), 637-651.
34 Uma última hipótese tem sido apresentada: Wenda Trevathan, "Primate Pelvic Anatomy and Implications for Birth", *Philosophical Transactions of the Royal Society B* 370, nº 1663 (2015). Ver também Alik Huseynov *et al.*, "Developmental Evidence for Obstetric Adaptation of the Human Female Pelvis", *Proceedings of the National Academy of Sciences* 113, nº 19 (2016), 5227-5232.
35 prolapso pélvico impacta 50%: ver Donna Mazloomdoost, Catrina C. Crisp, Steven D. Kleeman e Rachel N. Pauls, "Primate Care Providers' Experience, Management e Referral Patterns Regarding Pelvic Floor Disorders: A National Survey", *International Urogynecology Journal* 29 (2018), 109-118 e respectivas referências.
36 Hoje uma nova meta está em vista: Kipchoge correu mesmo 42km em 2 horas em 2019, mas não foi em uma corrida oficial.
37 No ano em que Peters estabeleceu o recorde: recordes de maratonas de "Marathon World Record Progression", *Wikipedia*, <https://en.wikipedia.org/wiki/Marathon_world_record_progression>.
38 Pobre Richard Ellsworth: ver Hailey Middlebrook, "Woman Wins 50K Ultra Outright, Trophy Snafu for Male Winner Follows", *Runner's World*, 15 de agosto de 2019, <https://www.runnersworld.com/news/a28688233/ellie-pell-winsgreen-lakes- endurance-run-50k>.
39 mais resistentes à fadiga do que os dos homens: ver, por exemplo, John Temesi *et al.*, "Are Females More Resistant to Extreme Neuromuscular Fatigue", *Medicine & Science in Sports & Exercise* 47, nº 7 (2015), 1372-1382.
40 A autora Rebecca Solnit chama: Rebecca Solnit, *Wanderlust: A History of Walking* (Nova York: Penguin Books, 2000), 43. *Gênesis*: "com sofrimento você dará à luz filhos."
41 Holly Dunsworth, antropóloga da Universidade de Rhode: ver Holly Dunsworth, "The Obstetrical Dilemma Unraveled", in *Costly and Cute: Helpless Infants and Human Evolution*, ed. Wenda Trevathan e Karen Rosenberg (Santa Fé: University of New Mexico Press, publicado em parceria com a School for Advanced Research Press, 2016), 29.

CAPÍTULO 12: DIFERENÇAS NA MARCHA E O QUE ELAS SIGNIFICAM
1 *alta Juno*: William Shakespeare, *A Tempestade*, <www.shakespeare.mit.edu/tempest/full.html>.
2 Em 1977, os psicólogos James Cutting e Lynn Kozlowski, da Universidade Wesleyan: James E. Cutting e Lynn T. Kozlowski, "Recognizing Friends by Their Walk: Gait Perception Without Familiarity Cues", *Bulletin of the Psychonomic Society* 9 (1977), 353-356.
3 Desde então, repetidos estudos: Sarah V. Stevenage, Mark S. Nixon e Kate Vince, "Visual Analysis of Gait as a Cue to Identity", *Applied Cognitive Psychology* 13, nº 6 (1999), 513-526. Fani Loula, Sapna Prasad, Kent Harber e Maggie Shiffrar, "Recognizing People from Their Movement", *Journal of Experimental Psychology: Human Perception and Performance* 31, nº 1 (2005), 210-220. Noa Simhi e Galit Yovel, "The Contribution of the Body and Motion to Whole Person Recognition", *Vision Research* 122, (2016), 12-20.

4   Em seu estudo de 2017, por exemplo: Carina A. Hahn e Alice J. O'Toole, "Recognizing Approaching Walkers: Neural Decoding of Person Familiarity in Cortical Areas Responsive to Faces, Bodies e Biological Motion", *Neuro-Image* 146, nº 1 (2017), 859–868.
5   Quando as pessoas conhecidas estavam perto o bastante: embora não seja especificamente sobre o caminhar, Beatrice de Gelder e seus colegas publicaram um estudo em 2005 no qual eram mostradas aos participantes imagens de expressões faciais sobrepostas a corpos que não combinavam entre si. Uma face acolhedora era colocada em um corpo com postura ameaçadora, e vice-versa. A questão era se nossa primeira reação era reagir à face ou à postura corporal. A resposta, surpreendente para mim, foi a de que os participantes reagiram com mais frequência à postura corporal do que à expressão facial. Hanneke K. M. Meeren, Corné C. R. J. van Heijnsbergen e Beatrice de Gelder, "Rapid Perceptual Integration of Facial Expression and Emotional Body Language", *Proceedings of the National Academy of Sciences* 102, nº 45 (2005), 16518–16523.
6   A pesquisa mostra que essas inferências: Shaun Halovic e Christian Kroos, "Not All Is Noticed: Kinematic Cues of Emotion-Specific Gait", *Human Movement Science* 57 (2018), 478–488. Claire L. Roether, Lars Omlor, Andrea Christensen e Martin A. Giese, "Critical Features for the Perception of Emotion from Gait", *Journal of Vision* 9, nº 6 (2009), 1–32. Veja também um estudo fundamentado que investiga essa questão: Joann M. Montepare, Sabra B. Goldstein e Annmarie Clausen, "The Identification of Emotions from Gait Information", *Journal of Nonverbal Behavior* 11 (1987), 33–42.
7   Um estudo de 2012 da Universidade de Durham: John C. Thoresen, Quoc C. Vuong e Anthony P. Atkinson, "First Impressions: Gait Cues Drive Reliable Trait Judgements", *Cognition* 124, nº 3 (2012), 261–271.
8   Em um estudo de 2013, Angela Book: Angela Book, Kimberly Costello e Joseph A. Camilleri, "Psychopathy and Victim Selection: The Use of Gait as a Cue to Vulnerability", *Journal of Interpersonal Violence* 28, nº 11 (2013), 2368–2383.
9   Como Book destacou: em seu artigo, Book cita Ronald M. Holmes e Stephen T. Holmes, *Serial Murder* (Nova York: Sage, 2009).
10 Costilla-Reyes identificou 24: Omar Costilla-Reyes, Ruben Vera-Rodriguez, Patricia Scully e Krikor B. Ozanyan, "Analysis of Spatio-Temporal Representations for Robust Footstep Recognition with Deep Residual Neural Networks", *IEEE Transactions on Pattern Analysis and Machine Intelligence* 41, nº 2 (2018), 285–296.
11 Um dos primeiros sintomas: Joe Verghese *et al.*, "Abnormality of Gait as a Predictor of Non-Alzheimer's Dementia", *New England Journal of Medicine* 347, nº 22 (2002), 1761–1768. Louis M. Allen, Clive G. Ballard, David J. Burn e Rose Anne Kenny, "Prevalence and Severity of Gait Disorders in Alzheimer's and Non-Alzheimer's Dementias", *Journal of the American Geriatrics Society* 53, nº 10 (2005), 1681–1687.
12 Em 2012, Marios Savvides: Jim Giles, "Cameras Know You by Your Walk", *New Scientist* (12 de setembro de 2012), <https://www.newscientist.com/article/mg21528835-600-cameras-know-you-by-your-walk>. Joseph Marks, "The Cybersecurity 202: Your Phone Could Soon Recognize You Based on How You Move or Walk", *Washington Post* (26 de fevereiro de 2019), <https://www.washingtonpost.com/news/powerpost/paloma/the-cybersecurity-202/2019/02/26/the-cybersecurity-202-your-phone-could-soon-recognize-you-based-on-how-you-move-or-walk/5c744b9b1b326b71858c6c39>.

13 Jeffrey Hausdorff, da Universidade de Tel Aviv: Ari Z. Zivotofsky e Jeffrey M. Hausdorff, "The Sensory Feedback Mechanisms Enabling Couples to Walk Synchronously: An Initial Investigation", *Journal of Neuroengineering and Rehabilitation* 4, n° 28 (2007), 1-5. Para um estudo mais recente dessa equipe, ver Ari Z. Zivotofsky, Hagar Bernad-Elazari, Pnina Grossman e Jeffrey M. Hausdorff, "The Effects of Dual Tasking on Gait Synchronization During Over-Ground Side-by-Side Walking", *Human Movement Science* 59 (2018), 20-29.

14 Um ano depois do estudo de Zivotofsky: Niek R. van Ulzen, Claudine J. C. Lamoth, Andreas Daffertshofer, Gün R. Semin e Peter J. Beck, "Characteristics of Instructed and Uninstructed Interpersonal Coordination While Walking Side-by-Side", *Neuroscience Letters* 432, n° 2 (2008), 88-93.

15 Em 2018, Claire Chambers: Claire Chambers, Gaiqing Kong, Kunlin Wei e Konrad Kording, "Pose Estimates from Online Videos Show that Side-by-Side Walkers Synchronize Movement Under Naturalistic Conditions", *PLOS ONE* 14, n° 6 (2019), e0217861.

16 Com apenas 18 anos de idade, Stephen: Stephen King (escrito como Richard Bachman), *The Long Walk* (Nova York: Signet Books, 1979). Eu enviei um e-mail a King e perguntei como — sendo um aluno de faculdade — ele sabia que fazer os participantes caminhar 6,4km/h seria mais assustador do que fazê-los caminhar a 4,8km/h. Ele não sabia. Ele pensou erroneamente que 6,4km/h fosse a velocidade média do caminhar humano.

17 Um estudo multicultural feito: Robert V. Levine e Ara Norenzayan, "The Pace of Life in 31 Countries", *Journal of Cross-Cultural Psychology* 30, n° 2 (1999), 178-205. Curiosamente, Levine e Norenzayan descobriram uma relação entre o ritmo médio e três variáveis: temperatura média, vitalidade econômica e a cultura geral do país (individual ou coletiva). Os países frios com economias fortes e valores individuais tinham pessoas que caminhavam rápido.

18 Um estudo de 2011 feito pelos pesquisadores: Michaela Schimpl *et al.*, "Association Between Walking Speed and Age in Healthy, Free-Living Individuals Using Mobile Accelerometry—A Cross-Cultural Study", *PLOS ONE* 6, n° 8 (2011), e23299.

19 No entanto, uma reviravolta acontece quando: Janelle Wagnild e Cara M. Wall-Scheffler, "Energetic Consequences of Human Sociality: Walking Speed Choices Among Friendly Dyads", *PLOS ONE* 8, n° 10 (2013), e76576. Cara Wall-Scheffler e Marcella J. Myers, "Reproductive Costs for Everyone: How Female Loads Impact Human Mobility Strategies", *Journal of Human Evolution* 64, n° 5 (2013), 448-456.

20 "Sim, houve um tempo, quando...": Geoff Nicholson, *The Lost Art of Walking* (Nova York: Riverhead Books, 2008), 14.

CAPÍTULO 13: MIOSINAS E O CUSTO DA IMOBILIDADE

1 "Eu tenho dois médicos": George M. Trevelyan, *From Clio, a Muse: And Other Essays Literary and Pedestrian* (Londres: Longmans, Green & Co., 1913).

2 "Caminhar é um superalimento": Katy Bowman, *Move Your DNA: Restore Your Health Through Natural Movement* (Washington: Propriometrics Press, 2014).

3 Habiba Chirchir, uma antropóloga biológica: Habiba Chirchir *et al.*, "Recente Origin of Low Trabecular Bone Density in Modern Humans", *Proceedings of the National Academy of Sciences* 112, n° 2 (2015), 366-371. Chirchir me advertiu em um e-mail que há uma lacuna temporal em sua amostra e que ainda não está claro exatamente quando a mudança para um esqueleto mais esguio aconteceu.

4   Tim Ryan, um antropólogo da Universidade Estadual da Pensilvânia: Timothy M. Ryan e Colin N. Shaw, "Gracility of the Modern *Homo sapiens* Skeleton Is the Result of Decreased Biomechanical Loading", *Proceedings of the National Academy of Sciences* 112, n° 2 (2015), 372-377. Chirchir confirmou esses resultados logo depois em seu próprio estudo. Habiba Chirchir, Christopher B. Ruff, Juho-Antti Junno e Richard Potts, "Low Trabecular Bone Density in Recent Sedentary Modern Humans", *American Journal of Physical Anthropology* 162, n° 3 (2017), 550-560. O que me refiro ao longo desta seção como densidade óssea é tecnicamente o volume ósseo/área de fração.
5   Na verdade, os humanos perderam: Daniela Grimm *et al.*, "The Impact of Microgravity on Bone in Humans", *Bone* 87 (2016), 44-56. Ver também Riley Black (anteriormente, Brian Switek), *Skeleton Keys: The Secret Life of Bone* (Nova York: Riverhead Books, 2019), 108.
6   A reposta, disse Steven Moore: Steven C. Moore *et al.*, "Leisure Time Physical Activity of Moderate to Vigorous Intensity and Mortality: A Large Pooled Cohort Analysis", *PLOS ONE* 9, n° 11 (2012), e1001335.
7   Pesquisadores da Universidade de Cambridge: Ulf Ekelund *et al.*, "Physical Activity and All-Cause Mortality across Levels of Overall and Abdominal Adiposity in European Men and Women: The European Prospective Investigation into Cancer and Nutrition Study (EPIC)", *American Journal of Clinical Nutrition* 101, n° 3 (2015), 613-621.
8   fisiologista da Universidade de Copenhague: Bente Klarlund Pedersen, "Making More Minds Up to Move", *TEDx Copenhagen*, 18 de setembro de 2012, <https://tedxcopenhagen.dk/talks/making-more-minds-move>.
9   Uma em cada oito mulheres norte-americanas: "Cancer Facts & Figures 2019-2020", *American Cancer Society* (Atlanta: American Cancer Society, Inc., 2019). "Breast Cancer", *World Health Organization*, <https://www.who.int/cancer/detection/breastcancer/en/index1.html>.
10 Mas uma caminhada diária reduz: Janet S. Hildebrand, Susan M. Gapstur, Peter T. Campbell, Mia M. Gaudet e Alpa V. Patel, "Recreational Physical Activity and Leisure-Time Sitting in Relation to Postmenopausal Breast Cancer Risk", *Cancer Epidemiology and Prevention Biomarkers* 22, n° 10 (2013), 1906-1912.
11 exercícios diminuem os níveis: Kaoutar Ennour-Idrissi, Elizabeth Maunsell e Caroline Diorio, "Effect of Physical Activity on Sex Hormones in Women: A Systematic Review and Meta-Analysis of Randomized Controlled Trials", *Breast Cancer Research* 17, n° 139 (2015), 1-11.
12 A equipe de Anne McTiernan: Anne McTiernan *et al.*, "Effect of Exercise on Serum Estrogens in Postmenopausal Women", *Cancer Research* 64, n° 8 (2004), 2923-2928.
13 Mesmo que ocorra uma mutação: Stephanie Whisnant Cash *et al.*, "Recent Physical Activity in Relation to DNA Damage and Repair Using the Comet Assay", *Journal of Physical Activity and Health* 11, n° 4 (2014), 770-778.
14 Em um estudo com cerca de 5 mil: Crystal N. Holick *et al.*, "Physical Activity and Survival after Diagnosis of Invasive Breast Cancer", *Cancer Epidemiology, Biomarkers & Prevention* 17, n° 2 (2008), 379-386. Holick é, atualmente, vice-presidente das pesquisas operacionais da HealthCore, Inc.
15 Um estudo de prosseguimento feito por [...] pesquisadores do câncer da Arábia Saudita: curiosamente, esse foi o único caso de câncer de mama com receptor de estrógeno positivo. O receptor de estrógeno negativo não mostrou nenhum impacto — ilustrando que o mecanismo pelo qual o exercício reduz o risco de câncer de mama é através dos estrogênios. Ezzeldin M. Ibrahim

e Abdelaziz Al-Homaidh, "Physical Activity and Survival After Breast Cancer Diagnosis: Meta-Analysis of Published Studies", *Medical Oncology* 28 (2011), 753–765.

16 reduções similares na recorrência: Erin L. Richman *et al.*, "Physical Activity after Diagnosis and Risk of Prostate Cancer Progression: Data from the Cancer of the Prostate Strategic Urologic Research Endeavor", *Cancer Research* 71, nº 11 (2011), 3889–3895.

17 Na verdade, um estudo em 2016: Steven C. Moore *et al.*, "Leisure-Time Physical Activity and Risk of 26 Types of Cancer in 1.44 Million Adults", *JAMA Internal Medicine* 176, nº 6 (2016), 816–825. Um estudo de 2020 com três quartos de um milhão de pessoas encontrou resultados similares com exercícios moderados reduzindo o risco de sete tipos diferentes de cânceres. Os cânceres incluem o de cólon (em homens), o endometrial, o mieloma, o de mama, do fígado, dos rins e o linfoma não Hodgkin (em mulheres). Charles E. Matthews *et al.*, "Amount and Intensity of Leisure-Time Physical Activity and Lower Cancer Risk", *Journal of Clinical Oncology* 38 nº 7 (2020), 686–697.

18 Em suas várias formas: "Heart Disease Facts", *Centers for Disease Control and Prevention*, 2 de dezembro de 2019, <https://www.cdc.gov/heartdisease/facts.htm>.

19 Um estudo de 2002 com menos: Mihaela Tanasescu *et al.*, "Exercise Type and Intensity in Relation to Coronary Heart Disease in Men", *Journal of the American Medical Association* 288, nº 16 (2002), 1994–2000.

20 Doença coronariana é quase, mas: David A. Raichlen *et al.*, "Physical Activity Patterns and Biomarkers of Cardiovascular Disease in Hunter-Gatherers", *American Journal of Human Biology* 29, nº 2 (2017), e22919.

21 o norte-americano, em média, de acordo com Nielsen: "Time Flies: U.S. Adults Now Spend Nearly Half a Day Interacting with Media", *Nielsen*, 31 de julho de 2018, <https://www.nielsen.com/us/en/insights/article/2018/time-flies-us-adultsnow-spend-nearly-half-a-day-interacting-with-media>.

22 O total de energia usada diariamente: Herman Pontzer *et al.*, "Hunter-Gatherer Energetics and Human Obesity", *PLOS ONE* 7, nº 7 (2012), e40503. Herman Pontzer *et al.*, "Constrained Total Energy Expenditure and Metabolic Adaptation to Physical Activity in Adult Humans", *Current Biology* 26, nº 3 (2016), 410–417.

23 A pista está escondida: muitas variáveis contribuem para isso, como o peso da pessoa e a velocidade da caminhada. Há algumas maneiras diferentes de fazer essa conta, embora existam suposições incorporadas nelas. A primeira é adotar uma ideia padrão, mas provavelmente falha, de que um adulto em média "queima" entre 70 e 100kcal/km caminhando aproximadamente 5km/h. Presumindo ser 3.500kcal/kg, que é também falho, mas é aceito aqui pelo bem do argumento, a resposta é 64km antes da perda de um quilo. Uma abordagem melhor é usar o *Compendium of Physical Activities* [Compêndio de Atividades Físicas, em tradução livre], que caracteriza a caminhada em ritmo moderado como 3 unidades MET (g/kcal/hr). Fazendo as contas aqui, o resultado seria 112km.

24 A hipótese aceita atualmente: ver Herman Pontzer, "Energy Constraint as a Novel Mechanism Linking Exercise and Health", *Physiology* 33, nº 6 (2018), 384–393. Herman Pontzer, Brian M. Wood e Dave A. Raichlen, "Hunter-Gatherers as Models in Public Health", *Obesity Reviews* 19, nº S1 (2018), 24–35. Herman Pontzer, "The Crown Joules: Energetics, Ecology, and Evolution in Humans and Other Primates", *Evolutionary Anthropology* 26, nº 1 (2017), 12–24.

25 Mas altos níveis crônicos: Roberto Ferrari, "The Role of TNF in Cardiovascular Disease", *Pharmacological Research* 40, n° 2 (1999), 97–105.
26 Em 2017, Stoyan Dimitrov: o mecanismo é esse. Caminhar aumenta a epinefrina e a norepinefrina. Elas ativam receptores chamados receptores beta-s adrenérgico (em células imunes), os quais depois reduzem o TNF (citocinas pró-inflamatória). Stoyan Dimitrov, Elaine Hulteng e Suzi Hong, "Inflammation and Exercise: Inhibition of Monocytic Intracellular TNF Production by Acute Exercise Via β_2-Adrenergic Activation", *Brain, Behavior, and Immunity* 61 (2017), 60–68.
27 No final dos anos de 1990, uma equipe de pesquisa: Kenneth Ostrowski, Thomas Rohde, Sven Asp, Peter Schjerling e Bente Klarlund Pedersen, "Pro-and Anti-Inflammatory Cytokine Balance in Strenuous Exercise in Humans", *Journal of Physiology* 515, n° 1 (1999), 287–291.
28 Para descobrir o que estava acontecendo: Adam Steensberg *et al.*, "Production of Interleukin-6 in Contracting Human Skeletal Muscles Can Account for the Exercise-Induced Increase in Plasma Interleukin-6", *Journal of Physiology* 529, n° 1 (2000), 237–242.
29 Em 2003, Pedersen cunhou um nome: Bente Klarlund Pedersen *et al.*, "Searching for the Exercise Factor: Is IL-6 a Candidate?" *Journal of Muscle Research and Cell Motility* 24 (2003), 113–119.
30 A equipe de Pedersen também descobriu: Line Pedersen *et al.*, "Voluntary Running Suppresses Tumor Growth Through Epinephrine-and IL-6-Dependent NK Cell Mobilization and Redistribution", *Cell Metabolism* 23, n° 3 (2016), 554–562. Ver Alejandro Lucia e Manuel Ramírez, "Muscling In on Cancer", *New England Journal of Medicine* 375, n° 9 (2016), 892–894.
31 Mas isso não requer caminhada: T. Kinoshita *et al.*, "Increase in Interleukin-6 Immediately After Wheelchair Basketball Games in Persons with Spinal Cord Injury: Preliminary Report", *Spinal Cord* 51, n° 6 (2013), 508–510. T. Ogawa *et al.*, "Elevation of Interleukin-6 and Attenuation of Tumor Necrosis Factor-Alpha During Wheelchair Half Marathon in Athletes with Cervical Spinal Cord Injuries", *Spinal Cord* 52 (2014), 601–605. Citação de Rizzo de Antonia Malchik, *A Walking Life* (Nova York: Da Capo Press, 2019).
32 Em média, os norte-americanos andam 5.117: David R. Bassett, Holly R. Wyatt, Helen Thompson, John C. Peters e James O. Hill, "Pedometer-Measured Physical Activity and Health Behaviors in U.S. Adults", *Medicine & Science in Sports & Exercise* 42, n° 10 (2010), 1819–1825.
33 De onde veio esse limite de 10 mil passos mágicos: enquanto esta seção se concentra no limiar de 10 mil passos, a prática de contar passos tem uma história muito mais antiga. Segundo Jacqueline Wernimont, professora de humanidades digitais e engajamento social, o primeiro pedômetro surgiu no século XVI, e Napoleão já contava seus passos por ordens médicas. O que mudou com o tempo foi o número de passos (atualmente 10 mil) ligados à saúde. Ver Jacqueline D. Wernimont, *Numbered Lives: Life and Death in Quantum Media* (Cambridge, MA: MIT Press, 2019).
34 Em Tóquio, naquele ano, Abebe Bikila: Bikila foi o primeiro africano subsaariano medalhista de ouro olímpico na maratona. Ele ganhou a medalha de ouro em 1960, em Roma, correndo 42 quilômetros descalço. Desde sua vitória em 1964, metade das medalhas de ouro da maratona foram para os corredores da Etiópia, Quênia ou Uganda. Infelizmente, Bikila ficou paralítico em um acidente de carro em 1969 e faleceu em 1973, com apenas 41 anos de idade.

35 No ano seguinte, Hatano: ver Catrine Tudor-Locke, Yoshiro Hatano, Robert P. Pangrazi e Minsoo Kang, "Revisiting 'How Many Steps Are Enough?'" *Medicine & Science in Sports & Exercise* 40, nº 7 (2008), S537–S543.

36 De 2011 até 2015, I-Min Lee: I-Min-Lee *et al.*, "Association of Step Volume and Intensity with All-Cause Mortality in Older Women", *JAMA Internal Medicine* 179, nº 8 (2019), 1105–1112.

37 Resumindo, Lee: Carey Goldberg, "10,000 Steps a Day? Study in Older Women Suggests 7,500 is Just as Good for Living Longer", *WBUR*, 29 de maio de 2019, <https://www.wbur.org/news/2019/05/29/10000-steps-longevity-older-women-study>.

38 Cachorros são os primeiros animais: Pontus Skoglund, Erik Ersmark, Eleftheria Palkopoulou e Love Dalén, "Ancient Wolf Genome Reveals an Early Divergence of Domestic Dog Ancestors and Admixture into High-Latitude Breeds", *Current Biology* 25, nº 11 (2015), 1515–1519. Kari Prassack, Josephine DuBois, Martina Lázničková-Galetová, Mietje Germonpré e Peter S. Ungar, "Dental Microwear as a Behavioral Proxy for Distinguishing Between Canids at the Upper Paleolithic (Gravettian) Site of Predmostí, Czech Republic", *Journal of Archaeological Science* 115 (2020), 105092.

39 Até hoje, os tutores de cães andam, em média: Philippa M. Dall *et al.*, "The Influence of Dog Ownership on Objective Measures of Free-Living Physical Activity and Sedentary Behavior in Community-Dwelling Older Adults: A Longitudinal Case-Controlled Study", *BMC Public Health* 17, nº 1 (2017), 1–9.

40 Além disso, para evitar alguns tipos de câncer: Hikaru Hori, Atsuko Ikenouchi-Sugita, Reiji Yoshimura e Jun Nakamura, "Does Subjective Sleep Quality Improve by a Walking Intervention? A Real-World Study in a Japanese Workplace", *BMJ Open* 6, nº 10 (2016), e011055. Emily E. Hill *et al.*, "Exercise and Circulating Cortisol Levels: The Intensity Threshold Effect", *Journal of Endocrinological Investigation* 31, nº 7 (2008), 587–591. Jacob R. Sattelmair, Tobias Kurth, Julie E. Buring e I-Min Lee, "Physical Activity and Risk of Stroke in Women", *Stroke* 41, nº 6 (2010), 1243–1250. Este estudo mostrou um efeito dose dependente, o que significa que a quantidade e o ritmo da caminhada são importantes.

CAPÍTULO 14: POR QUE CAMINHAR NOS AJUDA A PENSAR

1 "Sobretudo, deveis caminhar": Henry David Thoreau, "Walking", *Atlantic Monthly* (1861).

2 Janet Browne, autora da: Janet Browne, *Charles Darwin: The Power of Place* (Princeton, NJ: Princeton University Press, 2002), 402.

3 a resposta aparece: a psicóloga Christine E. Webb, da Universidade Columbia, escreveu sobre caminhar com a personificação do "siga em frente" entre outras maneiras de resolvermos os problemas. Christine E. Webb, Maya Rossignac-Milon e Tory Higgins, "Stepping Forward Together: Could Walking Facilitate Interpersonal Conflict Resolution?" *American Psychologist* 72, nº 4 (2017), 374–385.

4 Dizem que William Wordsworth, poeta inglês do século XIX: Rebecca Solnit escreveu sobre Wordsworth em seu livro *Wanderlust*: "Eu sempre penso nele como um dos primeiros a empregar suas pernas como instrumento de filosofia." Rebecca Solnit, *Wanderlust: A History of Walking* (Nova York: Penguin Books, 2000), 82.

5 O filósofo francês Jean-Jacques Rousseau: Jean-Jacques Rousseau, *Confissões* (1782–1789). Citação de Duncan Minshull, *The Vintage Book of Walking* (Londres: Vintage, 2000), 10.

6   Nietzsche eram caminhantes: Friedrich Nietzsche, *Götzen-Dämmerung* (Crepúsculos dos Ídolos, ou Como Filosofar com o Martelo) (Leipzig: C. G. Naumann, 1889).
7   "A rua era um lugar tão solitário": Charles Dickens, *Uncommercial Traveller*, Capítulo 10: Shy Neighborhoods (Londres: All the Year Round, 1860).
8   Mais recentemente, Robyn Davidson: Robyn Davidson, *Trilhas: A Incrível Jornada de uma Mulher pelo Deserto Australiano* (Nova York: Vintage, 1995).
9   Historicamente, no entanto, caminhar: ver Solnit, *Wanderlust*, Capítulo 14.
10 Oppezzo elaborou: Marilyn Oppezzo e Daniel L. Schwartz, "Give Your Ideas Some Legs: The Positive Effect of Walking on Creative Thinking", *Journal of Experimental Psychology: Learning, Memory, and Cognition* 40, nº 4 (2014), 1142–1152.
11 Alguns anos antes, Michelle Voss: Michelle W. Voss *et al*., "Plasticity of Brain Networks in a Randomized Intervention Trial of Exercise Training in Older Adults", *Frontiers in Aging Neuroscience* 2 (2010), 1–17. Os exercícios de alongamento do grupo de controle asseguraram que qualquer alteração cerebral fosse resultado das alterações cardiovasculares associadas com a caminhada, não com o estímulo social da classe do grupo.
12 Em 2004, Jennifer Weuve: Jennifer Weuve *et al*., "Physical Activity, Including Walking, and Cognitive Function in Older Women", *Journal of the American Medical Association* 292, nº 12 (2004), 1454–1461.
13 Em 2011, psicólogos da Universidade de Pittsburgh: Kirk Erickson *et al*., "Exercise Training Increases Size of Hippocampus and Improves Memory", *Proceedings of the National Academy of Sciences* 108, nº 7 (2011), 3017–3022.
14 Em 2018, Sophie Carter: Sophie Carter *et al*., "Regular Walking Breaks Prevent the Decline in Cerebral Blood Flow Associated with Prolonged Sitting", *Journal of Applied Physiology* 125, nº 3 (2018), 790–798.
15 Em 2019, pesquisadores da Universidade Federal: Mychael V. Lourenco *et al*., "Exercise-Linked FNDC5/Irisin Rescues Synaptic Plasticity and Memory Defects in Alzheimer's Models", *Nature Medicine* 25, nº 1 (2019), 165–175.
16 John Ratey, um professor de psiquiatria clínica: ver John J. Ratey e Eric Hagerman, *Spark: The Revolutionary New Science of Exercise and the Brain* (Nova York: Little, Brown Spark, 2013). Kirk Erikson, o autor principal do estudo da Universidade de Pittsburgh, disse em um e-mail que eles não conseguiram determinar que o BDNF circulante dos participantes era diretamente derivado do músculo, visto que os outros tecidos podem produzi-lo também.
17 "Eu falei para mim mesmo que não caminharia": Geoff Nicholson, *The Lost Art of Walking* (Nova York: Riverhead Books, 2008), 32.
18 Um em cada doze norte-americanos: descrições de depressão me fazem lembrar um dos paradoxos de Zenão. Zenão, um filósofo italiano do século V a.C., fazia seu público imaginar que caminhava por um pátio em direção a um muro do outro lado. Primeiro, caminhe metade da distância. Depois, metade da distância restante. Depois, metade disso. Se continuar a caminhar dessa forma — dividindo cada distância remanescente pela metade —, você nunca poderá alcançar o muro do outro lado. As metades ficam infinitamente pequenas, mas sempre há outra metade a ser percorrida. Imaginem a frustração, a exaustão, a completa desesperança de sempre chegar perto. De acordo com alguns relatos, no entanto, quando Agostinho de Hipona, um padre cristão nascido na Argélia, mais tarde canonizado como Santo Agostinho, foi apresentado ao paradoxo de Zenão, ele deu uma resposta. *Solvitur ambulando*, disse ele. "Resolve-se

caminhando". Sua expressão se tornou um grito de mobilização para os pragmáticos, não muito diferentes do famoso slogan da Nike, "Just do it".

19   Bratman, na época um doutorando: Gregory N. Bratman, J. Paul Hamilton, Kevin S. Hahn, Gretchen C. Daily e James J. Gross, "Nature Experience Reduces Rumination and Subgenual Prefrontal Cortex Activation", *Proceedings of the National Academy of Sciences* 112, nº 28 (2015), 8567-8572. Bratman é atualmente professor assistente no departamento de ciências ambientais e florestais da Universidade de Washington.

20   caminhar onde há árvores: alguns supõem que os fitocidas — moléculas suspensas no ar liberadas pelas plantas — repercutem na fisiologia humana. Um estudo sugeriu que os fitocidas das árvores aumentam a função imune. Qing Li *et al.*, "Effect of Phytoncide from Trees on Human Natural Killer Cell Function", *International Journal of Immunopathology and Pharmacology* 22, nº 4 (2009), 951-959. Os fitocidas também podem ser o mecanismo por trás da tradição japonesa do shinrin-yoku, ou "banho de floresta", embora como isso funciona fisiologicamente ainda não está claro.

21   Em seu conto de 1951: Ray Bradbury, "O Pedestre", *The Reporter* (1951).

CAPÍTULO 15: DE PÉS DE AVESTRUZ A PRÓTESES DE JOELHOS

1   "O tempo fere todos os calcanhares": do filme de Marx Brothers, *Go West* (1940), embora a frase tenha sido atribuída a muitos, e Groucho não foi o primeiro. Ver Garson O'Toole, "Time Wounds All Heels", Quote Investigator®, 23 de setembro de 2014, <https://quoteinvestigator.com/2014/09/23/heels/>.

2   *Prefiro caminhar*: Elizabeth Barrett Browning, *Aurora Leigh* (Londres: J. Miller, 1856).

3   Dr. Hutan Ashrafian, um conferencista: Hutan Ashrafian, "Leonardo da Vinci's Vitruvian Man: A Renaissance for Inguinal Hernias", *Hernia* 15 (2011), 593-594.

4   mais de um quarto de todos os homens: "Inguinal Hernia", *Harvard Health Publishing* (julho de 2019), <https://www.health.harvard.edu/a_to_z/inguinal-hernia-a-to-z>.

5   Hérnias inguinais são um resultado direto: Gilbert McArdle, "Is Inguinal Hernia a Defect in Human Evolution and Would This Insight Improve Concepts for Methods of Surgical Repair", *Clinical Anatomy* 10, nº 1 (1997), 47-55.

6   Essa estranha rota que os testículos fazem: ver Alice Roberts, *The Incredible Unlikeliness of Being: Evolution and the Making of Us* (Nova York: Heron Books, 2014).

7   "No futuro, os robôs serão capazes": quando Hurst era adolescente, seu pai o levaria à Universidade Estadual do Colorado para assistir o *Annual Walking Machine Decathlon*, no qual robôs construídos pelos alunos da faculdade competem em dez provas. Em 2000, Hurst entrou com seu design e venceu.

8   Nas duas últimas décadas, sua equipe: Jonathan Hurst, "Walking and Running: Bio-Inspired Robotics", *TEDx OregonStateU*, 16 de março de 2016, <https://www.youtube.com/watch?-v=khqi6SiXUzQ>. Em um e-mail, Hurst escreveu: "As verdades fundamentais da locomoção com pernas aplicam-se a qualquer número de pernas, sejam 2, 4, 6, quantas forem. Nós nos concentramos na locomoção bípede, mas as similaridades entre a locomoção quadrúpede e bípede são maiores que as diferenças."

9   Esses músculos ainda abrigam: ver Leslie Klenerman, *Human Anatomy: A Very Short Introduction* (Oxford: Oxford University Press, 2015). Veja também Arthur Keith, "The Extent to Which

the Posterior Segments of the Body Have Been Transmuted and Suppressed in the Evolution of Man and Allied Primates", *Journal of Anatomy and Physiology* 37, nº 1 (1902), 18-40.

10 Dra. Rebecca Ford, uma oftalmologista: Rebecca L. Ford, Alon Barsam, Prabhu Velusami e Harold Ellis, "Drainage of the Maxillary Sinus: A Comparative Anatomy Study in Humans and Goats", *Journal of Otolaryngology—Head and Neck Surgery* 40, nº 1 (2011), 70-74.

11 O paleoantropólogo Bruce Latimer: Ann Gibbons, "Human Evolution: Gain Came with Pain", *Science* 16 de fevereiro de 2013, <https://www.sciencemag.org/news/2013/02/human-evolution-gain-came-pain>.

12 Como molas, elas ajudam a absorver: Eric R. Castillo e Daniel E. Lieberman, "Shock Attenuation in the Human Lumbar Spine During Walking and Running", *Journal of Experimental Biology* 221, nº 9 (2018), jeb177949.

13 Nós somos os únicos animais: Bruce Latimer, "The Perils of Being Bipedal", *Anais de Engenharia Biomédica* 33, nº 1 (2005), 3-6.

14 Em cada passo, uma força equivalente: ver Darryl D. D'Lima *et al.*, "Knee Joint Forces: Prediction, Measurement, and Significance", *Proceedings of the Institution of Mechanical Engineers. Part H, Journal of Engineering in Medicine* 226, nº 2 (2012), 95-102.

15 Apenas nos Estados Unidos, mais: estima-se chegar em 1,28 milhão em 2030. Matthew Sloan e Neil P. Sheth, "Projected Volume of Primary and Revision Total Joint Arthroplasty in the United States, 2030-2060", *Meeting of the American Academy of Orthopaedic Surgeons*, 6 de março de 2018.

16 Em 1951, os New York Yankees: Roger Kahn, *The Era 1947-1957* (Nova York: Ticknor & Fields, 1993), 289.

17 Perto de 200 mil: Matthew Gammons, "Anterior Cruciate Ligament Injury", *Medscape*, 16 de junho de 2016, <https://emedicine.medscape.com/article/89442-overview>.

18 mais comum em mulheres do que nos homens: ver David E. Gwinn, John H. Wilckens, Edward R. McDevitt, Glen Ross e Tzu-Cheng Kao, "The Relative Incidence of Anterior Cruciate Ligament Injury in Men and Women at the United States Naval Academy", *American Journal of Sports Medicine* 28, nº 1 (2000), 98-102. Danica N. Giugliano e Jennifer L. Solomon, "ACL Tears in Female Athletes", *Physical Medicine and Rehabilitation Clinics of North America* 18, nº 3 (2007), 417-438.

19 "Eu a odeio", ele falou: Christa Larwood, "Van Phillips and the Cheetah Prosthetic Leg: The Next Step in Human Evolution", *OneLife Magazine*, nº 19 (2010).

20 Nenhum mamífero vivo se uniu: um bom resumo em Steve Brusatte, *Ascensão e Queda dos Dinossauros: Uma Nova História de um Mundo Perdido* (Nova York: William Morrow, 2018). Veja também Pincelli M. Hull *et al.*, "On Impact and Volcanism Across the Cretaceous-Paleogene Boundary", *Science* 367, nº 6475 (2020), 266-272.

21 Uma primeira modificação no esqueleto: Qiang Ji *et al.*, "The Earliest Known Eutherian Mammal", *Nature* 416, (2002), 816-822.

22 Todo ano, um milhão de norte-americanos o distende: Shweta Shah *et al.*, "Incidence and Cost of Ankle Sprains in United States Emergency Departments", *Sports Health* 8, nº 6 (2016), 547-552.

23 danos [...] no ligamento da maioria dos humanos: na "maioria dos humanos", em vez de "todos os humanos", porque alguns que habitam a floresta, que escalam árvores para obter mel, têm fibras musculares mais longas e maior amplitude de movimentos na articulação do tornozelo.

Ver Vivek V. Venkataraman, Thomas S. Kraft e Nathaniel J. Dominy, "Tree Climbing and Human Evolution", *Proceedings of the National Academy of Sciences* 110, nº 4 (2013), 1237-1242. Thomas S. Kraft, Vivek V. Venkataraman e Nathaniel J. Dominy, "A Natural History of Tree Climbing", *Journal of Human Evolution* 71, (2014), 105-118.

24 Essas modificações, de equivalentes biológicos: François Jacob, "Evolution and Tinkering", *Science* 196, nº 4295 (1977), 1161-1166.

25 impulsionar para o passo seguinte: ver Dominic James Farris, Luke A. Kelly, Andrew G. Cresswell e Glen A. Lichtwark, "The Functional Importance of Human Foot Muscles for Bipedal Locomotion", *Proceedings of the National Academy of Sciences* 116, nº 5 (2019), 1645-1650.

26 conhecido por sua excepcional habilidade de correr longas distâncias: Christopher McDougall, *Born to Run: A Hidden Tribe, Superathletes, and the Greatest Race the World Has Never Seen* (Nova York: Vintage, 2009). Veja também Daniel E. Lieberman *et al.*, "Running in Tarahumara (Rarámuri) Culture. Persistence Hunting, Footracing, Dancing, Work, and the Fallacy of the Athletic Savage", *Current Anthropology 61*, nº 3 (2020), 356-379.

27 Lieberman e os pesquisadores de pós-doutorado Nicholas Holowka: Nicholas B. Holowka, Ian J. Wallace e Daniel E. Lieberman, "Foot Strength and Stiffness Are Related to Footwear Use in a Comparison of Minimally-vs. Conventionally-Shod Populations", *Scientific Reports* 8, nº 3679 (2018), 1-12.

28 Elizabeth Miller, do departamento de antropologia: Elizabeth E. Miller, Katherine K. Whitcome, Daniel E. Lieberman, Heather L. Norton e Rachael E. Dyer, "The Effect of Minimal Shoes on Arch Structure and Intrinsic Foot Muscle Strength", *Journal of Sport and Health Science* 3, nº 2 (2014), 74-85.

29 resultando na dor aguda: ver T. Jeff Chandler e W. Ben Kibler, "A Biomechanical Approach to the Prevention, Treatment, and Rehabilitation of Plantar Fasciitis", *Sports Medicine* 15 (1993), 344-352. Daniel E. Lieberman, *A História do Corpo Humano: Evolução, Saúde e Doença* (Nova York: Pantheon, 2013).

30 biomecânica da Universidade de Harvard, Irene Davis disse: Stephen J. Dubner, "These Shoes Are Killing Me", *Freakonomics Radio*, 19 de julho de 2017, <https://freakonomics.com/podcast/shoes/>.

31 Sapatos de salto alto reduzem: Robert Csapo *et al.*, "On Muscle, Tendon, and High Heels", *Journal of Experimental Biology* 213 (2010), 2582-2588.

32 Apertar repetidamente a ponta: ver Michael J. Coughlin e Caroll P. Jones, "Hallux Valgus: Demographics, Etiology, and Radiographic Assessment", *Foot & Ankle International* 28, nº 7 (2007), 759-779. Ajay Goud, Bharti Khurana, Christopher Chiodo e Barbara N. Weissman, "Women's Musculoskeletal Foot Conditions Exacerbated by Shoe Wear: An Imaging Perspective", *American Journal of Orthopaedics* 40, nº 4 (2011), 183-191. Lieberman, *A História do Corpo Humano: Evolução Saúde e Doença*.

33 fraturado o tornozelo direito: conforme o Dr. Hecht escreveu em um e-mail de acompanhamento: "A lesão requeria reparação cirúrgica com uso de placas de metal e parafusos. Infelizmente, ele desenvolveu artrite pós-traumática dolorosa, o que exigiu cirurgia de fusão do tornozelo."

CONCLUSÃO: O PRIMATA EMPÁTICO

1 "Como é frágil, sensível e patético": D. H. Lawrence, *O Amante de Lady Chatterley* (Itália: Tipografia Giuntina, 1928).

2 meio milhão de mortes: "Falls", *World Health Organization*, 16 de janeiro de 2018, <https://www.who.int/news-room/fact-sheets/detail/falls>.
3 Não temos certeza sobre a que espécie: o número de espécies de hominídeos que coexistiam em um dado momento é um tópico controverso. Koobi Fora, no Quênia, há 1,9 milhão de anos não é diferente. Há pelo menos duas ao mesmo tempo: *Homo* e um robusto *Australopithecus* chamado *Australopithecus* (ou *Paranthropus*) *boisei*. Mas poderia haver até quatro espécies. Alguns pesquisadores supõem que havia dois *Homo* primitivos, que eles chamam de *Homo habilis* e *Homo rudolfensis*. E um fragmento de crânio com 1,9 milhão de anos, chamado KNM-ER 2598, é atribuído ao *Homo erectus*, indicando que esse táxon evoluiu até este ponto também, levando o número total de espécies em Koobi Fora, no Quênia, de 1,9 milhão de anos para quatro.
4 fraturam o tornozelo na infância: Jeremy M. DeSilva e Amanda Papakyrikos, "A Case of Valgus Ankle in an Early Pleistocene Hominin", *International Journal of Osteoarchaeology* 21, nº 6 (2011), 732–742.
5 O esqueleto de *Australopithecus afarensis* com 3,4 milhões de anos: Yohannes Haile-Selassie *et al.*, "An Early *Australopithecus afarensis* Postcranium from Woranso-Mille, Ethiopia", *Proceedings of the National Academy of Sciences* 107, nº 27 (2010), 12121–12126.
6 KNM-ER 738 quebrou seu fêmur esquerdo: Richard E. F. Leakey, "Further Evidence of Lower Pleistocene Hominids from East Rudolf, North Kenya", *Nature* 231 (1971), 241–245.
7 fóssil é chamado KNM-ER 1808: para hipervitaminose por vitamina A, por causa do consumo de fígado, ver Alan Walker, Michael R. Zimmerman e Richard E. F. Leakey, "A Possible Case of Hypervitaminosis A in *Homo erectus*", *Nature* 296, nº 5854 (1982), 248–250. Alan Walker e Pat Shipman, *The Wisdom of the Bones: In Search of Human Origins* (Nova York: Vintage, 1997). Uma hipótese alternativa propõe que o KNM-ER 1808 se alimentava com muito mel, o que também contém alta concentração de vitamina A. Ver Mark Skinner, "Bee Brood Consumption: An Alternative Explanation for Hypervitaminosis A in KNM-ER 1808 (*Homo erectus*) from Koobi Fora, Kenya", *Journal of Human Evolution* 20, nº 6 (1991), 493–503. Para explicação sobre framboesias, ver Bruce M. Rothschild, Israel Hershkovitz e Christine Rothschild, "Origin of Yaws in the Pleistocene", *Nature* 378 (1995), 343–344.
8 É difícil imaginar que: se o KNM-ER 1808 tem osteologia de macho ou fêmea, é controverso. Com base no que parece ser um uma ampla incisura isquiática da pelve e um pequeno tórus supra-orbital, Walker *et al.*, *Nature*, 1982, propôs que o 1808 tinha osteologia de fêmea. Dada a evidência de que os critérios usados para determinar o gênero dos esqueletos humanos modernos podem não funcionar tão bem com os primeiros hominídeos, o tamanho avantajado do esqueleto e as descobertas subsequentes de que o *Homo erectus* provavelmente tinha dimorfismo no tamanho corporal me inclinam a pensar que o 1808 era osteologicamente macho, por isso "o" nesta sentença. Eu posso estar errado, é claro.
9 *Homo erectus*, Nariokotome de 1,49 milhão de anos: Bruce Latimer e James C. Ohman, "Axial Dysplasia in *Homo erectus*", *Journal of Human Evolution* 40 (2001), A12. Outra equipe sugere que o Nariokotome não tinha escoliose, mas sim hérnia de disco provocada por trauma. Ver Regula Schiess, Thomas Boeni, Frank Rühli e Martin Haeusler, "Revisiting Scoliosis in the KNM-WT 15000 *Homo erectus* Skeleton", *Journal of Human Evolution* 67 (2014), 48–59. Martin Hauesler, Regula Schiess e Thomas Boeni, "Evidence for Juvenile Disc Herniation in a *Homo erectus* Boy Skeleton", *Spine* 38, nº 3 (2013), E123–E128.

10 Um fóssil parcial de um pé de 1,8 milhão de anos: Elizabeth Weiss, "Olduvai Hominin 8 Foot Pathology: A Comparative Study Attempting a Differential Diagnosis", *HOMO: Journal of Comparative Human Biology* 63, nº 1 (2012), 1-11. Randy Susman propôs que as lesões do pé OH 8 foram provocadas por traumas. Ver Randall L. Susman, "Brief Communication: Evidence Bearing on the Status of *Homo habilis* at Olduvai Gorge", *American Journal of Physical Anthropology* 137, nº 3 (2008), 356-361.
11 Ossos da perna do hominídeo: Susman, "Brief Communication".
12 Vértebras [...] de 2,5 milhões de anos: Edward J. Odes *et al.*, "Osteopathology and Insect Traces in the *Australopithecus africanus* Skeleton StW 431", *South African Journal of Science* 113, nº 1-2 (2017), 1-7.
13 Nos mesmos depósitos da caverna: G. R. Fisk e Gabriele Macho, "Evidence of a Healed Compression Fracture in a Plio-Pleistocene Hominid Talus from Sterkfontein, South Africa", *International Journal of Osteoarchaeology* 2, nº 4 (1992), 325-332.
14 Karabo, o esqueleto do *Australopithecus sediba*: Patrick S. Randolph-Quinney *et al.*, "Osteogenic Tumor in *Australopithecus sediba*: Earliest Hominin Evidence for Neoplastic Disease", *South African Journal of Science* 112, nº 7-8 (2016), 1-7.
15 Richard Wrangham, primatólogo da Universidade de Harvard: Richard Wrangham, *The Goodness Paradox: The Strange Relationship Between Virtue and Violence in Human Evolution* (Nova York: Vintage, 2019).
16 Os estudiosos têm debatido a essência: isso é com frequência apresentado por estar alinhado com Thomas Hobbes (humanos como naturalmente egoístas) ou com Jean-Jacques Rousseau (humanos como naturalmente bons), embora Wrangham argumente que Rousseau não era tão Rousseauniano como muitos acreditavam. Ver Richard Wrangham, *The Goodness Paradox: The Strange Relationship Between Virtue and Violence in Human Evolution* (Nova York: Vintage, 2019), 5, 18. Robert M. Sapolsky, *Behave: The Biology of Humans at Our Best and Worst* (Nova York: Penguin Press, 2017). Nicholas A. Christakis, *Blueprint: The Evolutionary Origins of a Good Society* (Nova York: Little, Brown Spark, 2019). Brian Hare e Vanessa Woods, *Survival of the Friendliest: Understanding Our Origins and Rediscovering Our Common Humanity* (Nova York: Random House, 2020).
17 mas também mordem: os números das mordidas de cães e fatalidades humanas retirados da "List of Fatal Dog Attacks in the United States", *Wikipedia*, <https://en.wikipedia.org/wiki/List_of_fatal_dog_attacks_in_the_United_States>.
18 Aquele dia terminou sem intercorrência: para os chimpanzés, claro. Esse foi o primeiro dia de minha esposa na floresta com os chimpanzés, e nosso grupo já os tinha visto caçar e comer piliocolobus. Logo depois, nos escondemos entre os troncos das figueiras enquanto uma pequena manada de elefantes passava. Os chimpanzés, então, nos levaram para um pântano, onde ficamos com lama espessa até a altura dos joelhos. Foi nesse momento que perturbamos um ninho de abelhas "assassinas". Presos na lama, era impossível correr, e as abelhas nos picavam repetidamente de forma impiedosa. Eu bati em meu rosto, e meus óculos e meu boné do Red Sox voaram pela floresta. Minha esposa agarrou minha mão, e nós abandonamos o pântano e corremos para um lugar seguro. Então talvez eu não devesse ter escrito que o dia terminou sem "intercorrências". Meus filhos adoram essa história e ficam imaginando que há um chimpanzé na floresta tropical de Uganda usando meus óculos e torcendo para a equipe de beisebol de Boston.

19 bateram nele até a morte: dados comparados de vários grupos de chimpanzés demonstram que esse não é um comportamento anormal causado pela presença de humanos. Michael L. Wilson *et al.*, "Lethal Aggression in *Pan* is Better Explained by Adaptive Strategies than Human Impacts", *Nature* 513 (2014), 414–417. Sarah Hrdy forneceu talvez a melhor analogia de como os humanos são mais tolerantes do que os chimpanzés. Após observar que 1,6 bilhão de humanos viajam de avião todos os anos, ela leva os leitores a uma experiência de pensamento. "E se eu estivesse viajando em um avião cheio de chimpanzés? Nós teríamos sorte de desembarcar com todos os dedos dos pés e das mãos no lugar, com o bebê inteiro e respirando. Lóbulos de orelhas e outros apêndices sanguinolentos sujariam os corredores." Sarah Blaffer Hrdy, *Mothers and Others: The Evolutionary Origins of Mutual Understanding* (Cambridge, MA: Belknap Press, 2011), 3.

20 mas não significa que os bonobos sejam pacifistas: para alimentação de carne, inclusive de primatas, ver Martin Surbeck e Gottfried Hohmann, "Primate Hunting by Bonobos at LuiKotale, Salonga National Park", *Current Biology* 18, nº 19 (2008), R906–R907. Para coalizões das fêmeas, ver Nahoko Tokuyama e Takeshi Furuichi, "Do Friends Help Each Other? Pattern of Female Coalition Formation in Wild Bonobos at Wamba", *Animal Behavior* 119 (2016), 27–35.

21 "O potencial para o bem ou para o mal": Wrangham, *The Goodness Paradox*, 6.

22 os mais antigos a preservar ainda o DNA: Matthias Meyer *et al.*, "Nuclear DNA Sequences from the Middle Pleistocene Sima de los Huesos Hominins", *Nature* 531 (2016), 504–507.

23 ela teve um caso grave de craniossinostose: Ana Gracia *et al.*, "Craniosynostosis in the Middle Pleistocene Human Cranium 14 from the Sima de los Huesos, Atapuerca, Spain", *Proceedings of the National Academy of Sciences* 106, nº 16 (2009), 6573–6578.

24 agredido com uma pedra até a morte: Nohemi Sala *et al.*, "Lethal Interpersonal Violence in the Middle Pleistocene", *PLOS ONE* 10, nº 5 (2015), e0126589.

25 um osso recuperado em torno do ferimento: Christoph P. E. Zollikofer, Marcia S. Ponce de León, Bernard Vandermeersch e Fraois Lévêque, "Evidence for Interpersonal Violence in the St. Césaire Neanderthal", *Proceedings of the National Academy of Sciences* 99, nº 9 (2002), 6444–6448.

26 uma garota vivia na caverna Lazaret: ver Marie-Antoinette de Lumley, ed., *Les Restes Humains Fossiles de la Grotte du Lazaret* (Paris: CNRS, 2018).

27 do sul da China: Xiu-Jie Wu, Lynne A. Schepartz, Wu Liu e Erik Trinkaus, "Antemortem Trauma and Survival in the Late Middle Pleistocene Human Cranium from Maba, South China", *Proceedings of the National Academy of Sciences* 108, nº 49 (2011), 19558–19562.

28 exemplos adicionais de violência traumática: o que levanta a questão sobre o conflito humano. Até hoje, no entanto, não encontramos nada no registro fóssil que sugira que nossos ancestrais hominídeos se envolvessem em conflitos de grande escala. O conflito pode ter surgido apenas quando grupos de *Homo sapiens* abandonaram a vida de caçadores-coletores e passaram a estabelecer comunidades permanentes, primeiro criando gado e depois cultivando a terra. Parece que pastagens bem irrigadas e solo fértil se tornaram algo pelo qual vale a pena lutar. Para uma síntese mais recente dessa pesquisa, ver Nam C. Kim e Marc Kissel, *Emergent Warfare in Our Evolutionary Past* (Nova York: Routledge, 2018). A evidência mais recente de conflito humano de grande escala — vestígios de um esqueleto de um antigo massacre em Nataruk às margens do lago Turkana, no Quênia — foi descoberta em 2016 pela paleoantropóloga Marta Mirazón Lahr, da Universidade de Cambridge. Lá, ela desencavou esqueletos de 10 pessoas, que foram amarradas, esfaqueadas e espancadas até a morte há 10 mil anos. Ver Mara Mirazón Lahr *et*

al., "Inter-Group Violence Among Early Holocene Hunter-Gatherers of West Turkana, Kenya", *Nature* 529 (2016), 394-398. O sítio de Jebel Sahaba, no Sudão, também é citado como tendo evidências recentes de conflito. Ver Fred Wendorf, *Prehistory of Nubia* (Dallas: Southern Methodist University Press, 1968).

29 os humanos se destacam em ajudar: Wrangham faz a diferenciação entre agressão reativa e proativa. Ver Richard Wrangham, "Two Types of Aggression in Human Evolution", *Proceedings of the National Academy of Sciences* 115, nº 2 (2018), 245-253. Wrangham, *The Goodness Paradox*.

30 deixamos de lado o melhor de nossa natureza: para saber mais sobre o assunto, ver Christakis, *Blueprint*; Wrangham, *The Goodness Paradox*; Sapolsky, *Behave*; Brian Hare e Vanessa Woods, *Survival of the Friendliest: Understanding our Originsand Rediscovering our Common Humanity* (Nova York: Random House, 2020). Steven Pinker, *The Better Angels of Our Nature: Why Violence Has Declined* (Nova York: Penguin Group, 2015). Para mais sobre o papel da cooperação na evolução em geral, ver Ken Weiss e Anne Buchanan, *The Mermaid's Tale: Four Billion Years of Cooperation in the Making of Living Things* (Cambridge, MA: Harvard University Press, 2009).

31 "Seu coração faz quase a mesma coisa": Sapolsky, *Behave*, 44.

32 Ele estava com outros — os que a ajudavam: isso me lembra da citação de Mr. Rogers, "Quando eu era criança e via coisas assustadoras no noticiário, minha mãe me dizia, 'Procure quem está ajudando. Você sempre encontrará pessoas que estão ajudando'".

33 Seu fêmur contém um arco acentuado: o osso é descrito em Donald C. Johanson *et al.*, "Morphology of the Pliocene Partial Hominid Skeleton (A.L. 288-1) from the Hadar Formation, Ethiopia", *American Journal of Physical Anthropology* 57, nº 4 (1982), 403-451. As causas possíveis foram propostas com auxílio de Vincent Memoli, patologista do Dartmouth Hitchcock Medical Hospital, Lebanon, New Hampshire.

34 Lucy também tinha problemas na coluna vertebral: Della Collins Cook, Jane E. Buikstra, C. Jean DeRousseau e Donald C. Johanson, "Vertebral Pathology in the Afar Australopithecines", *American Journal of Physical Anthropology*, 60, nº 1 (1983), 83-101. A doença de Scheuermann pode ser tratada em crianças e não tem de ser debilitante. Na verdade, dois atletas profissionais tiveram a doença: o jogador de hockey da NHL Milan Lucic, e o jogador de basquete da MLB Hunter Pence.

35 Em 2017, trabalhei com as antropólogas: Jeremy M. DeSilva, Natalie M. Laudicina, Karen R. Rosenberg e Wenda R. Trevathan, "Neonatal Shoulder Width Suggests a Semirotational, Oblique Birth Mechanism in *Australopithecus afarensis*", *Anatomical Record* 300, nº 5 (2017), 890-899.

36 "Parteira... é a 'profissão mais antiga'": Karen Rosenberg e Wenda Trevathan, "Birth, Obstetrics, and Human Evolution", *British Journal of Obstetrics and Gynaecology* 109, nº 11 (2002), 1199-1206.

37 Em 2018, Elisa Demuru: Elisa Demuru, Pier Francesco Ferrari e Elisabetta Palagi, "Is Birth Attendance a Uniquely Human Feature? New Evidence Suggests that Bonobo Females Protect and Support the Parturient", *Evolution and Human Behavior* 39, nº 5 (2018), 502-510. Pamela Heidi Douglas, "Female Sociality During the Daytime Birth of a Wild Bonobo at Luikotale, Democratic Republic of Congo", *Primates* 55 (2014), 533-542. Embora Brian Hare, que estudou os bonobos no santuário de Lola Ya Bonobo, tenha advertido que eles estavam agitados, e que isso pode levar a resultados ruins. Ele me escreveu dizendo que às vezes "as fêmeas roubam

bebês e não os devolvem", embora ele também tenha observado que isso não é em uma situação selvagem em que o parentesco poderia ser maior.

38 hospitais, cadeiras de roda e próteses: o professor de robótica Jonathan Hurst falou em uma palestra no TED que robôs e exoesqueletos robóticos farão das cadeiras de rodas uma coisa do passado. Hurst disse: "cadeiras de rodas serão um anacronismo da história." Um dedo do pé de couro e madeira de 3 mil anos do Egito é a prótese mais antiga conhecida. Um dos Vedas, textos sagrados do Hindu de 1100–1700 a.C., dá o relato de Vispala, uma rainha guerreira que perde uma perna em uma batalha, a qual é substituída por uma de ferro. Mas muito antes da criatividade necessária para fabricar um membro substituto, veio a empatia. De Jacqueline Finch, "The Ancient Origins of Prosthetic Medicine", *The Lancet* 377, nº 9765 (2011), 548–549.

39 a empatia começa com a "sincronização dos corpos": Frans de Waal, "Monkey See, Monkey Do, Monkey Connect", *Discover* (18 de novembro de 2009). Veja também Frans de Waal, *Age of Empathy: Nature's Lessons for a Kinder Society* (Nova York: Broadway Books, 2010).

40 "Em relação ao tamanho corporal ou força": Darwin, *The Descent of Man*, 156.

41 Al Capone pode ter dito: "Não confunda minha gentileza com fraqueza": essa citação está na internet, mas permanece sem fonte, e William J. Helmer, autor de *The Wisdom of Al Capone*, diz que é "dúbio o bastante" em seu site: www.myalcaponemuseum.com (conteúdo em inglês).

42 "Nunca confunda... minha gentileza com fraqueza": a citação completa é: "Não confunda nunca meu silêncio com ignorância, minha calma pela aceitação ou minha gentileza por fraqueza. Compaixão e tolerância não são sinais de fraqueza, mas um sinal de força." Novamente, no entanto, não há fonte, e pode ser um apócrifo.

43 "Nós caminhamos sobre duas pernas": De Waal, *Age of Empathy*, 159.

44 a deixou em segurança: Roger Fouts e Stephen Tukel Mills, *Next of Kin: My Conversations with Chimpanzees* (Nova York: Avon Books, 1997), 179–180. Resgate do gorila em "20 Years Ago Today: Brookfield Zoo Gorilla Helps Boy Who Fell into Habitat", *Chicago Tribune* (16 de agosto de 2016), <https://www.chicagotribune.com/news/ct-gorilla-saves-boy-brookfield-zoo-anniversary-20160815-story.html>. Orangotango em Emma Reynolds, "This Orangutan Saw a Man Wading in Snake-Infested Water and Decided to Offer a Helping Hand", *CNN*, 7 de fevereiro de 2020, <https://www.cnn.com/2020/02/07/asia/orangutan-borneo-intl-scli/index.html>. Uma interpretação mais cínica é a de que o orangotango estava apenas levando a mão ao alimento, mas visto que o homem não tinha alimento algum, isso parece improvável. Para mais informação sobre o comportamento do bonobo, ver Vanessa Woods, *Bonobo Handshake* (Nova York: Gotham, 2010), e respectivas fontes.

45 "Se você é uma criatura com duas pernas": Museu Americano de História Natural, "Human Evolution and Why It Matters: Um diálogo com Leakey e Johanson", *YouTube* (9 de maio de 2011), <https://www.youtube.com/watch?v=pBZ8o-lmAsg>. Uma vez perguntaram à Margaret Mead qual é a evidência mais antiga da civilização. A resposta dela foi, "um fêmur curado". Ira Byock, *The Best Care Possible: A Physician's Quest to Transform Care Through End of Life* (Nova York: Avery, 2012).

46 "Vocês são uma espécie interessante": Filme *Contato*; dirigido por Robert Zemeckis, 1997. No livro de Carl Sagan, *Contato* (Nova York: Simon & Schuster, 1985), Sagan escreveu: "Tem muita coisa ali: sentimentos, memórias, instintos, comportamento aprendido, percepção, loucura, sonhos, amores. O amor é muito importante. Vocês são uma mistura interessante." O roteiro foi escrito por Michael Goldenberg e James V. Hart.

ÍNDICE

A
ácido úrico, 77-78
Aegyptopithecus, 244
   primata do Egito, 244
ângulo bicondilar, 53-54
aponeurose plantar, 255
aprendizagem mecânica, 211
arcada supraorbitária, 48
articulação subtalar, 251-252
Aurora do Homem, 7
Australopithecus
   deyiremeda, 134
   sediba, 121

B
Berço da Humanidade, 11-12, 118
bipedalismo, xix, 4
   ereto, 27
bípede
   locomoção, 32-33
   postura, 32
braquiação, 84

C
caminhar no útero, 172
caminho de pensamento de Darwin, 228
câncer de mama com receptor estrogênio positivo, 218
centro de massa, 5
Charles Darwin, naturalista, 8, 33
comportamento do primata, 9
coprólito, excremento fóssil, 129
córtex pré-frontal subgenual, 238
cortisol, 225
craniossinostose, 266
criança
   de Taung, 9-12, 123
   Dikika, 106, 114-115, 148
   bebê de Lucy, 106

D
declínio cognitivo, 232
dilema obstétrico, 193
   de Washburn, 196

doença
coronariana, 219-220
de Scheuermann, 268

E

elo perdido, 47
energia
  cinética, 5
  potencial, 5
espectrômetro de massa, 41
espinhas isquiáticas, 191
espondilolistese, 247
estrogênio, 218
evolução
  convergente, 15
  humana, xvi

F

faixas de desenvolvimento, 174
  testes
    Escalas de Desenvolvimento Infantil e de Crianças de Bayley, 174
    Triagem de Desenvolvimento de Denver, 174
fator
  de necrose tumoral, 221
  neurotrófico derivado do cérebro, 237
Feira Mundial de Paris, 48
ferramentas de pedra
  desenvolvimento, 105
floresta de galeria, 261
forame magno, 52, 63-64
fratura por compressão vertebral, 247

G

genes-alvo, 39
glândulas sudoríparas
  evolução, 112
globulina ligadora de hormônios sexuais, 218
Grande Vale do Rifte Africano, 59-60, 94

H

habilidade do galope, 6
hiperpronação, 127-128
hipocampo, 234-235, 237
hipótese
  do aprovisionamento, 45
  do "cadê-achou", 33
  do Mioceno Nanico, 37
  do primata aquático, 34-35

do Tecido Caro, 146
hominídeo
  Dmanisi, 138
  Malapa
    1 (MH1), 120
    2 (MH2), 120
Homo
  erectus
    Nariokotome, 140
  floresiensis, 159
  luzonensis, 160
  naledi, 164

I
Idade do Bronze, 79
isótopo de carbono, 41

J
Jean-Baptiste Lamarck, naturalista, 33

L
lábio patelar lateral, 184
ligamento
  cruzado anterior, 201
  talofibular anterior, 252
linguagem, 3

Linha de Wallace, 158
lordose lombar, 52

M
macrófagos, 221
manto de gelo Laurentide, 152
marcha
  das mulheres, 197, 198
  do Progresso, 74–75, 87
  reflexa, 172
metástase, 218
miosinas
  família de moléculas, 222
morfometria geométrica, 124
mutabilidade das espécies, 8

N
nascimento occipital anterior, 191
necessidade de água
  redução, 42

O
O Paradoxo da Bondade, 264
ortógrada, 27
osteodontoquerática, cultura, 12
overdose de vitamina A, 263

P

paleontologia de vertebrados, 21
paleo-rota 2, 152
parentalidade, 110
passo cruzado, 97
pegadas de Laetoli, 104, 105, 107
pilhas de Broom, 11
placas de crescimento, 182
Plaquette 59, 188
polegar opositor, 88
pontuação de reflexão, 238
Primeira Família, 52
prolapso de órgãos pélvicos, 201
proteína
  interleucina-6, 221-222
  oncostatina M, 222

R

reconhecimento
  da marcha, 211
  facial, 211
região da Sonda, 27
relógio de rocha, 56
ressaca do Gênese, 205
ressonância paramagnética de elétrons, 164
Richard Dawkins, biólogo evolucionista, 35

Russell Tuttle, antropólogo, 32

S

sasquatch, 30
seleção natural, 8, 115, 228
sincronização da marcha, 212
sítio de Olorgesailie, 154
SMSL (Síndrome da Morte Súbita do Lactente), 174
subluxação patelar, 183
sulco temporal superior posterior bilateral, 208
surto de crescimento, 142

T

tarsometatarso, osso, 251
taxa de decaimento radioativo, 164
teoria evolutiva, 38
Todd Disotell, antropólogo molecular, 38
Triássico inferior, 20
tufa vulcânica, 106

U

uniformitarismo, 96
uricase, enzima, 78
Usain Bolt, velocista, 6

Projetos corporativos e edições personalizadas
dentro da sua estratégia de negócio. Já pensou nisso?

Coordenação de Eventos
Viviane Paiva
viviane@altabooks.com.br

Assistente Comercial
Fillipe Amorim
vendas.corporativas@altabooks.com.br

A Alta Books tem criado experiências incríveis no meio corporativo. Com a crescente implementação da educação corporativa nas empresas, o livro entra como uma importante fonte de conhecimento. Com atendimento personalizado, conseguimos identificar as principais necessidades, e criar uma seleção de livros que podem ser utilizados de diversas maneiras, como por exemplo, para fortalecer relacionamento com suas equipes/ seus clientes. Você já utilizou o livro para alguma ação estratégica na sua empresa?

Entre em contato com nosso time para entender melhor as possibilidades de personalização e incentivo ao desenvolvimento pessoal e profissional.

PUBLIQUE SEU LIVRO

Publique seu livro com a Alta Books.
Para mais informações envie um e-mail para: autoria@altabooks.com.br

 /altabooks   /alta-books   /altabooks   /altabooks

CONHEÇA OUTROS LIVROS DA **ALTA CULT**

Todas as imagens são meramente ilustrativas.

ROTAPLAN
GRÁFICA E EDITORA LTDA
Rua Álvaro Seixas, 165
Engenho Novo - Rio de Janeiro
Tels.: (21) 2201-2089 / 8898
E-mail: rotaplanrio@gmail.com